천자문 강의

千字文 講義

열린길

차례

편저자 인사 04
감수평 05
추천사 06

천자문 소개 07
주해 천자문 소개 09
이 책의 구성과 표시 10
천자문 125문장 12

천자문 10장 125문장 해설

1장	001~009. 천지의 이치	16
2장	010~018. 세상의 문명	42
3장	019~030. 사람의 도리	66
4장	031~040. 군자의 도리	98
5장	041~051. 인간의 관계	122
6장	052~066. 제국의 기반	160

시(詩)·문(文)·사(寫)·화(畫)로 이해하는 **천자문 125문장 강의**

7장	067~081. 인재의 공적	198
8장	082~098. 인생의 황혼	234
9장	099~114. 선비의 일상	274
10장	115~125. 지혜로운 삶	310

부록

부록1	『千字文 註解』(洪聖源) 원문	340
부록2	『千字文』훈음 색인 (ㄱㄴㄷ순), 중·고 기초한자 표시	346
부록3	시(詩)·문(文)·사(寫)·화(畫) 색인	354
부록4	한자 부수(部首) 214자 훈음 일람표	359

編著者 | 편저자 인사

시골 초등학교를 졸업할 무렵, 마을 서당에서 『千字文』을 배웠습니다. 첫 글자는 天(하늘)과 地(땅)였습니다. 다음 책은 아름다운 시구(詩句)를 모아 엮은 『추구집(推句集)』이었습니다. 그 첫 글은 "하늘은 높아 해와 달이 밝고, 땅은 두터워 풀과 나무가 자란다."(天高日月明이요 地厚草木生이로다)였습니다. 하늘과 땅의 본질은 자연(自然), 밝음(明)과 삶(生)입니다. 세 번째 배움 단계는 성인들의 말씀인 『명심보감(明心寶鑑)』이었습니다. "좋은 일을 하는 사람에겐 하늘이 복을 주고, 좋지 않은 일을 하는 사람에겐 하늘이 재앙을 내린다."(爲善者는 天報之以福하고 爲不善者는 天報之以禍하니라)라는 공자 말씀이었습니다. 이후, 天(하늘)은 내 인생의 화두(話頭)가 되었습니다.

착하게 살며 열심히 공부하여 부모님께 효도하기로 마음을 먹고, 도시 중학교에 진학했습니다. 소설책 읽는 재미에 빠져, 학교 공부는 뒷전으로 밀려났습니다. 고등학교 때는 교훈(敎訓) 〈학행일치(學行一致)〉-배운 대로 실천하라-를 바라보는 것이 버거울 정도로 퇴보했습니다. 게으름이 발전의 큰 적이라는 것을 나중에야 깨달았습니다. "배운 놈일수록 불효하더라. 나랑 농사짓자"라는 아버지 말씀을 어기고 대학에 갔습니다. 나의 '민주화 운동'은 부모님께는 근심 걱정이었습니다. 골목길에 오토바이 소리만 들려도 "형사 온다. 내빼라!" 외치셨습니다. 군사 정권은 나를 불효자로 전락시켰습니다. 국방의무도 이행하고, 혼인하여 가정도 꾸렸습니다. 먹고살기 위해 30여 년 일했던 직장 '신협'에서 퇴직하고, 그간 틈틈이 공부했던 고전(古典)을 새로이 들여다봅니다. 그중, 어릴 적에 들입다 외우기만 했던 千字文을 진작에 찬찬히 읽지 않았던 것이 너무 아쉽습니다. 아이들의 책이라 여겼던 이 千字文 책에는 천문, 지리, 역사, 정치, 교육, 미술, 음악, 도덕, 윤리, 심지어 퇴직 후 처신 요령까지 다 들어 있습니다.

인생은 해석(解釋)에 따라 삶의 방식이 달라집니다. 시(詩)·문(文)·사(寫)·화(畫)로 엮은 이 책이 천지자연의 이치와 인간관계의 도리를 해석하는 데 도움되기를 기원합니다.

화해 이일승 李日昇
한국한문교사중앙연수원 수석교육위원, 신협중앙연수원장, 한밭대학교 겸임교수 역임

監修評 | 감수평

이 책의 저자 이일승 선생은 8년 동안 주경야독(晝耕夜讀)하며 우리 한국한문교사중앙연수원의 다섯 단계 전 과정을 수료한 한자·한문 전문지도사 훈장특급교사입니다. 직장에서 정년퇴직한 후 여러 해 동안 이 책을 쓰느라 애쓴 선생의 노고에 큰 격려와 응원의 박수를 보냅니다.

이 책은 기왕의 『천자문』 책과 차원이 다릅니다. 한자·한문 공부를 시작하는 사람에게, 학력과 나이 상관없이 인문(人文)의 지평을 넓히는 데 필요한 교양서(敎養書)입니다. 천자(千字) 자구의 원의(原意)뿐만 아니라 다방면의 지식(知識)에 닿을 수 있도록 한 저자의 세심한 배려가 돋보입니다.

『천자문』은 '아이들이 보는 책'이 아니라 '한자·한문을 공부하는 첫 번째 책'입니다. 훈음·해석·주해·자의에 충실하고 시각 자료도 널리 활용하였으므로, 초학자(初學者)는 물론 『천자문』을 가르치는 교사에 이르기까지 학습 길잡이에 좋은 책입니다.

이 책에 인용한 고전(古典) 『대학』, 『논어』, 『맹자』, 『중용』, 『시경』, 『서경』, 『주역』, 『예기』, 『효경』, 『공자가어』, 『도덕경』, 『순자』, 『성학집요』, 『성학십도』, 『계몽편』, 『격몽요결』, 『명심보감』, 『채근담』, 『십팔사략』, 『한서』 등은 '교양인 필독서'입니다. 인문학 고전의 가치를 경우에 맞추어 맛보여 주는 이 책으로 인하여, 독자의 독서(讀書) 수준이 향상되기를 바랍니다.

부록에 『천자문』 주해 원문과, 천자의 훈음 색인, 본문에 활용한 시(詩)·문(文)·사(寫)·화(畫) 색인을 실어 궁금한 부분을 빨리 찾아보기 쉽게 한 것도 독자에게 많은 도움이 되리라 믿습니다.

저자가 청자(聽者)를 염두에 두고 쓴 강의(講義) 노트 형식의 책이므로, 마치 강의를 듣는 듯 상상하며, 시를 읊고 글을 읽으며 사진과 그림을 보다 보면 재미있고 유익할 것입니다.

문학박사 이권재 李權宰
성균관유도회총본부 회장, (사)대한민국한자교육연구회·대한검정회 이사장

推薦辭 | 추천사

이 책 『천자문 강의』를 추천합니다. 이 책은

1. 천자문을 처음부터 끝까지, 글자 천 개를 모두 외우는 고집스러운 공부 방법을 지양(止揚)하고, 문장과 뜻으로써 한자와 한문을 이해하도록 엮은 독창적인 책입니다.

2. 천자 중 요새 쓰임이 별로 없는 글자는 굳이 알 필요가 없습니다. 현재 일상 생활에서 널리 쓰거나 꼭 알아야 할 한자에 집중하였고, 그 이해를 돕기 위하여 의미 있는 시(詩), 명언(名言), 그림, 사진 등을 제공하였습니다. 이 자료들은 학문을 확장하고 심화하는 데 도움을 줍니다.

3. 특히, 인용된 시(詩)·문(文)·사(寫)·화(畫)는 사람의 착한 본성(本性)과 마땅히 실천할 의리(義理)를 일깨워 주는 자료로서, 자기 관리와 가정 화목, 더불어 사는 공동체의 평화를 지향(志向)합니다.

4. 〈부록〉에 『천자문 주해』 원문을 싣고, 〈색인(索引)〉을 공들여 만들어 붙였습니다.
   중·고등학교 사용 기초한자를 표시하였고, 중요한 고유명사와 한자 성어를 표시하여 이를 찾아보는 재미도 쏠쏠합니다.

5. 지루한 설명문이 아닌 '강의 원고' 형식을 취하였으므로 구성(構成)과 서술(敍述)이 단조로워, 상상력을 발휘하여 공부하기에 오히려 좋습니다.

귀하가 이 책으로 인하여
한자와 한문에 대한 흥미(興味)가 더욱 고취(鼓吹)되기 바랍니다.
인문학의 지평(地平)을 넓히는 계기(契機)가 되기 바랍니다.
숭고(崇高)한 인격체로서 품위 있는 삶을 영위(營爲)하기 바랍니다.

법학박사 노진영
목포대학교 총장, 초당대학교 총장, 광주대학교 이사장 역임

/ 천자문 소개 /

『천자문』은 1000개의 글자로 이루어진 한자(漢字) 공부 책입니다.

1000자(字)는 8자씩 125문장(文章)이고, 8자 1문장은 4자씩 전후(前後) 2구(句)로 나뉩니다. 중복된 글자가 없습니다. 그러나, 오늘날 흔히 쓰지 않는 글자도 있고, 8자로 짜맞춘 글 중에 이 시대에 맞지 않는 제도나 사상도 있습니다. 또, 고유명사나 합성어를 한 글자로 나타내거나, 낱말의 품사가 명사인지 동사인지 애매한 경우도 있습니다. 글의 뜻풀이를 도와주는 조사(助詞)를 쓰지 않아서 문장 이해가 결코 쉽지 않습니다. 이 때문에 옛 학자들은 후학들을 위하여 『주해 천자문(註解 千字文)』을 남겼습니다.

『천자문』이 만들어진 내역은 전설(傳說)입니다.

옛 중국 남북조 시대 양(梁)나라(464~549) 무제(武帝, 재위 502~549)의 왕자들에게 글씨를 가르칠 목적으로 만든 교본(敎本)입니다. 무제는 위(魏)나라의 서예가 종요(鍾繇, 151~230)와 동진(東晉)나라의 명필가 왕희지(王羲之, 303~361)가 쓴 여러 비문(碑文)에서 1000자를 가려 뽑아, 신하 주흥사(周興嗣, 470~521)에게 『문장 교본』을 만들라고 하였습니다. 주흥사는 이를 하루 만에 대서사시(大敍事詩)로 편집해 냈습니다. 이 천자문 이전에 이미 다른 『천자문』이 있었다는 주장도 있습니다.

『천자문』에 담긴 내용은 광범위(廣範圍)하고 다양(多樣)합니다.

하늘과 땅의 섭리(攝理), 인류의 문화와 역사(歷史), 위정자와 군자(君子)의 도리(道理), 사람의 일상생활과 지혜(智慧) 등이 두루 담겨 있습니다. 『천자문』은 결코 쉬운 글이 아닙니다. 천문(天文)과 지리(地理), 고대 신화(神話)와 인문(人文) 지식을 학습하기 위하여 여러 고전(古典) 문구를 인용했습니다.

『천자문』이 우리나라에 들어온 때는 정확히 알 수 없습니다.

백제의 학자 왕인(王仁, ?~?)이 일본에 『천자문』과 『논어』를 전했다는 기록과, 고려 충목왕 때 천자문을 배웠다는 기록이 있습니다. 조선시대 양평대군, 박팽년, 이황, 김인후, 정약용 등 많은 학자들이 『천자문』을 써서 아동의 한자·한문 입문서로 널리 쓰였습니다. 그중, 선조 때 한석봉의 『석봉 천자문』이 정석(定石)이 되었고, 대한민국 보물 제1659호로 지정되었습니다(2010년).

석봉(石峰) 한호(韓濩, 1543~1605)는 경기도 개성에서 출생하여 3세에 아버지를 여의어, 집안 살림이 매우 가난하였습니다. 12세에 전남 영암에 이사하여, 학자 신희남(愼喜男, 1517~1591)의 제자로서 죽림정사(竹林精舍)에서 공부하였고, 어머니 백인당(白忍堂)은 떡장사로 아들을 뒷바라지하였습니다. 25세(1567년)에 식년 진사시(進士試)에 합격했습니다. 과거시험은 합격하지 못하고, 공문서를 정리하는 하급관리 사자관(寫字官)에 머물렀으며, 명(明)나라에 사신 수행원으로 5번 다녀왔습니다. 임진왜란 때는 선조의 의주 피신을 수행하였고, 그 후(1599년) 경기도 가평군수로 일했습니다. 그러나 실정(失政)으로 탄핵(彈劾)되어, 강원도 통천 현감으로 좌천되었다가 1604년 파직당하고, 이듬해 63세에 사망했습니다.

한석봉(韓石峰)『千字文』

우리나라에서 간행된 현전한 가장 오래된 『천자문』

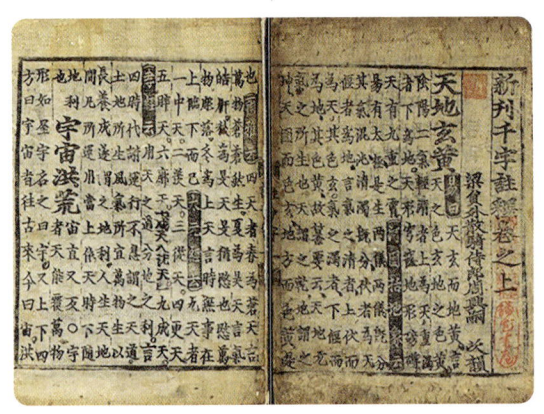

『신간천자주석(新刊千字註釋)』목판본(木版本)
순창 무량사(無量寺) 간행, 1566년(명종 21년)
현재, 미국 하버드(Harvard)-옌칭(연경) 도서관 소장.

*자료 출처: 고려대학교 해외한국학자료센터.
*필자, 2025.5. 전북 순창 적성면 소재 '무량사' 방문, 주지 보명 스님 면담 결과, 상기 무량사와 무관하며 옛 무량사의 흔적을 찾지 못함. 연구 과제임.

/ 주해 천자문 소개 /

『주해 천자문』은 1752년(영조 28)에, 학자 홍성원(洪聖源, 1699~?)의 글씨로 주해(註解)한 한자 교본으로 개원사(開元寺)에서 간행하였습니다. 홍성원은 기존『천자문』만으로는 의미 전달이 어렵고, 잘못된 부분도 있음을 발견하여, 일일이 주해(註解)하며 수정(修訂)하였습니다.

『주해 천자문』 중간(重刊)본은, 1804년(순조 4) 명필가 홍태운(洪泰運)이 한성 광통방(廣通坊)에서 간행하였습니다. 홍태운은 정조(正祖) 때 사자관(寫字官)을 지냈습니다. 사자관은 승문원과 규장각에서 국가 문서를 정서(正書)하는 일을 담당한 벼슬입니다.

이『주해 천자문』의 천자(千字)는『석봉 천자문』과 대체로 일치합니다. 글자마다 자세한 설명과 4자 1구마다 글의 뜻을 명쾌히 적어, 한자·한문을 배우고 가르치는 지도서(指導書)나 어른이 되어서 새롭게 다시 보는 심화 자습서(自習書)로 적합합니다.

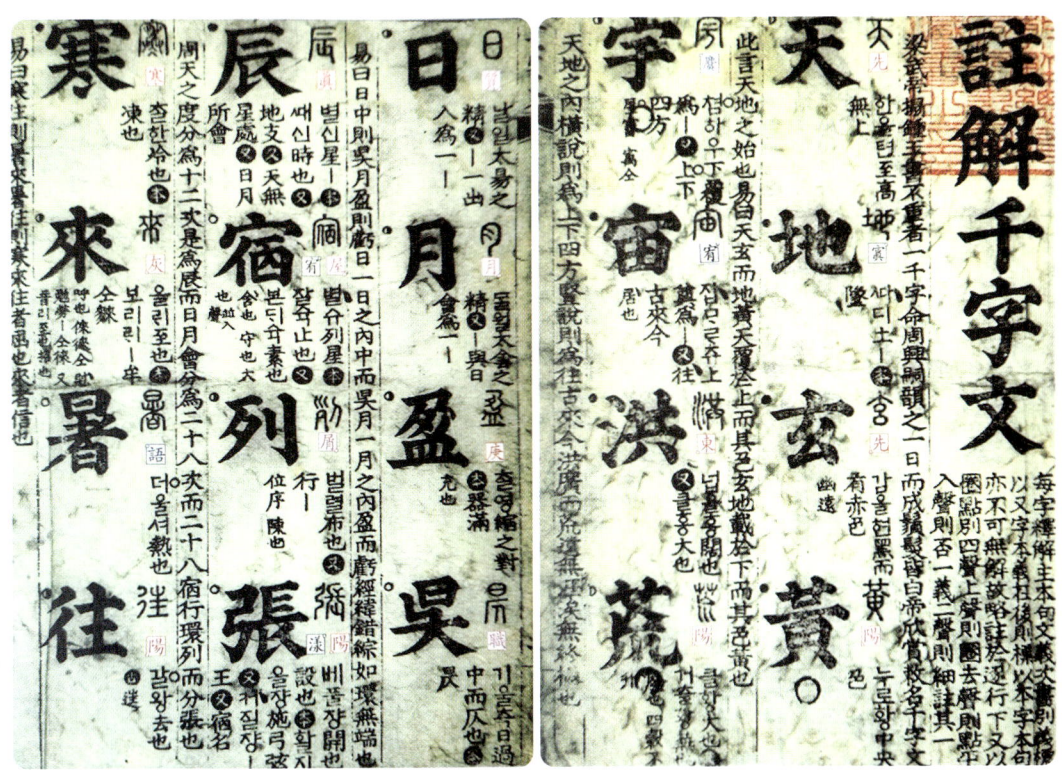

『주해 천자문』중간본, 홍태운(洪泰運), 한성 광통방(廣通坊) 간행, 1804년(순조 4)
출처, 한국한문교사중앙연수원『原本註解 千字文』

/ 이 책의 구성과 표시 /

이 책은 홍성원(洪聖源) 저(著) 홍태운(洪泰運)이 중간한 『주해 천자문』을 바탕으로 하였습니다. 글자의 뜻과 문장의 해석은 많은 사람들이 쓴 『천자문』 책을 공부하여 참고하였습니다.

이 책은 성인(成人)들의 〈한자 · 한문 교실〉 강의용으로 만들었다가, 내용을 확장하여 책으로 만든 것이므로, 내용 설명과 전환이 건조합니다. 호흡을 가다듬으며 공부하기를 권합니다.

이 책은 8자를 1문장으로 1문장은 4자씩, 전구(前句)는 좌면(左面)에 후구(後句)는 우면(右面)에 배치하였습니다. 각 면에 한자 4자를 제시(提示)하고, 일정한 형식(훈음 · 해석 · 주해 · 자의)을 갖춘 후, 시(詩) · 문(文) · 사(寫) · 화(畫)를 응용하여 전개하였습니다. 설명 자료가 간혹 넘치더라도 전구 · 후구의 배치 형식은 변함없습니다.
천자문은 원래 단락 구분이 없지만, 편의상 10장으로 구분하고, 소제목을 임의로 붙였습니다.

이 책 천자문 강의는 다음과 같이 전개하였습니다.
【훈음(訓音)】은 '대표 훈'을 원칙으로 썼으나, 간혹 문맥에 맞게 현대 용어로 고쳐쓰기도 하였습니다.
　　　　　예) 사내 남 → 남자 남, 계집 녀 → 여자 녀, 섶나무 신 → 땔나무 신
【해석(解釋)】은 8자를 1문장으로, 4자씩 전후로 나누어 해석하여 썼습니다.
【주해(註解)】는 홍성원 『주해 천자문』의 주해를 해석한 것입니다. 그 주해 원문은 부록에 붙였습니다.
【자의(字意)】는 글자의 뜻입니다. 한자는 글자 한 자에 여러 뜻이 있습니다. 그중 널리 쓰이고 중요한 뜻을 적었습니다. 그 뜻을 명확히 밝히기 위해, 간혹 유의어(類義語)와 반의어(反義語)를 보충 설명하였습니다.

중요한 명칭과 시문은 한글에 한자를 병기(倂記)하였습니다. 두 번째부터는 한글만 썼고, 인물의 생몰 연대도 생략하였습니다. 성현(聖賢) 인물의 존칭과 경칭어는 생략하였습니다.
예) 『논어(論語)』 → 『논어』, 공자(孔子, BC551~479) → 공자

인용한 책명은 『 』, 책의 단락명과 시 · 그림 · 사진 제목은 〈 〉, 인용한 한문을 해석한 글은 " ", 인용한 원문은 ( )로 표시하였으며, 인용 원문이 길면 생략하였습니다.

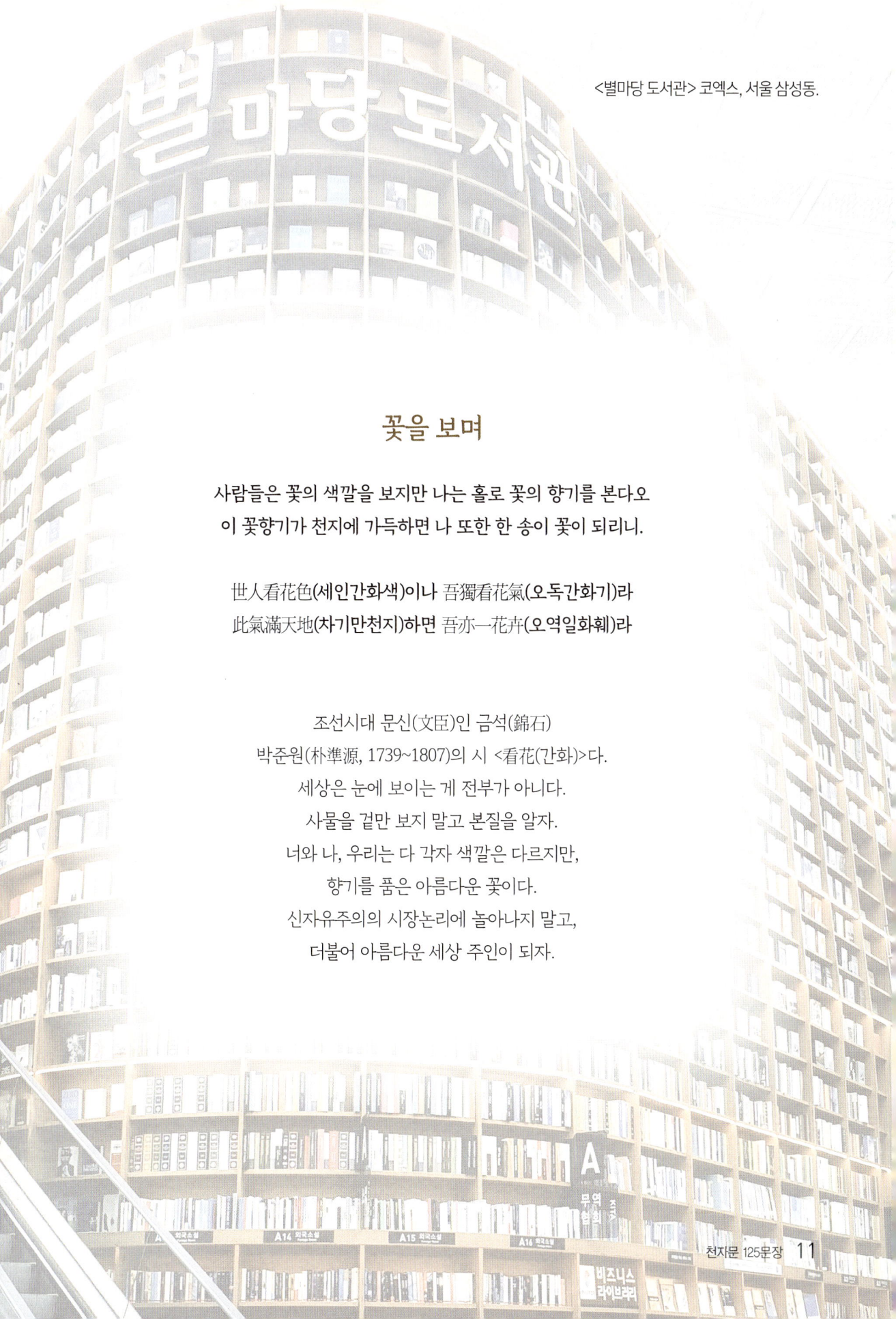

<별마당 도서관> 코엑스, 서울 삼성동.

꽃을 보며

사람들은 꽃의 색깔을 보지만 나는 홀로 꽃의 향기를 본다오
이 꽃향기가 천지에 가득하면 나 또한 한 송이 꽃이 되리니.

世人看花色(세인간화색)이나 吾獨看花氣(오독간화기)라
此氣滿天地(차기만천지)하면 吾亦一花卉(오역일화훼)라

조선시대 문신(文臣)인 금석(錦石)
박준원(朴準源, 1739~1807)의 시 <看花(간화)>다.
세상은 눈에 보이는 게 전부가 아니다.
사물을 겉만 보지 말고 본질을 알자.
너와 나, 우리는 다 각자 색깔은 다르지만,
향기를 품은 아름다운 꽃이다.
신자유주의의 시장논리에 놀아나지 말고,
더불어 아름다운 세상 주인이 되자.

천자문 125문장

1章 천지(天地)의 이치(理致)

001 **天地玄黃**하고 **宇宙洪荒**이라
　　천 지 현 황　　우 주 홍 황

002 **日月盈昃**하고 **辰宿列張**이라
　　일 월 영 측　　신 수 열 장

003 **寒來暑往**하고 **秋收冬藏**이라
　　한 래 서 왕　　추 수 동 장

004 **閏餘成歲**하고 **律呂調陽**이라
　　윤 여 성 세　　률 려 조 양

005 **雲騰致雨**하고 **露結爲霜**이라
　　운 등 치 우　　로 결 위 상

006 **金生麗水**하고 **玉出崑岡**이라
　　금 생 려 수　　옥 출 곤 강

007 **劍號巨闕**이요 **珠稱夜光**이라
　　검 호 거 궐　　주 칭 야 광

008 **果珍李柰**하고 **菜重芥薑**이라
　　과 진 리 내　　채 중 개 강

009 **海鹹河淡**하고 **鱗潛羽翔**이라
　　해 함 하 담　　린 잠 우 상

2章 세상(世上)의 문명(文明)

010 **龍師火帝**요 **鳥官人皇**이라
　　용 사 화 제　　조 관 인 황

011 **始制文字**하고 **乃服衣裳**이라
　　시 제 문 자　　내 복 의 상

012 **推位讓國**은 **有虞陶唐**이라
　　추 위 양 국　　유 우 도 당

013 **弔民伐罪**는 **周發殷湯**이라
　　조 민 벌 죄　　주 발 은 탕

014 **坐朝問道**하고 **垂拱平章**이라
　　좌 조 문 도　　수 공 평 장

015 **愛育黎首**하고 **臣伏戎羌**이라
　　애 육 려 수　　신 복 융 강

016 **遐邇壹體**하여 **率賓歸王**이라
　　하 이 일 체　　솔 빈 귀 왕

017 **鳴鳳在樹**하고 **白駒食場**이라
　　명 봉 재 수　　백 구 식 장

018 **化被草木**하고 **賴及萬方**이라
　　화 피 초 목　　뢰 급 만 방

3章 사람의 도리(道理)

019 **蓋此身髮**은 **四大五常**이라
　　개 차 신 발　　사 대 오 상

020 **恭惟鞠養**하니 **豈敢毀傷**이리오
　　공 유 국 양　　기 감 훼 상

021 **女慕貞烈**하고 **男效才良**이라
　　여 모 정 열　　남 효 재 량

022 **知過必改**하고 **得能莫忘**하라
　　지 과 필 개　　득 능 막 망

023 **罔談彼短**하고 **靡恃己長**하라
　　망 담 피 단　　미 시 기 장

024 **信使可覆**이요 **器欲難量**하라
　　신 사 가 복　　기 욕 난 량

025 **墨悲絲染**하고 **詩讚羔羊**이라
　　묵 비 사 염　　시 찬 고 양

026 **景行維賢**하고 **克念作聖**이라
　　경 행 유 현　　극 념 작 성

027 **德建名立**하고 **形端表正**이라
　　덕 건 명 립　　형 단 표 정

028 **空谷傳聲**하고 **虛堂習聽**이라
　　공 곡 전 성　　허 당 습 청

029 **禍因惡積**이요 **福緣善慶**이라
　　화 인 악 적　　복 연 선 경

030 尺璧非寶요 寸陰是競하라
　　척 벽 비 보　　촌 음 시 경

4장 군자(君子)의 도리(道理)

031 資父事君하니 曰嚴與敬이라
　　자 부 사 군　　왈 엄 여 경
032 孝當竭力하고 忠則盡命하라
　　효 당 갈 력　　충 즉 진 명
033 臨深履薄하고 夙興溫凊하라
　　임 심 리 박　　숙 흥 온 청
034 似蘭斯馨하고 如松之盛이라
　　사 란 사 형　　여 송 지 성
035 川流不息하고 淵澄取映이라
　　천 류 불 식　　연 징 취 영
036 容止若思하고 言辭安定이라
　　용 지 약 사　　언 사 안 정
037 篤初誠美하고 愼終宜令이라
　　독 초 성 미　　신 종 의 령
038 榮業所基요 籍甚無竟이라
　　영 업 소 기　　자 심 무 경
039 學優登仕하여 攝職從政이라
　　학 우 등 사　　섭 직 종 정
040 存以甘棠하니 去而益詠이라
　　존 이 감 당　　거 이 익 영

5장 인간(人間)의 관계(關係)

041 樂殊貴賤하고 禮別尊卑라
　　악 수 귀 천　　예 별 존 비
042 上和下睦하고 夫唱婦隨라
　　상 화 하 목　　부 창 부 수
043 外受傅訓하고 入奉母儀라
　　외 수 부 훈　　입 봉 모 의
044 諸姑伯叔은 猶子比兒라
　　제 고 백 숙　　유 자 비 아
045 孔懷兄弟는 同氣連枝라
　　공 회 형 제　　동 기 련 지
046 交友投分하고 切磨箴規라
　　교 우 투 분　　절 마 잠 규
047 仁慈隱惻을 造次弗離라
　　인 자 은 측　　조 차 불 리
048 節義廉退는 顚沛匪虧라
　　절 의 렴 퇴　　전 패 비 휴
049 性靜情逸하고 心動神疲라
　　성 정 정 일　　심 동 신 피
050 守眞志滿하고 逐物意移라
　　수 진 지 만　　축 물 의 이
051 堅持雅操하면 好爵自縻니라
　　견 지 아 조　　호 작 자 미

6장 제국(帝國)의 기반(基盤)

052 都邑華夏는 東西二京이라
　　도 읍 화 하　　동 서 이 경
053 背邙面洛하고 浮渭據涇이라
　　배 망 면 락　　부 위 거 경
054 宮殿盤鬱하고 樓觀飛驚이라
　　궁 전 반 울　　누 관 비 경
055 圖寫禽獸하고 畫綵仙靈이라
　　도 사 금 수　　화 채 선 령
056 丙舍傍啓하고 甲帳對楹이라
　　병 사 방 계　　갑 장 대 영
057 肆筵設席하고 鼓瑟吹笙이라
　　사 연 설 석　　고 슬 취 생
058 陞階納陛하니 弁轉疑星이라
　　승 계 납 폐　　변 전 의 성
059 右通廣內하고 左達承明이라
　　우 통 광 내　　좌 달 승 명
060 旣集墳典하고 亦聚群英이라
　　기 집 분 전　　역 취 군 영

061	杜稿鍾隸요 漆書壁經이라
	두고종예 칠서벽경

061 杜稿鍾隸요 漆書壁經이라
　　두고종예　　칠서벽경

062 府羅將相하고 路俠槐卿이라
　　부라장상　　노협괴경

063 戶封八縣하고 家給千兵이라
　　호봉팔현　　가급천병

064 高冠陪輦하고 驅轂振纓이라
　　고관배련　　구곡진영

065 世祿侈富하니 車駕肥輕이라
　　세록치부　　거가비경

066 策功茂實하고 勒碑刻銘이라
　　책공무실　　늑비각명

7章 인재(人材)의 공적(功績)

067 磻溪伊尹이 佐時阿衡이라
　　반계이윤　　좌시아형

068 奄宅曲阜하니 微旦孰營이리오
　　엄택곡부　　미단숙영

069 桓公匡合하여 濟弱扶傾이라
　　환공광합　　제약부경

070 綺回漢惠하고 說感武丁이라
　　기회한혜　　열감무정

071 俊乂密勿하여 多士寔寧이라
　　준예밀물　　다사식녕

072 晉楚更霸하고 趙魏困橫이라
　　진초경패　　조위곤횡

073 假途滅虢하고 踐土會盟이라
　　가도멸괵　　천토회맹

074 何遵約法하고 韓弊煩刑이라
　　하준약법　　한폐번형

075 起翦頗牧은 用軍最精이라
　　기전파목　　용군최정

076 宣威沙漠하고 馳譽丹靑이라
　　선위사막　　치예단청

077 九州禹跡이요 百郡秦幷이라
　　구주우적　　백군진병

078 嶽宗恒岱하고 禪主云亭이라
　　악종항대　　선주운정

079 鴈門紫塞요 鷄田赤城이라
　　안문자새　　계전적성

080 昆池碣石과 鉅野洞庭이라
　　곤지갈석　　거야동정

081 曠遠綿邈하고 巖岫杳冥이라
　　광원면막　　암수묘명

8章 인생(人生)의 황혼(黃昏)

082 治本於農하여 務玆稼穡이라
　　치본어농　　무자가색

083 俶載南畝하고 我藝黍稷이라
　　숙재남묘　　아예서직

084 稅熟貢新하고 勸賞黜陟이라
　　세숙공신　　권상출척

085 孟軻敦素하고 史魚秉直이라
　　맹가돈소　　사어병직

086 庶幾中庸이면 勞謙謹勅하라
　　서기중용　　노겸근칙

087 聆音察理하고 鑑貌辨色이라
　　영음찰리　　감모변색

088 貽厥嘉猷하니 勉其祗植이라
　　이궐가유　　면기지식

089 省躬譏誡하고 寵增抗極하라
　　성궁기계　　총증항극

090 殆辱近恥하니 林皐幸卽하라
　　태욕근치　　임고행즉

091 兩疏見機하니 解組誰逼이리오
　　양소견기　　해조수핍

092 索居閑處하니 沈默寂寥라
　　삭거한처　　침묵적요

093 求古尋論하고 散慮逍遙라
　　구고심론　　산려소요

094 欣奏累遣하고 慼謝歡招라
　　흔주누견　　척사환초

095	渠荷的歷하고 園莽抽條라
	거 하 적 력 원 망 추 조
096	枇杷晚翠하고 梧桐早凋라
	비 파 만 취 오 동 조 조
097	陳根委翳하고 落葉飄颻라
	진 근 위 예 낙 엽 표 요
098	遊鯤獨運하여 凌摩絳霄라
	유 곤 독 운 능 마 강 소

9章 선비의 일상(日常)

099	耽讀翫市하니 寓目囊箱이라
	탐 독 완 시 우 목 낭 상
100	易輶攸畏니 屬耳垣墻이라
	이 유 유 외 속 이 원 장
101	具膳飧飯하니 適口充腸이라
	구 선 찬 반 적 구 충 장
102	飽飫烹宰하고 飢厭糟糠이라
	포 어 팽 재 기 염 조 강
103	親戚故舊는 老少異糧이라
	친 척 고 구 노 소 이 량
104	妾御績紡하고 侍巾帷房이라
	첩 어 적 방 시 건 유 방
105	紈扇圓潔하고 銀燭煒煌이라
	환 선 원 결 은 촉 위 황
106	晝眠夕寐하니 藍筍象床이라
	주 면 석 매 남 순 상 상
107	絃歌酒讌하고 接杯擧觴이라
	현 가 주 연 접 배 거 상
108	矯手頓足하니 悅豫且康이라
	교 수 돈 족 열 예 차 강
109	嫡後嗣續하여 祭祀蒸嘗이라
	적 후 사 속 제 사 증 상
110	稽顙再拜하고 悚懼恐惶이라
	계 상 재 배 송 구 공 황
111	牋牒簡要하고 顧答審詳이라
	전 첩 간 요 고 답 심 상
112	骸垢想浴하고 執熱願凉이라
	해 구 상 욕 집 열 원 량
113	驢騾犢特이 駭躍超驤이라
	여 라 독 특 해 약 초 양
114	誅斬賊盜하고 捕獲叛亡이라
	주 참 적 도 포 획 반 망

10章 지혜(智慧)로운 삶

115	布射僚丸하며 嵇琴阮嘯라
	포 사 료 환 혜 금 완 소
116	恬筆倫紙하고 鈞巧任釣라
	염 필 륜 지 균 교 임 조
117	釋紛利俗하니 竝皆佳妙라
	석 분 이 속 병 개 가 묘
118	毛施淑姿하여 工嚬姸笑라
	모 시 숙 자 공 빈 연 소
119	年矢每催하고 羲暉朗曜라
	연 시 매 최 희 휘 낭 요
120	璇璣懸斡하고 晦魄環照라
	선 기 현 알 회 백 환 조
121	指薪修祐하니 永綏吉邵라
	지 신 수 우 영 수 길 소
122	矩步引領하고 俯仰廊廟라
	구 보 인 령 부 앙 낭 묘
123	束帶矜莊하고 徘徊瞻眺라
	속 대 긍 장 배 회 첨 조
124	孤陋寡聞하면 愚蒙等誚라
	고 루 과 문 우 몽 등 초
125	謂語助者는 焉哉乎也니라
	위 어 조 자 언 재 호 야

〈의사봉(議事棒)〉

- 의결(議決) 기관에서 회의(會議)할 때 개회와 폐회, 안건(案件)의 상정, 표결(表決) 등 의결의 순서와 결과를 선언(宣言)할 때 사용한다.
- 의사봉을 세 번 치는 이유는? 天·地·人(하늘·땅·사람)에 알린다는 의미다.
- 숫자 '3'은 완성(完成)의 의미로서, 우주 만물을 구성하는 삼재(三才)인 天地人(하늘·땅·사람)이다.

1章 천지의 이치

001	天地玄黃(천지현황)하고 宇宙洪荒(우주홍황)이라	하늘과 땅은 검고 누르며 우주는 넓고 거칠다
002	日月盈昃(일월영측)하고 辰宿列張(신수열장)이라	해와 달은 차고 기울며 별과 별자리는 넓게 펼쳐졌다
003	寒來暑往(한래서왕)하고 秋收冬藏(추수동장)이라	추위가 오니 더위가 가고 가을에 거두고 겨울에 저장한다
004	閏餘成歲(윤여성세)하고 律呂調陽(률려조양)이라	윤달을 보태어 한 해를 이루고 육률과 육려로써 음양이 조화한다
005	雲騰致雨(운등치우)하고 露結爲霜(로결위상)이라	구름은 올라가 비가 되고 이슬은 엉키어 서리가 된다
006	金生麗水(금생려수)하고 玉出崑岡(옥출곤강)이라	금은 여수에서 나고 옥은 곤강에서 난다
007	劒號巨闕(검호거궐)이요 珠稱夜光(주칭야광)이라	칼은 거궐검이 이름났고 구슬은 야광주가 칭송받는다
008	果珍李柰(과진리내)하고 菜重芥薑(채중개강)이라	과실은 오얏과 능금이 보배고 나물은 겨자와 생강이 중하다
009	海鹹河淡(해함하담)하고 鱗潛羽翔(린잠우상)이라	바닷물은 짜고 강물은 싱거우며 물고기는 잠기고 새는 난다

001 전

天	地	玄	黃
하늘 천	땅 지	검을 현	누를 황

해석 하늘과 땅은 검고 누르며

주해 이는 하늘과 땅의 시초(始初)를 말한 것이다. 『주역(周易)』에, '하늘은 검고 땅은 누렇다'고 하였다. 하늘은 위에서 덮어서 그 색깔이 검고, 땅은 아래에서 실어서 그 색깔이 누렇다.

자의

天(천)	하늘, 천체, 하느님, 제왕, 천성(天性), 운명(運命), 자연(自然), 천기(天氣).
地(지)	땅, 토지(土地), 대지(大地), 영토(領土), 전답(田畓), 장소(場所), 지구(地球).
玄(현)	검다, 아득하다, 가물가물하다, 고요하다, 현미(玄米), 현조(玄祖), 현손(玄孫).
黃(황)	노랗다, 노란색, 어린아이, 황금(黃金), 황토(黃土), 황사(黃沙), 황혼(黃昏).

'천지현황(天地玄黃)'의 어순(語順)은 천현(天玄) 지황(地黃)이다.

『계몽편(啓蒙篇)』〈수편(首篇)〉 첫 문장은 '하늘·땅·사람'이다.
"위에 하늘이 있고 아래에 땅이 있다. 하늘과 땅 사이에 사람이 있고 만물이 있다."
(上有天하고 下有地하니 天地之間에 有人焉하고 有萬物焉하니라)

『추구집(推句集)』의 첫 문장도 '하늘과 땅'이다.
天高日月明(천고일월명)이요 높으니 해와 달이 밝고
地厚草木生(지후초목생)이라 땅이 두터우니 풀과 나무가 자란다.
月出天開眼(월출천개안)이요 달이 뜬 것은 하늘이 눈을 뜬 것이요
山高地擧頭(산고지거두)라 산이 높은 것은 땅이 머리를 든 것이다.

『천자문』은 글자(한자)를 공부하는 책이다. 첫 글자는 天(하늘)이다. 이어서 공부하는 『계몽편』·『추구집』·『학어집(學語集)』·『명심보감(明心寶鑑)』의 첫 문장도 天(하늘)으로 시작한다. 하늘은 우주의 질서(秩序)요, 자연의 섭리(攝理)요, 영원한 정의(正義)다.

001

宇	宙	洪	荒
집 우	집 주	넓을 홍	거칠 황

훈음

해석 우주는 넓고 거칠다

주해 천지(天地)의 안을 횡(橫, 공간)으로 말하면 상하사방(上下四方)인 우(宇)가 되고, 종(縱, 시간)으로 말하면 왕고내금(往古來今, 예와 지금)인 주(宙)가 되니, 넓고 크고 멀어서 가없고 끝없다.

자의

宇(우)	무한 공간, 우주(宇宙).
宙(주)	무한 시간, 우주(宇宙).
洪(홍)	넓다, 큰물, 홍수(洪水), 성씨, 홍어(洪魚).
荒(황)	거칠다, 황무지(荒蕪地), 황폐(荒廢), 황당(荒唐), 허황(虛荒).

'우주홍황(宇宙洪荒)'의 어순(語順)은 우홍(宇洪) 주황(宙荒)이다.

〈태양계(太陽系, Solar System)〉, 태양과 그 주위를 도는 8행성(行星, Planet)

이백(李白, 701~762)은 시 〈춘야연도리원서(春夜宴桃李園序)〉 '봄밤 복숭아밭의 잔치'에서 '천지·세월·인생'을 읊었다.
"천지는 만물이 묵어가는 여관이요, 세월은 영원한 나그네다.
떠도는 인생이 꿈과 같으니, 기쁘게 산다 한들 얼마나 되랴?"
(夫天地者는 萬物之逆旅요 光陰者는 百代之過客이라. 而浮生若夢하니 爲歡幾何오)

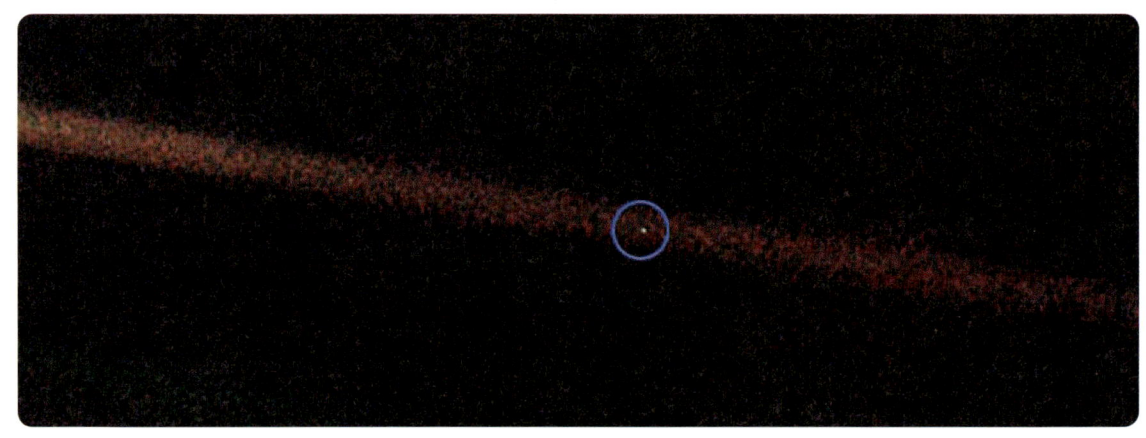

1990년 2월 14일, 미국 우주선 보이저(Voyager)호가 우주에서 찍은 〈지구(地球)〉
출처『창백한 푸른 점』사이언스북스, 2024년.

지구='창백한 푸른 점'(The Pale Blue Dot)에 대해, 천문학자 칼 세이건(Carl E Sagan, 1934~1996)이 말했다. - 위 책 26~27쪽.

"저 창백한 푸른 점(點)을 보라. 우리가 사랑하는 사람, 아는 사람, 소문으로 들었던 사람, 그 모든 사람이 저 점 위에 있거나 있었다. 우리의 기쁨과 슬픔, 숭상되는 수천 개의 종교, 이데올로기, 경제체제, 사냥꾼과 약탈자, 영웅과 겁쟁이, 문명의 창조자와 파괴자, 왕(王)과 농민, 사랑에 빠진 젊은 남녀, 어머니와 아버지, 꿈 많던 아이들, 발명가와 개척자, 윤리 도덕 교사들, 부패한 정치인, 슈퍼스타, 위대한 지도자, 성자(聖者)와 죄인 등 인류 역사의 그 모든 것들이 태양빛 속에 뜬 먼지 같은 저 작은 점 위에서 살았다.

우리가 사는 지구는 광대한 우주 암흑 속의 지극히 작은 하나의 점일 뿐인데, 이 점의 한구석을 일시 지배하려던 장군과 황제가 죽인 사람들이 흘린 피의 강물을 생각해 보라. 또, 이 점 한구석의 사람들이 다른 한구석의 사람들에게 자행했던 무수한 잔인한 짓들을 생각해 보라. 그들이 얼마나 빈번히 오해하여 서로 죽이려 날뛰었고, 얼마나 지독히 서로 미워했던가를 생각해 보라.

우리의 거만함·자만심·우월감·망상으로 인해 저 점(지구)이 도전받고 있다. 광막한 우주에서 미천한 우리를 구원해줄 외부의 징조는 전혀 없다. 지구는 생물이 사는 유일한 천체이고, 우리가 살 곳은 이곳 외엔 없다. 좋건 나쁘건 지구만이 우리 삶의 터전이다.

천문학은 겸손함과 인격을 수양하는 학문이다. 인류의 어리석은 교만함을 알려주는데, 지구 멀리 우주에서 찍은 이 사진 이상의 것은 없다. 사진은 우리가 서로 더 친절해야 하고, 우리의 유일한 삶의 터전인 저 '창백한 푸른 점'(지구)을 아끼고 보전해야 한다는 책임감을 강조하고 있다."

대한민국 국가(國歌) <애국가(愛國歌)> 가사

1절 동해(東海) 물과 백두산(白頭山)이 마르고 닳도록
         하느님이 보우(保佑)하사 우리나라 만세(萬歲)

2절 남산(南山) 위에 저 소나무 철갑(鐵甲)을 두른 듯
         바람 서리 불변(不變)함은 우리 기상(氣像)일세

3절 가을 하늘 공활(空豁)한데 높고 구름 없이
         밝은 달은 우리 가슴 일편단심(一片丹心)일세

4절 이 기상(氣像)과 이 맘으로 충성(忠誠)을 다하여
         괴로우나 즐거우나 나라 사랑하세

후렴(後斂) 무궁화(無窮花) 삼천리(三千里) 화려(華麗) 강산(江山)
               대한(大韓) 사람 대한(大韓)으로 길이 보전(保全)하세

<백두산(白頭山) 천지(天池), Heaven Lake>, TV 화면 캡처

<애국가> 작사자(作詞者)는 (국사편찬위원회 공식 입장) 미상(未詳)이다. 곡조(曲調)는 스코틀랜드 민요 <올드 랭 사인(Auld lang syne), 작별> 에 위 가사를 얹어 부르다가, 안익태(安益泰, 1906~1965)가 1935년에 만든 곡으로서 1948년 정부 수립 후부터 불렀다. 안익태는 평양 출신으로, 일본에서 음악 공부하고, 미국에서 체류하다, 유럽에서 활동했다. 스페인 여성과 결혼하여 바로셀로나에서 살다, 그곳에서 사망했다.

천자문 125문장 강의

002
전

훈음

日	月	盈	昃
날 일	달 월	찰 영	기울 측

해석

해와 달은 차고 기울며

주해

『주역』에, '해는 (하루 안에) 중천(中天)에 뜨면 서쪽으로 기울고, 달은 (한 달 안에) 차면 하현(下弦)으로 이지러진다'고 하였다. 이렇듯 해와 달이 이리저리 왔다 갔다 함이 고리(環, 환)같이 끝이 없다.

자의

日(일)	해(sun), 햇빛(日光), 날(day), 날짜, 하루, 일기(日氣), 일기(日記), 일요일(日曜日).
月(월)	달(moon), 달빛(月光), 월(month), 정월(正月), 세월(歲月), 밀월(蜜月).
盈(영)	차다, 그릇을 가득 채우다, 계영배(戒盈杯), 월영즉식(月盈則食).
昃(측)	기울다, 해가 기울다, 한쪽으로 기울다, 일측지로(日昃之勞)=해가 기울도록 종일 일함.

해(日)는 태양(太陽)의 정기(精氣)요, 달(月)은 태음(太陰)의 정기다.
이 양음(陽陰)의 정기는 서로 감싸며, 때에 맞추어 진퇴(進退)와 성쇠(盛衰)를 반복한다.
해가 생명(生命)의 빛이라면, 달은 감성(感性)의 빛이다.

<정야사(靜夜思)> 이백, 유랑 중 양쩌우(揚州) 여관에서 읊은 향수시(鄕愁詩) '깊은 밤 고향 생각'

床前明月光(상전명월광)	침상에 흘러든 밝은 달빛
疑是地上霜(의시지상상)	땅에 서리가 내렸나 했네
擧頭望山月(거두망산월)	산 위에 뜬 달 바라보다가
低頭思故鄕(저두사고향)	고향 생각에 고개 떨구네.

시선(詩仙) 이백이 태어난 곳은 부친의 유배지 쇄엽성(碎葉城)-지금의 키르기스스탄 수도 비슈케크 인근 토크모크이다. 25세에 집을 떠나 강남(江南)을 유랑(流浪)하며 술과 시로써 몰락 귀족 자제들과 어울렸다. 43세에 수도 장안(長安)에 이르러, 현종(玄宗)에게 발탁되어 벼슬살이했다. 1년 만에 사직하고, 시성(詩聖) 두보와 함께 여행했다. '안록산 난' 후, 56세에 현종의 16째 아들 '영왕의 반란'에 참여, 숙종의 정부군에 체포되어 유배 중 사면되었다. 61세에 친구 집에서 사망했다.

| 002 후 | 辰 별 신 | 宿 별자리 수 | 列 벌일 열 | 張 베풀 장 |

별과 별자리는 넓게 펼쳐졌다

주해 천체(天體)의 도수(度數)를 12방위로 나누면 신(辰)이요, 해와 달이 운행하면서 만나는 곳을 28위치로 나누면 28수(宿)다.

자의

辰(신, 진)
이름 없는 별. *성(星); 이름 있는 별.
성신(星辰); 모든 별.
辰은 별이나 때와 관련되면 '신'으로 읽고, 지지(地支)와 관련되면 '진'으로 읽음.

宿(수, 숙) 별자리, *잘 숙(宿); 자다, 묵다, 숙박(宿泊).

列(열) 벌이다, 줄지어 늘어섬.

張(장) 베풀다, 벌이다, 성씨, 확장(擴張).

'열장(列張)'은 넓고 어두운 하늘에 무수한 별들이 넓게 펼쳐져서 초롱초롱 반짝이는 상태다.

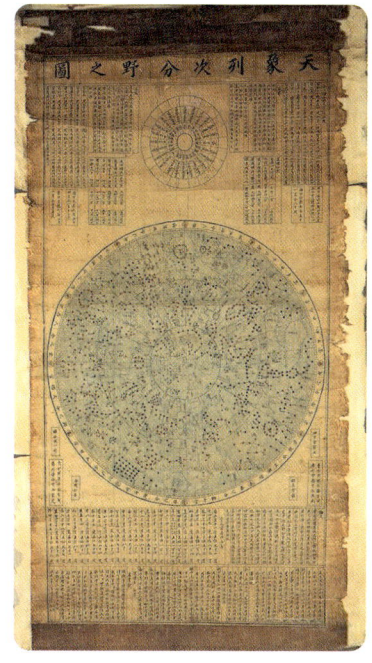

〈천상열차분야지도(天象列次分野之圖)〉
조선시대, 석각(石刻) 천문도(天文圖), 별 1,467개 표시

Life is like a night in a strange inn.
"인생(人生)이란 낯선 여인숙(旅人宿)에서 묵은 하룻밤과 같다."
가톨릭 수녀(修女) 테레사(Mother Teresa, 1910~1997)가 남긴 말이다.

테레사 수녀는 50년간, 인도 캘커타 빈민가에 들어가 봉사 활동하였다. 1979년 '노벨평화상'을 수상하였고, 인도에서 가장 높은 시민 훈장(勳章) '바라트 라트나'를 받았다. 사후(死後), 2003년에 '캘커타의 복녀(福女) 테레사'로 시복(諡福)되었다. 2016년에 '캘커타의 성녀(聖女) 테레사'로 시성(諡聖)되었다.

003 전

寒	來	暑	往
찰 한	올 래	더울 서	갈 왕

해석 추위가 오니 더위가 가고

주해 『주역』에, '추위가 가면 더위가 오고, 더위가 가면 추위가 오니, 가는 것은 굽힘이요 오는 것은 폄'이라고 하였다.

자의

寒(한)	겨울철, 추위 심한 혹한기(酷寒期)에 방한복(防寒服)을 입다.
來(래)	오다, 내일(來日)=훗날, 미래(未來)=미지(未知).
暑(서)	여름철, 더위 심한 혹서기(酷暑期)에 피서지(避暑地)를 찾다.
往(왕)	가다, 내왕(來往), 왕래(往來), 설왕설래(說往說來).

백거이 시 <매탄옹(賣炭翁) '숯 파는 노인' 앞글.
숯 파는 노인은 남산에서 나무를 베어다 숯을 굽는다.
얼굴은 온통 재와 연기에 그을렸고, 귀밑머리는 희끗희끗하며, 열 손가락은 새까맣다.
숯 팔아 번 돈을 어디에 쓰는가 하니, 몸에 걸칠 옷과 입에 넣을 음식을 살 거란다.
가엽게시리 몸에 홑옷 하나 걸치고도, 숯값 싸질까 걱정하며 날씨 더 춥기를 바란다.
(伐薪燒炭南山中. 滿面塵灰煙火色 兩鬢蒼蒼十指黑. 賣炭得錢何所營 身上衣裳口中食. 可憐身上衣正單 心憂炭賤願天寒)
백거이(白居易, 772~846)는 당나라 시인이다. 자(字) 낙천(樂天), 호 취음(醉吟)선생, 향산(香山)거사다.

도연명 시 <귀거래사(歸去來辭)> '귀향(歸鄕)' 서두(序頭).
자, 돌아가자. 고향 전원이 황폐해지는데 어찌 돌아가지 않으리.
여태 마음이 몸의 노예로 살았구나. 어찌 슬피 홀로 비탄만 하랴.
(歸去來兮여. 田園將蕪하니 胡不歸오. 旣自以心爲形役하니 奚惆悵而獨悲오)

도연명(陶淵明, 365~427)은 옛 중국 동진(東晋) 후기, 전원시인(田園詩人)이다. 성은 도(陶), 이름은 잠(潛), 호(號)가 연명(淵明), 시호(諡號)는 정절(靖節)이다. 하급귀족의 가난한 가정에서 태어났고, 부친은 일찍 사망했다. 29세에 시작한 벼슬살이 13년, 팽택(彭澤)지방 현령(縣令) 시. 상급 군수(郡守) 시찰 소식에 '내 봉급 다섯 말(斗) 때문에 소인(小人)에게 허리 굽혀 절하랴.' 사직하고 귀향길에 올라, <귀거래사>를 읊었다.

003

秋	收	冬	藏
가을 추	거둘 수	겨울 동	감출 장

훈음

해석 가을에 거두고 겨울에 저장한다

주해 만물(萬物)이 봄에 나오고 여름에 자라며, 가을에 성숙(成熟)하면 수확(收穫)하고, 겨울에 숙살(肅殺, 초목을 말려 죽임)하면 닫아 감춘다.

자의

> **봄(春)**에 소생(蘇生)하고 **여름(夏)**에 성장(成長)하며 **가을(秋)**에 수확(收穫)하고 **겨울(冬)**에 저장(貯藏)하니, 이는 대자연의 이치다.
>
> **收(수)** (익은 것을) 거두다, 거두어들이다, 수확(收穫), 추수(秋收).
>
> **藏(장)** 감추다, (거두어들여 창고에) 저장(貯藏)하다, 동장(冬藏).

'춘생(春生)·하장(夏長)·추수(秋收)·동장(冬藏)은 천도(天道)의 대경(大經)'이니, 사계(四季)의 순환(循環)에 따라 사람의 일과 만물은 변화한다. 이에 순응(順應)하는 것이 순리(順理)다.

<의(宜) 좋은 형제> - 현재, 초등학교 국어(2학년) 책에 실림

고려 말, 충남 예산 한 마을에 사이좋은 형제가 서로 도우며 오순도순 정답게 살았다. 형은 혼인하여 자녀가 있고, 아우는 미혼이었다. 가을에, 형제는 곡식을 거두어 똑같이 나누어 가졌다. 형은 장가갈 동생을 걱정하고, 동생은 식구 많은 형을 걱정하였다. 밤에, 형은 볏단을 들어다가 동생 볏단에 쌓아 놓았다. 동생도 볏단을 들어다가 형 볏단에 쌓아 놓았다. 다음 날, 줄지 않은 볏단을 본 형과 동생은 의아(疑訝)해했다. 밤에 다시, 볏단을 나르던 형제는 길에서 딱 마주쳤다. 진실을 알게 된 형제는 얼싸안고 크게 웃었다.

<개미와 베짱이> - 서양(西洋), 『이솝(Aesop)의 우화(寓話)』의 하나

여름날, 개미는 땀 흘리며 부지런히 일하고 베짱이는 그늘에서 노래하며 놀았다.

겨울에, 개미는 노동의 대가로 풍족하고 따뜻하게 지내지만 베짱이는 배고프고 추위에 떨다가 개미를 찾아가 먹을 것을 구걸(求乞)한다. 개미는 문전박대(門前薄待) 외면(外面)하고 베짱이는 속수무책(束手無策) 처량(凄涼)하다.

*주의(注意)! 베짱이는 겨울에 존재하지 않습니다. 알(卵)로 겨울을 지냅니다.

004 전

閏	餘	成	歲
윤달 윤	남을 여	이룰 성	해 세

해석 윤달을 보태어 한 해를 이루고

주해 1年은 12개월에 24절기(節氣)니, 절기는 꽉 차고 월삭(月朔)은 부족하여 32개월이 모이면 29일이 남는다. 이것으로써 윤달을 두어 四時를 정하고 1年을 이룬다.

자의

閏(윤)	음력(陰曆)에서 평년(平年)의 12달에 1달 더 보탠 달, 공(空)달.
餘(여)	남다, 남기다, 나머지, 여유(餘裕), 잉여금(剩餘金), 여생(餘生), 여담(餘談), 여백(餘白).
成(성)	이루다, 성공(成功)=목표를 달성함, 성인(成人)=된 사람, 살신성인(殺身成仁).
歲(세)	해(年), 나이(살), 연세(年歲), 세월(歲月), 세배(歲拜), 만세(萬歲). 나이를 세는 단위로서, 앞말이 한자어면 세(50세), 고유어면 살(쉰 살)로 쓴다.

달(月)을 기준하는 음력에서 1달은 29일과 30일이 번갈아 반복되는데, 이 12달을 합산하면(29×6+30×6) 1년은 354일이다. 해(日)를 기준하는 양력(陽曆)의 1년인 365일과 11일 차이가 난다. 이 11일이 3년 쌓이면 33일이니, 3년에 1달 또는 8년에 3달의 윤달을 넣어서 한 해(歲,年)를 이룬다. 윤달이 드는 빈도는 5월이 가장 많고, 11·12·1월은 거의 없다.

<윤사월(閏四月)>
박목월(朴木月, 1916~1978) 시
1946년 발표

송홧(松花)가루 날리는 외딴 봉우리
윤사월 해 길다 꾀꼬리 울면
산지기 외딴집 눈먼 처녀사
문설주에 귀 대고 엿듣고 있다.

<송화(松花)>

004

律	呂	調	陽
법(가락) 률	음률 려	고를 조	볕 양

해석: 육률과 육려로써 음양이 조화한다

주해: 육률(六律)은 양(陽)이요, 육려(六呂)는 음(陰)이다. 선왕(先王)이 음악을 상고하여 율려(律呂)를 정하였으니, 음양이 조화(調和)되어 만물(萬物)이 다스려진다.

자의:

律(률)	육률(六律), 남성(陽)을 상징하는 소리(音), 음률(音律), 선율(旋律), 법률(法律).
呂(려)	육려(六呂), 여성(陰)을 상징하는 소리(音), 성씨, 여씨춘추(呂氏春秋), 여씨향약(呂氏鄕約).
調(조)	곡조(曲調)의 준말, 고르다, 평탄하다, 조절(調節), 조정(調整).
陽(양)	양음(陽陰)의 준말, 볕, 태양(太陽), 양력(陽曆), 양지(陽地), 석양(夕陽), 남자(男子).

'양률음려(陽律陰呂)'는 음악의 법칙이고, 음악은 양음의 조화(調和)다.
조화는 여러 요소들의 상호관계가 분리되지 않고, 다양한 상태에서 잘 어울림이다. 균형과 변화와 통일을 포함한 전체적인 결합(結合) 상태다.

고대(古代)에 음악은 백성을 다스리고 나라를 경영하는 정치(政治)의 한 분야였다. 좋은 음악으로써 백성의 풍속을 밝히고 질서를 유지하였다. 한편, 백성들은 삶의 애환(哀歡)을 음악으로 표출하였다. 그러므로, 항간(巷間)에 떠도는 노래는 그 시대를 반영한다.

오케스트라(Orchestra)는 관현악(管絃樂) 곡을 연주하는 악단(樂團)이다. 심포니 오케스트라는 심포니(Symphony, 교향곡, 交響曲)을 연주하는 악단이다.
교향(交響)은 '서로 어울려 울림'이란 말이다. 대개 연주자 70~120명이 각기 다른 악기로써 한 음악을 연주한다. 관(管)악기와 현(絃)악기 외 타(打)악기와 건반(鍵盤)악기가 협주하기도 한다.

국립국악관현악단

005 전

雲	騰	致	雨
구름 운	오를 등	보낼(이를) 치	비 우

훈음

해석 구름은 올라가 비가 되고

주해 산과 못에서 구름이 나오고, 구름이 엉기어 날면 비를 이룬다. 이는 구름과 비가 서로 따름을 말한 것이다.

자의

雲(운)	구름, 습기, 높다, 많다, 운집(雲集), 자운서원(紫雲書院), 백운동(白雲洞) 정원(庭園).
騰(등)	위로 오르다, 높은 곳으로 가다, 값이 비싸지다, 말을 타다, 급등(急騰), 폭등(暴騰).
致(치)	이르다, 도달하다, 보내다, 전송하다, 바치다, 힘쓰다, 치명(致命), 경치(景致), 이치(理致).
雨(우)	비, 많다, 폭우(暴雨), 폭풍우(暴風雨), 호우(豪雨), 강우량(降雨量), 기우제(祈雨祭).

대지의 수증기인 **구름(雲)**이 위로 **올라가(騰)**, 찬 공기를 **만나(致)** 엉키어 낙하하면 **비(雨)**가 된다.

비가 엉키면 눈이다. 이 비와 눈은 강과 바다에 모였다가 다시 구름으로 오른다. 자연계(自然界)의 순환(循環)이다. '운우지정(雲雨之情)'은 구름과 비의 정(情)이다. 구름과 비가 허공에서 만나 조화하다가 사라지는 것을, 남녀의 육체적인 사랑 행위로 해석한 말이다.

『계몽편』 <지(地)>편에,
"산과 바다의 기운이 올라가 하늘의 기운과 서로 접하면 구름과 안개를 일으켜 비와 눈이 내리고, 서리와 이슬이 되며 바람과 우레가 발생한다. 더운 기운이 증발하여 뭉게구름을 일으키면 비가 내리고, 찬 기운이 추워져 응결되면 이슬이 맺혀 서리가 되고, 비가 응결되면 눈이 된다. 그러므로 봄과 여름에는 비와 이슬이 많고, 가을과 겨울에는 서리와 눈이 많다. 변화를 헤아릴 수 없는 것은 바람과 우레다."
(山海之氣가 上與天氣相交면 則興雲霧하고 降雨雪하며 爲霜露하고 生風雷니라. 暑氣蒸鬱이면 則油然而作雲하여 沛然而下雨하고 寒氣陰凝이면 則露結而爲霜하고 雨凝而成雪이라. 故로 春夏에 多雨露하고 秋冬에 多霜雪하니 變化莫測者는 風雷也니라)

005 후

| 露 이슬 로 | 結 맺을 결 | 爲 할(될) 위 | 霜 서리 상 |

해석

이슬은 엉키어 서리가 된다

주해

밤공기가 이슬을 이루고, 이슬이 차가워져 맺히면 서리가 되니, 이는 서리와 이슬이 서로 교대함을 말한 것이다.

자의

이슬(露)과 서리(霜)는 본래 일물(一物)이다.
차가운 공기가 지상의 풀잎에 **맺히면(結)** 이슬이고, 이슬이 엉키면 서리가 **된다(爲)**.
안개(霧)는 공중 산 아래에 형성되고, **구름(雲)**은 산 위에 형성된다.

'오상고절(傲霜孤節)'이란 매서운 서릿발에도 굽히지 않고 홀로 꼿꼿하게 절개를 지킨다는 말이다.
충신(忠臣)이나 국화(菊花)를 비유한다.

조선(朝鮮)의 시인, 이정보(李鼎輔, 1693~1766)의 시 <국화>.
국화(菊花)야 너는 어이 삼월춘풍(三月春風) 다 지내고
낙목한천(落木寒天)에 네 홀로 퓌였는다
아마도 오상고절(傲霜孤節)은 너뿐인가 하노라.

006 전

金	生	麗	水
쇠 금	날 생	고울 려	물 수

해석: 금은 여수에서 나고

주해: 여수는 중국 운남성(雲南省)에 있다. 이곳 사람들은 물속에서 모래를 건져내 백번을 도태(淘汰, 일고 씻음)하여 사금(沙金)을 얻었다.

자의:

金(금)	황금(黃金, Gold), 쇠 철(鐵, Iron)과 구별, 성씨(姓氏) 김(金), 돈, 금리(金利).
生(생)	생기다, 태어나다, 출생(出生), 살다, 삶, 생활(生活), 민생(民生), 선생(先生).
麗(려)	곱다, 아름답다, 맑다, 화려(華麗)하다, 고려(高麗), 수려(秀麗), 한려수도(閑麗水道).
水(수)	물, 강물, 호수, 액체, 평평하다, 수준기(水準器), 수평선(水平線), 상선약수(上善若水).

여수(麗水)는 금사강(金沙江)이다. 중국 장강(長江)의 상류다.

『춘향전(春香傳)』에, 전라도 남원(南原)의 불량 사또 변학도(卞學道) 생일잔치에, 거지꼴로 등장한 암행어사 이몽룡(李夢龍)이 <어사시(御使詩)> 한 수로 꾸짖었다. 대구(對句)가 절묘한 명시(名詩)다.

金樽美酒千人血(금준미주천인혈)   금동이의 좋은 술은 천 백성의 피요
玉盤佳肴萬姓膏(옥반가효만성고)   옥반의 좋은 안주는 만 백성 기름이라
燭淚落時民淚落(촉루락시민루락)   촛농 떨어질 때 백성의 눈물 떨어지고
歌聲高處怨聲高(가성고처원성고)   노랫소리 높은 곳에 원망소리 높다.

서산대사(西山大師)가 지은 <회심곡(悔心曲)> 앞부분에 '부모가 자식 사랑에 겨워서 하시는 말씀'이 있다. "銀자童아 金자童아 금이로구나. 萬疊青山 보배童아 天地乾坤 日月童아 나라에는 忠臣童아 父母님 전 孝子童아 동네방네 귀염童아 一家親戚 和睦童아 둥글둥글 수박童아 五色緋緞 彩色童아 彩色緋緞 五色童아 銀을 주면 너를 사고 金을 준들 너를 사랴 愛之重之 기른 情을 사람마다 父母恩功 생각하면 泰山이라도 무겁지 않겠습니다."

006

玉	出	崑	岡
구슬 옥	날 출	메 곤	메 강

해석: 옥은 곤강에서 난다

주해: 곤(崑)은 산의 이름, 형산(荊山)의 남쪽에 있다. 초(楚)나라 사람 卞和氏(변화씨)가 이 산에서 옥(玉)을 얻어 문왕에게 바치니 '화씨 벽(和氏璧)'이라 이름했다. 돌고 돌아, 뒤에 진(秦)나라 옥새(玉璽)로 삼았다.

자의:

玉(옥)	구슬, 진귀한 것, 아름답다, 보석(寶石), 보물(寶物), 옥새(玉璽)=국새(國璽).
出(출)	나가(오)다, 가출(家出), 출가(出嫁/出家), 출입자(出入者), 입출금(入出金).
崑(곤), 岡, 崗(강)	티베트 고원의 곤강산(崑岡山), 곤륜산(崑崙山).

<화씨지벽(和氏之璧)>은 초(楚)나라 때, '화씨(和氏)가 발견한 둥근 옥(璧)'으로서, 보물의 대명사다. 이 옥에는 벌레가 앉지 않고, 여름에 시원하고 겨울에 따뜻했다고 한다. 이 옥에 얽힌 고사(故事)는 다음과 같다.

곤륜산 아래 마을에 사는 화씨는 옥돌을 캐어, 여왕(厲王)에게 바쳤다. 그러나 옥공(玉工)은 '돌멩이'라 감정하였고, 형벌로써 발목이 잘렸다. 다음 즉위한 무왕(武王)에게 다시 바쳤지만 감정 결과는 역시 '돌멩이'였고, 형벌로써 한쪽 발목이 또 잘렸다. 문왕(文王)이 즉위하자 화씨는 두 발목이 잘려, 걸을 수 없는 몸으로 길에서 옥돌을 안고 사흘 밤낮을 우니 피눈물이 흘렀다.

이 소문을 들은 문왕이 화씨를 불러 사연을 물으니, 그가 말했다.

"발목이 잘려 억울해서 우는 게 아닙니다. 보물이 돌멩이로 평가받고, 정직한 사람이 거짓말쟁이로 취급받는 게 슬퍼서 웁니다."

문왕이 옥공에게 돌을 쪼아 다듬으라 하였다. 화씨의 말대로 눈부신 옥이 드러났다.

조선 시기(詩妓) 황진이 시 <영반월(詠半月)> '반달'

누가 곤륜산 옥을 깎아서, 직녀(織女)에게 얼레빗을 만들어 주었던고
견우(牽牛)와 이별한 직녀가, 슬픔에 겨워 허공에 내던져 버렸나 보다.
(誰斷崑山玉 裁成織女梳인가, 牽牛 離別後 愁擲碧空虛이라)
誰 누구 수, 斷 깎을 착, 崑山 곤륜산, 裁 마름질할 재, 梳 빗 소, 愁 시름 수, 擲 던질 척, 碧 푸른 (옥돌) 벽.

<얼레빗>

〈금자탑(金字塔), 피라미드(pyramid)〉, 이집트(Egypt), 2024, The Times

피라미드(pyramid)의 한자어(漢字語)는 '금자탑(金字塔)'이다. 금(金)으로 만든 탑(塔)이 아니라, 모양이 한자 금(金) 자 모양과 닮아서 만들어진 글자다.

겉모양 ∧, 안에 묻힌 王, ‥은 부장(副葬) 물품과 시종들 표시인 듯하다. 피라미드는 BC.2,500년경에, 이집트·수단·에티오피아·카나리아제도·남아메리카 등지에서, 돌이나 벽돌을 쌓아 만든 사각뿔 모양의 거대 건조물이다. 주로 왕(王)과 왕족의 무덤이거나 제단(祭壇)이다.

이집트는 세계에서 가장 긴 강(6,695km)인 '나일(Nile, 江)의 선물', 고대문명의 발상지(發祥地)다. 매년 대홍수(大洪水)는 하류 농토를 비옥하게 해주면서, 농토 구획선을 무너뜨렸다. 이를 대비하고 복구하는 방법으로서, 역학(曆學)과 기하학(幾何學)이 발달하였다.

이집트는 7세기 이후 이슬람 문화권에 편입되었다. 18세기부터 프랑스·영국의 지배를 받다가, 1922년 독립 왕국을 세웠다. 1952년 공화정으로 바꾸고, 사회주의경제정책을 실시하였다. 1970년대에 문호를 개방하고, 친서방 자본주의 경제체제로 전환하였다.

〈금문교(金門橋, Golden Gate Bridge)〉, 미국 샌프란시스코(San Francisco)

금문교(金門橋)는 샌프란시스코 시(市)와 건너편 마린(Marin) 반도(半島)를 연결하는 샌프란시스코의 상징물이다. 현수교(懸垂橋), 주탑 2개, 연결 케이블 직경 92cm, 붉은색, 왕복 6차선이다. 차도(車道) 바깥에 인도(人道)가 있어 걸어서 갈 수 있고, 건너는 데 소요시간은 40~50분이다.

1937년 완공 당시 세계에서 가장 긴(2,789m) 다리였다. 금문교는 옛 아메리카 서부 금광(金鑛)으로 가던 관문(關門)인 금문해협(金門海峽)에 놓여서 붙인 이름이다. 엄청난 다리 건설 비용(3천 5백만 $)을 빗댄 말이라는 설(說)도 있다.

영문 San Francisco는 스페인어 성인(聖人, San) 프란치스코 이름을 땄다.

샌프란시스코 한자명은 일본에서는 상항(桑港, 소-코-)이고, 중국에서는 Gold rush 때 지은 금산(金山, 진산), 구금산(舊金山), 삼판시(三藩市)다. 나중에 금광이 개발된 호주 멜버른은 '신금산(新金山)'으로 표기한다.

007 전

劍	號	巨	闕
칼 검	이름 호	클 거	대궐 궐

해석

칼은 거궐검이 이름났고

주해

거궐(巨闕)은 (춘추시대) 월(越)나라가 오(吳)나라를 멸망시키고 얻은 6자루 보검(寶劍) 중 한 검의 이름이다(월나라가 국보로 삼았다).

자의

劍,劒(검)	공격용 무기, 칼날이 양쪽에 있고 칼집이 있다, 장검(長劍), 견문발검(見蚊拔劍). 刀(도)는 일상생활 도구, 칼날이 한쪽에 있고 칼집이 없다, 단검(短劍)=단도(短刀).
號(호)	널리 드러난 이름, 이름이나 자(字) 대신 부르는 별호(別號). 字(자)는 성인(成人)을 스스럼없이 부르게 지은 새 이름. 시호(諡號)는 사후(死後)에 나라에서 왕이나 유공자에게 내린 칭호(稱號).
巨(거)	큰, 크다, 거금(巨金), 거액(巨額), 거대(巨大), 거사(巨事), 거물(巨物), 거장(巨匠).
闕(궐)	대궐(大闕) → 궁(宮) 출입문 좌우 망루와 담장. 궁 → 왕과 그의 가족이 사는 집. 흠, 비다, 빠지다, 궐위(闕位), 궐석(闕席), 보궐선거(補闕選擧).

조선의 명장(名將) 충무공(忠武公) 이순신(李舜臣, 1545~1598)의 장검(長劍) 두 자루는 국보다(2023년 지정). 길이는 197㎝, 칼집을 합친 무게는 5.7kg다. 각 검에 글이 새겨져 있다.

'三尺誓天山河動色' 석 자 칼을 들어 하늘에 맹세하니 산하가 떤다.

'一揮掃蕩血染山河' 한 번 휘둘러 적을 무찌르니 피가 산하를 적신다.

007

훈음: 珠 구슬 주 / 稱 일컬을 칭 / 夜 밤 야 / 光 빛 광

해석: 구슬은 야광주가 칭송받는다

주해: 야광(夜光)은 구슬 이름이다. 수(隨)나라 왕이 위험에 처한 뱀을 구해 줬다. 뱀은 용의 아들이었는데, 은혜 보답으로 구슬 하나를 물어다 주었다. 구슬은 밤을 낮같이 밝히는 야광명주(夜光明珠)였다. 이것을 초(楚)나라 왕에게 바치니 크게 기뻐하여, 몇 대(代)가 지나도록 수나라를 침공하지 않았다.

자의:
- 珠(주) 붉은 빛(朱)을 띤 구슬(玉), 조개 속에서 나온 진주(珍珠), 묵주(默珠), 염주(念珠).
- 稱(칭) 일컫다, 부르다(號, 호), 호칭(呼稱), 칭호(稱號), 저울, 저울질하다, 대칭(對稱).
- 夜(야) 해가 진 뒤의 밤(宵, 소), 저녁 석(夕)보다 뒤다, 주야장천(晝夜長川), 금의야행(錦衣夜行).
- 光(광) 빛, 횃불(火)을 어진 사람(儿)이 치켜들어 비추는 모양, 광화문(光化門), 광복(光復).

'소야곡(小夜曲)'은 18세기 유럽에서 유행했던 짧은 길이의 기악(器樂) 합주곡이다. 저녁 무렵에 연인(戀人)의 집 창가에서 부르거나 연주하던 '저녁 음악', '사랑의 노래'다. 불어(佛語)와 영어(英語)로 세레나데(Serenade)라고 한다. '야상곡(夜想曲)'은 서양 고전음악의 한 장르, 조용한 밤의 분위기를 나타낸 서정적인 피아노 소곡(小曲). 녹턴(nocturne)이라 한다. 쇼팽(Chopin, 1810-1849)의 곡이 유명하다.

<졸업식 노래> - 윤석중(尹石重) 작사, 정순철(鄭順哲) 작곡, 1946년 문교부 제정.
졸업식장을 눈물바다로 만든, 축하와 이별과 다짐의 노래다.

재학생
빛나는 졸업장을 타신 언니께 꽃다발을 한 아름 선사합니다
물려받은 책으로 공부를 하여 우리는 언니 뒤를 따르렵니다.

졸업생
잘 있거라 아우들아 정든 교실아 선생님 저희들은 물러갑니다
부지런히 더 배우고 얼른 자라서 새 나라의 새 일꾼이 되겠습니다.

다함께
앞에서 끌어주고 뒤에서 밀며 우리나라 짊어지고 나갈 우리들
냇물이 바다에서 서로 만나듯 우리들도 이다음에 다시 만나세.

008 전

果	珍	李	奈
열매(과실) 과	보배 진	오얏 리	능금 내

과실은 오얏과 능금이 보배고

진(晉)나라 죽림칠현(竹林七賢)의 한 사람인 왕융(王戎)에게 좋은 오얏 품종이 있었다. 남들이 이 종자를 가져갈까 염려하여 씨에 구멍을 뚫어 놓았다(그래서 비방을 받았다). 능금은 일명 빈파(사과), 맛은 달다. 양주산 능금은 건과(乾果)로 만들 수 있다. 둘 다 귀중한 과일이다.

果(과)	나무 열매, 과실(果實), 실과(實果), 선화후과(先花後果), 석과불식(碩果不食). 나무(木)에 열매(田)가 매달린 모양을 본떴다. 풀 열매는 라(蓏)다.
珍(진)	보배, 희귀하고 소중하며 가치 있는 것, 음식(飮食)에 쓰이면 '맛있다'는 뜻이다. 산해진미(山海珍味).
李(이)	오얏(자두), 성씨(姓氏).
奈(내)	능금, 야생 사과, 벚나무 열매(버찌). 자두와 능금은 입맛과 영양에 좋아 예부터 봄철 진상품(進上品)이었다.

주과포혜(酒果脯醯)는 술·과일·육포·식혜. 간략한 제물(祭物)을 이른다.

<오미팔진(五味八珍)>

오미(五味)는 단맛(甘味), 짠맛(鹹味), 매운맛(辛味), 신맛(酸味), 쓴맛(苦味)이다.

팔진(八珍)는 용 간(龍肝), 봉황 골수(鳳髓), 표범 태반(豹胎), 곰 발바닥(熊掌), 상어 지느러미(魚翅, Shark's fin), 잉어 꼬리(鯉尾), 모기 눈깔(蚊眼), 제비 집(燕窩)이다.

008 후

菜	重	芥	薑
나물 채	무거울 중	겨자 개	생강 강

해석 나물은 겨자와 생강이 중하다

주해 겨자는 위(胃)를 따뜻하게 하고 기운을 돌게 한다. 생강은 신명(神明)을 통하게 하고 악취(惡臭)를 제거한다. 채소는 여럿이지만 이 둘을 중히 여긴다.

자의

菜(채)	푸성귀, 나물, 채소(菜蔬), 산채(山菜), 야채(野菜), 채식주의자(菜食主義者).
重(중)	무겁다, 소중하다, 거듭하다, 권토중래(捲土重來), 존중(尊重), 애지중지(愛之重之).
芥(개)	겨자, 맵고 쓰나 위장을 따뜻하게, 몸에 기운을 통하게 해준다, 갓.
薑(강)	생강(生薑), 강황(薑黃), 맵고 쓰나 나쁜 냄새를 물리치고, 정신을 통하게 해준다.

『채근담(菜根譚)』은 명(明)나라 문인(文人)인 자성(自誠) 홍응명(洪應明, 1593~1665)이 지었다. '동양 3대 격언집'(格言集)의 하나로서, 서양의 『탈무드』와 쌍벽(雙璧)을 이룬다. 푸성귀 잎이나 뿌리로 요리(料理)한 변변치 않은 나물이지만 오래 씹을수록 맛이 우러나는 것처럼, 두고두고 읽을수록 좋은 말씀이다. 유교·도교·불교 사상을 융합하여, 수신(修身)과 처세(處世)의 교훈을 주는 인생지혜서다. 전(前) 225장, 후(後) 134장, 총 359장이다.

그 첫 글은 다음과 같다.
"도덕(道德)을 지키는 자는 한때 적막하지만 권세(權勢)에 아부하는 자는 만고에 처량하다. 현인(賢人)은 눈앞의 이욕(利慾)을 보고도 불멸의 진리(眞理)와 사후의 명예(名譽)를 헤아리니, 차라리 한때의 적막을 받을지언정 만고의 처량을 취하지 말라."
(棲守道德者는 寂幕一時나 依阿權勢者는 凄涼萬古니라.
達人은 觀物外之物하고 思身後之身하나니 寧受一時之寂寞이언정 毋取萬古之凄凉이라)

그 끝(359번째) 글은 다음과 같다.
"처지(處地)에 따라 마음을 편안히 살면 이르는 곳마다 만족(滿足)하지 않음이 없을 것이다."
(隨寓而安이면 則無入不得矣라)

경기도 과천 청계산(淸溪山) 자락에, 추사 김정희(金正喜, 1786~1856)가 말년을 지낸 <과지초당(瓜地艸堂)>이 있다. 이 초당은 추사의 생부(生父) 김노경(金魯敬, 1766~1837)이 한성판윤(漢城判尹)을 지내던 1824년에 지은 별서(別墅)다. 추사는 제주도 유배(1840~1848)와 함경도 북청 유배(1851~1852)에서 풀려나 1856년 10월 사망 때까지, 말년 4년을 이 초당에서 지냈다.

<과지초당> 오른쪽 두 주련(柱聯) '대팽고회(大烹高會)'는 추사 사망 2달 전에 쓴 글씨다.

　　大烹豆腐瓜薑菜(대팽두부과강채)　　최고 음식은 두부·오이·생강·나물이고
　　高會夫妻兒女孫(고회부처아녀손)　　최고 모임은 부부·아들딸·손주들이다.

이 글 여백에 아주 작은 글씨를 써 놓았다. 이를 협서(挾書)라 한다. "이는 촌(村) 노인의 제일 최상의 즐거움이다. 비록 허리춤에 한 말(斗)만큼 큰 황금 인장을 차고, 차려진 밥상이 사방 한 길이고, 시녀가 수백 명이라도, 능히 이런 맛을 즐길 사람이 몇일까? 행농(杏農, 유치욱)을 위해 쓰다. 71세 과천 사람."
(此爲村夫子第一樂上樂 雖腰間斗大黃金印 食前方丈侍妾數百能享有此味者幾人 爲杏農書 七十一果)

<과지초당> 주련(柱聯), 왼쪽 두 기둥의 두 글은
磨穿十研(마천십연)　갈아 구멍난 벼루가 열 개
禿盡千毫(독진천호)　털이 닳아진 몽당붓 천 개.

이 글은 추사가 영의정(領議政)을 지낸 친구 권돈인(權敦仁, 1783~1859)에게 보낸 편지에, "나는 칠십 평생, 벼루 열 개를 갈아서 구멍을 냈고, 붓 천 자루를 써서 몽당하게 닳게 했다."고 쓴 글에서 나왔다.

'소년 문장(文章)은 있어도 소년 명필(名筆)은 없다.' 서예(書藝)에서 명필은 천부적 재주가 아니라 꾸준한 노력의 결과라는 말이다.

안채 현판 <瓜地艸堂(과지초당)>은 오이밭의 초가(草家)라는 뜻으로, 소박함을 나타낸다. 현판 글씨는 추사체(秋史體)의 대가(大家)인 가산(佳山) 최영환(崔泳煥) 선생이 썼다. 아래, <冠岳山(관악산)> 정상 표지석과 대전현충원 <國立墓地(국립묘지)> 안내 석문(石文)도 가산의 글씨다.

한자 서예(書藝)에서 글씨체의 종류는 왕희지, 안진경 등 모두 중국의 필체이나, 추사체(秋史體)는 우리나라의 유일(唯一)한 붓글씨체다.

<冠岳山> 관악산 정상, 2020년

<國立墓地> 대전현충원, 2024년

009 전

海	鹹	河	淡
바다 해	짤 함	강물 하	묽을(싱거울) 담

해석: 바닷물은 짜고 강물은 싱거우며

주해: 바다는 모든 물이 모여드는 곳이어서 흩어지지 않아 짠맛을 낸다. 황하(黃河)는 곤륜산에서 나와 여러 물이 침범하지 않아 그 맛이 가장 담백(淡白)하니 이는 이치(理致)다.

자의:

海(해)	바다, 바닷물, 해양(海洋), 해변(海邊), 해일(海溢), 다도해(多島海), 해삼(海蔘).
醎,鹹(함)	짜다, 짠맛, 염분(鹽分), 함어(鹹魚)=소금 절인 어물, 함초(鹹草)=뻘밭 해초.
河(하)	강물, 황하(黃河), 하천(河川), 산하(山河), 하마(河馬,물말,Hippo).
淡(담)	싱겁다, 묽다, 맑다, 엷다, 음식 맛이 특별하지 않고 산뜻하다, 농담(濃淡), 담수(淡水).

*강(江)과 하(河) → 남강북하(南江北河), 대강소하(大江小河), 상강변하(常江變河), 직강곡하(直江曲河).
*물소(수우, 水牛, African Buffalo), 물범(해표, 海豹, spotted seal), 물개(해구,海狗, seal). 수달(수달, 水獺, Otter) 수달 달.

<계자서(誡子書)>는 제갈량(諸葛亮)이 54세에 전장에서 죽음을 앞두고, 8세 아들 첨(瞻)에게 보낸 편지다. 학문(學問)과 수신(修身)을 당부했다. 전문 86자(字)다.

"군자는 고요함으로 몸을 닦고 검소함으로 덕을 기르니, 마음이 맑지 않으면 뜻을 밝힐 수 없고, 마음이 평온하지 않으면 뜻을 멀리 펼 수 없다. 학문은 반드시 평온한 마음으로 하고 재능은 반드시 학문이 필요하니, 학문하지 않으면 재능을 넓힐 수 없고 마음이 고요하지 않으면 학문을 이룰 수 없다. 마음이 오만하면 정밀한 이치를 깨달을 수 없고, 마음이 조급하면 심성을 다스릴 수 없다. 나이는 시간과 함께 달리고 의지는 세월과 함께 사라져 마침내 고목처럼 시들어 세상에 쓸모없게 되니, 그제야 초라한 오두막집에서 슬퍼하고 탄식한들 지난 세월을 어찌 돌이키랴."

(夫君子之行 靜以修身 儉以養德 非淡泊無以明志 非寧靜無以致遠. 夫學須靜也 才須學也 非學無以廣才 非靜無以成學. 慆慢則不能勵精 險躁則不能治性. 年與時馳 志與歲去 遂成枯落 多不接世 悲嘆窮廬 將復何及也).

*담박(淡泊) → 욕심없이 마음이 깨끗함. **담박명지**(淡泊明志) → 마음이 깨끗해야 뜻을 밝힐 수 있음.

009
후
훈음

鱗	潛	羽	翔
비늘 린	잠길 잠	깃 우	날 상

해석: 물고기는 잠기고 새는 난다

주해: 『예기(禮記)』에, '비늘 있는 동물이 360에 용이 으뜸이요, 깃 있는 동물이 360에 봉황이 으뜸이라' 했다. 비늘 있는 동물은 물속에 숨어들고, 깃 있는 동물은 공중에 날아다니니, 모두 그 천성(天性)이다.

자의:

鱗(린) 물고기의 비늘, 어린(魚鱗), 어갑(魚甲), 편린(片鱗), 역린(逆鱗).

潛(잠) 물속에 잠기다, 자맥질하다, 몰래, 깊다, 달아나다, 잠복(潛伏), 잠수(潛水), 잠룡(潛龍).

羽(우) 하늘을 나는 새의 깃, 긴 털, 우모(羽毛)=새털, 모우(毛羽)=길짐승과 날짐승.

翔(상) 날개를 펴고 날다, 회상(回翔), 비상(飛翔), 봉상화(鳳翔花)=봉선화(鳳仙花).

'역린지화(逆鱗之禍)'는 춘추전국시대 때 한비자(韓非子)가 말한 '왕과 신하'의 관계다.
"무릇 용(龍)은 잘 길들여서 탈 수 있는 동물이다. 용의 목에 직경 한 자(一尺)인 '거슬러 난 비늘(역린)'이 있는데, 그것을 건드리면 용은 반드시 그 사람을 죽인다. 왕에게도 역린이 있다."

'역린(逆鱗)'은 지배자(甲)의 치명적인 약점(弱點), 급소(急所)다.
용의 몸에 붙어 있는 비늘 81개 중 단 1개의 비늘, 목 아래에 거꾸로 박힌 역린, 그것은 아킬레스(achilles) 건(腱)이요, 콤플렉스(complex)다. 이것은 누구나 다 있다. 문제는 그가 권력자일 경우다. 그의 비위(脾胃)를 잘 맞추었거나 눈에 들어서 측근(側近)이 되면, 그의 등에 올라탈 수 있다. 그러나 정의(正義)를 앞세워 그의 비리(非理)를 건드리면, 그는 분노(憤怒)하여 배신자(背信者)로 낙인(烙印) 찍어, 인정사정(人情事情) 묻지도 따지지도 않고 몰락(沒落)시켜 버린다.

연비어약(鳶飛魚躍)=연비려천(鳶飛戾天)어약우연(魚躍于淵). 솔개 연(鳶), 날 비(飛), 물고기 어(魚), 뛸 약(躍).
솔개는 하늘 높이 날고, 물고기는 못에서 뛰논다는 뜻이다. 『시경』<대아> '한록편(旱麓篇)'에 나온다. 천지자연의 질서에 따라 각자의 공간에서 노니는 생명체 본연의 생활이다. 자유(自由)다.

〈萬川明月主人翁〉, 정조 낙관(落款)

조선 22대 왕 정조(正祖, 1752~1800) 성씨는 이(李), 이름은 산(山), 호(號)는 홍재(弘齋), 탕탕평평실(蕩蕩平平室), 만천명월주인옹(萬川明月主人翁), 홍우일인재(弘于一人齋)다.

- 홍재(弘齋); 세손(世孫) 시절 공부방 이름. '도량(度量)을 넓히는 공부방'이다.
- 탕탕평평실(蕩蕩平平室); 침전(寢殿) 이름. '불편부당(不偏不黨)함'이다.
- 만천명월주인옹(萬川明月主人翁); 재위 22년에 쓴 자호. '만백성의 주인'이다.
- 홍우일인재(弘于一人齋); 마지막 호. '한 사람(국왕)으로부터 넓혀 감'이다.

2장 세상의 문명

010	龍師火帝(용사화제)요 鳥官人皇(조관인황)이라	관직 표기를 복희는 용으로써, 신농은 불로써 하였고 소호는 새로써 하였으며, 황제 때 인문이 크게 발전하였다
011	始制文字(시제문자)하고 乃服衣裳(내복의상)이라	처음으로 문자를 만들고 이에 윗옷과 치마를 입었다
012	推位讓國(추위양국)은 有虞陶唐(유우도당)이라	왕위를 미루고 나라를 사양한 이는 도당(요임금)과 유우(순임금)다
013	弔民伐罪(조민벌죄)는 周發殷湯(주발은탕)이라	백성을 위로하고 폭군을 친 이는 은나라 탕왕과 주나라 발(무왕)이다
014	坐朝問道(좌조문도)하고 垂拱平章(수공평장)이라	조정에 앉아 도를 묻고, 소매 드리워 공수하니 세상이 공평하고 밝다
015	愛育黎首(애육려수)하고 臣伏戎羌(신복융강)이라	백성을 사랑하여 잘 살게 하니 이민족도 신하가 되어 엎드린다
016	遐邇壹體(하이일체)하여 率賓歸王(솔빈귀왕)이라	멀고 가까운 이들이 하나 되어 군사를 이끌고 와 왕에게 귀의한다
017	鳴鳳在樹(명봉재수)하고 白駒食場(백구식장)이라	우는 봉황새는 오동나무에 있고 흰 망아지는 마당에서 풀을 뜯는다
018	化被草木(화피초목)하고 賴及萬方(뇌급만방)이라	왕의 덕화(德化)가 초목에도 미치고 힘입음(영향)이 온 누리에 미친다

010 전

龍	師	火	帝
용 룡	관직(스승) 사	불 화	임금 제

해석 관직 표기를 복희는 용으로써, 신농은 불로써 하였고

주해 복희(伏羲)씨는 용으로써 관직을 표기하였다. 신농(神農)씨는 불로써 관직을 표기하였다.

자의

龍(용)	상상(想像)의 동물, 임금(王), 등용문(登龍門), 용설란(龍舌蘭), 용수철(龍鬚鐵), 용두사미(龍頭蛇尾).
師(사)	관직(官職), 벼슬, 스승, 군사, 우두머리, 교사(敎師), 의사(醫師), 출사표(出師表). 사부(師傅)=자기의 스승, 사부(師父)=스승의 높임말, 사부(師夫)=스승의 남편.
火(화)	불, 불은 천하를 비추는 태양처럼 밝다, 봉화(烽火), 화재(火災), 화장(火葬).
帝(제)	임금, 황제(皇帝), 상제(上帝)=하늘 임금. 천자(天子)=하늘로부터 천하 통치를 위임받은 왕.

중국 역사서 『십팔사략(十八史略)』에 의하면,
하(夏)나라 이전 신화(神話)의 시대에 삼황오제(三皇五帝=皇帝)가 천하를 다스렸다. 삼황은 태호(太昊) 복희(伏羲), 염제(炎帝) 신농(神農), 황제(黃帝) 헌원(軒轅)이다. 오제는 소호(少昊), 전욱(顓頊), 제곡(帝嚳), 당요(唐堯), 우순(虞舜)이다(자료마다 다르다).

용은 인충(鱗蟲)의 우두머리(長)다. 그 모양은 아홉 짐승들, 즉 낙타(駝)의 머리(頭), 사슴(鹿)의 뿔(角), 토끼(兔)의 눈(眼), 소(牛)의 귀(耳), 뱀(蛇)의 목(項), 조개(蜃)의 배(腹), 매(鷹)의 발톱(爪), 범(虎)의 주먹(掌), 잉어(鯉)의 81개의 비늘(鱗)과 비슷하다. 그 소리는 구리쟁반(銅盤)의 울림과 같다. 머리 위에는 박산(博山), 입가에는 긴 수염, 턱 밑에는 명주(明珠), 목 아래에는 역린(逆鱗)이 있다.

용사(龍師) 복희는 황하에서 나온 용마(龍馬) 등에 그려진 그림(河圖)을 보고 우주의 이치를 깨달았다. 용으로써 여러 관직의 사장(師長)에 이름 붙였다. 사람들에게 사냥법과 불로써 음식을 익혀 먹는 법을 가르쳤다.
화제(火帝) 또는 염제(炎帝) 신농은 괭이로 농사짓는 법을 가르쳤다. 불(火, 炎)로써 여러 관직의 사장에 이름을 붙였다. 밝은 덕(德)을 베풀라는 의미였다.

010
후
훈음

鳥 官 人 皇
새 조 / 벼슬 관 / 사람 인 / 임금 황

해석

소호는 새로써 하였으며, 황제 때 인문이 크게 발전하였다

주해

소호(少昊)씨는 새로써 관직(官職)을 표기하였다. 인황(人皇)은 황제(黃帝)다. 인문(人文)이 크게 갖추어졌기 때문에 이름한 것이다.

자의

鳥(조)	날짐승 새.	官(관)	벼슬, 관직, 관리.
人(인)	사람들, 인민(人民), 백성(百姓).	皇(황)	임금, 큰 왕(王).

*人은 天地之性(生) 最貴者也 – 허신 『설문해자』

소호(少昊)가 즉위할 때 봉황(鳳鳥)이 나왔다. 봉황은 성인(聖人)이 있는 곳에만 나타난다는 길조(吉鳥)다. 그래서 소호를 조사(鳥師)라 한다.

황제(黃帝) 헌원(軒轅)은 구름으로써 관직을 표기했다. 해·달·별의 운행을 관찰하여 역서(曆書)를 만들고, 율려(律呂)와 법도(法度)를 만들었다. 집 짓는 법과 옷 짜는 법을 가르쳤고, 수레를 발명했다. 인문초조(人文初祖)로서 인황(人皇)이라 불렀다.

『맹자(孟子)』 <공손추上> 편에, 맹자(孟子, BC.372~289)가 말했다.
"사람은 다 남에게 차마 어찌하지 못하는 마음이 있다."
(人皆有不忍人之心)
'불인(不忍)'은 차마 어찌 못함이요, '인(忍)'은 차마 어찌함이다. 이 선(善)한 마음은 하늘 마음(天心)이요, 이 하늘 마음을 본받은 것이 사람 마음(人心)이다. 그래서 사람의 성(性)은 선(善)한 것이다.

'사람'의 이음동의어(異音同義語)는 '사랑'이요, '삶'의 이음동의어는 '살림(生)'이다.
그러므로, '죽임(殺)'은 사람의 일이 아니다. 사람은 서로 생활(生活)하는 '공동체(共同體)'적 존재'다.

011
전

始	制	文	字
처음 시	지을 제	글월 문	글자 자

해석: 처음으로 문자를 만들고

주해: 상고(上古)시대에 결승(結繩, 노끈 묶음 표시)으로 정치했다. 복희씨가 처음으로 글자를 만들어서 결승을 대신했다. 그 신하 창힐(蒼頡)이 새 발자국을 보고 글자를 창제하니, 이것이 문자(文字)의 시초다.

자의:

始(시)	처음, 시작(始作), 시초(始初), 개시(開始), 창시(創始).
制(제)	마르다, 만들다, 짓다, 억제(抑制), 제정(制定), 제도(制度).
文(문)	글, 어구(語句), 문장(文章), 편지, 무늬.
字(자)	글자, 문자(文字), 갑골문자(甲骨文字), 『설문해자(說文解字)』 중국 최초 부수(540개)별 분류 자전(字典), 121년, 후한(後漢)의 학자 허신(許愼)이 저술했다.

BC.1300년경 은(殷)나라 때, 상형문자(象形文字)인 갑골문을 사용했다.
甲骨文= 龜甲(귀갑, 거북 배딱지) + 肩胛骨(견갑골, 짐승 어깨뼈) + 文字(문자, 글자).

『회남자(淮南子)』 <본경훈(本經訓)> 편에, 전한(前漢)의
제후 회남왕(淮南王) 유안(劉安, BC.179~122)은 '문자의 폐해(弊害)'를 기록했다.
"창힐이 처음 문자를 만들어 내자, 하늘은 곡식의 비를 뿌리고 귀신들은 밤새 통곡하였다.
사람의 지능(知能)이 증대됨에 따라 덕(德)이 엷어지는 것을 두려워했기 때문이다."
문자 새기기에 몰두하여 농사를 버리니 하늘이 곡식을 내려줘야 했고,
문자로써 남을 속이고 중상하니 귀신조차 탄핵받을까 두려워했다는 것.

文(글 문)이 주로 '글'을 뜻하게 되자, 후에 紋(무늬 문)자를 따로 만들었다. 문자(文字)와 활자(活字)는 인류의 위대한 발명품이다. 활자는 움직이는 글자다. 활자로써 대량 인쇄가 가능했다. 이 인쇄물을 단정하게 묶은 것이 책(冊)이다. 책은 사람의 지식의 지평을 넓혔다.

한자(漢字)를 만든 원리(原理) <육서(六書)>는 다음과 같다.

상형(象形)	사물의 모양(형상)을 본떠 만든 글자. 日, 月, 火, 水, 木, 土.
지사(指事)	추상 개념을 상징적으로 부호화한 글자. 一, 上, 下, 小.
형성(形聲)	뜻(모양)과 음(소리)을 결합한 글자. 耳(귀 이)+門(문 문)=聞(들을 문).
회의(會意)	기존 글자를 합체한 새 글자. 人(사람)+木(나무)=休(쉴 휴).
전주(轉注)	기존 글자 뜻이 변함. 樂(즐거울 락, 풍류 악, 좋아할 요).
가차(假借)	기존 글자에서 비슷한 모양이나 음 빌려와 새 뜻을 줌. 불(弗), 아시아(亞細亞), 당당(堂堂).

◎ 천문(天文)이란 우주(宇宙)와 천체(天體)의 온갖 현상과 법칙성이다.
◎ 인문(人文)이란 사람 사는 세상의 문화(文化)와 문명(文明)이다.
◎ 신문(神文)이란 종교(宗敎)와 혼동(混同)해서 쓰이는 신앙(信仰)이다.

『논어(論語)』<학이(學而)>편에서, 공자가 '학문(學文)'을 언급했다.
"배우는 사람들아! 집에서는 효도하고 밖에서는 공경하라. 언행을 삼가고 신의를 지켜라.
널리 사람들을 사랑하고 어진 이를 가까이하라. 이를 행하고도 남는 힘이 있거든 학문하라."
(弟子 入則孝하고 出則弟하며 謹而信하라. 汎愛衆하고 而親仁하라. 行有餘力이어든 則以學文이니라.)

● 학문(學文)이란 사서(四書) 오경(五經) 따위의 시서(詩書)와 육예(六藝)를 배우고 익히는 일이다. 육예는 예(禮)·악(樂)·사(射)·어(御)·서(書)·수(數)다.
● 학문(學問)이란 학자(學者)들이 연구한 활동들을 모아 정리한 지식(知識)을 체계(體系)적으로 배워서 익히는 일이다. 배워서 익히는 일, 즉 학습(學習)하기는 보통 직접적인 학교교육에 의하지만 독서와 경험의 간접교육을 통해서 스스로 탐구(探究)하기도 한다.
경영학(經營學), 법학(法學), 공학(工學), 의약학(醫藥學) 등의 학문은 사람이 살아가는 데 필요하다. 그러나, 사람이 사는 목적 자체는 아니다.

'문질빈빈(文質彬彬)'은 『논어』<옹야> 편에서, 공자가 말한 군자(君子)의 상(像)이다.
문(文)은 무늬(紋, 문)이고, 질(質)은 본질(本質)이며, 빈(彬, 빛남)은 조화와 균형을 이룬 상태다. 범의 명품 '가죽'도 털이 없다면, 개의 '껍데기 살'과 다를 바 없다. 본질이 당연히 중요하고, 그에 못지않게 겉모양도 중요하다는 비유다.

『논어』 <위정> 편에서, 공자가 '배움(學)과 생각함(思)'에 대해 말했다.
"배우기만 하고 생각하지 않으면 허무(虛無)하고, 생각만 하고 배우지 않으면 위태(危殆)롭다."
(學而不思則罔하고 思而不學則殆니라)

'일자천금(一字千金)'은 글자 하나의 값이 천금이란 뜻이다.
사마천(司馬遷)이 쓴 『사기(史記)』 <여불위열전(呂不韋列傳)>에 전한다.
춘추전국시대 말, 각국 명군(名君)들에게 식객(食客)들이 모여들었다. 제(齊)나라 맹상군(孟嘗君), 조(趙)나라 평원군(平原君), 초(楚)나라 춘신군(春申君), 위(魏)나라 신릉군(信陵君)은 식객이 각 3천여 명이었다.
조(趙)나라 상인(商人)이었던 여불위는 진(秦)나라에서 재상(宰相)에 올라, 어린 왕(영정, 훗날 시황제)의 중보(仲父)라 불리며 위세를 떨쳤다. 여불위는 나라와 자신을 위한 유능한 문인(文人) 책사(策士)가 필요하여 『여씨춘추(呂氏春秋)-백과사전』를 지어, 수도 함양(咸陽)의 성문(城門)에 놓고, 방문(榜文)을 붙였다.

"내용을 첨삭(添削)하는 자에게, 한 자(一字)에 천금(千金)을 주겠노라."

여불위는 막대한 사재(私財)를 내어서, 인재(人材) 3천 명을 모았다. 이들의 지략(智略)으로 진나라는 천하통일의 바탕을 다졌다.

많은 선현(先賢)이 후학(後學)들에게 권학문(勸學文)을 남겼다.
주희, 왕안석, 사마광, 백낙천, 한유, 도연명, 송(宋) 진종황제, 인종황제, 유둔정(유영), 순자 등등.
그중 도연명(陶淵明)의 <권학문>이다.

盛年不重來(성년부중래)　　한창 젊은 시절은 거듭 오지 않고
一日難再晨(일일난재신)　　하루 새벽은 두 번 새기 어려우니
及時當勉勵(급시당면려)　　제때에 마땅히 학문에 힘써야 한다
歲月不待人(세월부대인)　　세월은 사람을 기다려주지 않으니라.

011

후

훈음

乃	服	衣	裳
이에 내	옷(입을) 복	옷 의	치마 상

해석

이에 윗옷과 치마를 입었다

주해

상고시대에 의상이 없어서 나뭇잎과 짐승의 가죽으로 몸을 가렸다. 황제(黃帝)가 관면(冠冕)과 의상을 만들어, 보기에 엄숙하게 하고 신분의 등위를 구별하였으니, 이것이 의상의 시초(始初)다.

자의

乃(내)	이에, 곧, 또, 혹은, 내지(乃至), 인내천(人乃天)=하늘이 곧 사람이다.
服(복)	옷, 옷 입다, 일하다, 약 먹다, 복종하다, 교복(校服), 복무(服務), 복용(服用).
衣(의)	윗옷, 저고리, 의복(衣服), 의관(衣冠), 의식주(衣食住), 금의환향(錦衣還鄕).
裳(상)	치마, 아랫도리 옷, 의상(衣裳), 청상(靑裳), 녹의홍상(綠衣紅裳), 동가홍상(同價紅裳).

가요 <봄날은 간다>는 한국전쟁 후 1954년 발표된 손로원(손시원, 1911~1973) 작사, 박시춘(박순동, 1913~1996) 작곡, 가수 백설희(김희숙, 1927~2010)의 대표곡이다. 2004년 계간 <시인세계>가 현역 시인 100명에게 물어, '시인들이 좋아하는 대중가요 노랫말' 1위로 뽑힌 '불후(不朽)의 명곡(名曲)'이다.

1절
연분홍(軟粉紅) 치마가 봄바람에 휘날리더라
오늘도 옷고름 씹어가며 산제비 넘나들던 성황당(城隍堂) 길에
꽃이 피면 같이 웃고 꽃이 지면 같이 울던 알뜰한 그 맹세(盟誓)에 봄날은 간다.

2절
새파란 풀잎이 물에 떠서 흘러가더라
오늘도 꽃편지 내던지며 청(靑)노새 짤랑대는 역마차(驛馬車) 길에
별이 뜨면 서로 웃고 별이 지면 서로 울던 실없는 그 기약(期約)에 봄날은 간다.

3절
열아홉 시절(時節)은 황혼(黃昏) 속에 슬퍼지더라
오늘도 앙가슴 두드리며 뜬구름 흘러가는 신작로(新作路) 길에
새가 날면 따라 웃고 새가 울면 따라 울던 얄궂은 그 노래에 봄날은 간다.

012 전

推	位	讓	國
밀 추	자리 위	사양할 양	나라 국

왕위를 미루고 나라를 사양한 이는

천자의 지위를 미루어 주고, 그 나라를 이양함을 말한 것이다.

推(추, 퇴)	밀다, 밀어내다, 넘겨주다, 추천(推薦)하다, 천거(薦擧)하다, 추구(推句), 퇴고(推敲).
位(위)	위치, 지위, 벼슬자리, 왕(王)의 자리, 위상(位相), 지위(地位), 품위(品位).
讓(양)	남을 우선하고 자신을 뒤로 여기는 것, 사양(辭讓), 양보(讓步).
國(국)	나라(Country, State, Nation), 나라를 세우다, 국가(國歌), 국기(國旗), 조국(祖國).

'추위(推位)'는 제위(帝位)를 아들이 아닌 남에게 넘겨준다는 말이다.
'양국(讓國)'은 나라를 선양(禪讓)함, 물려준다는 말이다. 선은 고요하다는 뜻이다.

『논어』 <이인> 편에서, 공자가 '위(位)'에 대해 말했다.
"(내게) 지위가 없음을 걱정하지 말고, 그 지위에 설 능력이 있는지를 걱정하라.
(나를) 알아주지 않음을 걱정하지 말고, 알려지도록 힘쓰라."
(不患無位 患所以立. 不患莫己知 求爲可知也)

나라! 누구를 위한 나라인가? 백성과 백성의 생존(生存)을 위한 나라다.
위정자와 위정자의 안위(安位)를 위한 나라는 결코 아니다.

"왕은 백성들의 가슴에 단 꽃, 군대는 백성이 고용한 문지기."
민족시인 신동엽(申東曄, 1930~1969)이 장시(長詩) <금강(錦江)>에 쓴 말이다.
1961년, 외적(外敵)을 막아야 할 국방(國防) 군대를 서울 한복판에 몰고 와,
정권(政權)을 찬탈한 쿠데타 세력에게 던진 말이다.

012

有	虞	陶	唐
있을 유	우나라 우	질그릇 도	당나라 당

해석: 도당(요임금)과 유우(순임금)다

주해: 유우는 제순(帝舜), 도당은 제요(帝堯). 당나라 요(堯)임금은 아들 단주(丹朱)가 불초(不肖)함에 순(舜)에게 양위하였고, 순은 우(虞)나라 임금이 되어 아들 상균(商均)이 불초함에 하나라 우(禹)에게 양위하였다.

자의:

有(유)	있다, 여기서는 글자 짝 맞추기 위한 어조사(語助辭)로 쓰였다.
虞(우)	원래 순이 살던 지명(地名)인데, 뒤에 임금이 되어서 국명(國名)으로 삼았다. 우나라의 순임금을 가리키고, 우순(虞舜)이라고도 한다. 도당(陶唐)은 요(堯)임금을 가리키고, 당요(唐堯)라고도 한다.
陶(도)	요가 처음에 살던 지명.
唐(당)	나중에 살던 지명.

도당(陶唐)은 두 지명을 합친 이름. 시대적으로 당이 앞이고, 우가 뒤다.

요임금은 왕위를 불초한 아들에게 물려주지 않고 애민(愛民)한 신하 순에게 물려주었다. 순은 왕위를 사양하며 남쪽으로 피했지만 백성들이 따르자 즉위했다. 나라가 태평(太平)했다.

순임금도 불초한 아들에게 왕위를 물려주지 않고, 물(水) 담당에 성실한 신하 우(禹)에게 물려주었다. 우도 왕위를 사양하며 멀리 피했지만 백성들이 간청함에 즉위했다. 선정(宣政)의 시대였다.

<격양가(擊壤歌)>는 요순시대에 백성들이 '땅을 치며 부른 노래'다.
"해 뜨면 들에서 일하고, 해 지면 집에서 쉰다
우물 파서 물 마시고, 밭 갈아서 먹을거리 얻으니
제왕의 힘인들 어찌 내게 무슨 소용이 있으랴."
(日出而作 日入而息 鑿井而飮 耕田而食 帝力于我何有哉)

013 전

弔	民	伐	罪
위로할 조	백성 민	칠 벌	허물 죄

해석 백성을 위로하고 폭군을 친 이는

주해 백성을 구휼(救恤)하여 위로함을 조(弔)라 하고, 죄(罪)를 성토(聲討)하여 토벌함을 벌(伐)이라 한다.

자의

弔(조)	조상(弔喪)하다, 위로(慰勞)하다, 불쌍히 여기다, 조문(弔問)=조상(弔喪)+문상(問喪).
民(민)	백성, '조민(弔民)'은 백성을 사랑하여 위로하고 격려함이다.
伐(벌)	치다, 베다, 공격하다, 정벌(征伐), 간벌(間伐), 벌목(伐木), 살벌(殺伐), 토벌(討伐).
罪(죄)	허물, 범죄(犯罪), 벌죄(伐罪), 소설『죄(罪)와 벌(罰)』도스토옙스키(1867년).

罪(죄)=罒·网(그물 망)+非(아닐 비) → 그물로 잘못한 자를 잡아 냄.
罰(벌)=罒·网(그물 망)+言(말씀 언)+刂·刀(칼 도) → 그물로 잡은 자를 말로 꾸짖고 칼로 벰.

하(夏)나라 폭군 걸왕(桀王)과 은(殷)나라 폭군 주왕(紂王)을 무력으로 쫓아내다.

하나라 19대 왕 걸(桀)은 탐욕(貪慾)스럽고 잔인(殘忍)했다. 이웃 나라에서 데려온 미녀 말희(妺喜)에 빠져 정사(政事)를 그르쳤다. 이들이 사치(奢侈)하고 방탕(放蕩)하며 주지육림(酒池肉林)하자, 신하 탕(湯)이 걸왕을 제거하고 은(殷)나라를 개국했다. 역사상 최초의 역성혁명(易姓革命)이었다. 탕은 '섬기던 왕을 죽인 반역(叛逆)이 아니라, 민심(民心)과 천명(天命)에 따라 한 죄인(罪人)을 벤 것'이라고 자기 행동을 정당화했다.

은나라 30대 왕 주(紂)는 미녀 달기(妲己)에 빠져 정사를 그르쳤다. 무왕(武王)이 이들을 정벌(征伐)하고, 주(周)나라를 세웠다.

주나라 12대 왕 유(幽)는 미녀 포사(褒姒)에 빠져 정사를 그르쳤다. 정실(正室)과 태자(太子)를 폐하고 포사를 왕후, 그녀가 낳은 아들을 태자로 세웠다. 제후(諸侯)들이 봉기하여 이들을 모두 살해하였다. 나라의 기강(紀綱)은 무너져, 진(秦)나라가 통일할 때까지 550년 동안 혼란한 춘추전국시대(春秋戰國時代, BC 770~221년)가 되었다.

013

후

周	發	殷	湯
주나라 주	쏠(필) 발	은나라 은	끓일 탕

해석 은나라 탕왕과 주나라 발(무왕)이다

주해 발(發)은 주(周)나라 무왕(武王)의 이름이고, 탕(湯)은 은(殷)나라 왕의 호(號)다. 우왕(禹王)의 뒤에 걸왕(桀王)이 무도(無道)하거늘 탕왕(湯王)이 정벌하였다. 탕왕의 뒤에 주왕(紂王)이 무도하거늘 무왕이 정벌하였다. 이것이 바로 조민벌죄(弔民伐罪)다.

자의

周(주) 두루, 주유천하(周遊天下), 주(周)나라 이름.

發(발) 쏘다, 피다, 주(周)나라 무왕(武王)의 이름, 성(姓)은 희(姬).

발(發)은 문왕(文王)의 아들. 현명한 관료를 등용하고, 재상에 70세 낚시꾼 강태공을 기용했다. BC.1046년, 은(殷)나라 폭군 주왕(紂王)을 멸하고 천하통일했다. 무왕이 즉위 3년 만에 사망하자, 어린 성왕(成王)이 등극했다. 무왕의 아우 주공(周公)이 조카 성왕을 도와 선정(善政)하다가 물러났다.

殷(은) 은(殷)나라, 먼저 이름이 상(商)이어서, '상나라'라고도 한다.

湯(탕) 끓다, 탕왕(湯王)의 성(姓)은 자(子), 이름 이(履), 자(字) 탕이다.

은탕(殷湯)은 은나라 탕왕이다.(시대적으로, 하나라-은나라-주나라 순(順)인데, 여기서는 운(韻)을 맞추기 위해 은과 주의 순서를 바꿔 썼다)

주공(周公)은 주나라의 문화적 토대인 교육과 제도를 구축하였다. 주나라가 만든 봉건(封建)제도는 이후 통치방식의 전형이 되었고, 주례(周禮)는 관직제도의 기준이 되었다.

공자(孔子)는 '성인(聖人)의 계보(系譜)'로서 요·순·우·탕·문·무·주공(堯·舜·禹·湯·文·武·周公)을 설정했다. 그중에서도 주공을 존경하였다.

- 주년(周年/週年): 돌이 돌아온 해(年). 창립 50주년.
- 주기(周忌/週忌): 사람이 사후 해마다 돌아오는 제삿날. 기일(忌日).

014 전

坐	朝	問	道
앉을 좌	조정 조	물을 문	길(도리) 도

해석 조정에 앉아 도를 묻고

주해 정치(政治)의 요점(要點)은, 다만 몸을 공손(恭遜)히 하고 조정(朝廷)에 앉아 현자(賢者)를 존경하며 도(道)를 물음에 달려 있을 뿐이다.

자의

坐(좌)	자리에 앉음, 왕은 왕의 자리에, 신하는 신하의 자리에 앉는다. 가부좌(跏趺坐), 좌초(坐礁)=배가 암초(暗礁, 물속 바위나 산호)에 얹힘.
朝(조)	조정(朝庭), 아침, 조회(朝會), 조선왕조(朝鮮王朝), 조석(朝夕), 조삼모사(朝三暮四).

'좌조(坐朝)'는 왕과 신하들이 조정(朝廷)에서 정사(政事)를 의논함이다.

問(문)	알기 위해 묻는 것이다, 상대어는 대답(對答), 동문서답(東問西答), 자문자답(自問自答).
道(도)	도리(道理), 사람 사는 도리, 정치의 도리, 길, 언어도단(言語道斷), 금도(禁道)란 말은 없다.

'문도(問道)'는 도리를 묻고 답하여 확인함이다. 이는 배워 아는 것을 실천하여 널리 이롭게 하기 위해서다.

질문(質問)! 바로잡을 질(質)이고, 물을 문(問)이다.
- 질(質)은 사리(事理)의 옳고 그름을 따져 의논하고, 의심(疑心)난 것을 물어 밝히는 것이다. 아는 것을 물어 확인(確認)하거나 진실로 바로잡는 것이다. 국회의원이 국무위원에게 던지는 대정부(對政府) '질의(質疑)'다
- 문(問)은 모르는 것이나 알고 싶은 것을 묻는 것이다. 배우는 학생이 가르치는 선생님에게 궁금한 점을 묻는 것이 '질문(質問)'이다.
  - 신문(訊問)은 사실 관계를 알기 위해, 알고 있는 사실을 캐어 물음. 증인 신문.
  - 심문(審問)은 판사가 심사를 위해, 궁금한 것을 자세히 따져 물음. 판사의 심문.

춘추전국시대는 난세(亂世)였다. 주나라 왕권(王權)은 유명무실(有名無實)하여, 각 제후국들이 영토 확장을 위해 서로 침략 전쟁을 일삼았다. 그 고통(苦痛)을 백성들이 오롯이 전담했다. 이 와중(渦中)에 전쟁 영웅과 현인 철학자들이 많이 나왔다. 이른바 백가쟁명(百家爭鳴)의 시대였다.

014 후

垂	拱	平	章
드리울 수	손맞잡을 공	평평할 평	글(밝을) 장

해석: 소매 드리워 공수하니 세상이 공평하고 밝다

주해: 『서경(書經)』에 '의상(衣裳)을 드리우고 손을 꽂고 그 성공을 우러러 바란다'고 하였고, 『요전(堯典)』에 '백성을 밝게 다스린다'고 하였다. 군주가 몸을 공손히 하고 현자를 존경하면, 소매를 드리우고 공수(拱手)만 하고 있어도 스스로 균평장명(均平章明)한 정치가 된다.

자의:

垂(수)	소맷자락을 늘어뜨린다, 길게 드리운다, 벼슬이 높을수록 관복(官服)의 소맷자락은 길었다. 긴 만큼 자기관리가 중(重)하다.
拱(공)	공손(恭遜)하게 두 손을 맞잡거나 팔짱을 끼다. 남자는 왼손이 위인 좌공수(左拱手)하고, 여자는 오른손이 위인 우공수(右拱手)한다.
平(평)	고르다, 바르다, 곧다, 평천하(平天下), 평등(平等), 공평(公平), 형평(衡平). 불평(不平)=마음에 들지 않아 못마땅함, 불안(不安), 걱정. 말로써 드러냄. 불만(不滿)=마음에 차지 않아 언짢음, 불행복(不幸福), 심리적 상태.
章(장)	글, 문장, 법, 규칙, 밝다, 문장(文章), 인장(印章), 완장(腕章), 훈장(勳章).

『서경(書經)』에, 평장(平章)의 조건을 말했다.
"신의(信義)를 돈독히 하고 의리(義理)를 밝히며,
덕(德)을 높이고 공로(功勞)에 마땅히 보답해야 한다."
(惇信明義 崇德報功)

왕과 신하는 수신(修身)하고, 조정에서 직분(職分)을 지켜 실천하여야 한다. 군군신신(君君臣臣)이다. 그래야 전체가 원만(圓滿)하게 돌아간다. 의도적으로 애를 쓰지 않아도 정치가 제대로 되고, 백성이 평안하게 사는 세상이다. 이것이 노자(老子)가 주장한 무위정치(無爲政治)다.
무위자연(無爲自然)!

015 전

愛	育	黎	首
사랑 애	기를 육	검을 려	머리 수

해석: 백성을 사랑하여 잘 살게 하니

주해: 여수(黎首)는 검수(黔首)와 같으니 백성(百姓)이다. 백성은 오직 나라의 근본(根本)이니, 인군(人君, 왕)이 마땅히 어루만지고 사랑하여 길러 주어야 한다.

자의:

愛(애)	사랑하다, 아끼다, 즐기다, 총애(寵愛), 친애(親愛), 편애(偏愛), 애착(愛着).
育(육)	기르다, 양육(養育), 교육(敎育), 보육(保育), 체육(體育), 육성(育成), 사육(飼育).
黎(려)	검다, 여민(黎民), 백성, 여명(黎明).
首(수)	몸 맨 앞 머리, 우두머리, 수긍(首肯), 학수고대(鶴首苦待), 시문(詩文) 세는 단위(편, 篇).

'애육(愛育)'은 국왕(國王)이 인민(人民)을 아껴 사랑하고 잘 살게 함이다.
'려수(黎首)'는 머리카락이 검은 백성(百姓), 관모(冠帽)를 쓰지 않고 일만 하는 농사꾼 서민(庶民)이다.
서(庶)는 여럿, 많음이다.

사랑 자(慈)	사랑, 사랑하다, 자애(慈愛), 인자(仁慈), 자비(慈悲).
사랑 애(愛)	사랑, 감싸는 마음, 애정(愛情), 애향(愛鄕), 애사(愛社), 애견(愛犬).
사모할 연(戀)	남녀가 나누는 사랑, 연정(戀情), 연애(戀愛), 연인(戀人).
사모할 모(慕)	그리다, 그리워하다, 사모(思慕), 애모(愛慕), 연모(戀慕).

불교 교리(敎理) '사무량심(四無量心)'은 모든 중생에게 즐거움을 주고 괴로움을 없애기 위한, 보살(菩薩)의 4가지 한없는(無量) 마음, 자비희사(慈悲喜捨)의 마음이다.

자무량심(慈無量心)은 중생을 사랑하는 마음으로, 즐거움(樂)을 더해 주려는 마음이다.
비무량심(悲無量心)은 중생을 불쌍히 여기는 마음으로, 고통(苦)을 덜어 주려는 마음이다.
희무량심(喜無量心)은 중생의 기쁨(喜)을 함께 기뻐하는 마음이다.
사무량심(捨無量心)은 중생을 평등하게 대하여, 사랑과 미움에 집착하지 않는(捨) 마음이다.

◎ **아낄 애(愛)의 사전적 의미**

1) 돈을 절약하다. save (on), economize (on)
2) 가치(value), 보물(treasure)을 소중히 여기다.
3) 사람을 돌보다. care.

'피에타(Pietà)'는 이탈리아어(語)로, 자비(慈悲), 연민(憐憫), 비탄(悲嘆)의 뜻이다. 가톨릭 종교 예술 주제(主題) 중 하나다. 성모(聖母) 마리아가 십자가에서 사망한 아들 예수를 안고 슬퍼하는 모습을 묘사하였다. 미켈란젤로(Michelangelo Buonarroti, 1475~1564)가 24세에 조각한 르네상스 시대 조각예술의 대표적인 작품이다. 그의 많은 피에타 상(像) 중 최초의 작품이며, 그가 직접 자신의 이름을 새긴 유일한 작품이다.
이 작품의 특징은 마리아 얼굴이 매우 앳되고, 예수 몸에 비해 마리아의 신체 비율이 매우 크며, 사망한 예수 몸이 부드럽게 늘어져 있다는 점이다.

〈피에타 상〉, 바티칸 성 베드로 대성당, 대리석, 174×195cm.

〈피에타 상〉, 전농성당, 전북 전주. 2022년.

『공자가어(孔子家語)』에, 지자(智者)와 인자(仁者)의 앎(知)과 사랑함(愛)에 대한 글이 전한다.

자로가 공자를 뵈러 오자, 공자가 물었다. "지혜로운 사람은 어떠하고 인한 사람은 어떠한가?" 자로가 대답했다. "지자는 남으로 하여금 자기를 알게 만들고, 인자는 남으로 하여금 자기를 사랑하게 만듭니다." 공자가 말했다. "선비라 할 만하다."

자로가 나가고 자공이 들어오자, 같은 질문을 했다. 자공이 대답했다. "지자는 남을 알고, 인자는 남을 사랑합니다." 공자가 말했다. "선비라 할 만하다."

자공이 나가고 안회가 들어오자, 같은 질문을 했다. 안회가 대답했다. "지자는 자기를 알고, 인자는 자기를 사랑합니다." 공자가 말했다. "선비 군자라 할 만하다."

(子路見於孔子한대 孔子曰 智者若何오 仁者若何오. 子路對曰 智者使人知己 仁者使人愛己라. 子曰 可謂士矣라. 子路出 子貢入하니 問亦如之라. 子貢對曰 智者知人 仁者愛人이라. 子曰 可謂士矣라. 子貢出 顔回入하니 問亦如之라. 對曰 智者自知 仁者自愛이라. 子曰 可謂士君子矣라.)

『도덕경』 72장에서, 노자가 말했다.

"성인은 자신을 알고자 할 뿐 스스로 드러내지 않으며, 자신을 아낄 뿐 스스로 귀히 여기지 않는다."

(聖人은 自知하나 不自見하며 自愛하나 不自貴니라.)

015
후

臣	伏	戎	羌
신하 신	엎드릴 복	오랑캐 융	오랑캐 강

이민족도 신하가 되어 엎드린다

융(戎)과 강(羌)은 모두 서쪽의 오랑캐(이민족)인데, 여기서는 사방의 변방 오랑캐를 총괄하여 말했다. 인군(仁君)이 덕(德)으로써 감싸고 위엄(威嚴)으로써 다스리면 모두 스스로 신하가 되어 복종(服從)한다.

臣(신)	신하(臣下), 군주국에서 군주를 도와 국정을 수행하는 사람, 간신(奸臣/諫臣).
伏(복)	엎드림, 굴복(屈伏), 항복(降伏), 매복(埋伏), 잠복(潛伏), 애걸복걸(哀乞伏乞).
戎(융)	중국 서북방의 유목민족 융족, 사방 오랑캐의 총칭.
羌(강)	중국 서북방의 유목민족 강족, 사방 오랑캐의 총칭.

신하는 나라에 이로운 육정신(六正臣)과 해로운 육사신(六邪臣)이 있다.
육정신은 성신(聖臣), 양신(良臣), 충신(忠臣), 지신(智臣), 정신(貞臣), 직신(直臣)이다.
육사신은 구신(具臣), 유신(諛臣), 간신(奸臣), 참신(讒臣), 적신(賊臣), 망국신(亡國臣)이다.

伏(복) = 사람(人) + 개(犬). 엎드림, 굴복함, 몰래 숨는 것이다.
'복지부동(伏地不動)'은 땅에 납작 엎드려 움직이지 아니함이다.
자기가 마땅히 해야 할 일을 하지 않고 몸을 사리는 소극적 태도다.
무사안일(無事安逸)과 더불어 부정적인 의미로 쓰인다.

황하 중류의 중국(中原之國)인들은 자기들이 세계의 중심(中華)이고, 변방의 이민족은 모두 오랑캐라 하여 멸시(蔑視)하였다. 사방 오랑캐의 이름은 동이(東夷)·서융(西戎)·남만(南蠻)·북적(北狄)이라 하였다. 이(夷)는 큰 활(大弓), 융(戎)은 개(戌), 만(蠻)은 벌레(虫), 적(狄)은 이리(犭=犬)를 가리킨다. 중화사상에 의한 발상(發想)이다.

016 전

遐	邇	壹	體
멀 하	가까울 이	한 일	몸 체

해석 멀고 가까운 이들이 하나 되어

주해 신하로부터 백성에 이르기까지, 중화(中華)로부터 외이(外夷)에 이르기까지 멀고 가까움이 없이 일체(一體)가 됨이라.

자의

遐邇(하이)	원근(遠近)과 같다, 거리와 범위에서 모두 해당한다.
壹體(일체)	일체(一體)와 같다, 모두가 하나 되었다는 말이다.

고대 중국의 국가통치체제였던 봉건제(封建制)는 주(周)나라 때 확립되었다.
왕실(중앙정부)은 수도권만 직접 통치하고, 지방은 제후(지방정부 책임자)를 임명하여,
땅을 나눠 주고(分封) 제후국을 세워(建) 다스리게 한 제도다.

제후(諸侯)는 여러(諸) 후작(侯爵)이란 말이다.
작위(爵位) 등급은 공작(公爵)·후작(侯爵)·백작(伯爵)·자작(子爵)·남작(男爵) 순이다.
이 등급에 따라 영토의 범위와 군사력이 정해졌다. 물론 그 규모는 중앙정부보다 작았다.

제후는 왕실의 혈족이나 공신(功臣)들이었고 세습(世襲)되었다. 제후는 제후국을 통치할 권한과 동시에 중앙정부에 복종할 의무와 세금을 바칠 책임이 있었다. 이를 어길 경우엔 징벌(懲罰)했다.

봉건제도는 세월과 함께 약화되었다. 왕실과 제후의 혈연(血緣)이 멀어지고, 제후국 간 우열(優劣)이 나타났으며, 왕실은 무능과 부패로 통제력을 잃었다. 결국 중앙과 지방 간 상하(上下) 질서, 제후국 간 우애(友愛) 질서가 무너졌다. 약육강식(弱肉強食)의 혼란한 춘추전국시대가 700여 년 계속되었다.

016
훈

훈음
率 거느릴 솔
賓 손님 빈
歸 돌아갈 귀
王 임금 왕

해석
군사를 이끌고 와 왕에게 귀의한다

주해
왕의 덕화(德化)가 멀리 미쳐서, 사람들이 모두 서로 거느리고 손님으로 와서 복종(服從)하고, 귀의(歸依)하여 왕을 받듦이라.

자의

率(솔, 률)	거느리다, 가솔(家率)뿐만 아니라 병졸(兵卒)까지도 해당된다, 비율 률(율).
賓(빈)	손님, 복종하다, 예우하다, 귀빈(貴賓), 내빈(來賓), 영빈관(迎賓館).
歸(귀)	돌아가다, 돌아오다, 귀가(歸家), 귀성(歸省), 귀향(歸鄕), 사필귀정(事必歸正).
王(왕)	황제(皇帝), 천자(天子), 제후(諸侯), 국왕(國王), 덕(德) 있는 왕.

'率'이 비율(比率)로 쓰일 때는 '률'로 읽는다. 확률(確率).
단, 모음이나 ㄴ받침 뒤에 붙으면 '율'로 읽는다. 타율(打率), 환율(換率), 출산율(出産率).

나라(국가) 성립의 3요소는 국민(國民)·영토(領土)·주권(主權)이다.
『논어』〈자로〉 편에
춘추전국시대, 초(楚)나라 변방 섭현(葉縣)의 백성들이 빈번히 국경(國境)을 넘어갔다. 인구가 점점 줄어드니 세수(稅收)가 줄고, 생산력이 떨어지며, 국방력까지 위태로웠다. 당시, 국경 개념이 뚜렷하지 않아 백성들은 이웃 나라로 쉽게 이주(移住)할 수 있었다. 사람들은 소문을 따라, 세금이 적고 살기 좋은 곳을 찾아 떠났다.
섭공(葉公)이 마침 그곳을 들른 공자에게 사정을 말하며 물었다.
"날마다 백성들이 도망가니 천리장성(千里長城)을 쌓아서 막을까요?"
공자가 대답했다. "근자열 원자래(近者悅 遠者來)!"
"가까이 있는 사람을 기쁘게 하면 멀리 있는 사람이 찾아온다."

대한민국 인구가 2020년 5,184만 명 정점(頂點) 이후 감소 추세다.
감소 원인은 저출산(低出産), 고령화(高齡化), 부자이민(富者移民) 등이다. 저출산 원인은 가족(가치관)의 변화, 자녀의 높은 (사)교육 비용과 높은 주거(住居) 비용이다.

017 전

鳴	鳳	在	樹
울 명	봉황새 봉	있을 재	나무 수

해석: 우는 봉황새는 오동나무에 있고

주해: 『시경』에, '봉황새가 우니 오동나무가 자란다'고 하였다. 봉황새는 오동나무가 아니면 깃들지 않고, 대나무 열매가 아니면 먹지 않으니, 이는 선인(善人)이 머물 곳을 얻음을 비유한 것이다.

자의:

鳴(명)	새가 지저귀는 소리, 울다, 노래하다, 고장난명(孤掌難鳴), 계명구폐(鷄鳴狗吠), 명량(鳴梁).
鳳(봉)	봉황(鳳凰)새, 봉선화(鳳仙花).
在(재)	있다, 존재(存在)하다, 實在(실재)하다, 내재(內在), 잔재(殘在), 잠재(潛在).
樹(수)	나무, 심다, 세우다, 살아 있는 나무, 동사(動詞)로 쓰인다. *목(木)은 나무의 총칭, 건축 자재를 뜻하며, 동사(動詞)로 쓰이지 않는다.

봉(鳳)은 봉황새 수컷, 황(凰)은 봉황새 암컷. 명봉(鳴鳳)은 봉황새 소리.

봉황새는 상상(想像)의 새로서, 성인(聖人)이나 군자(君子)가 사는 세상에만 나타난다. 또, 봉황이 날아가면 그 뒤를 뭇새들이 따른다. 그래서 왕궁이나 왕의 상징물에 봉황 무늬를 장식하였다.

봉황새의 생김새는 몸의 앞쪽 반은 기린, 뒤쪽 반은 사슴, 목은 뱀, 꼬리는 물고기, 등은 거북, 턱은 제비, 부리는 닭을 각각 닮았다. 대나무 열매만 먹고, 오동나무에만 앉는다고 하였다.

'**피닉스(phoenix)**'는 고대 이집트 신화에 나오는 상상의 새다. 영어로 피닉스, 한자는 불사조(不死鳥)다. 5백 년 주기로 자기 몸을 불태워 '재'가 되고, 그 재에서 새로운 불사조가 태어난다. 생명(生命)·재생(再生)·부활(復活)을 상징한다.

'가루다(Garuda)'는 힌두교의 신조(神鳥)다.
사람의 몸, 독수리 머리와 다리와 금빛 날개, 먹이는 용(龍)이라 한다.

017

白	駒	食	場
흰 백	망아지 구	먹을(밥) 식	마당 장

해석: 흰 망아지는 마당에서 풀을 뜯는다

주해: 『시경』에, '깨끗한 흰 망아지가 우리 마당의 먹이를 먹는다'고 하였다. 이는 현인(賢人)이 찾아 옴을 찬미(讚美)한 것으로, 그가 타고 온 흰 망아지가 잠시 마당에서 쉬면서 마당의 풀을 먹는 것이다.

자의:

白(백)	희다, 깨끗하다, 백지(白紙), 결백(潔白), 말하다, 고백(告白), 독백(獨白), 명백(明白).
駒(구)	말(馬) 새끼, 망아지, 독(犢)=소(牛) 새끼, 송아지, 고(羔)=양(羊) 새끼, 어린 양.
食(식)	먹다, 먹이, 끼니, 밥, 음식(飮食), 양식(糧食), 숙식(宿食), 식구(食口), 식솔(食率).
場(장)	마당, 장소(場所), 곳, 현장(現場), 교육장(敎育場), 등장(登場), 퇴장(退場).

'승자독식(勝者獨食)'은 이긴 자(者)가 이익이나 권리를 독차지함이다. 미국의 대통령 선거인단 선거제도로서 세계에서 유일한 제도다. 승자독식 세계는 2등과 약자 배려(配慮)는 없고 오직 승패(勝敗)만 있다.

『논어』 <옹야> 편에서, 공자가 제자 안회를 칭찬하였다.
"사람들은 한 그릇 밥과 한 바가지 물로써 누추한 곳에서 사는 근심 고생을 견디지 못하거늘, 안회는 그 즐거워함을 고치지 않으니, 어질다 안회여!"
(一簞食와 一瓢飮으로 在陋巷을 人不堪其憂어늘 回也不改其樂하니 賢哉라 回也여)

단사표음(簞食瓢飮) → 소쿠리의 밥과 표주박의 물. 청빈(淸貧) 소박(素朴)한 생활을 비유.
'안빈낙도(安貧樂道)'는 비록 가난하여도 도(道)를 즐기는 것이다. 가난을 즐기는 것이 아니다.
*무소유(無所有): 출가(出家)하여 절에서 생활하는 스님들에게 해당되는 말이다.

018 전

化	被	草	木
될 화	입을 피	풀 초	나무 목

해석

왕의 덕화(德化)가 초목에도 미치고

주해

중화(中和)가 지극하여, 비가 오고 날이 맑은 것이 때에 맞으면, 무지한 초목들도 인(仁)의 덕화를 입어 순조로워진다. 『시경』에, 주(周)나라를 찬미하여 이르기를 '주왕(周王)이 인자하고 후덕하여 은택(恩澤)이 초목에 미쳤다'고 한 것이 이것이다.

자의

化(화)	되다, 고쳐지다, 변화(變化), 진화(進化), 화장(化粧), 귤화위지(橘化爲枳), 교화(敎化).
被(피)	미치다, 달하다, 입다, 두르다, 이불, 옷, 피복(被服), 피습(被襲), 피의자(被疑者), 피해(被害).
草(초)	풀, 잡초(雜草), 초원(草原), 삼고초려(三顧草廬), 처음, 초창기(草創期), 초안(草案).
木(목)	나무, 목재(木材), 관목(灌木)=낮은 키 여러 줄기, 교목(喬木)=높은 키 중심 줄기.

현명한 왕이 베풀어 주는 덕화(德化)가 백성뿐만 아니라 풀과 나무에게까지 미친다는 말이다.

정치(政治)에 대하여, 『논어』 <안연> 편에서
노(魯)나라 실권자(實權者)인 계강자(季康子)가 공자에게 물었다.
"무도(無道)한 자들을 죽여 없애고,
백성들이 도(道)를 지키도록 교육(敎育)시키면 어떻겠소?"
(如殺無道하여 以就有道인댄 何如하오)

이에 공자가 대답했다.
"당신은 정치(政治)를 한다면서 어찌 살인(殺人)을 하려 하시오?
당신이 선(善)을 행하면 백성들도 선하게 됩니다.
통치자의 덕성(德性)이 바람이라면 백성의 덕성은 풀입니다.
풀 위에 바람이 불면 풀은 반드시 눕습니다."
(子爲政에 焉用殺이리오. 子欲善而民善矣리니
君子之德은 風이오 小人之德은 草라. 草上之風이면 必偃하니라)

018

후

賴	及	萬	方
힘입을 뢰	미칠 급	일만 만	모 방

힘입음(영향)이 온 누리에 미친다

갓난아이를 보호하듯이 백성을 아껴서 인덕(仁德)이 미치고 은택(恩澤)이 펴지면, 만방(萬方)이 지극히 넓되 영원히 의뢰하지 않음이 없으리라. 『서경』에 하(夏)나라 우왕(禹王)을 칭찬하여 이르기를 '백성에게 곡식을 먹이니 만방이 잘 다스려졌다' 한 것이 이것이다.

賴(뢰)	힘입다, 의뢰(依賴)하다, 신뢰(信賴)하다.
及(급)	(영향을) 미치다, (어디에) 닿다, 이르다, 함께, (접속사) 및, 파급(波及), 과유불급(過猶不及).
萬(만)	수가 많다, 크기 크다, 독만권서(讀萬卷書) 행만리로(行萬里路).
方(방)	모, 모서리, 각(角), 방향(方向), 사방(四方), 팔방(八方), 동방예의지국(東方禮儀之國).

만방(萬方)=만방(萬邦), 방(邦)은 나라.
현명한 왕은 법(法)이 아니라 덕(德)으로 나라를 다스리니, 덕치(德治)다. 인재를 고루 등용하고 직언하는 신하를 곁에 두니, 탕평(蕩平)이다. 백성들과 더불어 기뻐하고 슬퍼하니, 여민해락(與民偕樂)이다.

『홍재전서(弘齋全書)』에, 조선 22대 왕 정조(正祖, 1752~1800)가 말했다.
"임금이 백성 없이 누구와 더불어 나라를 꾸리겠는가?
그러므로 '임금은 백성을 하늘로 삼는다'고 한 것이다. 백성은 먹을 것이 없으면 살아갈 수 없다.
그러므로 '백성은 먹을 것을 하늘로 삼는다'고 한 것이다."
(君非民이면 孰與爲國이리오 故曰 君人者以百姓爲天이라. 民非食이면 罔以資生이니 故曰 民以食爲天이라)

<4.19 행진곡(行進曲)> 1960년.
학도(學徒)는 용감(勇敢)하다. 거룩한 피를 흘려
민주주의(民主主義) 만방(萬邦)에 현양(顯揚)하였네.
독재(獨裁)는 물러가라 외치는 고함(高喊) 소리
방방곡곡(坊坊曲曲) 천지(天地)를 진동(振動)하였네.

< 謙; 겸손 겸 >
致恭不自滿(치공부자만) → 공손하여 자만하지 않음.
겸손(謙遜), 공경(恭敬), 사양(辭讓), 청렴(淸廉)함이다.

謙 = 言(말씀 언) 뜻 + 兼(겸할 겸) 소리.
*兼(겸)은 벼(禾,화)를 손(手,수)으로 잡는 모양이다. 아울러 소중히 함이다.

< 誠; 정성 성 >
純一無僞(순일무위) → 오로지 순수하여 거짓이 없음.
진실(眞實), 신뢰(信賴), 공경(恭敬), 성찰(省察)함이다.

誠 = 言(말씀 언) 뜻 + 成(이룰 성) 소리.
*成(성)은 창(戊,모)으로 못(丁,정)을 박은 모양이다. 이루어 완성함이다.

3 章 사람의 도리

019	蓋此身髮(개차신발)은 四大五常(사대오상)이라	사람의 몸은 누구나 다 네 요소로 이루어졌고 다섯 도리를 가졌다
020	恭惟鞠養(공유국양)하니 豈敢毁傷(기감훼상)이리오	부모 은혜를 공손히 생각하니 몸을 어찌 함부로 헐고 다치게 하랴
021	女慕貞烈(여모정열)하고 男效才良(남효재량)이라	여자는 지조와 절개를 사모하고 남자는 재주와 어짊을 본받는다

022	知過必改(지과필개)하고 得能莫忘(득능막망)하라	자기 허물을 알았거든 반드시 고치고 능함을 얻었거든 잊지 말라
023	罔談彼短(망담피단)하고 靡恃己長(미시기장)하라	남의 단점을 함부로 말하지 말고 자기 장점을 너무 믿지 말라
024	信使可覆(신사가복)이요 器欲難量(기욕난량)하라	약속은 마땅히 실천하고 기량은 헤아리기 어렵도록 크게 하라
025	墨悲絲染(묵비사염)하고 詩讚羔羊(시찬고양)이라	묵자는 흰 실이 검게 물듦을 슬퍼했고 시 <고양>은 관리의 정직함을 찬미했다
026	景行維賢(경행유현)하고 克念作聖(극념작성)이라	대도를 실행하면 현자가 되고 사념을 이겨 내면 성인이 된다
027	德建名立(덕건명립)하고 形端表正(형단표정)이라	공덕을 세우면 명예가 서고 몸가짐이 바르면 모습도 바르게 된다
028	空谷傳聲(공곡전성)하고 虛堂習聽(허당습청)이라	빈 골짜기에서도 소리가 전해지듯 빈집에서 난 소리도 다 들린다
029	禍因惡積(화인악적)이요 福緣善慶(복연선경)이라	재앙은 악을 쌓음으로써 오고 복은 착한 일을 함으로써 온다
030	尺璧非寶(척벽비보)요 寸陰是競(촌음시경)하라	한 자 큰 구슬이 보배가 아니라 한 치 짧은 시간이 다툴 보배다

019 전

蓋	此	身	髮
덮을(대개) 개	이 차	몸 신	털 발

해석: 사람의 몸은 누구나 다

주해: 사람은 세상에 태어날 때 모두 신체와 모발과 피부를 갖고 있다. 사람이 사람된 까닭은 (이것 말고) 따로 가진 것이 있어서다.

자의:

蓋(개)	덮다(覆, 복), 복개(覆蓋), 대개, 무릇(凡), 발어사(發語詞)로 쓰임, 개연성(蓋然性).
此(차)	이(지시대명사) ↔ 저 피(彼), 피차(彼此), 어차피(於此彼)=於此於彼.
身(신)	몸, 육체, 신체(身體)의 준말, 살신성인(殺身成仁), 당신(當身)=2인칭 대명사(상대편 높임말).
髮(발)	털, 터럭, 발부(髮膚)의 준말, 금발(金髮), 은발(銀髮), 백발(白髮), 이발(理髮), 간발(間髮).

'피일시차일시(彼一時此一時)'는 그때는 그때고 지금은 지금이란 말이다.
이 말은 『맹자』 <공손추下> 편에 나온다.
그때 그렇게 한 것도 하나의 경우(境遇)였고, 지금 이렇게 한 것도 하나의 경우여서,
때(처지)의 경우에 적응(適應)해서 한 것이므로 결코 모순(矛盾)되지 않음을 말한 것이다.

대나무를 사랑하여 '차군(此君)'이라 칭한 이는 중국 동진(東晉) 명필(名筆) 왕휘지(王徽之, ?~388)다. 그는 잠시 빌려 사는 집에도 대나무를 심었다. 서성(書聖) 왕희지(王羲之, 303~361)의 다섯째 아들이다.

『효경(孝經)』에, 공자가 효(孝)에 대해 말했다.
"사람의 신체와 터럭과 살갗은 부모에게서 받은 것이니 이것을 감히 손상시키지 않는 것이 효(孝)의 시작이요, 몸을 세워 도(道)를 행하여 후세에 이름을 남겨서 부모를 세상에 드러냄(혹은, 부모로서 세상에 드러냄)이 효(孝)의 마침이다."
(身體髮膚는 受之父母니 不敢毀傷이 孝之始也요 立身行道하여 揚名於後世로 以顯父母가 孝之終也니라)

019
후

훈음

四	大	五	常
넉 사	큰 대	다섯 오	항상 상

해석

네 요소로 이루어졌고 다섯 도리를 가졌다

주해

사대(四大, 네 가지 큰 것)는 천지군친(天地君親)이요, 오상(五常, 다섯 가지 떳떳한 성품)은 인의예지신(仁義禮智信)이다. 사람은 사대가 아니면 태어날 수 없고, 오상이 아니면 삶을 이룰 수 없으니, 이것이 바로 사람이 사람 된 까닭이다.

자의

四大(사대) 네 가지 큰 것, 천·지·군·친(天地君親)이다, 즉 하늘·땅·임금·부모다.

常(상) 항상, 법(法), 불변의 도(道), 사람이 지킬 도리(道理), 떳떳함, 상식(常識), 비상(非常).

五常(오상) 다섯 가지 떳떳한 성품, 인·의·예·지·신(仁義禮智信)이다.

인지상정(人之常情)=사람이라면 누구나 가지는 보통의 감정(感情).
인생무상(人生無常)=사람의 삶은 항상(恒常) 함이 없다. 제행무상(諸行無常).

• 상식(常識) → 극히 자명하며, 많은 사람이 받아들일 수 있는 지식
• 몰상식(沒常識) → 상식(常識)에 대한 개념이 아예 없음

'사대오상(四大五常)'의 해석(解析)은 다양(多樣)하다.
한학자(漢學者) 대산(大山) 김석진(金碩鎭, 1928~2023)은
사대는 사지(四肢, 두 팔과 두 다리)요, 오상은 모언시청사(貌言視聽思)-모양(용모)·입(말함)·눈(봄)·귀(들음)·두뇌(생각함)라 했다.

불경(佛經) 『금강경(金剛經)』을 주해(註解)한 육조 혜능(惠能)이 말했다.
"나, 즉 눈에 보이는 이 색신(色身)은 사대화합(四大和合)하여 부모소생(父母所生)한 것이다."

사대(四大)는 사람의 몸을 이루는 네 가지 물질적 큰 요소인 지·수·화·풍(地水火風)이다.
즉, 땅·물·불·바람의 기(氣)다. 그러므로 사람이 죽으면 뼈·살·털·손발톱·치아·힘줄은 땅(地)으로 돌아가고, 피·눈물·침·대소변은 물(水)로 돌아간다. 더운 기운인 체온은 불(火)로 돌아가고, 움직이는 기운인 숨과 성품은 바람(風)으로 흩어져 돌아간다고 하였다.

020 전

恭	惟	鞠	養
공손할 공	생각할 유	기를 국	기를 양

해석: 부모 은혜를 공손히 생각하니

주해: 이 몸은 부모 은혜가 아닌 것이 없으니, 자식된 자는 이를 마땅히 공경히 생각해야 한다.

자의:

恭(공)	조심하다, 윗사람의 뜻을 받들다, 공경(恭敬), 공손(恭遜).
惟(유)	생각하다, 사유(思惟), 오직, 단지(但只), 유독(惟獨,唯獨), 유일(惟一,唯一).
鞠(국)	기르다, 성씨(姓氏), 국문(鞠問)하다.
養(양)	羊(양 양)+食(밥 식), 봉양(奉養), 공양(供養), 부양가족(扶養家族), 양육비(養育費), 요양병원(療養病院), 양식장(養殖場), 교양(敎養), 소양(素養), 수양(修養).

부생아신(父生我身) 모국오신(母鞠吾身) → 아버지는 날 낳으시고, 어머니는 날 기르셨다.

〈어머니 마음〉 - 1930년대, 양주동(梁柱東, 1903~1977) 시, 이흥렬(李興烈, 1909~1980) 곡.

낳실 제 괴로움 다 잊으시고, 기를 제 밤낮으로 애쓰는 마음
진 자리 마른 자리 갈아 뉘시며, 손발이 다 닳도록 고생하시네
하늘 아래 그 무엇이 넓다 하리오. 어머님의 희생은 가이없어라.

어려선 안고 업고 얼려 주시고, 자라선 문 기대어 기다리는 마음
앓을사 그릇될사 자식 생각에, 고우시던 이마 위에 주름이 가득
땅 위에 그 무엇이 높다 하리오. 어머님의 정성은 지극하여라

사람의 마음속엔 온가지 소원, 어머님의 마음속엔 오직 한 가지
아낌없이 일생을 자식 위하여, 살과 뼈를 깎아서 바치는 마음
인간의 그 무엇이 거룩하리오. 어머님의 사랑은 그지없어라.

'어머니 날'은 1956년부터 매년 5월 8일로 정한 기념일이었다.
1973년부터 '어버이 날'로 바뀌었다.

020 후

豈	敢	毁	傷
어찌 기	감히 감	헐 훼	상처(다칠) 상

해석 몸을 어찌 함부로 헐고 다치게 하랴

주해 『효경』에, '신체와 모발과 피부는 부모에게 받은 것이니, 감히 훼상(毁傷)하지 않음이 효(孝)의 시작이다' 하였다. 진실로 부모 은혜를 생각한다면, 그 몸을 반드시 감히 훼상하지 못하리라.

자의

豈(기)	어찌, 왜, 설마, 반어(反語)의 조사(助詞)다. 기감(豈敢)=어찌 감히.
敢(감)	감히, 함부로, 감행(敢行), 용감(勇敢), 언감생심(焉敢生心), 구태여, 과감(果敢).
毁(훼)	헐다, 상처 입히다, 부수다, 폄훼(貶毁), 훼방(毁謗), 명예훼손(名譽毁損).
傷(상)	다치다, 몸이 상하다, 손상(損傷), 상처(傷處), 부상자(負傷者), 중상모략(中傷謀略).

『효경』 글 '신체발부(身體髮膚)는 수지부모(受之父母)니 불감훼상(不敢毁傷)이 효지시야(孝之始也)라'를 다시 강조한 대목이다.
세상 만물 중에서 가장 귀(貴)한 것은 바로 내 몸이다.
이 귀한 몸을 만들어 주신 부모 은혜를 감사하지 않는다면 사람이 아니다.

적공지탑 기훼호(積功之塔 豈毁乎)는 '공든 탑이 어찌 무너지랴.'라는 뜻이다. 이 말의 요지(要旨)는 탑은 결코 무너지지 않는다는 것이 아니라, 살면서 꾸준히 공(功)을 쌓지 않고 보수(補修)하지 않으면 무너진다는 것이다.

우리 속담에 '무식(無識)하면 용감(勇敢)하고, 식자(識者)는 과묵(寡默)하다.'라고 했다. 서양(西洋)에도 이와 같은 속담이 있다.
"Ignorance is bold, and knowledge is reserved."

『부모은중경(父母恩重經)』 '부모님의 크고 깊은 은혜에 보답하라'는 가르침.

어느 날, 부처님이 여러 보살들과 함께 남행(南行) 중 마른 뼈 한 무더기를 보자, 땅에 엎드려 예배(禮拜)하였다. 제자 아난(阿難)이 그 연유를 묻자 답했다.
"내 전생(前生)의 조상(祖上)이거나 부모(父母)의 뼈일 수도 있다." 하고,
"남자의 뼈는 희고 무겁고, 여자의 뼈는 검고 가벼울 것이다."라 하니, 아난이 그 이유를 묻자, 말했다.

"어머니가 자식을 낳을 때 3말 3되의 응혈(凝血)을 흘렸고,
8섬 4말의 혈유(血乳)를 먹여 키웠다."

어머니가 아이를 잉태(孕胎)한 순간부터 세상을 떠나는 날까지 자식을 걱정한다는 내용 <부모십대은(父母十大恩)>을 요약하면 다음과 같다.

1) 자식을 잉태(孕胎)하여 안전하게 지키고 보호한 은혜; 懷胎守護恩(회태수호은)
여러 겁(劫)의 인연(因緣)이 거듭하여서, 금생(今生)에 어머니 몸에 의탁하였다.
1달이 지나니 오장(五臟)이 생기고, 49일째에 육정(六精)이 열렸다. 몸이 산처럼 무거워도 몸가짐은 바람과 재난을 맞을까 두려워한다. 아름다운 비단옷도 입지 않고, 단장하며 보던 경대에는 먼지만 쌓인다.
(累劫因緣重 今來托母胎 月逾生五臟 七七六精開 體重如山岳 動止劫風災 羅衣都不掛 裝鏡惹塵埃)

2) 자식을 낳을 때 고통(苦痛)을 감당한 은혜; 臨産受苦恩(임산수고은)
아이를 품은 지 10달이 다 차니 해산(解産)의 어려움이 닥친다.
아침마다 몸은 중병 든 것 같고, 날마다 정신은 혼미(昏迷)하여 가라앉는다. 황당하고 두려운 심정은 헤아릴 수 없고, 근심으로 흘린 눈물이 옷깃을 가득 적신다. 슬픔을 머금고 친족에게 말하되, '이러다가 죽을까 두렵습니다'.
(懷經十個月 難産將欲臨 朝朝如重病 日日似昏沈 難將惶怖述 愁淚滿胸襟 含悲告親族 惟懼死來侵)

3) 자식을 낳고서 모든 근심을 잊으신 은혜; 生子妄憂恩(생자망우은)
자애(慈愛)하신 어머니가 자식을 낳은 날, 오장이 다 갈라지는 듯 괴롭다.
몸과 마음은 모두 기절(氣絶)하고, 피는 양(羊)을 잡은 자리같이 흘렸다. 낳은 아이가 건강하다는 말

을 듣고 기뻐하고 또 기뻐하였다. 기쁨이 가라앉자 다시 슬픔이 오고, 아픔이 심장까지 파고든다.
(慈母生兒日 五臟總張開 身心俱悶絶 血流似屠羊 生已聞兒健 歡喜倍加常 喜定悲還至 痛苦徹心腸)

4) 쓴 것은 어머니가 삼키고, 단 것은 뱉어 자식을 먹인 은혜; 咽苦吐甘恩(인고토감은)

부모님 은혜는 깊고도 무거우니, 보살피고 사랑함을 한시도 잊지 않았다.

단 것은 뱉어 내니 잡수신 게 없고, 쓴 것을 삼키면서도 눈썹도 찌푸리지 않는다. 사랑하고 깊은 정(情)으로 온갖 어려움 참으니, 깊은 은혜에 슬픔이 더하다. 오로지 아이 먹일 것만 생각하고, 자애하신 어머니는 배고픔도 사양하지 않는다.
(父母恩深重 顧憐沒失時 吐甘無稍息 咽苦不顰眉 愛重情難忍 恩深復倍悲 但令孩兒飽 慈母不辭饑)

5) 마른 자리는 자식을 뉘이고 어머니는 젖은 자리에 눕는 은혜; 廻乾就濕恩(회건취습은)

어머니 몸은 젖은 자리에 두시고, 아이는 마른 자리에 눕힌다.

양쪽 젖으로 아이의 배고픔과 갈증을 채워 주고, 고운 옷소매로 찬바람을 막아 준다. 사랑하고 아껴서 잠도 못 들고, 아이 재롱에 늘 기뻐한다. 오로지 아이 편할 것만 생각하고, 어머니 편함은 바라지 않는다.
(母願身投濕 將兒移就乾 兩乳充饑渴 羅袖掩風寒 恩連恆廢枕 寵弄纔能歡 但令孩兒穩 慈母不求安)

6) 어머니 젖을 내어 길러 주신 은혜; 乳哺養育恩(유포양육은)

자애하신 어머니는 넓은 대지(大地) 같고, 엄친(嚴親)하신 아버지는 높은 하늘 같다.

만물을 덮어 주는 하늘과 실어 주는 대지같이, 아버지와 어머니의 은혜 또한 그러하다. 눈이 없다고 미워하지 않고, 손발이 굽었어도 싫어하지 않는다. 배 아파서 낳은 자식이라 언제나 아끼고 사랑하신다.
(慈母像大地 嚴父配於天 覆載恩同等 父娘恩亦然 不憎無眼目 不嫌手足攣 誕腹親生子 終日惜兼憐)

7) 더러운 것을 깨끗이 씻어 주신 은혜; 洗濯不淨恩(세탁부정은)

돌이켜 생각하니, 어머니 옛 얼굴은 아름다웠고 자태는 빼어났다.

두 눈썹은 비췻빛 버들잎 같고, 두 뺨의 붉은빛은 연꽃보다 더했다. 옥(玉)같이 곱던 얼굴에 잔주름 늘어가고, 곱던 손은 기저귀 빠느라 거칠어졌다. 오로지 자식들 위하느라 자애하신 어머니는 얼굴마저 시드셨다.
(憶昔美容質 姿媚甚豊濃 眉分翠柳色 兩臉奪蓮紅 恩深摧玉貌 洗濯損盤龍 只爲憐男女 慈母改顔容)

8) 자식이 멀리 가면 생각하고 염려하신 은혜; 遠行憶念恩(원행억념은)

죽어서 헤어짐도 참기 어렵지만, 살아서 이별함 또한 마음 아프다.

자식이 외출하여 먼 곳에 가면, 어머니의 마음도 자식 따라 타향에 나가 있다. 밤낮으로 마음은 자식을 따라가고, 흐르는 눈물은 수천 리를 간다. 원숭이가 새끼 생각에 울 듯이, 자식 생각에 애간장이 다 끊기는 듯한다.

(死別誠難忍 生離亦悲傷 子出關山外 母意在他鄕 日夜心相逐 流淚數千行 如猿泣愛子 憶念斷肝腸)

9) 자식을 위해서라면 궂은일도 마다하지 않은 은혜; 爲造惡業恩(위조악업은)

부모님 은혜는 강산같이 무거우니, 깊은 그 은혜는 다 갚기 어렵다.

자식의 괴로움을 대신 받기 원하고, 자식이 고생하면 부모는 마음이 편치 않다. 자식이 먼 길 떠난다는 말을 들으면, 길은 잘 가는지 잠은 찬 데서 자지는 않는지 걱정한다. 자식이 잠시라도 고통을 겪으면, 부모의 마음은 오래도록 아프다.

(父母江山重 深恩報實難 子苦願代受 兒勞母不安 聞道遠行去 行遊夜臥寒 男女暫辛苦 長使母心酸)

10) 끝까지 자식을 사랑하신 은혜; 究竟憐愍恩(구경연민은)

부모님 은혜가 깊고 무거우니, 그 은덕(恩德)은 실로 갚기 어렵다.

서거나 앉거나 마음은 자식을 따라가고, 멀리서도 가까이서도 마음은 자식을 따라간다. 어머니 나이 백세(百歲)가 되도록 팔십(八十) 먹은 자식을 걱정한다. 이 자식 사랑은 어느 때나 그치랴. 명(命)이 다하시면 그제서야 그치실까?

(父母恩深重 恩憐無失時 起座心相逐 遠近意相隨 母年一百歲 常憂八十兒 欲知恩愛斷 命盡始分離)

부처님이 아난에게 말했다.

"내가 사람들을 보건대, 모양은 사람이건만 마음과 행실이 어두워서 부모 은혜를 생각하지 않고, 더구나 공경하는 마음도 없고, 은혜를 저버리고 덕을 배반하며, 감사한 마음이 없어서 효도하지 않고, 의리를 저버리는 중생들이 많다."

이 『부모은중경』은 석가모니 부처가 직접 설하지 않은 '위경(僞經)'이라는 설(說)이 있다. 당(唐)나라 때 만들어지고, 한(漢)나라 때 활발히 유통되었으며, 우리나라에는 신라 때 들어왔고, 조선 한글 창제 이후 유교의 『효경(孝經)』과 나란히 언해본(諺解本)이 다수 찍혀 유통되었다. 이본(異本)이 100종이 넘는다.

인성교육진흥법(人性敎育進興法)
- 제정 2014.12.29, 시행 2015.7.21, 개정 2024.10.10.

제1조(목적) 이 법은 「대한민국헌법」에 따른 인간으로서의 존엄과 가치를 보장하고 「교육기본법」에 따른 교육이념을 바탕으로 건전하고 올바른 인성(人性)을 갖춘 국민을 육성하여 국가사회의 발전에 이바지함을 목적으로 한다.

제2조(정의) 이 법에서 사용하는 용어의 뜻은 다음과 같다. <개정 2017.12.19.>
1. "인성교육"이란 자신의 내면을 바르고 건전하게 가꾸고 타인·공동체·자연과 더불어 살아가는 데 필요한 인간다운 성품과 역량을 기르는 것을 목적으로 하는 교육을 말한다.
2. "핵심 가치·덕목"이란 인성교육의 목표가 되는 것으로 예(禮), 효(孝), 정직, 책임, 존중, 배려, 소통, 협동 등의 마음가짐이나 사람됨과 관련되는 핵심적인 가치 또는 덕목을 말한다.
3. "핵심 역량"이란 핵심 가치·덕목을 적극적이고 능동적으로 실천 또는 실행하는 데 필요한 지식과 공감·소통하는 의사소통능력이나 갈등해결능력 등이 통합된 능력을 말한다.
4. "학교"란 다음 각 목의 어느 하나에 해당하는 기관을 말한다.
    가. 「유아교육법」 제2조제2호에 따른 유치원
    나. 「초·중등교육법」 제2조에 따른 학교
    다. 「재외국민의 교육지원 등에 관한 법률」 제2조제3호에 따른 한국학교

<이하 생략>
부칙 <법률 제13004호, 2015.1.20.> 이 법은 공포 후 6개월이 경과한 날부터 시행한다.

*人性敎育 8대 핵심(核心) 가치·덕목(價値·德目)

예(禮)	효(孝)	정직(正直)	책임(責任)
친절, 겸손	우애, 경애	신의, 공정성, 충성	역할 책임, 행위 책임

존중(尊重)	배려(配廬)	소통(疏通)	협동(協同)
자기 존중, 타인 존중, 생명 존중	공감, 감정 이입, 연민, 관용	관점의 변화, 정보 공유	공동체 의식, 연대성, 조화

021 전

女	慕	貞	烈
여자 여	그리워할 모	곧을 정	매울 열

해석

여자는 지조와 절개를 사모하고

주해

이하(以下)는 몸을 훼상(毁傷)하지 않는 도(道)를 말한 것이다. 여자는 뜻이 바르고 행실이 강직해야 몸을 욕(辱)되지 않게 할 수 있다. 그러므로, 이러한 자가 있으면 사람들이 반드시 사모(思慕)한다.

자의

女(여)	여자, 딸, 女 중간에 젖꼭지 상징 점 두 개 찍어 母(어미 모)다, 너(=汝, 여).
慕(모)	그리다, 그리워하다, 사모(思慕), 연모(戀慕), 흠모(欽慕), 애모(愛慕), 추모(追慕).
貞(정)	곧음, 바름, 의혹에 동요되지 않음, 동정(童貞), 정조(貞操), 貝(재물 패)+卜(점 복).
烈(열)	맵다, 마음이 굳세고 바름, 열녀(烈女), 열사(烈士), 선열(先烈), '울어라 열풍(烈風)아'.

『맹자』 <만장上> 편에, '대효(大孝)'를 강조하며, 慕(모)의 사례를 들었다.
"사람이 어려서는 부모를 사모(思慕)하다가, 이성에 눈뜨면 소녀를 연모(戀慕)하고, 처자식을 두면 처자식을 애모(愛慕)하며, 벼슬하면 주군을 흠모(欽慕)하나, 신임을 얻지 못하면 애태운다(熱中). '큰 효자'는 종신토록 부모를 경모(敬慕)한다."
(人은 少則慕父母하고 知好色則慕少艾하며 有妻子則慕妻子하고 仕則慕君하나 不得於君則熱中이니라. 大孝는 終身慕父母니라)

<연주대(戀主臺)> 관악산 정상 629m, 경기 과천, 2023.5.
고려가 멸망하자 충신 강득룡(康得龍)이 은신하여, 북쪽 송도(松都)를 바라보며 옛 왕조를 그리워하던 기암(奇巖) 자리.

021

男	效	才	良
남자 남	본받을 효	재주 재	어질 량

남자는 재주와 어짊을 본받는다

남자는 재주와 지혜가 뛰어나고 충량(忠良)이 드러난 뒤에야 '된 사람(成人)'이 될 수 있다. 그러므로 이러한 자가 있으면 사람들이 반드시 본받는다. 이 두 글귀를 알면 부모를 잘 섬길 수 있으리라.

男(남)	남자(男子), 사내 자식, 아들, 젊은이, 장부(丈夫), 男=田(밭 전)+力(힘 력) → 논밭 일하는 사람.
效(효)	본받다, 본받아 배우다, 효용(效用), 효과(效果), 효험(效驗), 약효(藥效), 무효(無效).
才(재)	재주, 재능(才能) 있는 사람, 영재(英才), 천재(天才), 인재(人材), 천학비재(淺學菲才).
良(량)	좋다, 어질다, 착하다, 양호(良好), 선량(善良)한 사람, 개량(改良), 양서(良書), 양심(良心).

송(宋)나라 학자(學者) 주자(朱子)가 '배울 학(學)' 자를 해석했다.
"배움(學)이란 말은 본받음(效)이다. 사람의 본성은 다 선(善)하나 깨달음(覺)은 선후(先後)가 있으니, 후각자는 반드시 선각자의 배우고 실천하는 바를 본받아야 선을 밝게 알아서 그 본성을 회복할 수 있다."
(學之爲言은 效也라. 人性은 皆善이나 而覺有先後하니 後覺者는 必效先覺之所爲라야 乃可以明善而復其初也라)

〈생활통지표〉

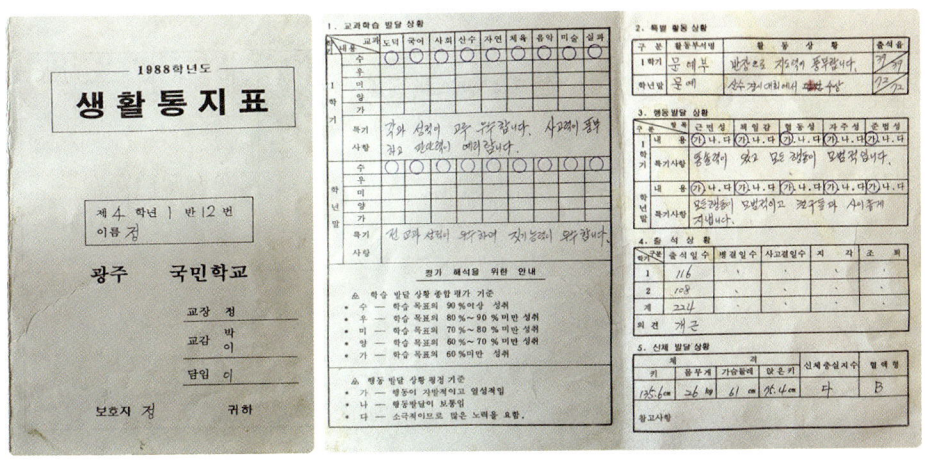

022 전

知	過	必	改
알 지	지날(허물) 과	반드시 필	고칠 개

해석 자기 허물을 알았거든 반드시 고치고

주해 공자의 제자 자로(子路)는 자신의 허물 듣기를 좋아하여, 남이 허물을 말해 주면 기뻐하였다. 그는 잘못을 들어 알아서 반드시 고쳤으니, 백세(百世)의 스승이 될 만하다.

자의

知(지)	알다(識), 깨닫다(覺), 느끼다, 분별하다, 지식(知識), 지혜(智慧), 격물치지(格物致知).
過(과)	잘못함, 과오(過誤), 실수(失手), 건너다, 한도(限度)를 지나다, 개과천선(改過遷善).
必(필)	반드시, 틀림없이, 꼭, 기필(期必), 필연(必然), 하필(何必), 필요악(必要惡).
改(개)	고치다, 바로잡다, 다시, 새삼스럽게, 바뀌다, 개선(改善), 개혁(改革), 회개(悔改).

사람이 살다 보면 본의(本意) 아니게 과오(過誤)를 저지를 수 있고, 일을 하다 보면 의도(意圖)와 달리 실수(失手)도 한다. 이 과오와 실수는 빨리 고쳐서 다시 하면 좋게(잘) 된다. 이 말이 '개과천선(改過遷善)'이다. 구차하게 변명(辨明)하거나 비겁하게 회피(回避)하면 더욱 어두워진다.

『논어』<자한> 편에서, 공자가 말했다.
"자신의 허물(잘못)이 있으면 고치기를 꺼리지 말라." (過則勿憚改)

『논어』<위령공> 편에서, 공자가 또 말했다.
"잘못하고도 고치지 않는 것, 이것이 잘못이다." (過而不改 是謂過矣)

퇴계(退溪) 이황(李滉, 1501~1570)이 <서답기명언논사단칠정(書答奇明彦論四端七情)>에 말했다.
"진정한 용기는 기세를 부려 억지를 부리는 것이 아니라,
잘못을 고치기에 인색하지 않고, 의리를 들으면 즉시 따르는 데 있다."
(眞勇는 不在於逞氣强說이니 而在於改過不吝하고 聞義卽服이니라)
이 말을 줄여서 '개과불린(改過不吝) 문의즉복(聞義卽服)'이다.

022 후

得	能	莫	忘
얻을 득	잘할 능	없을(말) 막	잊을 망

훈음

해석 능함을 얻었거든 잊지 말라

주해 『논어』에, '달마다 그 능(能)한 바를 잊지 말라' 하였다. 능하면서 잊지 않는다면 얻음이 더욱 견고(堅固)하여 잃지 않을 것이다. 이 두 글귀를 알면 학문에 나아갈 수 있다.

자의

得(득)	얻다, 잡다, 손에 넣다, 지득(知得), 터득(攄得), 이득(利得), 득의망언(得意忘言).
能(능)	능히 하다, 할 수 있다(can do it), 재능 있다, 능숙(能熟), 능사(能事), 능인(能仁).
莫(막)	하지 말라, 없다(無), 불가(不可)하다, 막상막하(莫上莫下), 무지막지(無知莫知).
忘(망)	잊다, 다하다, 끝나다, 상실(喪失)하다, 배은망덕(背恩忘德), 물망초(勿忘草). 忘=心(마음 심)+亡(망할 망) → 주의하는 마음이 없어짐 → 잊다.

『논어』 <자장> 편에서, 공자의 제자 자하(子夏)가 말했다.
"날마다 (공부하여) 모르는 것을 알고자 하고,
달마다 (실습하여) 잘하는 것을 잊지 않는다면, 학문(學問)을 좋아한다고 말할 만하다."
(日知其所亡하며 月無忘其所能이면 可謂好學也已矣니라)

사람이 살면서, 잊지 말아야 할 것과 잊어야 할 것이 있다.

잊지 말아야 할 것 중 제일은 은혜(恩惠)다. 사람은 누구나 탄생(誕生)부터 장사(葬事)까지 남의 도움을 받는다. 은혜에 감사하고 보답함은 자연생태계의 마땅한 도리(道理)다.

• 배은망덕(背恩忘德) → 은혜(恩惠)를 저버리고 덕(德)을 잊음.

잊어버려야 할 것 중 제일은 원한(怨恨)이다. 사람이 더불어 사람들과 살면서 서운하고 억울한 일이 어찌 없겠는가? 원수를 갚겠다고 사는 것은 곧, 원수를 위한 내 삶이다.

*추사 김정희는 제주 유배 중, 책을 보내준 제자 이상적에게 <세한도(歲寒圖)>를 그려 주고, 한쪽에 <장무상망(長毋相忘)> 도장을 찍었다.

<장무상망(長毋相忘)>
'오래도록 잊지 말자'

023 전

罔	談	彼	短
말 망	말씀 담	저 피	짧을(잘못) 단

해석: 남의 단점을 함부로 말하지 말고

주해: 군자는 자신의 수행이 급하다. 남의 장점·단점을 점검할 겨를이 없다. 맹자가 '남의 불선(不善)을 말하다가 후환(後患)을 어찌하려는가?' 하였다. 마땅히 유념하여야 한다.

자의:

罔(망)	하지 말라, 없을 무(無), 그물 망(網), 말 무(毋)와 같다, 망극(罔極), 망측(罔測).
談(담)	말하다, 이야기하다, 말씀, 담화(談話), 속담(俗談), 상담(相談), 호언장담(豪言壯談).
彼(피)	저, 저것, 피안(彼岸), 피차(彼此), 지피지기(知彼知己), 차일피일(此日彼日).
短(단)	잘못함, 허물, 단점(短點), 과실(過失), 짧음, 단가(短歌), 단축(短縮/短軸), 단편(短篇).

*취모멱자(吹毛覓疵) 吹 불 취, 毛 털 모, 覓 찾을 멱, 疵 허물 자.
털 사이를 불어가면서 흠을 찾음. 남의 단점을 억지로 찾아냄.

『채근담』<전집 71>에 전한다.
"열 마디 말 중 아홉 마디가 맞아도 기이하다 하지 않지만, 한 마디가 맞지 않으면 그 허물을 탓하는 말이 사방에서 몰려든다.
열 가지 꾀 중 아홉 가지가 성공해도 공으로 돌리지 않지만, 한 가지가 성공하지 않으면 그를 비난하는 말이 사방에서 일어난다. 그러므로 군자는 차라리 침묵할지언정 나서지 않고, 못난 체할지언정 재주를 드러내지 않는다."
(十語九中이라도 未必稱寄나 一語不中이면 則愆尤駢集하고 十謀九成이라도 未必歸功이나 一謀不成이면 則訾議叢興하나니 君子는 所以寧默이언정 毋躁하고 寧拙이언정 毋巧니라)

『채근담』<전집 121>에 전한다.
"남의 단점은 마땅히 정성껏 덮어 줘야 한다. 이것을 들춰 내는 것은 자기의 단점으로써 남의 단점을 공격하려는 것이다."
(人之短處는 要曲爲彌縫이니 如暴而揚之면 是以短攻短이니라)

023

靡	恃	己	長
말 미	믿을 시	자기 기	길(잘할) 장

해석: 자기 장점을 너무 믿지 말라

주해: 자기에게 장점이 있더라도 자만해서는 안 되니, 자만하면 학문에 증진이 없게 된다. 『서경』에, '자신이 장점을 가졌다고 생각하면 그 장점을 잃는다'고 하였다, 이 두 글귀를 알면 자기를 수련할 수 있다.

자의:

靡(미)	하지 말라(=罔, 망), 아니다, 없다, 쓰러지다, 따르다, 풍미(風靡)=바람에 초목이 쓰러짐. 어떤 현상이 사회에 널리 퍼짐.
恃(시)	믿음, 자랑, 자부(自負), 지나치면 자만(自慢), 오만(傲慢)하게 된다.
己(기)	몸, 자기(自己), 자신(自身), 극기(克己), 수기(修己), 애기(愛己), 이기(利己).
長(장)	잘함, 능함, 장점(長點), 길다, 오래되다, 어른, 우두머리, 책임자, 자라다, 가장(家長).

조선시대 학자, 학봉(鶴峯) 김성일(金誠一, 1538~1593)이 '하늘'에 대해 말했다.
"믿을 것이 하늘이나 못 믿을 것도 하늘이다."
(可恃者天이나 而不可恃者亦天也라)

『채근담』 <전집 120>에 전한다.
"한쪽 말만을 믿어 간사한 사람에게 속지 말고, 자기 힘만 너무 믿고 객기 부리지 말라. 자기 장점을 자랑하려고 남의 단점을 드러내지 말고, 자기가 서툴다고 하여 남의 능숙함을 시기하지 말라."
(毋偏信而爲奸所欺하고 毋自任而爲氣所使하여 毋以己之長而形人之短하고 毋因己之拙而忌人之能하라)

잘났다거나 잘한다는 평가는 자기가 할 일이 아니라 남이 할 일이다. 사람마다 저 잘난 맛으로 산다지만, 제 입으로 저 잘났다고 말하는 것은 이미 잘난 사람이 아니다. 자신감(自信感)은 나쁘지 않다. 그러나 과신(過信)하면 자만(自慢)하고 교만(驕慢)한 사람이 된다. 교만은 파멸(破滅)의 지름길이다. 인생도처유상수(人生到處有上手)다. 사람 사는 곳마다 나보다 나은 고수(高手)가 있다. 그러니, 나 잘났다고 너무 나대지 말라.

024 전

信	使	可	覆
약속할 신	하여금 사	옳을 가	실천할 복

해석 약속은 마땅히 실천하고

주해 『논어』에, 유약(有若)이 '약속이 의(義)에 가까우면 약속한 말을 실천할 수 있다'고 하였다. 약속을 할 때 그 일이 마땅하면 약속한 말을 실천할 수 있다는 말이다.

자의

信(신)	약속, 믿음, 의심하지 않음, 신의(信義), 신뢰(信賴), 신념(信念), 배신(背信).
使(사)	~로 하여금 ~하게 하다, 시키다, 부리다, 사신(使臣), 심부름꾼, 사명(使命).
可(가)	옳다, 좋다, 할 수 있다, 가능하다, 동의하다, 가부(可否), 가관(可觀), 불가사의(不可思議).
覆(복)	실천하다, 되풀이하다, 돌아오다(復), 뒤집히다, 덮다, 다시, 반복(反覆), 복개(覆蓋).

『논어』 <자장> 편에서, 공자의 제자 자하가 '신뢰 우선'에 대해 말했다.
"군자(君子)는 신뢰를 얻은 뒤에 백성을 부린다. 신뢰를 얻지 못한 상태에서 부리면 자신들을 괴롭힌다고 여긴다. 군자는 신뢰를 얻은 후에 간언(諫言)한다. 신뢰를 얻지 못한 상태에서 윗사람에게 간언하면 비방(誹謗)한다고 여긴다."
(君子는 信而後 勞其民이니 未信則以爲厲己也라 信而後 諫이니 未信則以謗己也라)

믿을 신(信) = 사람 인(人) + 말씀 언(言). 의뢰할 뢰(賴) = 묶을 속(束) + 질 부(負)
사람에 대한 신뢰는 그의 말에서 출발한다. 그러나 말은 교묘히 꾸밀 수 있다. 그가 말한 대로 행동하는가 보아야 한다. 그의 말과 행동이 유익하게 반복 지속되어야 '좋은 평판(評判)'을 얻는다.

신뢰(信賴)가 검증된 객관(客觀)이라면, 신념(信念)은 심리적 주관(主觀)이다.
『인간적인 너무나 인간적인』에서, 철학자 니체(Friedrich Nietzsche, 1844~1900)가 말했다.
"신념은 거짓말보다 더 위험한 '진리(眞理)의 적(敵)'이다."

024

훈음

器	欲	難	量
그릇 기	하고자 할 욕	어려울 난	헤아릴 량

해석 기량은 헤아리기 어렵도록 크게 하라

주해 그릇에는 크고 작음이 있다. 사람의 기량은 천지(天地)와 같이 광대하여야 남이 측량하기 어렵다(자기의 장점을 자랑하면 곧 남이 헤아릴 수 있게 된다). 이 두 글귀를 알면 사물에 대응할 수 있다.

자의

器(기)	그릇, 기관, 도구, 식기(食器), 악기(樂器), 무기(武器), 도자기(陶瓷器), 농기구(農器具).
欲(욕)	하려고 하다, 바라다, 기대하다, 의욕(意欲), 욕심(欲心, 慾心), 욕망(欲望).
難(난)	어렵다, 쉽지 않다, 재앙(災殃), 근심, 재난(災難), 환난(患難), 진퇴양난(進退兩難).
量(량)	헤아리다, 분량(分量), 수량(數量), 기량(器量), 도량(度量), 역량(力量), 재량(裁量).

'기욕난량(器欲難量)'은 남이 헤아릴 수 없는 도량, 곧 군자(君子)를 가리킨다.

『논어』<위정> 편에서 공자가 말했다.
"군자는 그릇이 아니다."(君子不器)
이때, 그릇은 일정(一定)한 틀, 틀에 박힌 고루(固陋)함, 융통성(融通性) 없는 사람이다.

조선 문신(文臣) 이식(李植, 1584~1647)이 말했다.
"그릇이 작으면 빨리 차서 넘치기 쉽고, 웅덩이에 고인 빗물은 쉽게 마르기 십상이다."
(小器易盈 潢潦易渴)
소기(小器)는 작은 그릇. 황료(潢潦)는 웅덩이에 고인 물. 마음은 넓어야 하고, 물은 흘러야 함을 말했다.

노자『도덕경』<제41장>에 '대기만성(大器晚成)'이란 말이 있다.
겉뜻은 '큰 그릇 만들려면 오랜 시간이 걸린다'는 말이고, 속뜻은 '큰 인물(人物)이 되려면 많은 시간(時間)과 노력(勞力)이 필요하다'는 말이다.

서양 속담에서는, "로마는 하루아침에 이루어지지 않았다.(Rome wasn't built in a day)"라고 하였다.

'난형난제(難兄難弟)'는 형이라 하기도 동생이라 하기도 어렵다는 말이다. 두 사람 실력이 엇비슷하여 우열을 가리기 어려울 때 쓴다. 후한(後漢) 말, 학자 진식(陳寔)에게 두 아들 원방(元方) 기(紀)와 계방(季方) 심(諶)이 있었다. 이들 삼부자는 학문과 덕행이 높아 삼군자(三君子)로 불렸다. 기의 아들 군(群)이 어렸을 때, 심의 아들 충(忠)과 서로 제 아버지의 공적과 덕행을 자랑하다가 우열(優劣)을 가릴 수 없자, 할아버지에게 판정 내려 줄 것을 요구했다. 난감(難堪)해진 진식은 이렇게 말했다.

"(둘은 분명 형과 아우지만, 학문과 인품에서는) 원방을 형이라 하기 어렵고, 계방을 동생이라 하기 어렵구나."(元方難爲兄 季方難爲弟)

이에, 두 손자는 만족하여 물러났다.

아계(鵝溪) 이산해(李山海)가 7살 때 쓴 시 <영율(詠栗)> '밤을 읊다'

一腹生三子(일복생삼자)하니	한 배에서 세 자식을 낳았으니
中者兩面平(중자양면평)이라	가운데 놈은 두 뺨이 넓적하네
秋來先後落(추래선후락)하니	가을 되어 앞뒤로 떨어져 구르니
難弟又難兄(난제우난형)이라	누가 아우고 형인지 알기 어렵네.

마당에 떨어진 밤톨을 의인화(擬人化)하여 지은 영물시(詠物詩)다. 시속에는 밤(栗, 율) 글자가 없다. 中者(가운데 놈)는 仲子(둘째 아들)이다. 결구(結句)는 위 진식(陳寔)의 고사성어(故事成語) <난형난제(難兄難弟)>를 차용했다.

이산해(1539~1609)는 고려 말 대학자 목은(牧隱) 이색(李穡)의 7대손으로, 선후대대로 벼슬하였다. 조선 선조(宣祖) 때 영의정(領議政)을 두 차례 지냈다. 1558년에 진사시 합격하고, 1561년 문과 급제하여, 1578년 대사간, 1588년 우의정이 되었다. 1592년 임진왜란이 발발하여 한양이 함락되자, 국정 책임을 물어 파직되어 평해로 유배 갔다, 이후 영의정으로 복귀했다.

춘추전국시대(春秋戰國時代) 사상가 공맹(孔孟)과 묵자(墨子)

공자(孔子, BC.551~449)와 『논어(論語)』 The Analects of Confucius.

성(姓)은 공(孔), 이름 구(丘), 자(子)는 존칭어. 아버지 66살에 혼인한 16살 무녀(巫女) 사이에서 사생아(私生兒)로 태어났다. 이복(異腹) 누이 9명과 장애인 형 1명 있었다. 3세에 아버지를, 16세에 모친을 여의고 불우한 소년시절을 보내며 고학(苦學)했다. 19세에 결혼하여 아들 리(鯉)를 얻었다. 30대 중반부터 제자들 모여, 나중에 3천 명 되었다. 그중 72현(賢) 10철(哲)이 있다. 52세에 대사구(大司寇) 지위에 올랐다. 13년간 천하주유(天下周遊)하며 덕치(德治) 주장, 귀향하여 후학 양성과 저술 활동했다. 아들이 먼저 죽어, 손자 자사(子思)를 키웠다. 자사는 『중용』을 썼다.

책 『논어』는 공자와 제자들의 어록으로, 20편 498장 15,918자로 구성되었다. 주제는 '사람들 속에서 사람들과 더불어 고통을 공감하고 인정 있는 공동체를 만들자'는 것이다. 핵심사상 仁이 108번 나온다. 군자(君子)는 지도자로서 109번, 백성(民)은 49번 나온다. 仁은 人+二이다.

맹자(孟子, BC.372~28)와 『맹자(孟子)』 The Analects of Mencius.

성(姓)은 맹(孟), 이름 가(軻). 어려서 아버지 여의고 어려운 환경에서, 교육열 높은 어머니 슬하에서 성장하며 공부하였다. 자사(子思)의 문하에서 공자의 사상을 계승했다. 여러 나라에서 벼슬(객경, 客卿)하였다. 52세부터 15년간 천하주유하며, 인의(仁義) 도덕(道德)의 왕도정치론(王道政治論)을 폈다.

책 『맹자』의 핵심사상은 인(仁)과 의(義)다. 7편(상하 14편) 261장으로 구성, 34,685자다. 지도자의 덕성(德性) 함양과 교육 중시, 가벼운 세금, 전쟁 반대, 인(민)본주의, 화합과 협동을 주장하였다.

묵자(墨子, BC.480~390)와 겸애설(兼愛說) The Doctrine of Universal love.

성(姓)은 묵(墨), 이름 적(翟). 공자의 유학(儒學) 사상에 도전하였다. 이들 묵가(墨家)는 결속력이 강한 결사체(結社體)로써, 생산직 전문가를 양성하여 분업(分業)과 협업(協業)으로 운영하였다. 진(秦)나라의 천하통일 이후, 중앙집권 획일통치에 사라지고 말았다.

책 『묵자(墨子)』의 핵심은 '10론(論)-10가지 주요 덕목'이다. 1) 상현(尙賢, 현인 존경), 2) 상동(尙同, 윗사람 존중), 3) 겸애(兼愛, 인류애), 4) 비공(非攻, 침략전쟁 비난), 5) 절용(節用, 근검 절약), 6) 절장(節葬, 장례 간소), 7) 천지(天志, 하늘뜻 의義), 8) 명귀(明鬼, 귀신이 상벌), 9) 비악(非樂, 음악 비난), 10) 비명(非命, 숙명론 반대). 그중 대표적 사상 '겸상애(兼相愛) 교상리(交相利)'는 나 사랑하듯이 남 사랑하고, 내 가족 사랑하듯이 남 가족 사랑하며, 내 나라 사랑하듯이 남 나라 사랑하는 무조건(無條件) 무차별(無差別)의 사랑이다.

묵자가 말했다. "무슨 일이건 쓸데없이 논쟁(論爭)하지 말라, 지면 기분이 상하고 이기면 친구를 잃는다."

025 전

墨	悲	絲	染
먹 묵	슬플 비	실 사	물들일 염

해석

묵자는 흰 실이 검게 물듦을 슬퍼했고

주해

묵(墨)은 묵적(墨翟)이다. 묵적은 실이 물듦을 보고 슬퍼 말했다. '사람의 본성은 본래 선(善)한데, 환경과 다른 사람의 영향에 물들어 불선(不善)하게 된다. 이는 실이 본래 흰색인데 지금은 검정색이 되었고, 다시 흰색으로 돌아갈 수 없는 것과 같다.'

자의

墨(묵)	먹, 검다, 여기서는 사상가 묵자(墨子)를 가리킨다, 묵가(墨家), 수묵화(水墨畵).
悲(비)	슬픔, 슬프다, 슬퍼하는 마음, 비참(悲慘), 비통(悲痛), 비애(悲哀), 희비(喜悲).
絲(사)	누에에서 나온 실, 명주실, 견사(絹絲), 철사(鐵絲), 일사불란(一絲不亂).
染(염)	물들다, 흰색에 다른 색깔로 물들임, 염색(染色), 전염(傳染), 오염(汚染).

• **문방사우**(文房四友) → 지(紙, 종이)·필(筆, 붓)·묵(墨, 먹)·연(硯, 벼루).

'**근묵자흑**(近墨者黑) **근주자적**(近朱者赤)'은
검은 먹을 가까이하면 검게 되고, 붉은 인주를 가까이하면 붉게 된다는 말이다.
향(香)을 싼 종이에서는 향내가 나고, 생선(生鮮)을 묶은 새끼에서는 비린내가 난다는 말과 같다.
좋은 사람과 어울리면 본받아 좋게 되고, 나쁜 사람과 어울리면 나쁜 물이 들기 마련이다.

『순자』〈권학〉편에서,
쑥이 곧은 삼 가운데서 자라면 붙들지 않아도 저절로 곧아지고,
흰모래가 더러운 진흙 속에 있으면 물들이지 않아도 스스로 더러워진다.
(蓬生麻中하면 不扶自直하고, 白沙在泥면 不染自汚니라)

'**토사호비**(兎死狐悲)'는 토끼가 죽으니 여우가 슬퍼한다는 뜻으로, 비슷한 처지인 상대의 불행을 보고 슬퍼함이다. 판소리『수궁가(水宮歌)』에서, 별주부 따라 수궁 가는 토끼에게, 여우가 '가지 말라'며 말리는 말이다.

025

후

詩	讚	羔	羊
시 시	기릴 찬	새끼양 고	양 양

해석 시 <고양>은 관리의 정직함을 찬미했다

주해 <고양>은 『시경』의 시 이름이다. 남국(南國)의 대부(大夫)가 문왕(文王)의 교화(敎化)를 입어 절검(節儉)함과 정직함을 찬미하였다. 이 두 글귀는 '인성(人性)은 바뀌기 쉬워서, 악(惡)해질 수도 있고 선(善)해질 수도 있음'을 말한 것이다.

자의

詩(시)	문학(文學)의 한 장르, 시(詩), 『시경(詩經)』, 서정시(抒情詩), 서사시(敍事詩).
讚(찬)	기리다, 칭찬하다, 밝히다, 아름다워하다, 적다, 찬사(讚辭), 격찬(激讚).
羔(고)	양(羊)의 새끼, 어린 양, 팽양포고(烹羊炮羔).
羊(양)	염소, 큰 양, 어미 양, 양두구육(羊頭狗肉), 희생양(犧牲羊).

시 <고양(羔羊)>은 주(周)나라 제후국 소남(召南) 관리(官吏)들의 절검과 정직을 찬양하였다. 관리들은 평소 새끼 양 가죽을 꿰매어 입고, '새끼 양의 덕(德)'을 간직하며 살았다. 새끼 양은 무릎을 꿇고 어미젖을 먹는데, 이는 어미에게 예(禮)를 갖춘 것이다. 관리들이 예(禮)를 알고 덕(德)으로 정치하니, 이들의 부인들도 덕화(德化)를 입어 절검하고 정직하였다.

<고양(羔羊)> '어린 양' 3절 전문

羔羊之皮(고양지피)여 素絲五紽(소사오타)로다	어린 양 가죽을 흰 실로 다섯 곳 꿰매었네
退食自公(퇴식자공)하니 委蛇委蛇(위이위이)로다	퇴청하여 식사하니 의젓하고 의젓하도다
羔羊之革(고양지혁)이여 素絲五緎(소사오역)이로다	어린 양 가죽을 흰 실로 다섯 솔기 꿰매었네
委蛇委蛇(위이위이)하니 自公退食(자공퇴식)이로다	의젓하고 의젓하니 퇴청하여 식사하시네
羔羊之縫(고양지봉)이여 素絲五總(소사오총)이로다	어린 양 가죽을 꿰맸는데 흰 실로 다섯 곳이네
委蛇委蛇(위이위이)하니 退食自公(퇴식자공)이로다	의젓하고 의젓하니 퇴청하여 식사하시네

皮 가죽 피, 絲 실 사, 革 가죽 혁, 緎 솔기 역, 縫 꿰맬 봉, 總 꿰맬(합할) 총.
委蛇 → (위사) 뱀, (위타) 미꾸라지, (위이) 구불구불 가다, 느긋한 모양.

026 전

景	行	維	賢
볕(클) 경	행할 행	맬(오직) 유	어진 현

해석 대도를 실행하면 현자가 되고

주해 『시경』의 〈거할(車舝)〉 시에, '높은 산을 우러러보고(高山仰止), 큰길을 간다(景行行止)'고 하였다. 대도(大道)를 행해야 함을 알면 현자(賢者)가 될 수 있음을 말한 것이다.

자의

景(경)	크다(大), 볕, 빛, 태양, 밝다, 경치(景致), 경복궁(景福宮), 관동팔경(關東八景).
行(행, 항)	길(道), 가다, 다니다, 행보(行步), 행실(行實), 줄, 항렬(行列), 안항(雁行).

'경행(景行)'은 밝고 떳떳하고 어진 행동, 큰길, 대도(大道)다.

維(유)	오직(惟, 唯), 바, 벼리(밧줄), 매달다, 섬유(纖維), 유신(維新), 유지(維持).
賢(현)	어질다, 현인(賢人), 현자(賢者), 성현(聖賢), 현명(賢明), 우문현답(愚問賢答).

'유현(維賢)'은 현인(賢人)이 됨이다.

『경행록(景行錄)』은 '착한 행실을 기록한 책'이다. 송(宋)나라 때 저작(著作)되었으나, 원본은 사라지고, 『명심보감』에 인용문으로만 전한다.

〈순명(順命)〉 편에, "화(禍)는 요행으로 면하지 못하고, 복(福)은 한 번 받으면 다시 구하지 못한다." (禍不可以倖免이요 福不可以再求라)

〈정기(正己)〉 편에, "자기 삶을 잘 보호하는 사람은 욕심이 적고, 자기 몸을 잘 보호하는 사람은 이름나는 것을 피한다. 욕심 없기는 쉬우나 명성(名聲)을 피하기는 어렵다." (保生者는 寡慾하고 保身者는 避名한다. 無慾易나 無名難이라)

〈계성(戒性)〉 편에, "자기를 굽히는 사람은 중한 자리에 능히 처하나, 이기기를 좋아하는 사람은 반드시 적을 만난다." (屈己者는 能處重이나 好勝者는 必遇敵이라)

〈입교(立敎)〉 편에, "정치의 요점은 공정과 청렴이고, 가정을 이루는 도리는 검소와 근면이다." (爲政之要는 曰公與淸이요 成家之道는 曰儉與勤이니라)

026 후
훈음

| 克 이길 극 | 念 생각 념 | 作 지을 작 | 聖 성인 성 |

해석 사념을 이겨 내면 성인이 된다

주해 『서경』에, '성인(聖人)도 살펴 생각하지 않으면 광인(狂人)이 되고, 광인도 살펴 생각하여 삿됨을 이기면 성인이 된다'고 하였다. 성인과 광인의 구분이 다만 한번 살펴 생각함에 달렸다.

자의

克, 剋(극)	이기다(克), 능(能)히 잘하다(克), 사욕(私慾)을 이긴 극기(克己), 상극(相剋).
念(념)	생각, 기억함, 여기서는 사념(私念), 사념(邪念), 염주(念珠), 단념(斷念), 체념(諦念).
作(작)	짓다, 하다, 만들다, 일으키다, 되다(爲), 작성(作聖)=성인이 됨, 작심(作心).
聖(성)	거룩하다, 성(聖)스럽다, 신성(神聖)하다, 성인(聖人)↔광인(狂人).

◎ 생각, 생각하다, 생각나다.

사(思)
사료(思料), 사색(思索), 사상(思想)

상(想)
상상(想像), 이상(理想), 예상(豫想)

고(考)
사고(思考), 고려(考慮), 고찰(考察)

려(慮)
사려(思慮), 우려(憂慮), 배려(配慮)

억(憶)
기억(記憶), 추억(追憶), 회억(回憶)

유(惟)
유일(惟一, 唯一), 사유(思惟)

〈반가사유상(半跏思惟像)〉, 불교조각장 이진형

027 전

德	建	名	立
덕 덕	세울 건	이름 명	설 립

해석: 공덕을 세우면 명예가 서고

주해: 공덕(功德)은 실제(實際)고 명예(名譽)는 실제의 허울이니, 실제가 있는 곳에는 명예가 저절로 따른다.

자의:

德(덕)	덕, 어짊, 바른 마음, 오상(五常)을 실천하여 얻은 실제(實際), 도덕(道德).
建(건)	세우다(立), *건강(健康)하다의 '건'은 '굳셀 건(健)', 건립(建立), 건설(建設), 건축(建築).
名(명)	이름, 외형, 실제(實際)를 표상(表象)하다, 명색(名色), 명성(名聲), 명언(名言). 명예(名譽), 명소(名所), 성명(姓名), 유명(有名), 저명(著名), 명함(名銜).
立(입, 립)	서다, 나타나다, 사람(大)이 땅(一)에 서 있는 모양, 정립(鼎立), 대립(對立), 자립(自立).

『채근담』 <전집 59>에, "부귀 명예가 도덕에서 온 것은 숲속 꽃과 같아서 스스로 잘 자라지만, 공적에서 온 것은 화분 꽃과 같아서 곧 옮겨지고 쇠망한다. 권력에서 온 것이면 꽃병 꽃과 같아서 뿌리가 없으니 금방 시들고 말리라."
(富貴名譽가 自道德來者는 如山林中花하여 自是舒徐繁衍하고, 自功業來者는 如盆檻中花하여 便有遷徙廢興하며, 若以權力得者는 如瓶鉢中花하여 其根不植이니 其萎를 可立而待矣라)

『열자(列子)』 <설부(設符)> 편에, 노자의 제자 관윤(關尹)이 말했다.

"말이 선하면 울림도 선하고, 말이 악하면 울림도 악하다. 몸이 크면 그림자도 크고, 몸이 작으면 그림자도 작다. 이름은 울림과 같고, 몸은 그림자와 같다. 그러므로 그대 말을 삼가면 거기에 화합하는 사람이 있을 것이, 그대 행동을 삼가면 거기에 따르는 사람이 있을 것이다. 그러므로 성인은 나간 것을 보고서 들어올 것을 알고, 간 것을 살펴서 올 것을 안다. 이것이 앞일을 먼저 알게 되는 이치다."
(言美則響美하고 言惡則響惡라 身長則影長하고 身短則影短이라. 名也者響也요 身也者影也라. 故曰 愼爾言將有和之요 愼爾行將有隨之라. 是故로 聖人은 見出以知入이요 觀往以知來라. 此其所以先知之理也라)

027

훈음: 形 형상 형 / 端 바를 단 / 表 겉 표 / 正 바를 정

해석: 몸가짐이 바르면 모습도 바르게 된다

주해: 형체(形體)가 단정(端正)하면 그림자도 단정하고, 의표(儀表)가 바르면 그림자도 바르다. 『서경』에, '네 몸이 바르면 감히 바르지 않게 하는 이가 없다' 하였다. 공자가 '그대가 올바른 것으로 솔선수범(率先垂範)하면 누가 감히 바르지 않게 하겠는가?' 하였다.

자의:
- 形(형) 꼴, 몸(體), 모습, 용모, 얼굴(容), 형상(形像, 形象), 외형(外形), 형식(形式), 형편(形便).
- 端(단) 단정(端正)하다, 바르며 곧다, 실마리, 일의 첫머리, 물건의 끝, 단서(端緖), 단아(端雅).
- 表(표) 겉, 외면(外面), 의표(儀表), 드러내다, 출사표(出師表), 표정(表情), 표리부동(表裏不同).
- 正(정) 바르다, 옳다, 정직(正直), 一+止, 그쳐야 할 곳에 머물러 그침, 정체성(正體性).

· 진정(眞正) → 거짓없이 참으로, 정말, 진짜.
· 진정(眞情) → 참되고 애틋한 마음, 진심.

'**형단표정**(形端表正)'은 형정표단(形正表端)이다. 『예기(禮記)』의 형정즉영필단(形正則影必端)을 다시 쓴 것이다. 몸가짐이 바르면 그 그림자는 반드시 바르다는 말이다.

'**형영상동**(形影相同)'은 형체의 움직임(몸가짐)에 따라 그림자도 그대로 나타난다는 말이다. 마음먹은 바가 그대로 행동으로 나타난다.

모양 형(形)은 자연적인 모습, 형상, 형체, 외형, 성형(成形), 지형(地形).
모형 형(型)은 짜맞춘 거푸집, 본, 틀 등. 유형(類型), 혈액형(血液型).

단정(端正)은 얌전하고 바르다. 사람 용모(容貌)가 단정하다.
단정(端整)은 깨끗이 정돈(整頓)되어 있다. 물건이 가지런하다.

정당(正當)은 공명정대(公明正大; 바르고 마땅함, 정당하고 떳떳함)함이다.
정정당당(正正堂堂)은 태도나 수단이 정당하고 떳떳함이다.

028 전

空	谷	傳	聲
빌 공	골 곡	전할 전	소리 성

해석: 빈 골짜기에서도 소리가 전해지듯

주해: 사람이 빈 골짜기에 있을 때, 소리가 스스로 메아리로 울려와 전해진다. 앞에서는 '그림자가 형체(形體)를 따름'을 말하였고, 여기서는 '메아리가 소리를 따름'을 말하였으니, 한 뜻이다.

자의:

空(공)	비다, 없다, 헛되다, 쓸쓸하다, 하늘, 구멍, 동굴, 숫자 0(零), 공수래공수거(空手來空手去).
谷(곡)	골, 골짜기, 계곡(溪谷), 깊은 굴(窟), 좁은 길, 마을, 협곡(峽谷).
傳(전)	전하다, 잇다, 전래(傳來), 유전(遺傳), 전통(傳統), 이심전심(以心傳心).
聲(성)	소리, 소리를 내다, 노래, 말하다, 성경(聖經).

공(空) - 『한국민족문화대백과사전』에서 인용

인간을 포함한 일체 만물에 고정 불변하는 실체가 없다는 사상을 가리키는 불교 교리다. 현상계의 모든 사물의 이법(理法)을 설명하는 원리로서 불교의 근본 사상이 되었다.

공은 부처가 보리수 아래에서 깨달은 진리에서 기원한다. 일체의 만물은 단지 원인과 결과로 얽힌 상호의존적 관계에 있기 때문에 무아(無我)이며, 무아이기 때문에 공이라는 내용이다.

원효는 공이라는 진실을 모든 사람에게 본래부터 갖추어져 있는 것으로 파악하였다. 원효는 본래 내 몸에 갖추어져 있는 그 진실을 자각하면 누구나 깨달음을 얻어 부처가 될 수 있음을 역설하였다.

〈공(空)〉 청계사 대웅전 주련, 경기 의왕, 2015.

028 후

虛	堂	習	聽
빌 허	집 당	익힐 습	들을 청

해석 빈집에서 난 소리도 다 들린다

주해 빈집에 소리가 있으면 또한 익히 들을 수 있다. 집이 울리는 것은 골짜기가 울리는 것과 같다. 『주역』에, '그 하는 말이 선하면 천리의 밖에서도 호응한다.' 하였으니, 곧 이러한 이치다.

자의

虛(허)	비다, 다하다, 속에 아무 것도 없다, 헛되다, 허공(虛空), 공허, 겸허, 허기, 폐허.
堂(당)	집, 서당(書堂), 강당(講堂), 성당(聖堂), 천당(天堂), 당숙(堂叔), 자당(慈堂).
習(습)	익히다, 되풀이하다, 학습(學習), 습관(習慣) → 개인 버릇, 관습(慣習) → 집단 풍습.
聽(청)	듣다, 들어 주다, 허락하다, 청문회(聽聞會), 경청(傾聽), 겸청제명(兼聽齊明).

*들을 문(聞); 주의하여 듣다, 가르침을 받다, 알다, 깨우치다.

- 허공(虛空), 공허(空虛)
  텅 빈 '하늘'
- 허심탄회(虛心坦懷), 겸허(謙虛)
  욕심이 없는 '빈 마음'
- 허구(虛構), 허망(虛妄), 허언(虛言), 허위(虛僞)
  진실이 없는 '거짓'
- 허명(虛名), 허비(虛費), 허사(虛事), 허세(虛勢)
  실제가 없는 '헛됨'
- 허기(虛飢)
  굶주려서 배가 비어 있는 '배고픔'
- 폐허(廢墟)
  아무도 살지 않는 '빈 터'

〈함허정(涵虛亭)〉 전남 곡성, 2025.

029
전

禍	因	惡	積
재앙 화	인할 인	악할 악	쌓을 적

훈음

해석 재앙은 악을 쌓음으로써 오고

주해 화(禍)를 불러들임은 평소에 쌓은 악행(惡行)에 기인(基因)한다.

자의

禍(화)	재앙(災殃), 재화(災禍), 사고(事故), 허물, 죄(罪), 해(害)치다, 화근(禍根), 사화(士禍).
因(인)	인하다, 말미암음, 원인(原因), 이유(理由), 까닭, 인연(因緣), 인과응보(因果應報).
惡(악, 오)	악하다, 나쁘다, 더럽다, 추하다, 오상(五常)에 어긋나는 일, 죄악(罪惡), 증오(憎惡).
積(적)	쌓다, 많다, 포개다, 모으다, 저축(貯蓄)하다, 누적(累積), 적금(積金), 적립금(積立金).

『맹자』 <공손추上> 편에서, 맹자가 말했다.
"화든 복이든 모두 자기가 불러들인 것이다."
(禍福은 無不自己求之니라)

인생이란 궂은 일과 좋은 일 두 가닥을 꼬아가는 새끼나 노끈 같다.
'화복규묵(禍福糾纆)'은 화(禍)와 복(福)의 두 가닥으로 꼬아(糾) 가는 새끼나 노끈(纆)이라는 말이다.
'길흉화복(吉凶禍福)'은 사람이 밖으로 내는 말(言語)로 인연(因緣)하여 발생된다. 화(禍)와 복(福) 자에는 입(口)과 관련된 '입 비뚤어질 와(咼)'와 '가득할 복(畐)'이 들어 있다. 사리(事理)에 어긋난 말은 재앙(災殃)의 뿌리요, 진실을 담은 참된 말은 행복의 샘이다.

『채근담』 <전 417>에, "자신을 반성하는 사람은 부딪치는 일마다 약이지만, 남을 탓하는 사람은 생각하는 것마다 자신을 해치는 무기가 된다. 하나는 모든 선의 길을 열고 하나는 모든 악의 근원을 이루니, 그 거리는 하늘과 땅 차이다."
(反己者는 觸事가 皆成藥石이요 尤人者는 動念이 卽是戈矛라. 一以闢衆善之路하고 一以濬諸惡之源하니 相去霄壤矣라)

029

훈음: 후

福	緣	善	慶
복 복	인연 연	착할 선	경사 경

해석: 복은 착한 일을 함으로써 온다

주해: 복(福)을 얻음은 진실로 선행(善行)을 쌓은 뒤의 남은 경사(慶事)에 인연(因緣)한다. 맹자가 '화와 복이 자기가 구(求)하지 않음이 없다'고 하였다. 화와 복이 선(善)과 악(惡)에 따름은, 그림자가 형체(形體)를 따르고 메아리가 소리에 따름과 같다.

자의:

福(복)	복, 돕다, 좋은 운수, 제사 음식, 음복(飮福), 복권(福券), 행복(幸福), 박복(薄福), 명복(冥福).
緣(연)	말미암다, 원인을 도와 결과를 낳게 하는 작용, 인연(因緣), 자매결연(姉妹結緣).
善(선)	착하다, 좋다, 잘하다, 훌륭하다, 오상(五常)을 수련하는 일, 선남선녀(善男善女).
慶(경)	축하할 일, 기뻐하다, 경사(慶事), 복(福), 선행이 드러난 것, 경회루(慶會樓).

『주역(周易)』에서,
"선을 쌓은 집에는 반드시 남은 경사가 있고, 선을 쌓지 않은 집에는 반드시 재앙이 있다."
(積善之家에 必有餘慶이요, 積不善之家에 必有餘殃이라)

힌두교에서, "탄생은 축복(祝福), 결혼은 행복(幸福), 죽음은 축제(祝祭)"라 한다.

일(근로)을 중시하는 이슬람 경전(經典) 『쿠란(Qur'an, Koran)』은 '행복(幸福)'에 대하여 가르친다.
"행복은 스스로 만들어 가는 것이다. 행복은 현재의 자신에게 만족하는 것이고, 매사에 감사하는 것이며, 부모 형제와 이웃과 공동체를 사랑하는 것이다. 일하여 얻은 양식으로 먹고 살 때 행복이 찾아온다."

'상선약수(上善若水)'는 노자의 『도덕경』 <제8장>에 나오는 말이다.
"최상(最上)의 선(善)은 물(水)과 같다(若)."는 뜻이다. 물은 순리(順理)대로 위에서 아래로 흐르며, 만물(萬物)을 이롭게 하기 때문이다.

030 전

尺	璧	非	寶
자 척	구슬 벽	아닐 비	보배 보

해석: 한 자 큰 구슬이 보배가 아니라

주해: 보배로운 옥(玉)의 길이가 한 자라면, 지극한 보배라 이를 수 있으나, 이것도 오히려 족히 보배가 될 수 없다. 별도로 보배로 여길 것이 있다.

자의:

尺(척)	자, 길이의 단위, 1尺=10寸, 약 30cm, 법(法), 법도(法度), 백척간두(百尺竿頭).
璧(벽)	둥근 옥(玉), 완벽(完璧)=흠 없는 벽, 쌍벽(雙璧)=여럿 중 뛰어난 둘.
非(비)	아니다, 그르다, 명사를 부정하여 '~이 아니다', 시비(是非), 비상계엄(非常戒嚴).

'非(아닐 비)'는 '아님'의 뜻. '하다'와 결합하여 쓰지 못한다. 비인간적이다.
'不(아닐 부, 불)'은 '아님, 아니함, 어긋남'의 뜻. '하다'와 결합하여 쓰인다. 불가능+하다.
'未(아직 미)'는 '아직 아닌, 되지 않은'의 뜻. 미혼(未婚), 미지급(未支給).
'否(아닐 부)'는 '아님'의 뜻. 명사(名詞)로 독립적으로 쓰인다. 가부(可否), 부인(否認).

寶(보)	귀중히 여기다, 보배, 보물(寶物), 국보(國寶), 가보(家寶), 보석(寶石).

『회남자』〈원도훈(原道訓)〉에서, 회남자가 말했다.

"무릇 해도 돌고 달도 돌아, 시간은 사람과 더불어 놀지 않는다. 그러므로 성인(聖人)은 한 자 되는 구슬을 귀하게 여기지 않고, 한 치 짧은 시간을 중시하였다. 이는 한 번 가면 다시 오지 않는 시간을 아낀 것이다."
(夫日回而月周하니 時不與人遊니라. 故로 聖人은 不貴尺璧하고 而重寸之陰하니 此는 惜時不再來라)

'국보(國寶)'는 나라의 보물(寶物). 보물 중 으뜸 문화재(文化財)다. 역사적·학술적·예술적·기술적 가치가 높은, 우리나라 국보 1호는 숭례문(崇禮門, 남대문)이다.

'보물(寶物)'은 유형문화재 중 가치가 높은 것이다. 국보보다 수가 많다. 우리나라 보물 1호는 흥인지문(興仁之門, 동대문)이다.

'문화재(文化財)'는 국보·보물·사적·명승·천연기념물·중요무형문화재 등

030 후

寸	陰	是	競
마디(치) 촌	그늘 음	옳을(이) 시	다툴 경

해석
한 치 짧은 시간이 다툴 보배다

주해
우(禹)임금은 한 치의 짧은 시간을 아꼈다. '해 그림자가 한 치 옮겨 가는 것'을 사람들은 소홀히 여겼지만 성인은 이를 아꼈다. 이는 임무가 무겁고 길이 멀어, 오직 날짜를 부족하게 여겼기 때문이다.

자의

寸(촌) 치, 1자(尺)의 1/10, 손가락 마디만큼 짧은 길이, 촌수(寸數), 촌극(寸劇), 촌지(寸志).

陰(음) 세월, 해 그림자, 그늘, 응달, 습기, 음력(陰曆), 음양(陰陽), 음지(陰地), 음흉(陰凶).

是(시) 이, 이것, 어조사(語助辭), 옳다, 바르다, 바로잡다, 다스리다, 시인(是認), 시정(是正).
是父是子(시부시자); 그 父에 그 子, 소순(蘇洵)과 소식(蘇軾)·소철(蘇轍)

競(경) 겨루다, 다투다(경, 竞=立+兄), 형(兄) 자리에 서려고(立) 다툼, 경기(競技), 경선(競選).

'경쟁(競爭)'은 같은 목적에, 이기려 앞서려 독점하려고 겨루는 행위다.
'투쟁(鬪爭)'은 어떤 대상을 이기거나 극복하려는 싸움이다.

'촌음(寸陰)을 아끼라'고, 주자(朱子)가 시 <우성(偶成)>에서 말했다.

少年易老學難成(소년이로학난성)하니	소년이 늙기는 쉬우나 학문은 이루기는 어려우니
一寸光陰不可輕(일촌광음불가경)하라	어느 한순간도 시간을 소홀히 보내서는 안 된다.
未覺池塘春草夢(미각지당춘초몽)하여	연못가 봄풀은 아직 꿈에서 깨어나지도 않았는데
階前梧葉已秋聲(계전오엽이추성)이라	뜰 돌계단 앞 오동잎에 벌써 가을 소리 들린다.

주자(朱子)가 늙어서, 시 <권학문(勸學文)>에서 말했다.

勿謂今日不學而有來日(물위금일불학이유내일)하며	오늘 배우지 않아도 내일이 있다 말하지 말고
勿謂今年不學而有來年(물위금년불학이유내년)하라	올해 배우지 않아도 내년이 있다 말하지 말라.
日月逝矣(일월서의)나 歲不我延(세불아연)이니	해와 달은 가고, 시간은 나를 기다리지 않으니
嗚呼老矣(오호노의)라 是誰之愆(시수지건)인고	아! 늙었구나, 이것이 누구의 허물인가.

敎學相長(교학상장)
"가르치고 배우면서 서로 성장함"

學然後知不足(학연후지부족)
敎然後知困(교연후지곤)
知不足然後能自反也(지부족연후능자반야)
知困然後能自強也(지곤연후능자강야)
故曰敎學相長也(고왈교학상장야)

"배운 후 배움이 부족함을 알고
가르친 후 배움이 모자람을 안다.
배움이 부족함을 알면
스스로 반성하고,
배움이 모자람을 알면
배워서 자신을 강하게 만든다.
그러므로, 가르침과 배움은
함께 성장하는 것이다." -『예기』<학기> 편.

<敎學相長(교학상장)>, 가산 최영환 글씨

4장 군자의 도리

031	資父事君(자부사군)하니 曰嚴與敬(왈엄여경)이라	부모 섬김을 바탕 삼아 임금을 섬겨야 하니 엄숙함과 공경함이다
032	孝當竭力(효당갈력)하고 忠則盡命(충즉진명)하라	효도는 마땅히 온 힘을 다하고 충성은 목숨도 바친다

033	臨深履薄(임심리박)하고 夙興溫凊(숙흥온청)하라	깊은 못에 임한 듯 살얼음을 밟듯 몸조심하고 일찍 일어나고 늦게 자면서 (부모님 자리가) 따뜻한지 서늘한지 살펴라
034	似蘭斯馨(사란사형)하고 如松之盛(여송지성)이라	군자의 지조는 난처같이 향기롭고 군자의 절개는 소나무같이 무성하다
035	川流不息(천류불식)하고 淵澄取映(연징취영)이라	냇물은 쉬지 않고 흐르고 못물은 맑아서 사물을 다 비춘다
036	容止若思(용지약사)하고 言辭安定(언사안정)이라	용모는 사려 깊게 하고 말은 편안하고 분명해야 한다
037	篤初誠美(독초성미)하고 愼終宜令(신종의령)이라	시작은 독실해야 진실로 좋고 끝맺음이 신중해야 마땅히 좋다
038	榮業所基(영업소기)요 籍甚無竟(자심무경)이라	효행은 영화로운 일의 기본이요 명성은 자자하여 끝이 없으리라
039	學優登仕(학우등사)하여 攝職從政(섭직종정)이라	배움이 넉넉하면 벼슬에 나아가 직책을 맡아서 정사에 종사한다
040	存以甘棠(존이감당)하니 去而益詠(거이익영)이라	소공이 머문 팥배나무를 보존하고 소공이 떠나자 시를 읊었다

031 전

資	父	事	君
재물(바탕) 자	아버지 부	섬김(일) 사	임금 군

해석: 부모 섬김을 바탕 삼아 임금을 섬겨야 하니

주해: 『효경』에, '부모 섬기는 것을 바탕으로 하여 임금을 섬긴다' 하였으니, 부모 섬기는 도리를 미루어 임금 섬김을 말한 것이다.

자의:

資(자)	바탕 삼다, 재물(財物), 자본(資本), 자료(資料), 자질(資質), 자격(資格).
父(부)	아버지, 부모(父母), 웃어른(보), 가부장제(家父長制), 아보(亞父)=항우가 범증을 존칭.
事(사)	일, 일삼다, 전념(專念)하다, 섬기다, 직업, 도지사(道知事), 사사건건(事事件件).
君(군)	임금, 군주(君主), 세자(世子), 군자(君子), 그대, 님, 아내, 절대군주(絕對君主).

조선 왕(27명)
묘호(廟號)
- 조(祖) → 개국(태조). 대공(세조, 선조, 인조, 영조, 정조, 순조)
- 종(宗) → 정통계승(정, 태, 세, 문, 단, 예, 성, 중, 인, 명, 효, 현, 숙, 경, 헌, 철, 고, 순종)
- 군(君) → 폐위(연산군, 광해군)

『맹자』<이루下> 편에서, 맹자가 '군자(君子)'에 대해 말했다.
"군자가 남과 다른 것은 그가 마음에 지닌 바가 다르기 때문이다. 군자는 그 마음에 인(仁)을 지니고, 그 마음에 예(禮)를 지닌다. 인한 사람은 남을 사랑하고, 예를 지닌 사람은 남을 공경한다. 남을 사랑하는 사람은 남에게 항상 사랑받고, 남을 공경하는 사람은 남에게 항상 공경받는다."
(君子所以異於人者는 以其存心也니 君子는 以仁存心하고 以禮存心이니라. 仁者는 愛人하고 有禮者는 敬人하나니 愛人者는 人恆愛之하고 敬人者는 人恆敬之니라.)

<대낭군(待郞君)> '임 기다림'은 조선 말, 여류시인 능운(凌雲, ?)의 유일한 시다.
"달 뜨면 오마던 님, 달이 떴는데 아니 오시네.
님 계신 그곳은, 산이 높아 달이 늦게 뜨나요"
(郞云月出來러니 月出郞不來라 想應君在處나 山高月上遲런가)

031

훈음

曰	嚴	與	敬
가로 왈	엄할 엄	줄(더불어) 여	공경할 경

해석 엄숙함과 공경함이다

주해 부모 섬기는 효(孝)와 임금 섬기는 충(忠)은 각기 마땅한 바가 있으니, 아울러 이하 글에 나타나 있다. 그 엄장(嚴莊)하고 경공(敬恭)하는 요체는 부모 섬김과 군주 섬김이 본래부터 한 이치다.

자의

曰(왈)	가로되, 말하다, 이르다, 이르기를, 가라사대, 어조사(이에), 왈가왈부(曰可曰否).
嚴(엄)	엄하다, 존엄하다, 엄숙하다, 급하다, 혹독하다, 엄동설한(嚴冬雪寒), 위엄(威嚴).
與(여)	더불다, 참여하다, 허여하다, 동아리, 무리 짓다, 주다, 베풀다, 여당(與黨), 참여(參與).
敬(경)	경건(敬虔)하다, 공경하다, 존경하다, 정중하다, 예의 바르다, 경천애인(敬天愛人).

'녹비(피)왈자(鹿皮曰字)'는 부드러운 사슴 가죽에 쓴 曰(왈) 자를 위아래로 당기면 日(일) 자가 된다는 말이다. 이현령비현령(耳懸鈴鼻懸鈴), '귀에 걸면 귀걸이, 코에 걸면 코걸이'와 같다.

엄(嚴)은 부모가 자식에게, 임금이 신하에게, 어른이 아이에게 대함이고
경(敬)은 자식이 부모에게, 신하가 임금에게, 아이가 어른에게 대함이다.
엄과 경의 이치는 본래 같다. 그러므로 '충신은 효자의 집에서 나온다'(忠臣出於孝子之門)고 하였다.

주자(朱子)의 <경제잠(敬齊箴)>은 '경(敬)'에 대한 잠언(箴言)'이다.
"의관을 바로, 시선을 높게, 발걸음은 무겁게, 손동작은 공손히 하라. 밖에 나가서는 손님을 뵙듯, 일할 때는 제사를 지내듯 하라. 입 다물기를 병마개를 막듯, 잡념 막기를 성곽을 지키듯 하라. 동쪽으로 간다 하고 서쪽으로 가지 말고, 남쪽으로 간다 하고 북쪽으로 가지 말라. 두 일이라고 마음을 둘로 나누지 말고, 세 일이라고 마음을 셋으로 나누지 말라. 이와 같이 하는 것이 경(敬)을 지니는 것이다. 잠시라도 틈이 나면 사욕이 만 갈래로 일어나고, 털끝만큼이라도 어긋나면 하늘과 땅이 뒤바뀌게 된다. 오! 배우는 이들이여, 유념하고 공경하라."
(正其衣冠 尊其瞻視 潛心以居 對越上帝 足容必重 手容必恭 擇地而蹈 折旋蟻封 出門如賓 承事如祭 戰戰兢兢 罔敢或易 守口如甁 防意如城 洞洞屬屬 罔敢或輕 不東以西 不南以北 當事而存 靡他其適 弗貳以二 弗參以三 惟心惟一 萬變是監 從事於斯 是曰持敬 動靜無違 表裏交正 須臾有間 私欲萬端 不火而熱 不冰而寒 毫釐有差 天壤易處 三綱旣淪 九法亦斁 於乎小子 念哉敬哉)

032 전

孝	當	竭	力
효도 효	당(마땅)할 당	다할 갈	힘 력

해석
효도는 마땅히 온 힘을 다하고

주해 갈력(竭力)은 그 힘을 다하여 게을리하지 않음이다. 자하(子夏)가 '부모를 섬기되 능히 그 힘을 다한다'고 한 말이 이것이다.

자의

孝(효)	효도, 효도하다, 부모를 잘 섬기다, 孝=耂(늙을 로)+子(자식 자), 반포지효(反哺之孝).
當(당)	마땅히 ~하여야 한다, 합당하다, 당하다, 당연(當然), 타당(妥當), 해당(該當), 당락(當落).
竭(갈)	다하다, 바닥이 나다, 물이 마르다, 고갈(枯渴), 진충갈력(盡忠竭力).
力(력)	힘, 힘쓰다, 부지런히 일하다, '力拔山氣蓋世 時不利兮騅不逝'.

『격몽요결(擊蒙要訣)』〈사친(事親)〉장에, 율곡(栗谷) 이이(李珥, 1536~1584)가 말했다.
"무릇 사람이 부모에게 당연히 효도해야 함을 모르지 않으면서도
효도하는 사람이 매우 드문 것은 부모 은혜를 깊이 알지 못함에서 연유한다."
(凡人이 莫不知親之當孝로되 而孝者甚鮮하니 由不深知父母之恩故也라)

『논어』〈위정〉편에서, 효(孝)에 대하여 자유(子游)가 묻자, 공자가 말했다.
"부모를 잘 부양(扶養)하는 것으로 아나, 개나 말도 먹여 살리니,
공경(恭敬)하는 마음이 없다면 짐승을 기르는 것과 무엇이 다르랴?"
(今之孝者는 是謂能養이나 至於犬馬도 皆能有養이니 不敬이면 何以別乎아)

〈原州李氏三孝門(원주이씨삼효문)〉,
전남 해남 마산면, 〈영산사(英山祠)〉
2025.

032 후

忠	則	盡	命
충성 충	곧 즉	다할 진	목숨 명

해석 충성은 목숨도 바친다

주해 진명(盡命)은 그 몸을 죽이고 잃더라도 사양하지 않음이다. 자하(子夏)의 '군주(君主)를 섬기되 능히 그 몸을 바친다'는 말이 이것이다.

자의

忠(충)	충성, 진심, 진실, 정성을 다하다, 충고(忠告), 충성(忠誠), 충언역이(忠言逆耳).
則(즉)	곧(卽), 법칙(法則), 본받다, 모범으로 삼다, 규칙(規則), 수즉다욕(壽則多辱).
盡(진)	다하다, 100% 다되다, 없어지다, 끝에 이르다, 죽다, 고진감래(苦盡甘來).
命(명)	생명, 목숨, 운, 운수, 명령(命令), 혁명(革命), 운명(運命), 인명재천(人命在天).

『주역』<계사전(繫辭傳)>에서 말했다.
"글은 말을 다 표현하지 못하고, 말은 뜻을 다 표현하지 못한다."
(書는 不盡言하고 言은 不盡意하니라)

주자가 말했다.
"(공익 위해) 자기 힘을 다하는 것을 충(忠)이라 하고, 성실한 것을 신(信)이라 한다."
(盡己之謂忠이요 以實之謂信이라)

'진인사대천명(盡人事待天命)'은 사람으로서 해야 할 일을 다하고(盡), 하늘의 뜻을 기다린다(待)는 말이다. 진(盡) 대신 수(修) 자를 쓰기도 한다. 나관중(羅貫中)의 소설 『삼국지연의(三國志演義)』에서, 제갈량(諸葛亮)이 한 말이다.

적벽대전(赤壁大戰)에서 제갈량은 관우(關羽)에게 '도주하는 조조(曹操)를 죽이라'고 했으나, 관우는 옛 은혜를 생각하여 조조를 놓아주었다. 군령(軍令)을 어긴 관우를 참수(斬首)하려 하자, 유비는 '살려 주자'고 간청했다. 제갈량은 '나는 사람으로서 할 일을 다 했지만, (조조나 관우의) 목숨은 하늘의 뜻이니, 하늘의 명(命)을 기다려 따를 뿐입니다'라 말하며 비켜서, 일을 일단락(一段落) 지었다.

033 전

臨	深	履	薄
임할 림	깊을 심	밟을 리	엷(얇)을 박

해석: 깊은 못에 임한 듯 살얼음을 밟듯 몸조심하고

주해: 증자(曾子)가 임종(臨終)할 때, '『시경』에, 깊은 못에 임한 듯이 하고, 살얼음을 밟는 듯이 몸조심하라 하였으니, 이제야 나는 (몸을 훼손할까 하는 근심에서) 면(免)한 것을 알겠다.' 하시니, 이것은 윗 글에서 이르는바 감히 훼상(毁傷)하지 않는다는 도리(道理)다.

자의:

臨(임, 림)	임하다, 이르다, 다다르다, 높은 곳에서 내려다보다, 임시(臨時), 임해(臨海), 임종(臨終).
深(심)	깊이, 깊다, 깊게 하다, 매우, 의미심장(意味深長), '심심(甚深)한 사과(謝過)'.
履(리)	밟다, 이행하다, 이력(履歷), 가죽신, 이수(履修), 이행(履行), 과전불납리(瓜田不納履).
薄(박)	엷다, 얇다, 적다, 낮다, 천하다, 메마르다, 박하다, 박봉(薄俸), 박빙(薄氷), 박복(薄福).

- 심심하다; 하는 일이 재미없고 지루하다, 음식 맛이 싱겁다. "심심풀이 껌이나 땅콩"
- 심심(甚深)하다; 마음의 표현(表現) 정도가 매우 깊고 간절(懇切)하다. "甚深한 謝過"
- 심심(深深)하다; 깊고 깊다. "深深 山골 외로이 피어 있는 꽃인가. 素朴한 너의 모습 내 가슴을 태웠네. 그리움에 날개 돋혀 산 넘고 물 건너, 꿈을 따라 사랑 찾아 나 여기 왔노라." - ♪ <幸福의 샘터>, 1964년.

『격몽요결』 <사친> 장에서, 율곡 이이가 말했다.

"천하의 모든 물건은 내 몸보다 더 소중한 것이 없는데, 이 몸은 부모가 준 것이다. 만일 남에게서 재물을 받았다면, 그 재물의 많음 적음 소중함 하잘것없음에 따라 그의 은혜에 감사하는 마음도 다를 것이다. 부모가 나에게 이 몸을 주셨으니, 천하의 모든 물건을 다 준다 하여도 이 몸과 바꿀 수는 없다.

이 부모의 은혜를 어찌할까? 어찌 감히 내가 내 몸을 가졌다 하여, 부모에게 효(孝)를 다하지 않아도 되리요. 모든 사람들이 항상 이런 마음을 갖는다면 저절로 부모에게 정성을 다할 것이다."

033 후

훈음

夙	興	溫	淸
일찍 숙	일어날 흥	따뜻할 온	서늘할 청

해석

일찍 일어나고 늦게 자면서 (부모님 자리가) 따뜻한지 서늘한지 살펴라

주해

『시경』에 '아침 일찍 일어나고, 밤 늦게 자라' 하였고, 『예기』에 '겨울에는 따뜻하게 해드리고, 여름에는 서늘하게 해드려라' 하였으니, 이는 부모 섬기는 예절이다. 이 두 글귀는 오로지 효를 말하였으니, 부모에게 효하면 충을 군주에게 옮겨 행할 수 있기 때문이다.

자의

夙(숙)	일찍, 삼가다.	興(흥)	일다, 일어나다, 흥하다.

숙흥(夙興)은 숙흥야매(夙興夜寐)의 줄임말. 부모님보다 아침에 일찍 일어나고, 저녁에 늦게 잔다.

溫(온)	따뜻하다, 온화하다, 순수하다.	淸(청)	서늘하다, 춥다, 차다.

'온청(溫淸)'은 동온하청(冬溫夏淸)의 줄임말이다. 추운 겨울에는 부모님 이부자리를 내 체온으로써 따뜻하게 하고, 더운 여름에는 부채질로써 부모님을 시원하게 해드린다는 말이다.

숙흥야매와 혼정신성은 옛 중국 진(晉)나라 때 왕연(王延)의 지극한 효행으로서, 『예기』<곡례> 편에 유래.

풍수지탄(風樹之嘆) = 수욕정이풍부지(樹欲靜而風不止) 자욕양이친부대(子欲養而親不待).
**"나무는 고요하고자 하나 바람이 멎지 않고,
자식은 봉양하고자 하나 부모는 기다려 주지 않는다."**

공자 주유천하(周遊天下) 중, 길가에서 울던 고어(皐魚)가 '공부하기 위해 집을 떠났다가 돌아와 보니 부모님은 이미 세상을 떠난 뒤라' 한탄(恨歎)한 말이다. 공자가 제자들에게 '이 말을 새기라.' 하니, 제자 13명이 부모를 섬기기 위해 고향으로 되돌아갔다. 한영(韓嬰)의 『한시외전』<권9>에 전한다.

『당서(唐書)』에, 망운지정(望雲之情) = 망운지회(望雲之懷) = 백운고비(白雲孤飛).
"객지(客地)에 나온 자식이 고향의 부모님을 그리는 정(情)."

당(唐), 적인걸(狄仁杰)이 벼슬살이 때, 태항산(太行山)에 올라, 먼 곳을 바라보며 사람들에게 말했다. "내 어버이가 저 흰구름 나는 곳 아래 계신데, 바라만 볼 뿐 가서 뵙지 못하니 그 슬픔이 오래되었다."

034 전

似	蘭	斯	馨
같을 사	난초 란	이 사	향기 형

해석: 군자의 지조는 난처같이 향기롭고

주해: 난초(蘭草)는 그윽한 골짜기에서 홀로 향기로우니, 군자(君子)의 지조(志操)가 한가하고 그윽함을 비유한 것이다.

자의:

似(사)	같다, 닮다, 비슷하다, 흡사(恰似)하다, 그럴듯하다, 유사(類似), 비몽사몽(非夢似夢).
蘭(란)	난초(蘭草) ; 풀(草)임에도 사철 푸르고 산골짜기에서 은근히 피어 향기로우니, 군자의 지조(志操)를 비유한다, 풍란(風蘭), 문주란(文珠蘭), 지란지교(芝蘭之交).
斯(사)	지시대명사(이), 이 차(此)와 같다, 여기서는 어조사(~의)다, 이사(李斯)=진나라 대부.
馨(형), 香(향)	꽃답다, 향기(香氣), 馦(향기 짙을 향), 馫(향기 형), 馥(향기 복), 芬(향기 분), 香(향기 향).

『공자가어(孔子家語)』에 전한다.
난초와 지초는 깊은 숲에서 살아, 사람이 없다 하여 향기가 없지 않다.
군자는 도를 닦고 덕을 세움에, 곤궁하다 하여 절개를 꺾지 않는다.
(芝蘭生於深林에 不以無人而不芳이라 君子修道立德은 不以困窮而改節이니라)

사이비(似而非)는 '같은 듯하지만 사실은 아니다'는 말이다. 가짜다.
옛 중국 전한(前漢) 원제(元帝, 재위 BC49~33)는 흉노국(匈奴國)과 화친(和親)하면서 후궁 왕소군(王昭君)을 흉노 왕비(王妃)로 보냈다. 6백 년 후, 당(唐)나라 시인 동방규(東方叫)가 <소군원(昭君怨)>을 지어, 먼 이국(異國)에서 외롭게 지냈을 왕소군의 심사(心事)를 대신했다.

오랑캐 땅엔 꽃도 풀도 없으니, 봄이 왔어도 봄 같지 않구나
허리끈이 자연 헐렁해진 것이지, 몸매를 가꾸기 위함이 아니도다.
(胡地無花草 春來不似春 自然衣帶緩 非是爲腰身)

034 후

如	松	之	盛
같을 여	소나무 송	갈 지	성할 성

해석: 군자의 절개는 소나무같이 무성하다

주해: 소나무는 서리와 눈을 업신여기며 홀로 무성(茂盛)하니, 군자의 기개(氣槪)와 절조(節操)가 우뚝함을 비유한 것이다.

자의:

如(여)	같다, 사(似)·여(如)는 '비슷하다'이고, 동(同)은 '똑같다'이다, 하여간(何如間).
松(송)	소나무, 송백(松柏), 채송화(菜松花), 송편(松䭏), '일송정(一松亭) 푸른 솔'
之(지)	가다, 도달하다, 그것, 여기서는 어조사(~의)로 쓰였다, 형설지공(螢雪之功).
盛(성)	성하다, 무성(茂盛)하다, 담다, 왕성(旺盛), 전성기(全盛期), 풍성(豊盛), 진수성찬(珍羞盛饌).

『논어』<위정> 편에, 知之者不如好之者(지지자불여호지자)요 好之者不如樂之者(호지자불여락지자)라. "(학문을) 아는 자는 좋아하는 자만 못하고, 좋아하는 자는 즐기는 자만 못하다."

조선 1456년(세조 2), 성삼문(成三問, 1418~1456) 등은 왕위를 찬탈(簒奪)당한 단종(端宗) 복위를 꾀하다 처형당했다. 이때 죽은 6명의 관리를 사육신(死六臣)이라 한다. 성삼문·박팽년(朴彭年)·이개(李塏)·하위지(河緯地)·유성원(柳誠源)·유응부(兪應孚). *찬탈; 빼앗을 찬(簒) 빼앗을 탈(奪).
생육신(生六臣)은 세조에게 벼슬하지 않고 단종을 위하여 절의를 지킨 여섯 신하 - 김시습(金時習)·원호(元昊)·이맹전(李孟專)·조려(趙旅)·성담수(成聃壽)·남효온(南孝溫)이다.

성삼문은 죽음을 앞두고 절명시(絶命詩)를 읊었다. 이 시를 <봉래산가> 혹은 <낙락장송 시>라 한다.
이 몸이 죽어가셔 무어시 될고 하니
봉래산(蓬萊山) 제일봉에 낙락장송(落落長松)되야이셔
백설(白雪)이 만건곤(滿乾坤) 홀계 독야청청(獨也靑靑)하리라.
*금강산(金剛山) 여름 이름 봉래산. 봄 이름 금강산, 가을 이름 풍악산(楓嶽山), 겨울 이름 개골산(皆骨山).

한글학자 최현배(崔鉉培, 1894~1970)는 '낙락장송(落落長松)'을 '외솔'로, 자호(自號)하였다.

035 전

川	流	不	息
내 천	흐를 류	아닐 불	숨(쉴) 식

해석: 냇물은 쉬지 않고 흐르고

주해: 물이 흘러가는 것을 '내'라 한다. 그 흐름이 밤낮으로 쉬지 않으니, 군자(君子)가 힘쓰고 두려워하여 그치지 않음을 비유한 것이다.

자의:

川(천)	내, 냇물, 하천(河川), 계천(溪川), 실개천(川), 천변(川邊), 천렵(川獵).
流(류, 유)	물이 흐르다, 시간이 지나가다, 내치다, 유배(流配), 낙화유수(落花流水).
不(불, 부)	아니다, 不 뒤 첫소리가 ㄷ, ㅈ이면 '부'로 읽는다, 불편(不便), 부지불식(不知不識).
息(식)	숨 쉬다, 휴식(休息)하다, 멈추다, 자강불식(自强不息), 소식(消息)=NEWS.

예외) 不實; 읽기는 '불실, 부실'. 쓰임은 다름. 불성실, 허위 → 불실, 불충실 → 부실.

'식영정(息影亭)'은 전남 담양, 광주호(光州湖)가 내려다보이는 언덕에 있다. 1560년에, 서하당(棲霞堂) 김성원(金成遠, 1525~1597)이 스승이자 장인(丈人)인 석천(石川) 임억령(林億齡)을 위하여 지었다.

'식영정(息營亭)'은 전남 무안, 영산강(榮山江)이 내려다보이는 언덕에 있다. 1630년에, 한호(閒好) 임연(林堜, 1589~1648)이 세웠다. 임연은 백호(白湖) 임제(林悌)의 당질이고, 광해군과 인조 때 벼슬살이했다.

〈식영정(息影亭)〉 전남 담양

〈식영정(息營亭)〉 전남 무안

035

淵	澄	取	映
못 연	맑을 징	취할(가질) 취	비출 영

해석 못물은 맑아서 사물을 다 비춘다

주해 물이 머무는 곳을 '못'이라 한다. 맑아서 사물을 족히 비추니, 군자(君子)가 홀로 밝게 봄을 비유한 것이다.

자의

淵(연)	못, 소(沼), 물이 깊이 괸 곳, 심연(深淵), 삼지연(三池淵), *연못=연(蓮) 있는 못.
澄(징)	물이 맑다, 맑게 하다, 명징(明澄), 이징옥(李澄玉,?~1453)=세종 때 함길도절제사.
取(취)	취하다, 얻다, 골라 뽑다, 의지하다, 쟁취(爭取), 착취(搾取), 탈취(奪取), 편취(騙取).
映(영)	비치(추)다(=조, 照), 영화(映畫), *감(鑑)=거울에 비춤.

영화(映畫) → 영국어(英語) 필름(film), 미국어 무비(movie), 불어(佛語) 시네마(cinema).

아곡(莪谷) 박수량(朴守良, 1491~1554)은 방촌(村) 황희(黃喜, 1363~1452)와 고불(古佛) 맹사성(孟思誠, 1360~1438)과 더불어 감사원(監査院)이 선정한 '조선 3대 청백리(淸白吏)'다. 전남 장성의 그의 무덤 앞 비석은 무서백비(無書白碑)다. 그가 자식에게 유언(遺言)함에 따른 것이다. 그는 38여 년 동안 벼슬하면서 형조판서·한성판윤·의정부 우참찬 등 지냈지만 한성에 집 한 칸 없었고, 그가 65세에 사망했을 때 장사 지낼 비용조차 없었다. 호(號)도 사후에 후손들이 지었다.

박수량이 생전에 강릉 경포대(鏡浦臺)에 올라 시(詩) 한 수를 읊었다.
鏡面磨平水府深(경면마평수부심)　거울처럼 맑은 호수는 깊은데
只監人形未監心(지감인형미감심)　사람 겉 비출 뿐 마음은 못 비추네
若使肝膽俱明照(약사간담구명조)　만약 간 쓸개까지 훤히 비친다면
應知臺上客罕臨(응지대상객한임)　응당 경포대에 오를 자 드물리라.

〈박수량 무서백비〉 전남 장성

036 전

容	止	若	思
얼굴 용	그칠 지	같을 약	생각할 사

해석: 용모는 사려 깊게 하고

주해: 용모와 행동은 엄숙하고 사려 깊게 하여야 한다. 『예기』에 '엄숙히 하여 생각하는 듯이 하라'는 것이 이것이다.

자의:

容(용)	얼굴, 모습, 몸가짐, 용모(容貌), 모양, 꾸미다, 용서(容恕), 관용(寬容), 포용(包容).
止(지)	그치다, 정지(停止), 금지(禁止), 저지(沮止), 중지(中止), 지양(止揚), 해지(解止).
若(약)	같다, 여(如)와 같다, 만약(萬若), 좇다, 따르다, 너, 대교약졸(大巧若拙).
思(사)	생각, 사유(思惟), 사려(思慮), 사모(思慕), 뜻, 의사(意思), 사춘기(思春期).

'용서(容恕)'는 남의 잘못을 꾸짖지 않고 너그럽게 보는 것이다.
용(容, 얼굴)은 면(宀, 집)+곡(谷, 골)으로, 다 받아들인다는 의미다. 즉 포용(包容)이다.
서(恕, 용서)는 여(如, 같음)+심(心, 마음)으로, 내 마음을 상대와 같이 한다는 말이다. 즉 추기급인(推己及人)이다.
공자가 자공(子貢)의 '평생 좌우명'으로 일러 준 말이 바로 '서(恕)'였다.

〈얼굴 용(容)〉, 추사 김정희 글씨

'知止止止(지지지지)'는 그칠 줄 알아서, 그쳐야 할 때 그쳐야 한다는 말이다.
고려시대 문장가 이규보(李奎報)는 당호(堂號)를 '止止軒(지지헌)'이라 짓고, 그 사연을 말했다.
"止止(지지)는 그칠 데를 알아서 그치는 것이다. 그치지 말아야 할 데서 그치면 지지가 아니다."

'생각(思)'은 사물을 헤아리고 판단하는 작용이다.
생각에 대하여 동양철학은 마음(心)의 작용이라 하고, 서양철학은 뇌(腦)의 기능이라 한다.

〈반야심경(般若心經)〉 원명은 〈마하반야바라밀다심경(摩訶般若婆羅蜜多心經)〉이다.
마하=큰, 반야=지혜, 바라밀다=완성, 심=핵심, 경=경전. 핵심사상은 공(空)이다. 본문 260자다.

『논어』<위정 편>에서 공자가 말했다.

"배우기만 하고 생각하지 않으면 (자각(自覺)이 없으므로) 얻음이 없고,
생각만 하고 배우지 않으면 (독단(獨斷)에 빠져) 위태롭다."
(學而不思則罔이요 思而不學則殆니라)

이 말에 정자(程子)가 덧붙여 말했다.

"박학(博學), 심문(審問), 신사(愼思), 명변(明辯), 독행(篤行).
이 다섯 가지 중에 하나만 폐(廢)하여도 학문(學問)이 아니다."

널리 배우고 자세히 물으며, 신중히 생각하고 명확하게 분별하며, 독실하게 실천하라는 말이다.

박학심문(博學審問) 줄임말이 '학문(學問)'이다.

摩訶般若波羅蜜多心經(마하반야바라밀다심경)

(관자재보살 행심반야바라밀다시 조견오온개공 도일체고액 사리자 색불이공 공불이색 색즉시공 공즉시색 수상행식 역부여시 사리자 시제법공상 불생불멸 불구부정 부증불감 시고 공중무색 무수상행식 무안이비설신의 무색성향미촉법 무안계 내지 무의식계 무무명 역무무명진 내지 무노사 역무노사진 무고집멸도 무지 역무득 이무소득고 보리살타 의반야바라밀다 고심무가애 무가애고 무유공포 원리전도몽상 구경열반 삼세제불 의반야바라밀다 고득아뇩 다라삼먁삼보리 고지반야바라밀다 시대신주 시대명주 시무상주 시무등등주 능제일체고 진실불허 고설반야바라밀다주 즉설주왈 아제아제 바라아제 바라승아제 모지 사바하.)

관자재보살이 깊은 반야바라밀다를 행할 때, 오온이 공한 것을 비추어 보고 온갖 고통에서 건지느니라. 사리자여! 색이 공과 다르지 않고 공이 색과 다르지 않으며, 색이 곧 공이요 공이 곧 색이니, 수·상·행·식도 그러하니라. 사리자여! 모든 법은 공하여 나지도 멸하지도 않으며, 더럽지도 깨끗하지도 않으며, 늘지도 줄지도 않느니라. 그러므로 공 가운데는 색이 없고 수·상·행·식도 없으며, 안·이·비·설·신·의도 없고, 색·성·향·미·촉·법도 없으며, 눈의 경계도 의식의 경계까지도 없고, 무명도 무명이 다함까지도 없으며, 늙고 죽음도 늙고 죽음이 다함까지도 없고, 고·집·멸·도도 없으며, 지혜도 얻음도 없느니라. 얻을 것이 없는 까닭에 보살은 반야바라밀다를 의지하므로 마음에 걸림이 없고 걸림이 없으므로 두려움이 없어서, 뒤바뀐 헛된 생각을 멀리 떠나 완전한 열반에 들어가며, 삼세의 모든 부처님도 반야바라밀다를 의지하므로 최상의 깨달음을 얻느니라. 반야바라밀다는 가장 신비하고 밝은 주문이며 위없는 주문이며 무엇과도 견줄 수 없는 주문이니, 온갖 괴로움을 없애고 진실하여 허망하지 않음을 알지니라. 이제 반야바라밀다주를 말하리라. 아제아제 바라아제 바라승아제 모지 사바하.

율곡(栗谷) 이이(李珥)는 아이들을 위한 교과서 『격몽요결』에서 '**구용구사(九容九思)**'를 제시했다.

'구용(九容)'은 자기 몸과 마음을 가다듬고 수습하는 아홉 가지

(1) 족용중(足容重)
발을 무겁게 놀려라.
경솔하게 움직이지 말라.

(2) 수용공(手容恭)
손을 공손히 놀려라.
손을 아무렇게 버려두지 말라.

(3) 목용단(目容端)
눈은 단정하게 떠라.
눈동자를 바르게 뜨고 보라.

(4) 구용지(口容止)
말할 때나 식사 때 이외에는
입은 다물고 있으라.

(5) 성용정(聲容靜)
목소리는 조용하게 내라.
항상 가다듬어 말하라.

(6) 두용직(頭容直)
머리는 바르게,
몸은 꼿꼿하게 가져라.

(7) 기용숙(氣容肅)
기운은 엄숙하게 하라.
호흡(呼吸)소리를 내지 말라.

(8) 입용덕(立容德)
서 있는 모습은 반듯하게 하라.
가운데 서지 말라.

(9) 색용장(色容莊)
얼굴색은 씩씩하게 하라.
거만한 기색을 내지 말라.

'구사(九思)'는 학문을 진보시키고 지혜를 더하게 하는 아홉 가지

(1) 시사명(視思明)
사물을 볼 때 밝은 것을 생각하라.
선입관·편견 없이

(2) 청사총(聽思聰)
남의 말과 소리를 들을 때는
귀밝은 것을 생각하라.

(3) 색사온(色思溫)
얼굴빛은 온화한 것을 생각하라.
사나운 기색 말라.

(4) 모사공(貌思恭)
외모는 공손한 것을 생각하라.
단정 씩씩하게 하라.

(5) 언사충(言思忠)
말할 때는 충성(忠誠)된 것을
생각하라. 신용 있게

(6) 사사경(事思敬)
일할 때는 공경함을 생각하라.
늘 공경하고 삼가라.

(7) 의사문(疑思問)
의심 나는 일이 있으면
남에게 물을 것을 생각하라.

(8) 분사난(忿思難)
화나거나 분할 때는
어려움을 생각하라.

(9) 견득사의(見得思義)
이득이 있거든
의리(義利)를 생각하라.

036

言	辭	安	定
말씀 언	말씀 사	편안할 안	정할 정

해석
말은 편안하고 분명해야 한다

주해
언사(言辭)는 자세하고 안정되어야 한다. 『예기』에 '말을 안정(安定)되게 하라'는 것이 이것이다.

자의

言(언)	말, 말씀, 말하다, 언어(言語), 잠언(箴言), 신언서판(身言書判), 유언비어(流言蜚語).
辭(사)	말, 말하다, 수사(修辭), 식사(式辭), 개회사(開會辭), 격려사(激勵辭).
安(안)	편안(便安)하다, 마음 편안하다, 안녕(安寧), 안락(安樂), 안전(安全), 치안(治安).
定(정)	정(定)하다, 결정(決定)하다, 반드시, 자다, 인정(認定), 확정(確定), 고정관념(固定觀念).

언(言)과 어(語), 담(談)과 논(論), 사(辭)와 설(說)

言(언)	짧은 말, 직접 언어(言語). <영어> (명사) word, (동사) speak. 격언(格言), 발언(發言), 형언(形言), 간언(諫言), 선언(宣言), 감언이설(甘言利說).
語(어)	긴 말, 이야기, 주고받는 말. <영어> (명사) story, (동사) tell. 국어(國語), 단어(單語), 주어(主語), 구어(口語), 어록(語錄), 언어도단(言語道斷).
談(담)	서로 주고받는 말, 사사로운 이야기. 담화(談話), 대담(對談), 잡담(雜談), 농담(弄談), 험담(險談), 담판(談判), 담합(談合).
論(논)	사리(事理)의 옳고 그름을 논의(論意)·단정(斷定)하는 말과 글. 토론(討論), 논술(論述), 이론(理論), 변론(辯論), 반론(反論), 서론(序論), 언론(言論).
辭(사)	언(言)보다 긴 말과 글. (동사) 그만두다, 사양(辭讓)하다. 언사(言辭), 찬사(讚辭), 축사(祝辭), 어조사(語助辭), 사표(辭表), 사전(辭典).
說(설)	견해(見解)·주의(主義)·학설(學說) 등 조리(條理) 있는 말과 글. 설득(說得), 설명(說明), 해설(解說), 연설(演說), 논설(論說), 설왕설래(說往說來).

037 전

篤	初	誠	美
도타울 독	처음 초	정성 성	아름다울 미

해석 : 시작은 독실해야 진실로 좋고

주해 : 사람이 능히 처음에 독실하고 후덕하면 진실로 아름다우나 그래도 아직 부족하다.

자의

篤(독)	두텁다, 돈독(敦篤)하다, 진실(眞實)하다, 인정 많다, 충실하다, 위독(危篤)하다.
初(초)	첫, 처음, 처음으로, 시작, 시초(始初), 태초(太初), 비로소, 초등(初等), 초심(初心).
誠(성)	정성(精誠), 진심(眞心), 진실(眞實), 순수한 마음, 참말의 실행, 성실(誠實).
美(미)	좋다, 아름답다, 맛있다, 훌륭하다, 칭찬하다, 미국(美國), 미풍양속(美風良俗), 미덕(美德).

'**초심불망 마부작침**(初心不忘 磨斧作針)'은
초심을 잃지 않고 도끼를 갈아 바늘을 만든다는 뜻이다. 아무리 어려운 일이라도 끈기 있게 노력하면 이룰 수 있다. 당(唐)나라 시인 이백의 성장기 일화(逸話)에서 나왔다. 이백은 추방당한 아버지를 따라, 척박한 서역(西域) 촉(蜀) 땅에서 자랐다. 어렸을 적에, 스승을 찾아 입산(入山)했다. 아버지는 "**공부를 마칠 때까지 집에 오지 말라**"고 했지만, 공부에 싫증이 나서 슬그머니 하산(下山)했다. 도중(途中)에 냇가에서 도끼를 갈고 있는 할머니를 보고, 기이하여 사연(事緣)을 물으니, "**도끼를 갈아 바늘을 만들려 한다.**"고 말했다.
이백이 비웃자, 할머니는 "**중도(中途)에 포기하지 않는다면 도끼는 언젠가 바늘이 될 것이다.**"고 꾸짖었다. 이백은 크게 깨달아 다시 산으로 들어가 학문에 매진하였다.

'**성**(誠)'은 『중용』의 핵심으로서, 본성(本性)에 충실함이다. <23장> '치곡(致曲)'에서 말했다.
"작은 일에도 최선을 다하면 정성스럽게 되고,
정성스럽게 되면 배어 나오고, 배어 나오면 드러나고,
드러나면 밝아지고, 밝아지면 남이 감동하고,
남이 감동하면 변하고, 변하면 생육하나니,
오직 정성을 다하는 사람만이 세상을 변화시킬 수 있다."
(曲能有誠이라 誠則形하고 形則著하고 著則明하고 明則動하고 動則變하며 變則化하니 唯天下至誠이라야 爲能化니라)

037

후

혼음

愼	終	宜	令
삼갈 신	끝날 종	마땅할 의	착할 령

해석 끝맺음이 신중해야 마땅히 좋다

주해 반드시 그 마침을 신중히 해야 진선진미(盡善盡美)가 된다. 『시경』에, '처음은 있지 않는 이가 없으나 능히 마침이 있는 이가 적다'고 한 것이 곧 이 뜻이다.

자의

愼(신)	삼가다(=謹), 진실하다, 신중(愼重)하다, 근신(謹愼)하다, '戰方急愼勿言我死'.
終(종)	끝, 끝나다, 다되다, 완료, 그치다, 이루어지다, 마침내, 죽다, 시종(始終), 최종(最終).
宜(의)	마땅하다, 당연하다, 적합하다, 좋다, 의당(宜當), 시의성(時宜性), 편의점(便宜店).
令(령)	착하다, 좋다, 하여금, 시키다, 우두머리, 법령(法令), 교언영색(巧言令色).

'신독(愼獨)'은 유교경전 『대학(大學)』이 제시하는
수신(修身)의 최고 경지다.
'군자는 혼자 있을 때 스스로 삼간다.'
(君子는 愼其獨也라)

'유종(有終)의 미(美)'란 말은
'착한 본성을 지켜 인격을 완성함'이다.

<신기독(愼其獨)>, 퇴계 이황 글씨

<끝이 좋으면 다 좋다> (All's Well That Ends Well)는 셰익스피어(W. Shakespeare, 1564~1616)의 희곡(戲曲)인데, 젊은 남녀가 우여곡절(迂餘曲折) 끝에 서로 사랑하게 되는 이야기다.
이는 '끝이 좋으면 그동안 겪었던 궂은일들은 다 잊힌다.'는 말이지 목적이나 결과가 모든 수단(手段)을 정당화(正當化)한다는 말은 아니다.

038 전

榮	業	所	基
영화 영	업(일) 업	바(것) 소	터 기

해석: 효행은 영화로운 일의 기본이

주해: 영업(榮業)은 영화(榮華)롭고 빛나는 일이다. 그 기본이 되는 것은 바로 (31장) 자부(資父) 이하 효행(孝行)이다.

자의:

榮(영)	영화(榮華), 영달(榮達), 꽃, 꽃이 피다, 번성(繁盛)하다, 영광(榮光), 영욕(榮辱).
業(업)	일하다(Do), 사업(事業), 직업(職業), 생업(生業), 생계(生計), 수업(授業).
所(소)	것, 바, 방법, 곳, 지역, 자리, 지위, 위치, 경우, 장소(場所), 무소불위(無所不爲).
基(기)	터, 터전, 기초(基礎), 기본(基本), 기준(基準), 기반(基盤), 기독교(基督敎).

'업(業)'이라는 말은 넓은 의미에서, 모든 존재의 활동이다.
일반적으로, 인간이 살아가면서 하는 모든 행위다. 영어로는 동사 'Do(하다)'다.

불교 교리(敎理)는 업(業)을 선업(善業)과 악업(惡業)으로 나누고, 악업은 신업(身業, 몸으로 지음)과 구업(口業, 입으로 지음)과 의업(意業, 마음으로 지음)으로 나누어 이를 삼업(三業)이라 한다. 신업은 셋(살생·도둑질·음행), 구업은 넷(거짓말·험담·이간질·아첨), 의업은 셋(탐욕·성냄·그릇된 견해)이다. 이를 십악업(十惡業)이라 한다.

원인(原因)은 반드시 결과(結果)를 낳는다. 이를 인과율(因果律)이라 한다. 업과(業果), 업보(業報), 인과응보(因果應報), 선인선과(善因善果), 악인악과(惡因惡果)다.

『논어』〈안연〉 편과 〈위령공〉 편에서, 공자가 말했다.
"자기가 하고자 하지 않는 바를 남에게 하라고 하지 말라."
(己所不欲이면 勿施於人하라)

『기독성경』〈마태복음〉 7장 12절의 말씀도 위와 같은 뜻이다.
"무엇이든 남에게 대접받고자 하는 대로 너희도 남을 대접하라."
(己所欲이면 施於人하라)

038
후

籍	甚	無	竟
많을 자	심할 심	없을 무	마침내 경

해석

명성이 자자하여 끝이 없으리라

주해

사람이 업의 기본을 닦으면, 명예가 널리 퍼져 거의 끝이 없다.

자의

藉(자, 적)　많다, 깔다, 핑계대다, *서적 적(籍), 호적(戶籍), 이적(移籍), 위자료(慰藉料).

甚(심)　성하다, 두텁다, 대단히, '심심(甚深)한 사과(謝過) 드려요', 심지어(甚至於).

자심(藉甚)은 낭자심성(狼藉甚盛)의 줄임말. 이리가 뭉갠 어지러운 풀밭.

無(무)　없다, 아니다, 말라, 무작정(無酌定), 전무후무(前無後無), 제행무상(諸行無常).

竟(경)　마침내, 마치다, 다하다, 끝나다, 극에 이르다, 필경(畢竟), 구경열반(究竟涅槃).

무경(無竟)은 끝이 없고 다함이 없음이다. 무강(無疆)과 같은 말이다.

자자(藉藉)	낭자(狼藉)
소문이나 평판이 많은(藉) 사람들 입에 오르내리는 것	이리(狼)들이 놀며 깔아(藉) 뭉개진 풀밭같이 난잡한 자리
낭설(浪說)	빙자(憑藉)
물결(浪)같이 떠도는 말(說), 터무니없는 헛소문	남의 힘을 빌려 의지(憑)하고 핑계(藉)를 대는 것

부정사(不定詞) 9 - 無, 不, 弗, 否, 非, 毋, 勿, 莫, 未

부·불(不), 불(弗)	무(毋), 물(勿), 막(莫)
아니다(Not), 말라. 동사와 형용사를 부정한다.	없다, 아니다, 말라. 금지(禁止)하는 말이다.

부(否)	비(非)	미(未)
아니다(No)	아니다. 주어(명사, 대명사)를 부정한다.	아니다. 아직 ~ 않다.

039 전

學	優	登	仕
배울 학	넉넉할 우	오를 등	벼슬 사

해석: 배움이 넉넉하면 벼슬에 나아가

주해: (이하는 임금 섬기는 일을 말한 것이다). 공자의 제자 자하가 '배우고서 여유가 있으면 벼슬한다'고 하였다. 배우고서 여력(餘力)이 있어 벼슬하면, 그 배움을 더욱 넓게 증험(證驗)하게 될 것이다.

자의:

學(학)	배우다, 학습, 학문, 학생, 학교, 학자(學者), 학파(學派), 곡학아세(曲學阿世), 학여불급(學如不及).
優(우)	넉넉하다, 뛰어나다, 좋다, 우수(優秀)하다, 배우(俳優), 우유부단(優柔不斷).
登(등)	높은 곳에 오르다, 지위에 오르다, 밟다, 얻다, 높다, 등교(登校), 등장(登場).
仕(사)	벼슬, 벼슬하다, 벼슬살이, 섬기다, 살피다, 관직(官職), 봉사(奉仕), 치사(致仕).

『논어』 <태백> 편에서, 공자가 '배움의 자세'에 대해 말했다.
"배움은 미치지 못할 듯이 하고, 배운 것은 오히려 잊어버리지 않을까 두려워하듯 해야 한다."
(學如不及하고 猶恐失之니라)

『맹자』 <진심上> 편에서, 맹자가 말했다.
"공자께서 동산에 올라 노나라를 작게 여기셨고, 태산에 올라 천하를 작게 여기셨다."
(孔子는 登東山而小魯하고 登泰山而小天下하니라)

당(唐)나라 왕지환(王之渙, 688~742)이 '관작루에 올라' 읊은 시 <등관작루(登鸛鵲(雀)樓)>다.

白日依山盡(백일의산진)	해는 산에 기대어 기울고
黃河入海流(황하입해류)	황하는 바다로 흘러든다
欲窮千里目(욕궁천리목)	멀리 천 리 보고 싶어서
更上一層樓(갱상일층루)	누각 한 층 더 오른다.

039
후

攝	職	從	政
잡을 섭	벼슬(직분) 직	좇을 종	정사 정

해석 직책을 맡아서 정사에 종사한다

주해 배우고서 여유가 있으면 직책을 맡아서 국가 정사에 종사할 수 있다. 공자가 자로의 과단성과 자공의 통달함과 염유의 재주를 보아, 모두 정사에 종사할 수 있다고 허여(許與)한 것과 같다.

자의

攝(섭)	잡다, 쥐다, 끌어당기다, 지키다, 다스리다, 대리(代理)하다, 섭정(攝政), 섭리(攝理).
職(직)	직분, 직무, 직책, 임무, 맡다, 벼슬, 관직(官職), 직원(職員), 직권남용(職權濫用).
從(종)	좇다, 쫓다, 뒤잇다, 복종(服從)하다, 모시다, 종조부(從祖父), 종량제(從量制).
政(정)	정사(政事), 정치(政治), 정무(政務), 정부(政府), 정권(政權), 정파(政派).

'정치(政治)'의 사전(辭典) 풀이는
'국가의 권력을 획득하고 유지하며 행사하는 활동으로, 국민들이 인간다운 삶을 영위하게 하고 상호(相互) 간(間)의 이해(利害)를 조정(調停)하며, 사회 질서를 바로잡는 따위의 역할을 한다.'

공직자(公職者)의 정신은 멸사봉공(滅私奉公)이다.
옛 중국 연주(兗州) 도독(都督)인 순도(荀道)의 생질(甥姪)이 절도죄(竊盜罪)를 범했다.
순도는 법에 따라 사형에 처하고, 시신을 향해 통곡하며 말했다.
"너를 죽인 자는 연주의 도독이지, 너의 외삼촌이 아니다."

『논어』<안연 편>에서, 노(魯)나라 정계(政界) 실세 계강자(季康子)가 "정치(政治)란 무엇인가?" 묻자, 공자가 대답했다.
"정치란 '바로잡음'이니, 당신이 솔선하여서 바르게 하면, 누가 감히 바르게 하지 않으리오."
(政者는 正也라. 子帥以正이면 孰敢不正이리오)

040 전

存	以	甘	棠
있을 존	써 이	달 감	아가위 당

해석: 소공이 머문 팥배나무를 보존하고

주해: 주(周)나라 소공(召公) 석(奭)이 남쪽 제후국을 순방(巡訪)할 때, (민폐 끼치지 않으려고) 감당나무 아래 머물렀다. 남국(南國) 사람들이 그 교화(敎化)를 따르지 않는 이가 없었다.

자의:

存(존)	있다, 보존하다, 존재(存在)하다, 안부를 묻다(存問), 존치(存置), 존폐(存廢).
以(이)	~로서(써), ~에 의하여, ~을, 이상(以上), 이장폐천(以掌蔽天), 이후(以後).
甘(감)	달다, 맛이 좋다, 감천(甘泉), 감탄고토(甘呑苦吐), 감수(甘受), 감미료(甘味料).
棠(당)	팥배나무, 아가위나무, 산사나무, 산앵도나무, 감당(甘棠), 해당화(海棠花).

감당(甘棠)은 팥배나무를 가리킴. 꽃은 흰 배꽃과 비슷하고, 열매는 작은 팥과 비슷하다.

소공 석(召公 奭)은 아우 주공 단(周公 旦)과 더불어 형 무왕 발(武王 發)을 도와, 주(周)나라를 세운 개국공신이다. 연(燕)나라와 초(楚)나라의 초대 제후(諸侯)로서 선정(善政)을 베풀어, 사람들이 칭송하였다.

〈팥배나무〉 봄꽃

〈팥배나무〉 가을 잎

040 후

去	而	益	詠
갈 거	말 이을 이	더할 익	읊을 영

해석
소공이 떠나자 시를 읊었다

주해
소공이 떠나니 사람들이 그를 사모(思慕)하여, 시 <감당>을 읊었다. 그 은택(恩澤)이 깊었음을 알 수 있다.

자의

去(거)	가다, 떠나다, 내버리다, 잃다, 제거(除去), 거년(去年), 과거(過去), 거세(去勢), 수거(收去).
而(이)	(말을 잇는) 어조사, 그리하여, 그러나, 그런데, 화이부동(和而不同).
益(익)	더하다, 보태다, 쌓다, 더욱, 증가, 유익, 많이, 일익(日益), 홍익인간(弘益人間).
詠(영)	읊다, 노래하다, 시가(詩歌)를 짓다, 음풍영월(吟風詠月), 영가(詠歌), 영탄(詠歎).

시 <감당(甘棠)> 팥배나무 - 『시경』 국풍(國風) 소남(召南)에
"무성한 팥배나무를 자르지 말고 베지 말라, 소백이 초막 지은 곳이니라
무성한 팥배나무를 자르지 말고 꺾지 말라, 소백이 쉬어 가신 곳이니라
무성한 팥배나무를 자르지 말고 휘지 말라, 소백이 머무셨던 곳이니라."
(蔽芾甘棠(폐불감당)을 勿翦勿伐(물전물벌)하라 召伯所茇(소백소발)이라
蔽芾甘棠(폐불감당)을 勿翦勿敗(물전물패)하라 召伯所憩(소백소게)니라
蔽芾甘棠(폐불감당)을 勿翦勿拜(물전물배)하라 召伯所說(소백소세)니라)

『도덕경(道德經)』 <48장>에서, 노자(老子)가 말했다.
"학문(學問)을 한다는 것은 날마다 (앎을) 보태는 것이지만,
도(道)를 닦는다는 것은 날마다 (앎을) 덜어내는 것이다.
덜어내고 또 덜어내면 무위(無爲)의 경지에 이르고, 무위하면 하지 못하는 일이 없게 된다."
(爲學이면 日益이요 爲道면 日損이니 損之又損이라야 以至於無爲하며 無爲而無不爲니라)

노자 사상의 핵심은 무위자연(無爲自然)이다. 인위가 아닌 자연 그대로!
사람(人)이 하는(爲) 일은 거짓(僞)이라는 것이다.

〈우리에겐 스승이 있었다〉, 서당문화가치 학술대회, 한국프레스센터, 2016.

5장 인간의 관계

| 041 | 樂殊貴賤(악수귀천)하고
禮別尊卑(예별존비)라 | 무악은 귀천(신분)에 따라 다르고
예절은 존비(처지)에 따라 다르다 |

| 042 | 上和下睦(상화하목)하고
夫唱婦隨(부창부수)라 | 위에서 온화하면 아래는 화목하고
남편이 인도하면 아내는 따른다 |

| 043 | 外受傅訓(외수부훈)하고
入奉母儀(입봉모의)라 | 남자는 밖에서 스승의 가르침을 받고
여자는 안에서 어머니의 거동을 받든다 |

044	諸姑伯叔(제고백숙)은 猶子比兒(유자비아)라	고모·백부·숙부는 아버지의 누님과 여동생 조카는 친자식과 같다
045	孔懷兄弟(공회형제)는 同氣連枝(동기련지)라	형과 아우가 매우 그리워함은 한 뿌리에 이어진 가지이기 때문이다
046	交友投分(교우투분)하고 切磨箴規(절마잠규)라	벗을 사귐에 분수를 지켜 투합하고 절차탁마하며 서로 경계하고 본받는다
047	仁慈隱惻(인자은측)을 造次弗離(조차불리)라	인자하고 측은하게 여기는 마음은 잠시도 떠나지 말아야 한다
048	節義廉退(절의렴퇴)는 顚沛匪虧(전패비휴)라	절개·의리·청렴·용퇴는 위급한 순간에도 이지러지지 않아야 한다
049	性靜情逸(성정정일)하고 心動神疲(심동신피)라	성품이 고요하면 성정도 편안하고 마음이 동요하면 정신도 피곤하다
050	守眞志滿(수진지만)하고 逐物意移(축물의이)라	도를 지키면 의지가 충만해지고 물욕을 좇으면 뜻이 옮겨 간다
051	堅持雅操(견지아조)하면 好爵自縻(호작자미)니라	바른 지조를 굳게 지키면 좋은 벼슬이 저절로 온다

041 전

樂	殊	貴	賤
음악 악	다를 수	귀할 귀	천할 천

해석: 무악은 귀천(신분)에 따라 다르고

주해: 무악(舞樂)은 등위(等威)가 있다. 천자는 8일(佾), 제후는 6일, 대부는 4일, 사서인(士庶人)은 2일이니, 이는 귀천(貴賤)이 달라서다.

자의:

樂(악, 락, 요)	노래 악 → 음악(音樂), 즐거울 락 → 오락(娛樂), 좋아할 요 → 요산요수(樂山樂水).
殊(수)	다르다, 달리하다, 죽이다, 베다, 특수(特殊), 수훈(殊勳)=공훈(功勳).
貴(귀)	귀하다, 귀하게 여기다, 지위가 높다, 값이 비싸다, 부귀영화(富貴榮華), 희귀(稀貴).
賤(천)	천하다, 천하게 여기다, 지위가 낮다, 값이 싸다, 천대(賤待), 천민자본주의(賤民資本主義).

『예기』 <악기(樂記)>에,
'악(樂)은 같음을 추구하고, 예(禮)는 다름을 추구한다.
같으면 서로 친하고, 다르면 서로 공경한다. 악이 우세하면 흘러 빠지고, 예가 우세하면 멀어진다.
정(情)을 합하여 모양새를 꾸미는 것이 예악의 일이다.'
(樂者는 爲同이요 禮者는 爲異니 同則相親하고 異則相敬하나니 樂勝則流하고 禮勝則離라. 合情飾貌者가 禮樂之事也라)

'악(樂)은 안에서 말미암아 나오고 예(禮)는 밖에서 지어진다.
악이 안에서 말미암아 나오므로 고요하고, 예는 밖에서 지어지므로 꾸밈이 있다.
대악(大樂)은 쉬어야 하고, 대례(大禮)는 간단하여야 한다.
악이 지극하면 원망이 없고, 예가 지극하면 다투지 않는다.'
(樂由中出하고 禮自外作하나니 樂由中出이니 故로 靜하고 禮自外作이니 故로 文하다.
大樂은 必易하고 大禮는 必簡하니 樂至則無怨하고 禮至則不爭이라)

'악(樂)은 천지의 조화요, 예(禮)는 천지의 질서다.
조화로우면 만물이 변화하고, 질서가 잡히면 만물이 구별된다.'
(樂者는 天地之和也요 禮者는 天地之序也라. 和故로 百物이 皆化하고 序故로 群物이 皆別하나니라)

<8일무(佾舞)>는 천자(天子)의 춤이다. 8열(列)에 1열당 8인(人)이니, 64인이 추는 춤이다. 제후는 <6일무>니 36인, 대부는 <4일무>니 16인, 선비는 <2일무>니 4인이 추는 춤이다.

〈팔일무〉 추기(秋期) 석전대제. 성균관 비천당(丕闡堂), 2024.9.10.

*비천당(丕闡堂) → 클 비, 밝힐 천, 집 당. 강당. 과거시험장으로 이용.

'석전(釋奠)'은 생폐(生幣)와 헌수(獻酬)와 합악(合樂)의 성대한 제사다.
'석전대제(釋奠大祭)'는 성균관(成均館)과 전국 234곳 향교(鄕校)의 대성전(大成殿)에서, 음력 2월(춘기)과 8월(추기)에, 공자를 비롯한 옛 성현들의 학덕(學德)을 추모하며 올리는 유교 의례다. 대한민국 국가무형문화재 제85호다.

『맹자』 <고자下> 편에, '우환(憂患)을 기꺼이 받아들이라'며 말했다.
"(사람이든 나라든) 근심과 어려움이 살게 하고, 편안함과 즐거움이 죽게 한다."
(生於憂患이요 死於安樂이라)

미국의 애플(Apple) 창업주 잡스(Steve Jobs, 1955~2011)가 말했다.
"늘 갈망하고 우직하게 전진하라."
(Stay hungry, stay foolish!)

/ 한양(漢陽), 광화문(光化門)과 사대문(四大門), 보신각(普信閣) /

崇禮門(숭례문)

興仁之門(흥인지문)

普信閣(보신각)

敦義門(돈의문)

光化門(광화문)

景福宮(경복궁)

弘智門(홍지문)

041

훈

禮	別	尊	卑
예도 례	나눌(다를) 별	높을 존	낮을 비

해석: 예절은 존비(처지)에 따라 다르다

주해: 선왕(先王)이 오례(五禮)를 제정하였다. 조정에는 군신 간 위의(威儀), 가정에는 부자 간 강륜(綱倫), 부부·장유·붕우 간에도 모두 존비(尊卑)의 분별이 있게 하였다.

자의:

禮(례)	예절(禮節), 예식(禮式), 관계례(冠笄禮), 혼인례(婚姻禮), 상장례(喪葬禮), 제례(祭禮).
別(별)	다르다, 특별(特別), 분별(分別), 구별(區別), 차별(差別), 떠나다, 별리(別離).
尊(존)	높다, 존귀(尊貴), 높이다, 존경(尊敬), 존중(尊重), 존엄성(尊嚴性), 자존심(自尊心).
卑(비)	낮다, 비천(卑賤), 낮추다, 비하(卑下), 비겁(卑怯), 비굴(卑屈), 등고자비(登高自卑).

『논어』〈안연〉 편에, 안연이 '仁(인)'이 무엇인지 묻자, 공자가 말했다.
"인(仁)이란 자기(己) 욕심을 누르고(克) 사람 본성의 예(禮)로 돌아가는 것(復)이다."
(克己復禮가 爲仁이다)

안연이 '그 실천조목'을 묻자, 공자가 '사물잠(四勿箴)'을 말했다.
"예(禮)가 아니면 보지 말고, 예가 아니면 듣지 말고,
예가 아니면 말하지 말고, 예가 아니면 움직이지 말라."
(非禮면 勿視하고, 非禮면 勿聽하며, 非禮면 勿言하고, 非禮勿動하라)

공자의 사랑 방법은 존비(尊卑)와 친소(親疏)를 구별하여, 나와 가까운 곳에서 시작하여 사회로 확장하는 인(仁).
묵자는 존비(尊卑) 친소(親疏) 구분과 차별 없이 모두 사랑하는 겸애(兼愛).
'정치(政治)'에 대하여 공자는 덕치(德治)를, 노자는 무위지치(無爲之治)를, 순자는 예치(禮治)를, 한비자는 법치(法治)를 주장하였다.

042 전

上 윗 상   和 화할 화   下 아래 하   睦 화목할 목

해석: 위에서 온화하면 아래는 화목하고

주해: 위에 있는 자가 사랑하여 가르쳐 줌을 화(和)라 하고, 아래에 있는 자가 공손하여 예의를 다함을 목(睦)이라 한다. 아버지는 자애하고 아들은 효도하며, 형은 사랑하고 아우는 공경하는 것이 이것이다.

자의

上(상)	위, 높다, 오르다, 올리다, 상승(上昇), 금상첨화(錦上添花), 막상막하(莫上莫下), 설상가상(雪上加霜).
和(화)	온화(溫和), 화목(和睦), 조화(調和), 응답(應答), 화답(和答), 화합(和合), 화해(和解).
下(하)	아래, 낮다, 내리다, 낮추다, 떨어지다, 낙하(落下), 하심(下心), 하문불치(下問不恥).
睦(목)	사이좋게 지내다, 눈길이 온순하다, 화목(和睦), 친목(親睦), 불목(不睦).

『논어』<자로> 편에서, 공자가 말했다.
"군자는 서로 조화를 이루지만 반드시 같기를 요구하지 않고,
소인은 같기만을 요구하고 서로 어울리지 못한다."
(君子는 和而不同하고, 小人은 同而不和니라)

'상구보리(上求菩提) 하화중생(下化衆生)'은
'위로 보리(지혜)를 추구하고, 아래로 고통받는 중생을 교화한다'는 뜻이다.
보살(菩薩)의 수행 목표를 자리이타(自利利他)의 측면으로 표현한 대승불교의 교리(敎理)다.

'보살(菩薩)'은 범어(梵語) bodhi-sattva, 팔리어 bodhi-satta다.
이를 한역(漢譯)해서 보리살타(菩提薩埵)다.

'보리(菩提)'는 지혜(智慧), 깨달음(覺), 도(道)를 의미하고, 살타(薩埵)는 중생을 뜻한다.

042
후

훈음

夫	唱	婦	隨
남편 부	노래(부를) 창	아내 부	따를 수

해석

남편이 인도하면 아내는 따른다

주해

남편은 강(剛)함과 의(義)로써 선창(先唱)하고, 아내는 유순(柔順)함으로써 따른다.

자의

夫(부)	남편, 지아비, 사내, 장부(丈夫), 무릇, 대저, 발어사(發語詞), 공부(工夫), 귀부인(貴夫人).
唱(창)	노래, 노래 부르다, 창가(唱歌), 합창(合唱), 주창(主唱), 선창(先唱), 애창(愛唱).
婦(부)	아내, 지어미, 처, 유부녀(有夫女), 주부(主婦), 자부(子婦), 고부(姑婦), 부녀(婦女).
隨(수)	따르다, 함께 가다, 수행(隨行)하다, 좇다, 허락(許諾)하다, 수필(隨筆), 수상록(隨想錄).

왕의 아내 → 후(后), 제후의 아내 → 부인(夫人), 대부의 아내 → 유인(孺人), 선비의 아내 → 부인(婦人), 서민의 아내 → 처(妻).

'부부(夫婦)'란 남편과 아내를 아울어 일컫는 말이다.
사람이 혼령기(婚齡期)에 이르면 혼인(婚姻)한다.
혼인은 형식(形式)이고, 그 본질(本質)은 상호 공경(恭敬)이다.

'부부는 일심동체(一心同體)다'라는 말은, 서로 마음으로 굳게 결합함을 뜻한다.
물리적으로 부부는 분명히 이심이체(二心異體)지만,
한 마음으로 한 방향으로 애써 나아간다는 의지(意志) 표현이다.

천생배필(天生配匹) → 하늘이 정해 준 짝, 하늘에서 정한 것처럼 잘 어울리는 부부. 짝 배(配), 짝 필(匹)
유의어(類義語)는 천생연분(天生緣分), 천정배필(天定配匹), 천생인연(天生因緣)이다.

부부유별(夫婦有別)은 부부의 구별(區別)이지 성별(性別) 구조적 차별(差別)이 아니다.
부부(夫婦)의 기본은 역할 분담과 조화(調和)다. 부창부수(夫唱婦隨)나 부창부수(婦唱夫隨)는 형태일 뿐이다.

오륜(五倫)의 '부부유별(夫婦有別)'은 남녀의 구별(區別)이지, 차별(差別)이 아니다.

구분(區分)	구별(區別)
기준에 따라 몇 개로 나누는 것이다. (나눌 구, 나눌 분)	본질·성질·종류에 따라 차이를 가르는 것이다. (다를 별)

차이(差異)	차별(差別)
대상들이 서로 같지 않고 다른 상태다. (다를 차, 다를 이)	크기에 따라 차등(差等) 있게 구별하는 것이다.

『서경』<홍범> 편에 '오복(五福)', 다섯 가지의 복(福)은

수(壽)	부(富)	강녕(康寧)
오래 사는 것	의식주 불편함 없이 넉넉하게 사는 것	심신(心身) 건강하게 편안히 사는 것

유호덕(攸好德)	고종명(考終命)
덕행(德行)을 좋아하여 남에게 베풀며 사는 것	부부가 평화롭게 살다가 함께 생을 마감하는 것

퇴계 이황(李滉, 1501~1570)이 60세에, 신혼(新婚)인 장손(長孫) 안도(安道)에게 편지를 써, '부부(夫婦)'에 대하여 정의(定意)하며 일렀다.

"부부(夫婦)는 인륜(人倫)의 시작이고 온갖 복(福)의 근원이다. 비록 지극히 친밀한 사이지만 또한 지극히 바르게 하고 조심해야 하는 처지다. 그 때문에 '군자의 도(道)는 부부에서 시작된다'고 한 것이다.

사람들은 부부가 서로 예경(禮敬)함은 잊고 가깝게만 지내다가, 마침내 서로 업신여기고 능멸하여 못 하는 짓이 없게 된 것은 다 서로 손님 공경하듯 하지 않아서 생긴 일이다. 이 때문에 자기 가정을 바르게 하려면 마땅히 그 시작부터 삼가야 한다. 천 번 만 번 경계(警戒)하여라."

(夫婦는 人倫之始요 萬福之原이니 雖至親至密이나 而亦至正至謹之地라. 故曰 君子之道는 造端乎夫婦라. 世人이 都忘禮敬하고 遽相狎昵하야 遂致侮慢凌蔑하야 無所不至者는 皆生於不相賓敬之故니라. 是以로 欲正其家면 當謹其始니 千萬戒之라)

<初夜唱和(초야창화)>는 신혼 첫날밤에 신랑 신부가 읊은 시(詩)다.
신랑은 담락당(湛樂堂) 하립(河砬, 1769~1830)이고, 신부는 삼의당(三宜堂) 김씨(金氏, 1769~1823)이다. 우리나라 중세 문학사에서 유일한 부부 시인이다. 두 사람은 1769년(영조 45), 같은 날 같은 동네(전북 남원)에서 출생했고, 18세 되던 해에 혼인했다.

신랑 담락당(湛樂堂)이 선창(先唱)했다.

夫婦之道人倫始(부부지도인륜시)	부부의 도는 인륜의 시작이니
所以萬福原於此(소이만복원어차)	이는 만복의 원천입니다
試看桃夭詩一篇(시간도요시일편)	<도요> 시 한편을 새겨 보나니
宜當宜家在之子(의당의가재지자)	우리 집안 화목은 당신에게 달렸소.

이 시에 언급한 시 <도요>(桃夭, 예쁜 복숭아)는 『시경』 311 수 중 6번째 시다. 처자가 시집가서 그 집안을 화순(和順)케 한다는 내용이다. '宜當宜家(의당의가)'는 집안의 마땅한 화목함이다.

신부 삼의당(三宜堂)이 화답(和答)했다.

配匹之際生民始(배필지제생민시)	부부의 만남은 삶의 시작이니
君子所以造端此(군자소이조단차)	이는 군자가 되는 기본입니다
必敬必順惟婦道(필경필순유부도)	공경과 순종이 오직 아내의 길이니
終身不可違夫子(종신불가위부자)	종신토록 님의 뜻 어기지 않겠소.

 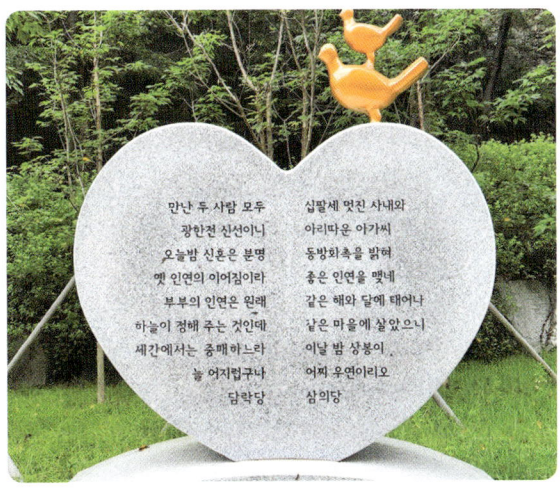

<부부 시비(夫婦 詩碑)>, 전북 진안 마이산(馬耳山) 탑사(塔寺) 길

043 전

| 外 바깥 외 | 受 받을 수 | 傅 스승 부 | 訓 가르칠 훈 |

해석 남자는 밖에서 스승의 가르침을 받고

주해 남자는 10살이 되면 바깥 스승에게 나아가 배운다. 그러므로 '밖에서 스승의 가르침을 받는다'고 말한 것이다.

자의

外(외)	바깥, 외족(外族), 처족(妻族). 외가(外家), 외출(外出), 내우외환(內憂外患).
受(수)	받다, 주는 것을 얻다, 수신(受信), 수수(授受), 수업(受業), 인수인계(引受引繼).
傅(부)	스승, 선생, 돕다, 돌보다, 사부(師傅), 소부(少傅), 태부(太傅).
訓(훈)	가르치다, 교화하다, 따르다, 순종하다, 가훈(家訓), 훈육(訓育), 훈화(訓話), 훈계(訓戒).

『예기』<내칙>을 인용하여, 『소학』첫 장 <입교>에서, 열 살이 되면,
"바깥에 나아가 머물며 글씨와 계산을 배우고, 비단 저고리나 바지는 입지 않으며, 기초 예절을 실천한다. 아침저녁으로 어린이의 어른 섬기는 예의를 배우되, 간단하고 진실한 것을 청하여 익힌다."
(出就外傅하여 居宿於外하며 學書計하며 衣不帛襦袴하며 禮帥初하며 朝夕에 學幼儀하되 請肄簡諒이니라)

'훈민정음(訓民正音)'은 (조선) 백성을 가르치는 바른 소리다. 1443년 창제(創製)하고, 1446년에 반포(頒布)한 조선 문자(文字)의 명칭이다. '한글' 명칭은 1912년, 주시경(周時經, 1876~1914)이 저서 『소리갈』에서 처음 썼다. '한'은 대한(大韓)의 '한(韓)'이다.

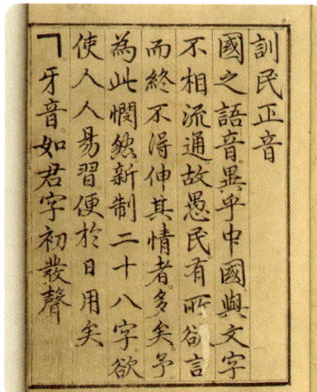

<훈민정음 해례본(解例本)> 1446년(세종 28) 세종대왕 서문. 한글학회.
"우리나라 말이 나라 안에서도 다르게 불러서 문자로 서로 통하지 아니한다. 이런 까닭으로 어리석은 백성들이 말하고자 하는 바 있어도 마침내 제 뜻을 펴지 못하는 사람이 많다. 내가 이것을 가엽게 생각하여 새로 스물여덟 글자를 만드니, 모든 사람들로 하여금 쉽게 익혀서 날마다 쓰는 데 편하게 하고자 할 따름이니라."

043

入	奉	母	儀
들 입	받들 봉	어머니 모	거동 의

훈음: 후

해석: 여자는 안에서 어머니의 거동을 받든다

주해: 여자는 10세가 되면 밖에 나가지 않고, 여자 스승의 가르침을 들어 따른다. 그러므로 '안에서 어머니의 거동을 받든다'고 말한 것이다.

자의:

- **入(입)** 들다, 들이다, 들어오게 하다, 입장(入場), 출입(出入), 입출(入出), 점입가경(漸入佳境).
- **奉(봉)** 받들다, 하명(下命)을 받다, 섬기다, 봉양(奉養), 봉사(奉仕), 멸사봉공(滅私奉公).
- **母(모)** 어머니, 부모(父母), *姆(모): 여스승, 맏동서, 형님.
- **儀(의)** 거동(擧動), 법도(法度), 모범(模範), 의례(儀禮), 예의(禮儀), 축의금(祝儀金).

『예기』 <내칙>을 인용하여, 『소학』 첫 장 <입교>에서, 여자 열 살이면,

"밖에 나가지 않고, 여스승에게서 유순한 말씨와 태도와 남의 말에 순종하는 예절을 배운다. 삼을 삼아 누에를 치고, 실을 뽑아 비단을 짜서 의복을 장만하는, 여자의 일을 배운다. 제사에 참관하여 술과 초(醋), 그릇과 김치와 젓갈을 받아 상에 올리는 것을 돕는 예를 배운다."

(不出하며 姆教婉娩聽從하며 執麻枲하며 治絲繭하며 織紝組紃하여 學女事하여 以共衣服하며 觀於祭祀하여 納酒漿籩豆菹醢하여 禮相助奠이니라)

'**맹모삼천지교**(孟母三遷之敎)'는 맹자의 어머니 급씨(伋氏)가 맹자를 바르게 가르치기 위해 세 번 이사(移徙)했다는 고사성어다. 출전(出典)은 전한(前漢) 때 학자 유향(劉向)이 지은 『열녀전(列女傳)』 <모의전(母儀傳)>이다.

맹자는 '맹모단기지교(孟母斷機之敎)'의 가르침을 거쳐 대학자(大學子)가 되었다. 아이 교육에는 어머니의 교육열(敎育熱)과 교육 환경(環境)이 중요하다는 의미를 담고 있다.

전통시대에 여성은 출가 전에는 아버지를, 출가 후에는 남편을, 남편 사후에는 아들을 좇는 '삼종지의(三從之義)'의 윤리(倫理)를 지키며, 자녀를 기르고 가르치는 의무를 다했다. 오늘날에도 여성의 어머니로서 임무는 같다. 어머니는 마음의 영원한 고향이다.

스승에 대하여

선생(先生)의 본뜻은 '먼저 태어남'이다. 나보다 먼저 태어났으니 나보다 나이가 많고, 나보다 보고 들은 것이 더 많아서 내가 얻어들어야 한다.

부형(父兄)과 선배(先輩)가 선생이다. 이 한자어가 생기면서 예전부터 써 오던 순수한 우리 말 '스승'이 밀려났다. 이어, 일제의 한글 말살 정책은 교과서에 '스승' 대신 '선생'을 존칭어(尊稱語)로 사용하였다. 일본에는 본래 '스승'이라는 말이 없었다. 선생이란 말을 썼다.

현대식 학교(學校)가 생기면서 교원(敎員)·교사(敎師)·교수(敎授)가 생겼다. 이들은 선생이 아니라, 전인교육(全人敎育)을 담당하는 전문직 교육자로서 스승이다.

우리나라 '스승의 날'은 5월 15일이다. 세종대왕 탄신일을 양력으로 환산하여 정했다. 중국은 새학기가 시작되는 9월 10일 '교사절(敎師節)'을 기념한다. 대만(臺灣)은 공자 탄신일인 9월 28일이고, 베트남은 11월 20일이다. 미국은 5월 둘째 주가 '스승의 날' 주간이다.

동요 <스승의 은혜>. 작사 강소천(姜小泉, 1915~1963), 작곡 권길상(權吉相, 1927~2015).

1절	스승의 은혜는 하늘 같아서, 우러러 볼수록 높아만지네 참되거라 바르거라 가르쳐 주신 스승은 마음의 어버이시다
후렴	아아 고마워라 스승의 사랑. 아아 보답하리 스승의 은혜.
2절	태산같이 무거운 스승의 사랑, 떠나면은 잊기 쉬운 스승의 은혜 어디 간들 언제인들 잊사오리까. 마음을 길러 주신 스승의 은혜
3절	바다보다 더 깊은 스승의 사랑. 갚을 길은 오직 하나 살아 생전에 가르치신 그 교훈 마음에 새겨, 나라 위해 겨레 위해 일하오리다

당대(唐代)의 문인이요 정치가인 한유(韓愈, 768~824)의 명문(名文) <사설(師說)> '스승에 대하여' 전문.

옛날의 배우는 자들은 반드시 스승이 있었으니, 스승은 도(道)를 전하고 업(業)을 전수하고 의혹(疑惑)을 풀어 주는 까닭이다. 사람이 태어나면서부터 아는 자가 아니니 누군들 의혹이 없겠는가? 의혹이 있어도 스승을 따르지 아니하면 그 의혹은 끝내 풀리지 않는다. 나보다 먼저 태어나서 그 도를 들음이 진실로 나보다 앞서면 나는 좇아서 그를 스승 삼고, 내 뒤에 태어났더라도 그 도를 들음이 역시 나보다 앞서면 그를 스승으로 삼아야 한다. 나는 도를 스승 삼을 것이니, 어찌 그 태어남이 나보다 선후인지 알 필요 있겠는가? 이런 까닭으로 귀천(貴賤) 노소(老小) 따질 필요 없이, 도 있는 곳이 스승 있는 곳이다.

(古之學者는 必有師니 師者는 所以傳道 授業 解惑也라. 人非生而知之者니 孰能無惑이리오. 惑而不從師면 其爲惑也는 終不解矣라. 生乎吾前하여 其聞道也가 固先乎吾 吾從而師之요 生乎吾後라도 其聞道也가 亦先乎吾면 吾從而師之라. 吾師道也니 夫庸知其年之先後生於吾乎리오. 是故로 無貴無賤하고 無長無少요 道之所存이 師之所存也라)

슬프도다. 사도(師道)가 전하지 아니한 지 오래되었구나. 사람은 의혹이 없고자 하나 어려운 일이다. 옛날 성인은 남보다 매우 뛰어났음에도 스승을 좇아 물었건만 오늘날 많은 사람들은 성인보다 매우 뒤떨어지면서도 스승에게 배우기를 부끄러이 여긴다. 이 때문에 성(聖)은 갈수록 성스러워지고, 우(愚)는 갈수록 어리석어진다. 성인이 성인인 까닭과 우인이 어리석은 까닭은 그 모두 여기서 나온다.

그 자식을 사랑하는 데는 스승을 가려서 그를 가르치되 자신에게 있어서는 스승 둠을 부끄러이 여기니 알 수 없도다. 아이들을 가르치는 스승도 책으로 공부 하면서 구두점이나 익히게 하는 것이지, 내가 말하는 도를 전하고 궁금한 것을 풀어주는 사람들이 아니다. 구두를 알지 못함과 의혹을 풀지 못함에 혹은 스승을 두고 혹은 그렇지 않으니, 작은 것은 배우고 큰 것은 버리는 것이라. 나는 그것을 현명한 짓으로 보지 않는다.

무당, 의사, 약사 온갖 장인 등은 서로 스승이 됨을 부끄러이 여기지 않는데 사대부 족속들은 '스승이라' 하고 '제자라'고 운운하면 곧 모두들 모여서 이를 비웃는다. 이(이유)를 물으면 곧 말하기를 '저와 저는 나이가 서로 같고, 도가 서로 비슷하니, 지위가 낮으면 부끄러움에 족하고, 벼슬이 성하면 아첨에 가까운 것이라' 하니, 아아, 사도가 회복되지 못할 것을 (가히) 알 수 있도다. 무당, 의사, 약사, 온갖 장인의 사람들을 군자는 상대도 하지 않거늘, 이제 그들의 지혜는 곧 도리어 (능히) (저 사람들에게) 미칠 수 없으니 그것은 (가히) 괴이하게 여길 만하지 않은가.

성인에게는 상사가 없도다. 공자는 담자, 장흥, 사양, 노담을 스승으로 삼으시니, 담자의 무리는 그들의 어짊이 공자에게 미치지 못함이라. 공자 말씀하시되, '세 사람이 가는 데에 곧 반드시 나의 스승이 있다'고 하시니, 이런 까닭으로 제자라고 해서 반드시 스승만 못하란 법이 없고, 스승이라고 해서 반드시 제자보다 어진 것이 아니다. 도를 듣는 것이 선후가 있고 술업에는 전공이 있으니. 이와 같을 따름이니라.

이씨(李氏)의 아들 반(蟠)의 나이 열일곱이라. 고문을 좋아해서 육예(六藝)의 경전을 다 통하여 익히더니 시세에도 불구하고 나에게 배움을 청해 왔다. 나는 그의 능히 옛 道를 행하는 것을 가상히 여겨 사설을 지어서 그에게 준다.

044 전

諸	姑	伯	叔
모두 제	시어머니(고모) 고	맏 백	아재비(아저씨) 숙

해석: 고모·백부·숙부는 모두 아버지의 누님과 여동생

주해: 위 제고백숙은 아버지의 자매(姉妹)와 형제(兄弟)를 말한 것이다. 백숙(伯叔)은 형제의 칭호(稱號)인데, 세속(世俗)에서는 백(伯)을 아버지의 형이라 하고, 숙(叔)을 아버지의 아우라 하니, 이 또한 세속(世俗)의 오류(誤謬)를 그대로 따른 것이다.

자의:

諸(제)	모두, 여러, 제행무상(諸行無常), 반구저기(反求諸己), ~에(之於)='저'로 읽는다.
姑(고)	고모(姑母), 고숙(姑叔), 고종(姑從), 시어머니, 고부(姑婦).
伯(백)	맏, 첫, 백부(伯父), 백작(伯爵), 도백(道伯), 백중세(伯仲勢).
叔(숙)	아저씨, 아재비, 아재, 숙부(叔父), 당숙(堂叔), 이숙(姨叔).

『맹자』<양혜왕上> 편에, 왕에게 왕도정치(王道政治)를 말했다.
"내 어버이를 공경하는 자세로 (미루어) 남의 어버이도 공경하고
내 자식을 사랑하는 마음으로 (미루어) 남의 자식도 사랑하면
천하를 손바닥에 놓고 움직일 수 있습니다."
(老吾老하여 以及人之老하며 幼吾幼하여 以及人之幼면 天下를 可運於掌이라)

*삼족(三族)=조족(祖族)·부족(父族)·기족(己族=子,孫), 삼대(三代)=父·子·孫, 삼세(三世)=부계·모계·처계.
*구족(九族)=고조(高祖) … 증조(曾祖) … 조부(祖父) … 부모(父母) … 나 → 자녀(子女) → 손(孫) → 증손(曾孫) → 현손(玄孫).

1) 자기를 본위로, 직계친은 위로 4대조, 아래로 4대손까지 동종(同宗) 친족이다. 방계친은 고조의 4대손인 형제·종형제·재종형제·삼종형제를 포함한다.
2) 어머니 쪽인 외조부·외조모·이모의 자녀, 처족(妻族)인 장인·장모, 아버지 쪽인 고모(姑母)의 자녀·자매(姉妹)의 자녀·딸의 자녀와 자기의 동족(同族)을 포함한다.

044

후

홀읍

猶	子	比	兒
오히려(같을) 유	자식 자	견줄 비	아이 아

해석

조카는 친자식과 같다

주해

이는 형제(兄弟)의 자식들을 말한 것이다. 고모와 백숙부의 입장에서 보면 (조카는) 자기 자식과 같으니 자기 아들처럼 대해야 한다.

자의

猶(유)	마치 ~과 같다, 오히려, 원숭이, 기소유예(起訴猶豫), 집행유예(執行猶豫).
子(자)	자식, 아들, 남자, 사람, 너(2인칭 대명사), 열매, 씨앗, 스승, 공자(孔子), 송자(松子).
比(비)	견주다, 비교(比較), 비율(比率), 비례(比例), 즐비(櫛比), 비유(比喩), 대조(對照).
兒(아)	아이, 어린아이, 신생아(新生兒), 아동(兒童), 행운아(幸運兒), 건아(健兒).

· 비교 → 사물의 유사점(類似點) 밝힘 · 대조 → 사물의 상이점(相異點) 밝힘.

형제(兄弟)의 자식(子息)은 조카(질, 姪)다.
이를 『예기』에서는 유자(猶子)라 하였고, 『소학』에서는 종자(從子)라 하였다.
아버지 형제들을 유부(猶父)라 한다.

『논어』 <선진> 편에, 공자와 제자 자공(子貢)의 대화(對話) 한 토막.

자공 문 "자장(子張)과 자하(子夏) 중 누가 더 낫습니까?" (師與商也孰賢)
공자 답 "자장은 지나치고, 자하는 미치지 못한다." (師也過 商也不及)
자공 문 "그렇다면 자장이 나은 겁니까?" (然則師愈與)
공자 답 "지나침은 미치지 못함과 같다." (過猶不及)

'과유불급(過猶不及)'은 지나침(過)은 미치지(及) 못함(不)과 같다(猶)는 뜻이다.
여기서 猶(유)를 '~과 같다'로 해석해야 한다.
猶(유)를 '오히려'로 해석하여, '지나침은 오히려 미치지 못함만 못하다.'라는 해석은 잘못이다.

<누가복음(Lucas福音)> 15장 11~32. 출처 『큰성경』 성서원 발행

(예수께서) 가라사대, 어떤 사람이 두 아들이 있는데,

그 둘째가 아버지에게 말하되, '아버지여, 재산 중에서 내게 돌아올 분깃(몫)을 내게 주소서' 하는지라, 아버지가 그 살림을 각각 나눠 주었더니

그 후, 며칠 못 되어 둘째 아들이 재물을 다 모아 가지고 먼 나라에 가, 거기서 허랑방탕(虛浪放蕩)하여 그 재산을 허비하더니

다 없앤 후 그 나라에 크게 흉년이 들어 저가 비로소 궁핍한지라

가서 그 나라 백성 중 하나에게 붙어사니, 그가 저를 들로 보내어 돼지를 치게 하였는데

저가 돼지 먹는 쥐엄 열매로 배를 채우고자 하되 주는 자가 없는지라

이에 스스로 돌이켜 가로되, '내 아버지에게는 양식이 풍족한 품꾼이 얼마나 많은고, 나는 여기서 주려 죽는구나. 내가 일어나 아버지께 가서 이르기를, 아버지여, 내가 하늘과 아버지께 죄를 지었사오니 지금부터는 아버지의 아들이라 일컬음을 감당치 못하겠나이다. 나를 품꾼의 하나로 보소서' 하리라 하고

이에 일어나서 아버지께로 돌아가니라. 아직도 상거(相距)가 먼데 아버지가 저를 보고 측은히 여겨 달려가 목을 안고 입을 맞추니

아들이 가로되, '아버지여, 내가 하늘과 아버지께 죄를 지었사오니 지금부터는 아버지의 아들이라 일컬음을 감당치 못하겠나이다' 하나

아버지는 종들에게 이르되, '제일 좋은 옷을 내어다가 입히고, 손에 가락지를 끼우고, 발에 신을 신기라. 그리고 살진 송아지를 끌어다가 잡으라. 우리가 먹고 즐기자. 이 내 아들은 죽었다가 다시 살아났으며, 내가 잃었다가 다시 얻었노라' 하니, 저희가 즐거워하더라.

맏아들은 밭에 있다가 돌아와 집에 가까왔을 때에, 풍류(風流)와 춤추는 소리를 듣고

한 종을 불러 '이 무슨 일인가' 물은대 대답하되, '당신의 동생이 돌아왔으매 당신의 아버지가 그의 건강한 몸을 다시 맞아 들이게 됨을 인하여 살진 송아지를 잡았나이다' 하니

저가 노하여 들어가기를 즐겨 아니하거늘, 아버지가 나와서 권한대

아버지께 대답하여 가로되, '내가 여러 해 아버지를 섬겨 명을 어김이 없거늘, 내게는 염소 새끼라도 주어 나와 내 벗으로 즐기게 하신 일이 없더니, 아버지의 살림을 창기(娼妓)와 함께 먹어버린 이 아들이 돌아오매 이를 위하여 살진 송아지를 잡으셨나이다'

아버지가 이르되, '애, 너는 항상 나와 함께 있으니 내 것이 다 네 것이로되, 이 네 동생은 죽었다가 살았으며 내가 잃었다가 얻었기로, 우리가 즐거워하고 기뻐하는 것이 마땅하다' 하니라.

〈돌아온 탕자(蕩子), The return of the prodigal son〉
렘브란트(Rembrandt, 1606~1669) 작, 러시아 상트페테르부르크 에르미타쥬박물관 소장.

책 『탕자의 귀향』 읽기를 추천합니다.
헨리 나우웬(Henri J. M. Nouwen, 1932~1996) 저, 최종훈 역, 포이에바 출판, 2020년 큰 책.

045 전

孔	懷	兄	弟
구멍(매우) 공	품을 회	형 형	아우 제

해석: 형과 아우가 매우 그리워함은

주해: 『시경(詩經)』에, '사상(死喪)의 두려움(威)에 형제(兄弟)가 공회(孔懷)한다.'고 하였다. 사상을 당했을 때, 형제는 유독(唯獨)한 친(親)함이 있어, 그리움이 몇 배나 간절(懇切)함을 말한 것이다.

자의:

孔(공)	매우, 크다, 공작(孔雀), 구멍, 천공(穿孔), 성(姓), 공구(孔丘). 공맹(孔孟).
懷(회)	품, 품다, 그리워하다, 가슴, 사랑하다, 생각하다, 회포(懷抱), 허심탄회(虛心坦懷).
兄(형)	형, 형제자매(兄弟姉妹), 의형제(義兄弟), 처형(妻兄), 형부(兄夫).
弟(제)	아우, 동생(同生), 자제(子弟), 제자(弟子), 사제(師弟).

『시경(詩經)』의 <상체(常棣)> '아가위꽃이 아름답도다'는 형제의 우애를 읊은 시다.
8연(聯) 중 1, 2연은 다음과 같다.

아가위꽃이여, 꽃송이가 훤히 빛나 아름답도다
무릇 지금의 모든 사람은 형제만 같지 못하니라.
(常棣之華여 鄂不韡韡아 凡今之人은 莫如兄弟니라)

죽고 초상나는 두려움에 형제가 심히 그리워하고
언덕이나 진펄에서 형제가 서로 찾고 구하느니라.
(死喪之威에 兄弟孔懷하며 原隰裒矣에 兄弟求矣하나니라)

『논어』에서, 사마우(司馬牛)가 근심하며 말했다.
"남들은 모두 형제가 있는데, 나만 홀로 형제가 없다."

자하가 말했다.
"군자가 공경하여 소홀함이 없고, 사람들에게 공손하고 예의를 지킨다면 세상 사람들이 다 형제니, 군자가 어찌 형제 없음을 근심하리오."
(君子敬而無失하며 與人恭而有禮면 四海之內 皆兄弟也니 君子何患乎無兄弟也리오)

045 후

同	氣	連	枝
한가지 동	기운 기	잇닿을 련	가지 지

해석 한 뿌리에 이어진 가지이기 때문이다

주해 형제는 부모의 기운(氣運)을 함께 받았으니, 이것을 나무에 견주면 부모는 뿌리요, 형제는 가지로서 서로 이어졌다. 형이나 아우 된 자가 이것을 안다면, 어찌 서로 사랑하지 않겠는가.

자의

同(동)	한가지, 같다, 함께, 화합하다, 무리, 동년배(同年輩), 동창(同窓), 동문(同門), 동료(同僚).
氣(기)	기운(氣運), 기질(氣質), 공기, 숨, 기후(氣候), 절후(節候), 감기(感氣), 향기(香氣).
連(련)	잇닿다, 이어지다, 연결(連結), 연속(連續), 연리지(連理枝), 일련(一連).
枝(지)	초목의 가지, 팔다리, 나누어지다, 금지옥엽(金枝玉葉), 삼지구엽초(三枝九葉草).

- **연리지**(連理枝)는 뿌리가 다른 두 나무의 가지가 합쳐진 것이다.
- **연리목**(連理木)는 뿌리가 다른 두 나무의 줄기가 합쳐진 것이다.
- **연리근**(連理根)는 다른 두 나무의 뿌리가 합쳐진 것이다.

*해남 대흥사(大興寺)에, 오래된 느티나무 연리목이 있다.

동심초(同心草)

"꽃잎은 하염없이 바람에 지고 만날 날은 아득타 기약이 없네
무어라 맘과 맘은 맺지 못하고 한갓되이 풀잎만 맺으려는고."

(風花日將老 佳期猶渺渺 不結同心人 空結同心草)

중국 당나라 여류시인 설도(薛濤, 768~832)의 한시(漢詩) <춘망사(春望詞), 봄날에 바라노라> 3연을 김억(金億, 1896~ ?)이 번역하고, 제목을 <동심초(同心草)>라 붙였다. 이 시에 김성태(金聖泰, 1910~2012)가 민족적 서정을 강조하여 곡을 붙여 가곡(歌曲)으로 만들었다(1945년). '8분의 6박자, 애타는 정으로'라는 악상(樂想) 기호가 붙어 있다. 김억은 김소월의 오산학교 스승이다.

동심초는 풀 이름이 아니다. 동심결(同心結)을 맺는 두 사람의 마음이다. 동심결은 노끈이나 실의 두 고를 마주 조여서 단단히 매는 매듭 방법이다. 이 시에서 두 사람은 연인인지 벗인지 형제인지 분명하지 않다.

형제자매(兄弟姉妹)는
나무에 비유하면, 한 뿌리에 다른 가지요 (比之於木이면 同根異枝요)
물에 비유하면, 한 근원에 다른 물줄기다 (比之於水면 同源異流라)

다산(茶山) 정약용(丁若鏞, 1762~1836)이 말했다.
형과 아우는 나와 더불어 부모를 같이하였으니, 이들 또한 나일 따름이다.
형은 먼저 태어난 나요, 아우는 뒤에 태어난 나다.
(兄弟者는 與我同父母니 是亦我而已矣라.
兄者는 先至之我也요 弟者는 後至之我也니라)

> 엄마야 누나야 江邊살자,
> 뜰에는 반짝는 금금래빛,
> 뒷문박게는 갈닙의 노래
> 엄마야 누나야 江邊살자.
>
> 엄마야 누나야
>
> <엄마야 누나야> 호가 소월, 성명이 김정식 시, 1922년.

◎ <형제투금(兄弟投金)> 또는 <황금투강(黃金投江)>은 우애(友愛)가 돈독(敦篤)한 형제의 이야기다. 『신증동국여지승람』에 실린 그 전문(全文)은 아래와 같다.

고려 공민왕 때, 어떤 형제가 함께 길을 가다가 아우가 황금 두 덩이를 주워서, 그 하나를 형에게 주었다. 공암진(孔巖津)에 이르러, 함께 배를 타고 강을 건너가다가, 갑자기 아우가 금덩이를 강물에 던져 버렸다. 형이 괴이하게 여겨 그 까닭을 묻자, 아우가 대답했다.
"저는 평소 형을 매우 사랑하였는데, 방금 금덩이를 나누어 가진 뒤부터 홀연히 형을 미워하는 마음이 싹틉니다. 이는 상서롭지 못한 이 물건 때문이라, 이것을 강물에 던져 버림으로써 그 마음을 없애려는 것입니다."
형이 말했다. "네 말이 진실로 옳다."
형도 금덩이를 강물에 던져 버렸다.

(高麗恭愍王時에 有民兄弟가 偕行이라가 弟得黃金二錠하여 以其一로 與兄이라. 至孔巖津하여 同舟而濟할새 弟忽投金於水하니 兄이 怪而問之한대 答曰 吾平日에 愛兄篤이러니 今而分金에 忽萌忌兄之心이라. 此乃不祥之物也니 不若投諸江而忘之라 하니 兄曰 汝之言이 誠是矣로다 하고 亦投金於水러라)

◎ 조선시대 왕족(王族)인 규창(葵窓) 이건(李健, 1614~1662)은 선조(宣祖)의 손자다. 1628년에 부친 인성군(仁城君) 이공(李珙)이 역모죄로 몰려, 역신의 자손으로서 형 길(佶)·억(億)과 함께 제주도에 8년간 유배되었다. 그가 <해남도중(海南途中)> '해남 가는 길'에서 시 한 수를 썼다.

삼상엔 물고기도 기러기도 보이지 않고, 만 리 떠도는 할미새는 외롭다.
길을 가면 갈수록 갈림길만 많아지니, 어느 때나 평탄한 길 걷게 되려나.

(三湘魚雁絶 萬里鶺鴒孤 去去多岐路 何時得坦途)

* 三湘(삼상)은 초(楚)나라 굴원(屈原)이 조정에서 쫓겨난 뒤 비가(悲歌)를 읊으며 거닐었던 상강(湘江)과 동정호(洞庭湖) 일대를 지칭한다.

◎ 용담(龍潭) 김계(金啓, 1575~1657)는 경북 의성(義城) 고향의 자연 경치를 완상하며, 형제의 정(情)을 시(詩)로 쓰면서 평생 살았다.

兄主 자시던 졎을 나도 조차 머귀이다.   형님 자시던 젖을 나도 좇아 먹었다
一身을 논하셔 우리 두 몸 삼겻거든   일신을 나눠서 우리 두 몸 생겼거든
兄弟間 不和옷ㅎ면 草木禽獸나 다르랴.   형제간 불화하면 초목금수나 다르랴

◎ 연암(燕巖) 박지원(朴趾源, 1737~1805) 51세에, 형(박희원)이 58세로 별세하였다. 아버지 돌아가신 지 20년 동안, 아버지 그리우면 형 얼굴을 쳐다봤었다. 이제 형이 그리운데, 형 얼굴은 어디에서 뵈올까 고민한다.

우리 형님 얼굴과 수염은 누구를 닮았던가
돌아가신 아버지 생각나면 형님 쳐다봤었지
오늘 형님이 그리운데 어디에서 뵈올까
의관 갖추고 가서 냇물에 내 얼굴 비춰 보리

(我兄顔髮曾誰似 每憶先君看我兄 今日思兄何處見 自將巾袂映溪行)

◎ 조선 말기, 강원도 원주 출신 여류시인 반아당(半啞堂) 박죽서(朴竹西, 1817~1851)가 오빠를 그리워하며 보낸 시다.

같은 가지로 태어난 동기가 바로 형제이니
할미새 돌아오는 꿈 꾸며 여러 번 놀랐었지
이별한 지 삼 년이니 모습도 이미 변했으리
만나 목소리 들으면 오빠인 줄 금방 알겠지

(同氣連枝是弟兄 鶺鴒歸夢幾廻驚 一別三年形已改 相逢只可辨音聲)

*鶺鴒(척령)은 할미새(Wagtail)다. 물가 자갈밭에 알을 낳고 새끼를 키운다. 가족과 형제가 위기에 처하면 꽁지를 위아래로 깝죽대며 울어, 서로 화급한 일을 알린다.

〈노랑할미새〉, 한겨레신문

046 전

交	友	投	分
사귈 교	벗 우	던질 투	나눌 분

해석

벗을 사귐에 분수를 지켜 투합하고

주해

붕우(朋友)는 의리(義理)로써 투합(投合)한다. 부자(父子)·군신(君臣)·장유(長幼)·부부(夫婦)의 윤리(倫理)는 붕우의 신뢰(信賴)에 의하여 밝아진다. 그러므로 반드시 붕우는 분수(分數)에 맞게 투합하여야 한다.

자의

交(교)	사귀다, 서로, 합하다, 섞이다, 교류(交流), 엇갈림, 교차(交叉), 교통(交通), 친교(親交).
友(우)	벗, 친구, 우애(友愛), 우의(友誼), 우정(友情), 우호(友好), 우방(友邦).
投(투)	던지다, 주다, 버리다, 투숙(投宿)하다, 투수(投手), 투표(投票), 투항(投降).
分(분)	나눔, 몫, 분별, 명분(名分), 분수(分數), 정분(情分), 직분(職分), 분만(分娩).

『맹자』<등문공上> 편에, 맹자는 사람의 도리(오륜) '친의별서신(親義別序信)'을 유교의 오덕(五德) '인의예지신(仁義禮智信)'으로 말했다.

父子有親(부자유친)	부모와 자식 사이에는 친애(사랑)함이 있어야 하고
君臣有義(군신유의)	군주와 신하 사이에는 의로움(정의)이 있어야 하고
夫婦有別(부부유별)	남편과 아내 사이에는 분별(지혜)이 있어야 하고
長幼有序(장유유서)	어른과 아이 사이에는 질서(예의)가 있어야 하고
朋友有信(붕우유신)	친구 사이에는 믿음(신뢰)이 있어야 한다.

『공자가어』에, 공자가 말했다.
"그 자식을 모르겠거든 그 부모를 살펴보고
그 사람을 모르겠거든 그 벗을 살펴보며
그 임금을 모르겠거든 그 등용된 사람을 살펴보고
그 지역을 모르겠거든 그곳에서 자라는 초목을 살펴보라."
(不知其子어든 視其父하고 不知其人이어든 視其所友하고 不知其君이어든 視其所使하고 不知其地어든 視其草木하라)

『논어』<자로> 편에서, '벗'에 대하여 공자가 말했다.
"진실된 마음으로 청(請)하고 선도(善道)하되, 받아들이지 않으면 그만두어서, 자신을 욕되게 함이 없게 하라."
(忠告而善道之하되 不可則止하야 無自辱焉이니라)

이 글을 주자(朱子)가 해설했다.
"벗은 인(仁)을 보완해 주는 것이니 그 마음을 다하여 말해 주고, 그 말을 좋게 하여 선도한다. 그러나 벗은 의리로써 결합하였으므로 받아들이지 않으면 그만두어야 한다. 만약 자주 충고하여 소원해지면 자신을 욕(辱)보이기 때문이다."
(友는 所以輔仁이라 故로 盡其心以告之하고 善其說以道之라. 然이나 以義合者也라 故로 不可則止하니 若以數而見疏면 則自辱矣라)

『논어』<계씨> 편에서, 공자가 '익우손우(益友損友)'에 대해 말했다.
"유익한 벗 셋과 해로운 벗 셋이 있다. 정직한 벗과 신의 있는 벗과 견문 많은 벗은 유익한 벗이다. 화합 못하고 아첨 잘하며 말만 잘하는 벗은 해로운 벗이다."
(益者三友요 損者三友니 友直하며 友諒하며 友多聞이면 益矣요. 友便辟하며 友善柔하며 友便佞이면 損矣니라)

이 글을 주희(朱熹)가 해설했다.
"벗이 곧으면 자신의 허물을 듣게 되고, 벗이 어질고 진실하면 언행을 삼가게 되며, 벗이 해박하면 지혜가 밝아지게 된다. 편(便)은 익숙함이니, 편벽(便辟)은 격식을 갖춘 태도나 차림새는 그럴듯하나 곧지 못함이다. 선유(善柔)는 아첨하여 비위를 맞추는 것만 잘하고 진실하지 못함이다. 편녕(便佞)은 말은 그럴듯하게 잘하나 문견의 실제가 없음이다. 이 셋의 유익함과 해로움은 완전히 상반된 것이다."
(友直則聞其過요 友諒則進於誠이요 友多聞則進於明이라. 便은 習熟也라 便辟은 謂習於威儀而不直이요 善柔는 謂工於媚悅而不諒이요 便佞은 謂習於口語而無聞見之實이라. 三者損益은 正相反也니라)

벗(友)이 무엇인지? 만장(萬章)이 묻자, 맹자가 말했다.
"나이를 따져서도 안 되고, 귀천을 따져서도 안 되며, 그 형제의 성분을 따져서도 안 된다. 벗이란 그의 덕을 사귀는 것이니, 다른 그 무엇도 끼어서는 안 된다."
(友也者는 不挾長하며 不挾貴하며 不挾兄弟而友니 友也者는 友其德也라 不可以有挾也니라)
망년우(忘年友); 나이 차이를 잊고 사귀는 벗. 친구는 재주와 학문으로 사귄다.

<빈교행(貧交行)> '빈곤한 때의 우정', 당(唐) 시인 두보(杜甫)가 관포지교(管鮑之交)를 상기(想起)하여 읊었다.
손바닥을 뒤집으면 구름이 되고, 엎으면 비가 되는 엉망진창 요지경 세태(世態)를 어찌 말로 다하랴
그대 보았지. 관중과 포숙의 빈곤한 때의 우정을 이 도리를 요새 사람들은 흙먼지 털어버리 듯하네
(飜手作雲覆手雨 紛紛輕薄何須數 君不見 官鮑貧時交 此道今人棄如土)

KBS에서는 2023년 〈신년여론조사〉에서, 사람들에게 물었다.
'삶에서 가장 중요한 가치(價値)는 무엇인가?'
대답은 인간 관계(54%), 돈(37%), 신념(9%)이었다.

인간 관계는 안에서는 부부로부터, 밖에서는 벗으로부터 시작한다.
돈은 사람이 살기 위해 필요한 수단이다. 삶의 목적은 아니다.
신념은 고귀한 가치이나, 공동체 이념이나 과학과 충돌할 수도 있다.

〈우도(友道)〉는 친구의 도리다. 눌은(訥隱) 이광정(李光庭, 1674~1756)의 글로, 『망양록(亡羊錄)』에 전한다.
예전에, 어느 아버지가 아들에게 "친구가 있느냐?"라고 묻자, 아들이 대답했다.
"있습니다. 형제처럼 정(情)을 나눌 만한 친구로는 아무개 아무개요, 함께 다닐 때 서로 기다려 주는 친구로는 아무개요, 어려움을 같이 나누고 잘못을 지적해 주는 친구로는 아무개요, 생사(生死)를 같이하면서 서로 배반하지 않을 친구로는 아무개입니다."

아버지는 탄식하면서 말했다.
"너는 어찌 그리 친구가 많으냐? 속담에 '부귀할 때는 친구가 뜰에 가득하지만, 빈천해지면 친구는 겨우 하루 간다'고 했는데, 하물며 생사를 같이할 만한 친구가 어디 그리 많겠느냐. 시험해 보자."

아버지는 돼지를 잡아 흰 띠로 묶고 짚으로 덮어, 죽은 사람을 싼 것같이 하여 아들에게 지우고, 밤에 아들 친구에게 찾아갔다.
"오늘 내 아들이 사람을 죽였다네. 자네가 내 아들을 감추어 주고 이 비밀을 지켜주게."

아들의 친구는 즉시 내쳤다. 아들의 다른 친구를 두루 찾아갔지만 다 거절하였다. 집에 돌아와, 아버지가 아들에게 훈계했다.
"너는 진정한 친구가 하나도 없구나. 다른 사람과 사귀면서 그 속마음을 모르고서(交而不知), 말을 그럴듯하게 하면 친교하고, 웃고 농담하며 비위를 맞춰 주면 그 마음을 알았다고 생각하였으니, 남에게 어찌 이용당하지 않겠는가. 내일 사람들이 하는 말을 들어 보아라. 과연 네 사정을 살펴서 너를 숨겨 줄 사람이 있는지."

이번에는, 아버지가 죽은 돼지를 지고 아버지의 친구 집으로 가서, 아들 친구들에게 말한 것과 똑같이 했다. 아버지의 친구는 아들을 골방에 숨겨 주고 "다친 데는 없는가?"라고 물었다. 그제야 아버지는 사실을 털어 놓고, 친구를 시험한 것을 사과하였다. 지고 온 돼지를 삶고, 술을 따르며 즐겁게 놀다가 돌아왔다.

다음 날, 동네에 소문이 무성했다. '아무개 아들이 살인(殺人)했다네.'

046 후

切	磨	箴	規
끊을 절	갈 마	경계 잠	법 규

해석: 절차탁마하며 서로 경계하고 본받는다

주해: 절차탁마(切磋琢磨)는 학문(學問)을 강습(講習)하고 사욕(私慾)을 이겨 다스리는 공부다. 벗이 서로 충고하고 모범을 보이는 것은 선(善)을 권면(勸勉)하고 함께 수련(修練)한다는 의미다. 이것이 없으면 벗으로서 분수(分數)를 다했다고 말할 수 없다.

자의:

切(절, 체)	끊다, 단절(斷切), 모두, 절망(切望), 절친(切親), 친절(親切), 일체유심조(一切唯心造).
磨(마)	갈다, 예리하게 만들다, 닳다, 학문과 덕행을 닦다, 연마(硏磨), 마모(磨耗), 마애(磨崖).
箴(잠)	경계(警戒), 훈계(訓戒), 충고(忠告), 잠언(箴言), 바늘, 침(針), 경재잠(敬齋箴).
規(규)	바로잡음, 법, 규칙, 모범, 그림쇠(원 그리는 제구), 規가 본자, 규격(規格), 규모(規模).

과실상규(過失相規); 잘못을 서로 고쳐 줌. 향약(鄕約) 4대 강목의 하나.

'절마(切磨)'는 절차탁마(切磋琢磨)의 준말이다.
(뼈를) 톱으로 자르고(切), (상아를) 줄로 쓸며(磋), (옥석을) 끌로 쪼고(琢), (돌을) 숫돌에 갊(磨)이다.
'학문·인격·기예를 힘써 갈고닦는다'는 말이다.
'잠규(箴規)'는 경계하여 바른길로 나가도록 한다는 말이다.

'상절검(霜切劍)'은 서리를 베는 칼이다.
전국시대 연(燕)나라의 보검(寶劍) 이름이다. 자객(刺客) 형가(荊軻, ?~BC.227)가 진(秦)나라 왕을 죽이려고, 사신(使臣)으로 위장하여 지도 속에 넣고 갔다.

『논어』 <안연> 편에서, 증자(曾子)가 말했다.
"군자(君子)는 글(학문)로써 벗과 사귀고, 벗으로써 서로 도와 인덕(仁德)을 쌓는다."
(君子는 以文會友하고 以友輔仁하나니라)

고려 때, 문신 남호(南湖) 정지상(鄭知常, ?~1135)의 시 <送人(송인), 벗과 이별>은 이별시(離別詩)의 백미(白眉)로 꼽히는 작품이다.

雨歇長堤草色多(우헐장제초색다)	비 갠 긴 둑에 풀빛이 짙은데
送君南浦動悲歌(송군남포동비가)	남포에서 임 보내며 슬퍼 노래하네
大洞江水何時盡(대동강수하시진)	대동강 물이 다 마를 날이 언제리오
別淚年年添綠波(별루년년첨록파)	해마다 이별 눈물을 물결에 보태는데

조선시대 선비 한수재(寒水齋) 권상하(權尙夏, 1641~1721)는 숙종의 총애를 받아 우의정·좌의정 등에 임명되었으나 모두 사양했다. 그의 시 <山翁(산옹), 산골 노인> 앞련(聯)에서는 벗을 기다리는 정(情)을 읊고, 뒷련(聯)에서는 벗을 보내는 정(情)을 읊었다.

嶺月來花社(영월래화사)	산마루 달 떠올라 꽃밭 비추니
山翁起整衣(산옹기정의)	산골 노인 일어나 옷깃 여민다
重來有好客(중래유호객)	곧이어 좋은 벗님 찾아오리니
且莫掩柴扉(차막엄시비)	아직은 사립문을 닫지 말거라.
對坐花香裏(대좌화향리)	벗님 맞아 꽃밭에서 대작하나니
何嫌露濕衣(하혐로습의)	밤이슬에 옷쯤은 젖어도 괜찮다
明朝分手後(명조분수후)	내일 아침에 벗님 보내고 나면
寂寂閉山扉(적적폐산비)	사립문 닫힌 산골 노인 적적하겠지.

거문고의 명인 백아(伯牙)와 종자기(鍾子期, BC.387~299)는 중국 춘추전국시대 초나라 사람이다. 백아가 타는 거문고 소리를 종자기만 제대로 알아들었다. 두 사람은 서로 친구가 되었다. 종자기가 죽자, 백아는 '지음(知音)을 잃었다'고 탄식하며 거문고를 다시 연주하지 않았다. '백아절현(伯牙絶絃)'이다. 이후, '지음(知音)'은 자기를 알아주는 참다운 벗, 서로 뜻이 잘 통하는 친구 사이를 말한다.

〈월하탄금도(月下彈琴圖)〉, 이경윤

낙파(駱坡) 이경윤(李慶胤, 1545~1611)은 조선 중기 문인화가다. 성종(成宗)의 제8왕자 익양군 회(懷)의 증손이다. 그림 속 선비가 타는 거문고에 줄이 없다. 무현금(無絃琴)이라 한다.

047 전

仁	慈	隱	惻
어질 인	사랑할 자	숨길 은	슬퍼할 측

해석 인자하고 측은하게 여기는 마음은

주해 인(仁)은 마음의 덕(德)이요 사랑의 원리(原理)다. 자애(慈愛)는 인의 용(用)이요, 측은(惻隱)은 인의 단서(端緖, 근본 실마리)다.

자의

仁(인)	어질다, 사람답다, 과일의 씨앗, 알맹이, 人(사람 인)+二(두 이), 인덕(仁德).
慈(자)	사랑, 사랑하다, 心(마음 심)+玆(이 자), 자비(慈悲), 자당(慈堂).
隱(은)	숨다, 숨기다, 은밀(隱密), 은연중(隱然中), 은인자중(隱忍自重), 은닉(隱匿).
惻(측)	슬퍼하다, 가엾게 여기다, 心(마음 심)+則(법칙 칙).

仁 → 女人이 아이를 잉태(孕胎)한 모양. 사람(너,나)의 관계.

『논어』 15,000여 자 중 仁자가 108번 나온다.
공자는 仁을 상대에 따라 달리 말했다.
맹자는 仁을 '측은지심(惻隱之心)'이라 했다.
(惻은 상대와 나를 동일시하여 불쌍히 여김이고, 隱은 상대의 고통을 공감함이다)

『맹자』<이루上> 편에, 맹자가 말했다.
"仁은 사람이 편히 사는 집, 義는 사람이 가야할 바른 길." (仁은 人之安宅也요 義는 人之正路也라)

『맹자』<공손추上> 편에, 맹자가 '사단(四端, 네 근본)'을 말했다.
측은지심(남의 불행을 불쌍히 여기는 마음)이 없으면 사람이 아니고 (無惻隱之心 非人也)
수오지심(잘못을 스스로 부끄러워하는 마음)이 없으면 사람이 아니며 (無羞惡之心 非人也)
사양지심(겸손하여 사양하고 양보하는 마음)이 없으면 사람이 아니고 (無辭讓之心 非人也)
시비지심(옳고 그름을 가릴 줄 아는 마음)이 없으면 사람이 아니다. (無是非之心 非人也)
측은지심은 仁의 근본, 수오지심은 義의 근본, 사양지심은 禮의 근본, 시비지심은 智의 근본이다.
(惻隱之心 仁之端也, 羞惡之心 義之端也, 辭讓之心 禮之端也, 是非之心 智之端也)

047

훈음

造	次	弗	離
만들 조	버금 차	말 불	떠날 리

해석 잠시도 떠나지 말아야 한다

주해 공자가 '군자(君子)는 밥 한 그릇을 먹는 짧은 시간에도 인(仁)을 떠나지 말아야 하고, 급하여 경황이 없을 때에도(잠시라도) 반드시 인을 마음에 둔다'고 하였다. 인(仁)을 떠날 수 없음이 이와 같다.

자의

造(조)	짓다, 만들다, 이루다, 구조(構造), 조경(造景), 창조(創造), 제조(製造).
次(차)	버금, 둘째, 다음, 차관(次官), 차례(次例), 차선책(次善策), 장차(將次).

조차(造次); 급하여 경황(驚惶)이 없을 때, 짧은 시간, 잠시.

弗(불)	말다, 아니다(불보다 더 강한 부정), 달러($).
離(리)	떠나다, 떼어 놓다, 떨어지다, 갈라지다, 이별(離別), 거리(距離), 이탈(離脫).

'일체유심조(一切唯心造)'는 모든 것은 오직 마음이 지어낸다는 뜻이다.
만족과 불만, 기쁨과 슬픔, 행복과 불행은 내 마음이 지어낸 것이지, 외부 그 누가 가져다준 것이 아니다. '모든 것이 내 마음먹기에 달렸다'는 이 말은 역설하면, '내 마음먹기에 따라 모든 것이 나온다'는 말이다. 그러나 이 '마음'을 '생각'으로 단순 고착화하여 만사에 적용하면, 결과가 억지가 되고 만다. 어찌 내 생각 하나가 우주만물을 지어낸단 말인가.

일화(逸話) '원효대사 해골물' 이야기가 전한다.
신라(新羅)의 승려 원효가 당나라 유학길에, 어두운 동굴에서 자다가 목이 말라, 손에 잡힌 '바가지 물'을 달게 마셨다. 날이 밝아 보니, 해골에 고인 물이었다. 구토(嘔吐)하던 원효는 맛있던 물이 더럽게 변하는 것은 물 자체가 아니라 내 마음임을 깨닫고, 신라로 되돌아와 법(法)을 전했다는 것이다.

048 전

節	義	廉	退
절개 절	옳을 의	청렴할 렴	물러날 퇴

해석: 절개·의리·청렴·용퇴는

주해: 절개를 갈고 닦고, 의리를 지키며, 청렴을 힘쓰고, 물러나기를 용감히 함은 사대부가 조심(操心)하고 몸을 삼가는 것이다.

자의:

節(절)	마디, 계절(季節), 관절(關節), 구구절절(句句節節), 아끼다, 절약(節約).
義(의)	옳다, 의롭다, 바르다, 의무(義務), 의사(義士), 강의(講義), 뜻(=意), 대의(大義).
廉(렴)	청렴(淸廉)하다, 검소(儉素)하다, 파렴치(破廉恥), 저렴(低廉), 염가(廉價).
退(퇴)	사양하다, 물러나다, 사퇴(辭退), 쇠퇴(衰退), 퇴보(退步), 진퇴(進退), 퇴로(退路).

'염치(廉恥)'는 사람으로서 반드시 지녀야 할 '체면(體面)을 차릴 줄 알고, 부끄러움을 아는 마음'이다.
이 염치가 없는 상태를 몰염치(沒廉恥), 파렴치(破廉恥), 염치불고(廉恥不顧)라 한다.
염치는 조선의 사대부(士大夫)가 가장 중요하게 여긴 덕목이었다.

춘추시대 제(齊)나라 사상가 제상(制相) 관중(管仲,?~BC645)은 나라를 지탱하는 '사유(四維, 네 가지 근본)는 예(禮)·의(義)·염(廉)·치(恥)라 하였다. 이 중 하나가 없어지면 기울고, 둘이 없어지면 위태롭고, 셋이 없어지면 엎어지며, 넷이 없어지면 망한다고 경고했다. 그리고, 사람의 몰염치(沒廉恥)는 제도나 풍속으로 시정할 방법이 없다고 단언했다.

『맹자』 <진심上> 편에서, 맹자가 말했다.
"사람은 부끄러워하는 마음이 없어서는 안 된다.
부끄러워하는 마음이 없음을 부끄럽게 생각한다면 부끄러워할 일이 없을 것이다."
(人은 不可以無恥니 無恥之恥면 無恥矣니라)

048

후

顚 엎어질 전   **沛** 늪 패   **匪** 아닐 비   **虧** 이지러질 휴

해석 위급한 순간에도 이지러지지 않아야 한다

주해 비록 환난(患難)을 당하여 엎어지고 자빠지더라도, 절개와 의리와 청렴과 물러남의 조행(操行)이 일푼(一分)이라도 이지러지거나 모자라서는 안 된다.

자의

顚(전)	엎어지다, 뒤집히다, 이마, 전말(顚末), 전복(顚覆), 전도(顚倒).
沛(패)	자빠지다, 넘어지다, 쓰러지다, 비 쏟아지다, 물이름(沛水), 늪, 패택(沛澤).
匪(비)	아니다(非), 대광주리, 비적(匪賊).
虧(휴)	이지러지다, 일그러지다, 모자라다, 줄다, 손상(損上)되다, 월만즉휴(月滿則虧).

『논어』〈이인〉편에서, 공자가 말했다.

"부(富)와 귀(貴)는 사람들이 원하는 것이지만, 정당한 방법으로 얻은 것이 아니면 처하지 않는다. 빈(貧)과 천(賤)은 사람들이 싫어하는 것이지만, 정당한 방법으로 얻은 것이 아니더라도 떠나지 않는다.
(富與貴는 是人之所欲也나 不以其道로 得之어든 不處也하며 貧與賤은 是人之所惡也나 不以其道로 得之라도 不去也니라)

군자가 인을 떠나면 어찌 이름을 이루겠는가
(君子去仁이면 惡乎成名이리오)

군자는 밥 한 끼 먹는 잠시라도 인을 떠나지 않는다. 급하고 구차해도 반드시 인으로 하고, 엎어지거나 자빠져도 반드시 인으로 한다."
(君子는 無終食之間을 違仁이니 造次에 必於是하며 顚沛에 必於是니라)

'월만즉휴(月滿則虧)'는 달이 차면 반드시 이지러진다는 말이다.
사물이 극(極)에 달하면 점차 쇠퇴(衰退)해지는 것은 세상사 당연한 이치(理致)다.

049 전

性	靜	情	逸
성품 성	고요할 정	뜻 정	편안할 일

해석 성품이 고요하면 성정도 편안하고

주해 사람이 태어나 정(靜)한 경우를 성(性), 사물에 감동되어 동(動)한 경우를 정(情)이라 한다. 방종(放縱)과 안일(安逸)도 동(動)의 뜻이다.

자의

性(성)	성품(性品), 성질(性質), 천성(天性), 본성(本性), 성선설(性善說), 개성(個性).
靜(정)	고요하다, 조용하다, 동정(動靜), 정적(靜寂), 정숙(靜肅), 평정심(平靜心).
情(정)	뜻, 형편, 감정(感情), 다정(多情), 인정(人情), 정인(情人), 순정(純情), 정담(情談).
逸(일)	편안하다, 달아나다, 잃다, 안일(安逸), 일탈(逸脫), 일화(逸話), 독일어(獨逸語).

· 성(性)은 사람이 본래 타고난 성품(性品)이다. 천성(天性), 본성(本性).
· 정(情)은 외물에 감응하여 일어난 마음의 작용이다. 욕정(慾情).

성리학(性理學)은 사람의 심성(心性)론과 자연의 이기(理氣)설에 관한 학문(學問)이다.
격물·치지(格物·致知)를 중시하는 실천·도덕(實踐·道德)과 인격·학문의 성취를 역설하였다.
중국 송, 명(宋, 明) 때 주돈이·정호·정이에서 비롯하고, 주희가 집대성하여 주자학(朱子學)이라 한다.

『논어』 <양화> 편에, "사람이 타고난 본성(本性)은 서로 비슷하지만(性相近也), 후에 학습(學習)에 따라 서로 달라진다(習相遠也)."라고 하였다.

『순자』 <정명> 편에, "사람의 본성이 좋아함·싫어함·기쁨·성냄·슬픔·즐거움(好惡喜怒哀樂)으로 발현된 것을 정(情)이라 한다."라고 하였다.

<월하정인(月下情人)> 혜원(蕙苑) 신윤복(申潤福,1758~?)
국보 제135호, 간송미술관 소장

"달빛 침침한 깊은 밤 삼경,
두 사람 마음은 둘만 알 것."
(月沈沈夜三更 兩人心事兩人知)

049

후
홀올

心	動	神	疲
마음 심	움직일 동	귀신 신	지칠 피

해석 마음이 동요하면 정신도 피곤하다

주해 마음은 性(성)과 情(정)을 통합(統合)한다. 마음이 만일 사물에 따라 동요(動搖)되어, 못에 빠지듯이 하고 하늘 위에 날듯이 하면, 그 성을 능히 온전히 보전하지 못하여 신기(정신과 기운)를 피곤하게 한다.

자의

心(심)	마음, 중심, 심장, 야심(野心), 양심(良心), 명심보감(明心寶鑑), 조심(操心).
動(동)	움직이다, 행동하다, 나다, 감동(感動), 격동(激動), 노동(勞動), 생동감(生動感).
神(신)	귀신(鬼神), 영혼(靈魂), 신통(神通), 신학(神學), 신화(神話).
疲(피)	피곤(疲困)하다, 지치다, 고달프다, 피로(疲勞), 피폐(疲弊).

『성학집요(聖學輯要)』에서, 율곡 이이가 말했다.
"마음은 몸의 주인이요 몸은 마음을 담은 그릇이니, 주인이 바르면 그릇은 마땅히 바르게 된다."
(心爲身主요 身爲心器니 主正則器當正이라)

불가(佛家) 이야기 한 토막!

고승(高僧)과 제자(弟子)가 길을 가던 중 큰 내(川)에 이르렀다. 한 여인이 물이 불어난 내를 건너지 못하고 머뭇거리고 있었다. 고승이 갑자기 여인을 번쩍 들어 안아 내를 건너서 내려주었다. 그리고, 아무 일 없었다는 듯이 걸었다.

한참 만에, 뒤따르던 제자가 고승에게 따져 물었다.

"우린 출가(出家)한 몸으로서, 여색(女色)을 멀리해야 하는데, 스님은 왜 여인을 안았는지요?"

고승이 대답했다.

"나는 여인을 이미 내려두고 왔는데, 자넨 아직도 품고 있는가?"

050 전

守	眞	志	滿
지킬 수	참 진	뜻 지	찰 만

해석: 도를 지키면 의지가 충만해지고

주해: 진(眞)은 도(道)다. 마음이 도를 지키면 마음과 몸이 깨끗하고 밝아서, 집착함이 없고 부족함이 없다. 그러므로 지만(志滿)이라고 하였다. 만(滿)은 평평하고 가득하다는 뜻이다.

자의:

守(수)	지키다, 막다, 보호하다, 고수(固守), 보수(保守), 수구(守舊), 공수(攻守), 군수(郡守).
眞(진)	참, 진실(眞實), 정말, 진리(眞理), 진정(眞正), 진주(眞珠), 사진(寫眞), 진위(眞僞).
志(지)	뜻, 뜻을 두다, 마음, 之(가다)+心(마음), 의지(意志), 적다(誌), 지조(志操).
滿(만)	차다, 채우다, 만족(滿足), 만복(滿腹), 만발(滿發), 만취(滿醉), 만끽(滿喫), 원만(圓滿).

주자(朱子)가 그의 『경제잠(敬齊箴)』에서 말했다.

"일에 임하여 마음을 오직 그 일에만 집중하여 딴 데로 가지 않게 하라. 두 가지 일이라고 마음을 두 갈래로 하지 말고, 세 가지 일이라고 마음을 세 갈래로 하지 말라. 마음을 오로지 하나로 하여 만 가지 변화를 살펴라. 이와 같이 일에 임하는 것이 경(敬)을 지니는 것이다."
(當事而存하여 靡他其適하라 弗貳以二하고 弗參以三하여 惟心惟一하여 萬變是監하라 從事於斯를 是曰持敬이니라)

<추월만정(秋月滿庭)> '가을 달빛이 뜰에 가득함'은 판소리 『심청가(沈淸歌)』에서, 황후가 된 심청이 아버지를 그리는 계면조(界面調) 노래다. 계면조란 국악(國樂)에서 쓰이는 음계(音階)의 하나로, 슬프고 처절하여, 듣는 자가 흘린 '눈물이 얼굴(面)에 금(界)을 그어' 붙여진 것이다. "추월(秋月)은 만정(滿庭)허여 산호주렴(珊瑚珠簾) 비춰들 제, 청천(靑天)의 외기러기는 월하(月下)에 높이 떠서 뚜루루루루 낄룩 울음을 울고가니, 심황후(沈皇后) 반기 듣고 기러기 불러 말을 한다. 오느냐 저 기럭아! 소중랑(蘇仲郞) 북해상(北海上)에 편지 전(傳)턴 기러기냐? 도화동(桃花洞)을 가거들랑 불쌍헌 우리 부친 전(前)에 편지(便紙) 일장(一張) 전하여라. 편지를 쓰랴헐 제, 한 자 쓰고 눈물 짓고 두 자 쓰고 한숨 쉬니, 눈물이 먼저 떨어져서 글자가 수묵(水墨)이 되니 언어(言語)가 도착(倒錯)이로구나. 편지 접어 손에 들고 문을 열고 나서 보니, 기럭은 간곳없고 창망(蒼茫)한 구름 밖에 별과 달만 뚜렸이 밝았구나." (하략)

050 후

逐	物	意	移
좇을 축	만물 물	뜻 의	옮길 이

해석: 물욕을 좇으면 뜻이 옮겨 간다

주해: (마음이) 도(道)를 지키지 못하여, 외물(外物)을 좇게 되면, 마음이 정해진 방향이 없어, 뜻이 저절로 옮겨 간다(변한다).

자의:

逐(축)	좇다, 따르다, 추종하다, 쫓다, 다투다, 달리다, 축출(逐出), 각축(角逐).
物(물)	물건(物件), 것, 생물(生物), 선물(膳物), 만물상(萬物商), 물증(物證).
意(의)	뜻, 의도(意圖), 의욕(意欲), 고의(故意), 본의(本意), 의사(意思), 주의(注意).
移(이)	옮기다, 이사(移徙), 이식(移植), 전이(轉移), 추이(推移), 계좌이체(計座移替).

◎ 뜻(意)과 의미(意味)

'뜻(意)'의 뜻은 무언가를 하고자 하는 의도(意圖), 의욕, 욕구(慾求)다.

'의미(意味)'의 뜻은 어떠한 현상(現狀)·말·글·그림 등이 담고 있는 것의 해석(解釋)이다. 그 뜻 또는 의미는 밖으로 드러나지 않는다. 그래서 명확하게 정의(定意)할 수 없고, 오해(誤解)와 곡해(曲解)의 여지가 많다.

이 두 낱말은 거의 동일하게 사용하고, 바꾸어 쓸 수 있다.

예를 들면, '그 미소는 무슨 뜻(=의미)인가?' 그러나 반드시 그렇지 않다.

예를 들면, '그대 뜻(≠의미)대로 하세요!'

◎ 해석(解釋)과 해석(解析)

- **풀 해(解)** = 뿔 각(角) + 칼 도(刀) + 소 우(牛)
- **해석(解釋)**; 풀 석(釋) = 釆(분별할 변) + 睪(엿볼 역). understand.
  문장이나 사물 따위로 표현된 내용을 이해하고 설명함. 또는 그 내용. 경전 해석, 영어 해석, 원문 해석.
  사물이나 행위 따위의 내용을 판단하고 이해하는 일. 또는 그 내용. 법적 해석, 주관적 해석.
- **해석(解析)**; 쪼갤 석(析) = 木(나무 목) + 斤(도끼 근). analysis.
  사물을 자세히 풀어서 논리적으로 밝힘. 증명함. 양자역학 해석, 해석(解析)은 분석(分析)이다.

051 전

堅	持	雅	操
굳을 견	가질 지	바를(맑을) 아	절조 조

해석: 바른 지조를 굳게 지키면

주해: 바른 절개(節槪)를 굳게 지켜서, 오직 마땅히 나에게 있는 도리(道理)를 다할 뿐이다.

자의:

堅(견)	굳다, 견고(堅固)하다, 견과류(堅果類), 중견기업(中堅企業), 견실(堅實).
持(지)	가지다, 붙들다, 잡다, 지키다, 소지품(所持品), 유지비(維持費), 지속(持續), 지참(持參).
雅(아)	바르다, 맑다, 아름답다, 단아(端雅), 우아(優雅), 청아(淸雅), 아호(雅號).
操(조)	잡다, 지조(志操), 정조(貞操), 조신(操身), 조심(操心), 조종사(操縱士).

지훈(芝薰) 조동탁(趙東卓, 1920~1968) 시인은 1960년 2월 『새벽』지에, 수필 <지조론(志操論)>을 썼다. 부제(副題) '변절자(變節者)를 위하여' 글은 이렇게 시작한다.

"지조(志操)란 것은 순일(純一)한 정신을 지키기 위한 불타는 신념이요, 눈물 겨운 정성이며, 냉철한 확집(確執)이요, 고귀한 투쟁이기까지 하다. 지조가 교양인의 위의(威儀)를 위하여 얼마나 값지고, 그것이 국민의 교화에 미치는 힘이 얼마나 크며, 따라서 지조를 지키기 위한 괴로움이 얼마나 가혹한가를 헤아리는 사람들은 한 나라의 지도자를 평가하는 기준으로서, 먼저 그 지조의 강도(强度)를 살피려 한다.

지조가 없는 지도자는 믿을 수 없고, 믿을 수 없는 지도자는 따를 수 없기 때문이다. 자기의 명리(名利)만을 위하여 그 동지와 지지자와 추종자를 일조(一朝)에 함정에 빠뜨리고 달아나는 지조 없는 지도자의 무절제와 배신 앞에 우리는 얼마나 많이 실망하였는가. 지조를 지킨다는 것이 참으로 어려운 일임을 아는 까닭에 우리는 지조 있는 지도자를 존경하고 그 곤고(困苦)를 이해할 뿐 아니라 안심하고 그를 믿을 수 있는 것이다."

하략(下略).

051	好	爵	自	縻
후	좋을 호	벼슬 작	스스로 자	고삐 미

훈음

해석 좋은 벼슬이 저절로 온다

주해 나에게 있는 도리를 이미 다하면, 작록(爵祿)은 그 가운데 있다. 『주역』에, '내가 좋은 벼슬을 두어, 그대와 더불어 이에 매인다'고 하였다. 이는 『맹자』의, '천작(天爵)을 닦으면 인작(人爵)이 저절로 이른다'는 것이다.

자의

好(호)	좋다, 좋아하다, 선호(選好), 우호(友好), 호감(好感), 호불호(好不好), 호의(好意).
爵(작)	벼슬, 작위(爵位)의 순서 → 대공(大公)·공작(公爵)·후작(侯爵)·백작(伯爵)·자작(子爵)·남작(男爵)·기사(騎士).
自(자)	스스로, 자기 자신, 각자(各自), 자동(自動), 자율(自律), 부터, 자화상(自畫像).
縻(미)	고삐; 마소(馬牛)를 통제하기 위하여 굴레와 재갈에 연결한 줄.

"하늘은 스스로 돕는 자를 돕는다."라는 말은
영국의 의사이자 사회개혁운동가인 새뮤얼 스마일즈(Samuel Smiles, 1812~1904)의 저서
『자조론(自助論)』(Self-Help, 1859)의 첫 문장이다.

"Heaven helps those who help themselves."
'천조자조(天助自助)'나 'God helps those who help themselves'는 근거 없이 지어낸 말이다.

깨어 있는 사람, 민주 시민, 협동조합운동가의 구호는 '스스로(自)'다. 자주(自主), 자구(自求), 자조(自助), 자립(自立), 자율(自律) 등.

일제하에서, 백산(白山) 안희제(安熙濟, 1885~1943)는 독립을 위해 협동조합운동조직체 '자력사(自力社)'를 설립하고, 잡지 『자력(自力)』을 발행하였다. 이 때문에 탄압(彈壓)당하고, 그 후유증으로 죽었다.

〈조선왕조 동궐도(東闕圖)〉

6장 제국의 기반

052	都邑華夏(도읍화하)는 東西二京(동서이경)이라	화하(중화)의 도읍은 동경(낙양)과 서경(장안) 두 곳이다
053	背邙面洛(배망면락)하고 浮渭據涇(부위거경)이라	동경은 뒤에 북망산, 앞에 낙수가 있고 서경은 위수에 뜬 듯, 경수에 의지한 듯하다
054	宮殿盤鬱(궁전반울)하고 樓觀飛驚(누관비경)이라	궁전이 모여 빽빽하고 누각은 놀란 꿩이 나는 듯한 모양이다
055	圖寫禽獸(도사금수)하고 畫綵仙靈(화채선령)이라	전각에는 새와 짐승을 그리고 신선과 신령도 그려 채색하였다
056	丙舍傍啓(병사방계)하고 甲帳對楹(갑장대영)이라	병사는 전각 양옆에 열려 있고 갑장과 을장이 기둥 사이에 마주한다

057	肆筵設席(사연설석)하고 鼓瑟吹笙(고슬취생)이라	연회 자리 펴서 방석을 놓고 비파 타고 생황 불어 흥을 돋운다
058	陞階納陛(승계납폐)하니 弁轉疑星(변전의성)이라	신하들이 계단 오르고 임금이 들어가니 관에 달린 구슬들이 별 같다
059	右通廣內(우통광내)하고 左達承明(좌달승명)이라	오른쪽으로 광내실로 통하고 왼쪽으로 승명실과 통한다
060	旣集墳典(기집분전)하고 亦聚群英(역취군영)이라	이미 『삼분』과 『오전』을 모으고 또 여러 영재를 모았다
061	杜稿鍾隷(두고종예)요 漆書壁經(칠서벽경)이라	글씨는 두조의 초서와 종요의 예서 글은 공자 옛집 벽에 있던 칠서다
062	府羅將相(부라장상)하고 路俠槐卿(노협괴경)이라	관부에 장수와 정승이 나열하고 궁궐 길에 삼공과 구경이 줄지었다
063	戶封八縣(호봉팔현)하고 家給千兵(가급천병)이라	공신에게 여덟 고을의 제후로 봉하고 제후국에 군사 천 명을 주었다
064	高冠陪輦(고관배련)하고 驅轂振纓(구곡진영)이라	고관 쓴 자들이 수레를 모시니 수레가 나아가면 갓끈이 흔들렸다
065	世祿侈富(세록치부)하니 車駕肥輕(거가비경)이라	대대로 녹봉 받아 사치하고 부유하니 말은 살찌고 수레는 경쾌하다
066	策功茂實(책공무실)하고 勒碑刻銘(늑비각명)이라	공적을 기록하여 상을 주고 공적을 비석에 새겨 후대하였다

052 전

都	邑	華	夏
도읍 도	고을 읍	빛날 화	여름 하

해석 화하(중화)의 도읍은

주해 화하(華夏)의 도읍(都邑)은 시대에 따라 달랐다.

자의

都(도)	도읍(都邑), 도시, 나라, 성(城), 수도(首都), 종묘(宗廟) 소재지, 고도(古都).
邑(읍)	고을, 마을, 영지(領地), 나라의 수도(首都), 읍성(邑城), 읍내(邑內).
華(화)	꽃(花)의 古字, 빛나다, 화려(華麗), 번화(繁華), 호화(豪華), 화촉(華燭).
夏(하)	여름, 하(夏)나라, 동충하초(冬蟲夏草), 하로동선(夏爐冬扇).

'화하(華夏)'는 중화민국(中華民國, China)을 말한다. 영어 'China'는 진(秦)나라 이름에서 따온 말이다.

〈장안성(長安城) 장락문(長樂門)〉, 중국 시안(西安), 2014.

052

후

훈음

東	西	二	京
동녘 동	서녘 서	두 이	서울 경

해석 동경(낙양)과 서경(장안) 두 곳이다

주해 동경(東京)은 낙양(洛陽)이다. 동주(東周), 동한(東漢), 위(魏), 진(晉), 석조(石趙), 후위(後魏)가 도읍(都邑)하였다. 서경(西京)은 장안(長安)이다. 서주(西周), 진(秦), 서한(西漢=前漢), 후진(後秦), 서위(西魏), 후주(後周), 수(隋), 당(唐)이 도읍(都邑)하였다.
*여기서부터 운(韻)이 다시 'ㅇ'이다. 제국 규모가 큼을 자랑했다.

자의

東(동)	동녘, 동쪽, 동방(東方), 동국(東國), 동양(東洋), 동서고금(東西古今), 동학(東學).
西(서)	서녘, 서쪽, 서방(西方), 서양(西洋), 서구(西歐), 서기(西紀), 동문서답(東問西答).
二(이)	둘, 둘째, 다음, 이팔청춘(二八靑春), 일구이언(一口二言), 일석이조(一石二鳥).
京(경)	서울, 높은 언덕, 크다, 가지런하다, 경향(京鄕), 재경(在京), 경기도(京畿道), 경부선(京釜線).

동경(東京)
중국 옛 수도, 일본 수도(도쿄),
베트남 옛 수도(통킹), 현 경주(慶州)

서경(西京)
중국 옛 수도, 현 서안(西安, 시안),
고려 시대 옛 수도(현 평양, 平陽)

남경(南京)
중국 옛 수도(난징)

북경(北京)
중국 수도(베이징)
*낙양(洛陽, 뤄양)을 중심으로 지은 이름이다.

동쪽 수도였던 낙양(洛陽)은 지금의 뤄양(洛阳)이다. 13개 왕조가 1,586년간 수도로 정한 곳이다. 낙양은 황하 지류인 낙수(洛水)의 북쪽에 있다. 양(陽)은 강의 북쪽 지역에 붙는 접미사다. 심양(瀋陽)은 심수(瀋水)의 북쪽이고, 한양(漢陽)은 한강의 북쪽 도시이므로 작명한 것이다. 한편, 강의 남쪽 지역에 붙는 접미사는 음(陰)이다. 회음(淮陰)은 회수(淮水)의 남쪽 지역이다. 강은 산(고지) 사이의 골짜기(저지)에 형성되는데, 중국(북반구 위치)에서는 동쪽에서 뜬 태양이 남쪽 하늘을 거쳐 서쪽으로 진다. 이때 강북(산남)은 햇빛을 받아 양지(陽地)가 되고, 강남(산북)은 산의 그림자가 생겨 음지(陰地)가 된다.

〈춤추는 京〉, 베이징 2008 올림픽 휘장

053 전

背	邙	面	洛
등 배	북망산 망	향할 면	강 이름 락

해석 동경은 뒤에 북망산, 앞에 낙수가 있고

주해 동경(東京)은 북망산(北邙山)이 그 뒤(북쪽)에 있고, 낙수(洛水)가 그 앞(남쪽)으로 지나간다.

자의

背(배)	뒤, 뒤쪽, 배후(背後), 등, 등지다, 배반(背叛), 위반(違反), 배산임수(背山臨水).
邙(망)	산 이름, 북망산(北邙山).
面(면)	낯, 얼굴, 안면(顔面), 면전(面前), 겉, 겉치레, 방향, 탈, 가면(假面), 구면(舊面), 양면(兩面).
洛(락)	강 이름, 낙수(洛水), 우왕(禹王)이 치수(治水) 때 거북 나온 곳, 낙동강(洛東江).

*축구서종(畜狗噬踵) → 기르던(畜) 개(狗)가 주인 발뒤꿈치(踵)를 물어뜯음(噬).

◎ 우리 나라 산(山)과 강(江)의 이름에는 형태와 의미가 들어 있다.

백두산(白頭山), 묘향산(妙香山), 구월산(九月山), 송악산(松岳山), 금강산(金剛山), 설악산(雪嶽山), 태백산(太白山), 함백산(咸白山), 오대산(五臺山), 치악산(雉嶽山), 수락산(水落山), 도봉산(道峯山), 북한산(北漢山)-관악산(冠岳山), 북악산(北岳山)-낙산(駱山)-남산(南山)-인왕산(仁王山), 남한산(南漢山), 청계산(淸溪山), 광교산(光敎山), 수락산(水落山), 마니산(摩尼山), 고려산(高麗山), 소백산(小白山), 속리산(俗離山), 월악산(月岳山), 칠갑산(七甲山), 계룡산(鷄龍山), 황악산(黃嶽山), 일월산(日月山), 주왕산(周王山), 청량산(淸凉山), 운문산(雲門山), 비슬산(琵瑟山), 팔공산(八公山), 가야산(伽倻山), 토함산(吐含山), 금정산(金井山), 용두산(龍頭山), 금산(錦山), 금오산(金鰲山), 조계산(曹溪山), 덕유산(德裕山), 모악산(母岳山), 내장산(內藏山), 백암산(白巖山), 마이산(馬耳山), 선운산(禪雲山), 불갑산(佛甲山), 지리산(智異山), 백운산(白雲山), 추월산(秋月山), 무등산(無等山), 금성산(錦城山), 유달산(儒達山), 월출산(月出山), 흑석산(黑石山), 두륜산(頭輪山), 달마산(達摩山), 첨찰산(尖察山), 한라산(漢拏山), 성인봉(聖人峰), 독실산(犢實山).

큰 강(江)은
남한의 한강(漢江, 514km), 낙동강(洛東江, 510km), 섬진강(蟾津江, 212km), 영산강(榮山江, 150km), 금강(錦江, 401km), 백마강(白馬江, 16km)이고, 북한의 두만강(豆滿江, 525km), 압록강(鴨綠江, 808km), 청천강(淸川江, 199km), 대동강(大同江, 430km), 예성강(禮成江, 187km), 임진강(臨津江, 274km)이다.

053 후

浮	渭	據	涇
뜰 부	강 이름 위	의거할 거	강이름 경

해석: 서경은 위수에 뜬 듯, 경수에 의지한 듯하다

주해: 서경(西京)은 위수(渭水)와 경수(涇水) 두 물이 서북쪽으로 가로질러 흐른다. 이는 동경과 서경의 형세(形勢)를 말한 것이다.

자의:
- 浮(부) 물이나 공중에 뜨다, 떠다니다, 부초(浮草), 부유(浮遊), 부각(浮刻), 부침(浮沈).
- 渭(위) 강 이름, 위수(渭水), 강태공이 때를 기다리며 낚시질한 곳.
- 據(거) 근거(根據), 의거(依據)하다, 의지(依支)하다, 의탁(依託)하다, 본거지(本據地).
- 涇(경) 강 이름, 경수(涇水).

〈백두대간·장백정간·13정맥·11대강〉 *그림: 산림청

1백두대간(白頭大幹)
백두산-두류산-금강산-설악산-오대산-속리산-지리산

1장백정간(長白正幹)
원산-서수리곶산

13정맥(正脈)
① 청북(靑北)정맥: 마대산-미곶산
② 청남(靑南)정맥: 낭림산-광량진
③ 해서(海西)정맥: 두류산-장산곶
④ 임진북예성남(臨津北禮成南)정맥: 화개산-진봉산
⑤ 한북(漢北)정맥: 식개산-장명산
⑥ 낙동(洛東)정맥: 매봉산-몰운대
⑦ 한남금북(漢南錦北)정맥: 속리산-칠장산
⑧ 한남(漢南)정맥: 칠장산-문수산
⑨ 금북(錦北)정맥: 칠장산-지령산
⑩ 금남호남(錦南湖南)정맥: 영취산-조약봉
⑪ 금남(錦南)정맥: 조약봉-부소산
⑫ 호남(湖南)정맥 조약봉-백운산
⑬ 낙남(洛南)정맥: 지리산-분성산

11대강(大江)
두만강, 압록강, 청천강, 대동강, 예성강, 임진강, 한강, 금강, 영산강, 섬진강, 낙동강.

054 전

宮	殿	盤	鬱
집 궁	큰집 전	소반 반	울창할 울

해석: 궁전은 모여 빽빽하고

주해: 군주(君主)가 평소에 거처(居處)하는 곳을 궁(宮)이라 하고, 정무(政務) 보는 곳을 전(殿)이라 한다. 반울(盤鬱)은 모여 있다는 뜻이다.

자의:

宮(궁)	집, 가옥, 궁궐(宮闕), 궁전(宮殿), 고궁(古宮), 궁녀(宮女), 동궁(東宮), 자궁(子宮).
殿(전)	큰 집, 전각(殿閣), 전하(殿下), 침전(寢殿), 복마전(伏魔殿)=마귀가 숨은 전각.
盤(반)	소반(小盤), 쟁반, 그릇, 서리다, 골반(骨盤), 기반(基盤), 나침반(羅針盤), 반석(盤石).
鬱(울)	울창(鬱蒼), 답답, 우울(憂鬱), 울릉도(鬱陵島), 억울(抑鬱), 울화(鬱火), 울금(鬱金).

◎ '조선 5대 궁궐(宮闕)'은 경복궁(景福宮), 창덕궁(昌德宮), 창경궁(昌慶宮)=수강궁(壽康宮), 경희궁(慶熙宮)=경덕궁(慶德宮), 덕수궁(德壽宮)=경운궁(慶運宮)이다.

- **경복궁**; 1395년 창건한 법궁(法宮). 1592년 임진왜란 때 전소되어 빈 터(270년간), 1868년(고종 2년) 흥선대원군 주도로 중건, 1910년 한일병합 후 일제강점기에 철거 혹은 훼손, 1950년 한국전쟁 중 추가 소실되었다. 1980년대 말부터 복원 시작하여, 2045년까지 복원 계획이다.

- **창덕궁**; 1405년(태종 5)에 완성한 이궁(離宮). 역대 왕 대부분 창덕궁에서 생활했다. 임진왜란으로 소실된 궁궐 중 가장 먼저 중건하여, 후기에 실질적인 법궁 역할 하였다.

- **창경궁**; 1418년 세종이 수강궁을 짓고, 1483년(성종 14) 확장하여 창경궁이라 하였다. 창경궁과 창덕궁은 동궐(東闕)이다.

- **경희궁**; 광해군은 인경궁(仁慶宮)과 경덕궁을 새로 지었다. 인경궁은 1623년 인조가 헐었다. 경덕궁은 영조가 경희궁으로 이름을 바꾸었다. 이곳은 서궐(西闕)이다.

- **덕수궁**; 임진왜란 때 월산대군 사저를 임시 궁궐로 쓰고,, 광해군이 경운궁이라 명명했다. 1897년 고종이 대한제국 선포, 경운궁을 황궁으로 사용하며 확장. 1907년 고종 퇴위하자 덕수궁으로 이름 바꿨다.

054 후

樓	觀	飛	驚
다락 루	볼 관	날 비	놀랄 경

해석 누각은 놀란 꿩이 나는 듯한 모양이다

주해 몸을 의지하여 보는 곳을 누(樓)라 하고, 멀리 연이어 바라보는 곳을 관(觀)이라 한다. 비경(飛驚)은 꿩이 나는 듯, 새가 놀라 움직이는 듯한 모양새다.

자의

樓(루)	다락, 망루(望樓), 수루(戍樓), 종루(鐘樓), 마천루(摩天樓), 신기루(蜃氣樓).
觀(관)	보다, 살펴보다, 모양, 외관(外觀), 생각, 주관(主觀), 가치관(價値觀), 관광(觀光), 관찰(觀察).
飛(비)	날다, 공중에 떠가다, 높다, 비행(飛行), 비약(飛躍), 혼비백산(魂飛魄散).
驚(경)	놀라다, 비경(飛驚)=여비여경(如飛如驚) 나는 듯 놀란 듯, 경천동지(驚天動地).

〈광한루(廣寒樓)〉 전북 남원

1419년(세종원년) 황희(黃喜)가 남원 유배 시절 지어, 〈광통루(廣通樓)〉라 불리다가, 1434년(세종 16년) 전라도관찰사 정인지(鄭麟趾)가 고쳐 세우고 〈광한루〉라 하였다. 관지(官地)로서, 〈호남제일루(湖南第一樓)〉라 쓴 편액이 걸려 있다. 소설 〈춘향전(春香傳)〉에서 이몽룡(李夢龍)과 성춘향(成春香)이 처음 만난 곳이다.

전(殿), 당(堂), 대(臺), 루(樓), 재(齋), 헌(軒), 각(閣), 정(亭)

전(殿); 근정전(勤政殿), 사정전(思政殿), 강녕전(康寧殿), 교태전(交泰殿).
건물 중 격(格)이 가장 높은 건물이다. 궁궐, 사원, 공자 관련 건물 등에 붙는다. 근정전은 왕의 즉위식이나 대례를 거행하던 곳, 사정전은 왕이 정사를 보던 곳, 강녕전은 왕의 침전, 교태전은 왕비의 침전이다.
부처를 왕 지위로 존중한 대웅전, 아미타불 모신 극락전(무량수전), 미륵불 모신 미륵전, 비로자나불 모신 비로전, 약사여래 모신 약사전이 있다.
공자를 왕 지위로 여겨 모신 곳은 대성전(大成殿)이다. 대성전의 공자의 위패 '대성지성문선왕(大成至聖文宣王)'은 크게 이룩하고 지극히 성스럽게 문(文)을 떨친 임금이라는 뜻이다.
단청(丹青)은 전(殿)과 효자·충신·열녀를 기리는 각(閣)에만 허용한다.

당(堂); 명륜당(明倫堂), 서하당(棲霞堂), 환벽당(環碧堂), 녹우당(綠雨堂).
흙(土)을 높이(尙) 돋우어 지은 큰 집이다. 양 옆과 뒤는 막고, 앞은 텄다. '당당(堂堂)하다'는 말은 믿음직스럽게 우뚝 선 모양이다.

대(臺); 돈대(墩臺), 백운대(白雲臺), 태종대(太宗臺), 망경대(望景臺), 수어장대(守禦將臺)
흙과 돌로 터를 높이 쌓고 바닥을 골라, 아래쪽 멀리 바라볼 수 있게 만든 공간이다. 건물이 없거나, 있더라도 지붕 없이 난간만 두른다.

루(樓); 촉석루(矗石樓), 죽서루(竹西樓), 경회루(慶會樓), 광한루(廣寒樓), 망해루(望海樓).
대(臺) 위에 높게 지은 2층 집이다. 당(堂)보다 높다. 창문을 달아 사방을 막기도 하고, 툭 터져 바깥 풍경을 바라 볼 수 있다.

재(齋); 일신재(日新齋), 직방재(直方齋), 학구재(學求齋), 암서재(巖棲齋), 억만재(億萬齋).
사방이 막혀 폐쇄된 조용하고 은밀한 집이다. 독서나 수양하는 곳이다.

헌(軒); 동헌(東軒), 오죽헌(烏竹軒), 명옥헌(鳴玉軒).
트인 장소에 높게 지어, 밖의 경치를 내다볼 수 있는 집이다. 지방 관아나 공적인 업무를 보던 곳이다. '헌헌(軒軒)장부'라는 말은 늠름하고 잘생긴 남자를 일컫는다.

각(閣); 규장각(奎章閣), 임진각(臨津閣), 광풍각(光風閣), 종각(鐘閣).
궁궐이나 사찰에서 전(殿)이나 당(堂)의 부속 건물로 지은 집이다. 정자(亭)와 비슷하다.

정(亭); 풍암정(楓巖亭), 식영정(息影亭), 탁사정(濯斯亭), 환산정(環山亭).
길 가던 사람이 멈추어(停) 잠시 쉬어 가는 정자(亭子)다. 강이나 경치 좋은 곳에 지으며, 벽 없이 사방이 트였다. '정정(亭亭)하다'는 말은 꼿꼿이 우뚝 솟아 굳센 모양을 뜻한다.

〈풍암정(楓巖亭)〉 광주광역시 무등산 원효계곡

충장공(忠壯公) 김덕령(金德齡, 1567~1596) 장군의 아우 풍암 김덕보(金德普, 1571~1627)가 짓고, 학문 연구와 후학에 전념하며 노후를 보냈다. 임진왜란 때, 그의 큰형 김덕홍(金德弘, 1558~1592)은 임진왜란 때 의병으로 출정하여, 제봉(霽峰) 고경명(高敬命, 1533~1592)의 참모로서, 금산(錦山) 전투에서 전사했다. 작은형 김덕령은 의병장으로서 공을 세웠으나 모함을 받아 억울하게 옥사(獄死)했다.

정자(亭子)에 제봉 고경명이 쓴 시 〈次楓巖亭韻(차풍암정운)〉 '풍암정 풍경'이 걸려있다.

木益蒼蒼石益奇(목익창창석익기)	나무들은 짙푸르고 바위들 또한 기이해
洞天無地不幽姿(동천무지불유자)	세상 어디에도 없는 신선계 풍경이로세
偶來梅影橫斜處(우래매영횡사처)	우연히 와 보니 매화 그림자 드리운 계곡
閑看銀河倒掛時(한간은하도괘시)	은하수가 쏟아져서 계곡 따라 흐르는구려.

055 전

圖	寫	禽	獸
그림 도	베낄 사	새 금	짐승 수

해석 전각에는 새와 짐승을 그리고

주해 궁전과 누각에는 반드시 용, 범, 기린, 봉황의 형상을 그려 미관(美觀)으로 삼았다

자의

圖(도)	그림, 도화, 지도, 꾀하다, 계획을 세우다, 도모(圖謀), 각자도생(各自圖生).
寫(사)	그리다, 베끼다, 본뜨다, 묘사(描寫), 주조(鑄造), 사본(寫本), 사진(寫眞), 필사(筆寫).
禽(금)	새, 날짐승, 산금(山禽)·야금(野禽)·섭금(涉禽)·명금(鳴禽)·맹금(猛禽)·삭금(朔禽).
獸(수)	짐승, 들짐승, 맹수(猛獸), 수의사(獸醫師), 야수(野獸), 인면수심(人面獸心). 금수(禽獸)는 오상(五常)에 어긋난 사람을 부정적으로 비유한다.

<금수회의록(禽獸會議錄)>은 계몽사상가 안국선(安國善, 1878~1926)이 지은 신소설(新小說)이다. 짐승과 곤충들을 통하여, 인간사회의 모순(矛盾)과 비리(非理)를 풍자(諷刺)하였다. 1908년 황성서적업조합에서 출간했는데, 1909년 언론출판규제법으로 금서(禁書)로 묶였다. 서언(序言)에서, 금수(禽獸)의 세상만도 못한 인간의 세상을 한탄한 뒤, 꿈속에서 금수들의 회의를 목격하는 것으로 시작된다.

이 소설의 내용은

반포지효(反哺之孝)의	까마귀(오, 烏)는	인간의 불효(不孝)를 규탄하고,
호가호위(狐假虎威)의	여우(호, 狐)는	외세 아첨(阿諂)꾼과 무력침략자 일본을 비난하며,
정와어해(井蛙語海)의	개구리(와, 蛙)는	어리석은 정치가와 분수(分數) 모르는 자들을 규탄한다.
구밀복검(口蜜腹劍)의	벌(봉, 蜂)은	표리부동(表裏不同)한 자를 비난하고,
무장공자(無腸公子)의	게(해, 蟹)는	지도계급의 지조 없음과 부패(腐敗)를 풍자한다.
영영지극(營營之極)의	파리(승, 蠅)는	골육상쟁(骨肉相爭)을 일삼는 소인들을 매도하고,
가정맹어호(苛政猛於虎)의	범(호, 虎)은	탐관오리(貪官汚吏)와 가혹한 정치를 비난하며,
쌍거쌍래(雙去雙來)의	원앙(鴛鴦)새는	문란한 부부(夫婦) 윤리를 규탄한다.

055

畫	綵	仙	靈
그림 화	무늬(채색) 채	신선 선	신령 령

신선과 신령도 그려 채색하였다

또 다섯 가지 채색(彩色)으로 신선(神仙)과 신령스럽고 기괴(奇怪)한 물건을 그렸다.

畫(화)	그림, 회화(繪畫), 서화(書畫), 그리다, 긋다(劃), 묵화(墨畫), 벽화(壁畫), 삽화(挿畫).
綵(채)	채색, 무늬, 문채(文彩), 채(綵)는 무늬 있는 비단이다, 광채(光彩), 색채(色彩).
仙(선)	신선(神仙), 속세(俗世)를 초월한 사람, 수선화(水仙花), 유불선(儒佛仙).
靈(령)	신령(神靈), 성령(聖靈), 영감(靈感), 영령(英靈), 혼령(魂靈).

『논어』<팔일> 편에, 공자가 제자 자하에게 말했다.
"그림 그리는 일은 먼저 흰 바탕을 마련한 뒤에 한다."(繪事後素)
모든 일은 기본(基本)을 잘 갖춘 후에 실행(失行)해야 한다는 의미다.

고대 그리스 서정시인 시모니데스(Simonides, BC.556~468)가 말했다.
"그림은 말 없는 시(詩)요, 시는 말하는 그림이다."

당(唐)나라의 시인·화가 왕유(王維, 699~759)가 말했다.
"그림 속에 시(詩)가 있고, 시 속에 그림이 있다."(畵中有詩 詩中有畵)

조선시대에 신위(申緯, 1769~1845)가 <금성여사의 난초 그림>에 썼다.
"사람을 그려도 한(恨)을 그리기는 어렵고
난초를 그려도 향기(香氣)를 그리기는 어려운데
향기와 한을 그렸으니, 이 그림 그릴 때 애간장이 녹았으리."
(畵人難畵恨하고 畵蘭難畵香한대 畵香兼畵恨하니 應斷畵時腸이라)

056 전

丙	舍	傍	啓
셋째 천간 병	집 사	곁 방	열 계

해석

병사는 전각 양옆에 열려 있고

주해

병사(丙舍)는 전각(殿閣) 앞 좌우(左右)에 있는 집이다. 시중 드는 신하들이 거처하는 곳으로, 서로 향하여 열려 있다.

자의

丙(병)	셋째 천간(天干), 남녘(방향이지 뜻이 아니다), 병자년(丙子年).
舍(사)	집, 거처, 여관, 관사(官舍), 교사(敎舍), 사옥(舍屋), 청사(廳舍), 사리(舍利).

'병사(丙舍)'는 궁중 집 중 세 번째 집이다. 궁중 신하들이 쉬는 곳이다.

傍(방)	곁, 옆, 가깝다, 기대다, 근방(近傍, 近方), 방계(傍系), 수수방관(袖手傍觀).
啓(계)	(문을) 열다, (슬기를) 일깨우다, 계몽(啓蒙), 계발(啓發), 계도(啓導), 계시(啓示).

· 계발(啓發) → 사람의 슬기나 재능, 사상 따위를 일깨워 줌. (몰랐던) 자기 계발.
· 개발(開發) → 산업이나 재능, 지식 따위를 발달하게 함. (알고 있던) 자기 개발.

간지(干支)란 천간(天干)과 지지(地支)다.
- **천간**은 10간이다. 갑(甲), 을(乙), 병(丙), 정(丁), 무(戊), 기(己), 경(庚), 신(辛), 임(壬), 계(癸).
- **지지**는 12지다. 자(子), 축(丑), 인(寅), 묘(卯), 진(辰), 사(巳), 오(午), 미(未), 신(申), 유(酉), 술(戌), 해(亥).

60간지(干支)란
10개의 천간과 12개의 지지를 순서대로 조합하여 만든 간지 60개를 말한다. 이를 60갑자(甲子), 줄여서 '6갑(甲)'이라고도 한다. 나이 61세가 되면 환갑(還甲) 혹은 회갑(回甲)이라 부르는 이유다.

사주팔자(四柱八字)에서, 사주(四柱)는 네 개의 기둥이고, 팔자(八字)는 여덟 글자다. 팔자가 사주를 이룬다. 사주는 태어난 해(년)·달(월)·날(일)·때(시)다. 1954년 1월 26일 아침에 태어났다면 사주는 갑오(甲午)·병인(丙寅)·병진(丙辰)·임진(壬辰)이다.

056

甲	帳	對	楹
갑옷 갑	휘장 장	대답(마주)할 대	기둥 영

훈음

해석: 갑장과 을장이 기둥 사이에 마주한다

주해: 갑장(甲帳)과 을장(乙帳)은 동방삭(東方朔)이 만들었다. 임금이 잠시 머무는 곳이다. 두 기둥 사이에서 나뉘어 마주하고 있다.

자의

甲(갑)	첫째, 으뜸, 갑옷, 껍데기, 갑골(甲骨), 갑오(甲午), 동갑(同甲), 환갑(還甲).
帳(장)	장막(帳幕), 휘장(揮帳), 통장(通帳), 포장마차(布帳馬車), 장부(帳簿), 연습장(練習帳).
對(대)	마주하다, 상대(相對), 대응(對應), 대답(對答), 대화(對話), 절대(絶對).
楹(영)	둥근 기둥.

'갑장(甲帳)'은 유리(瑠璃)·주옥(珠玉)·야광주(夜光珠) 등 보배로 만들고, 신(神)이 있는 곳에 쳤다. '을장(乙帳)'은 임금 있는 곳에 쳤다.

◎ 삼천갑자(三千甲子) 동방삭(東方朔)과 탄천(炭川, 숯내) 이야기

동방삭은 어릴 때 심술궂어 사람들을 괴롭혔다. 한 맹인이 점(店)을 쳐 보고, 그가 '곧 죽을 것'이라 하였다. 어린 동방삭이 사정하며 죽음 면(免)할 방도를 묻자, '먼 길 오느라 지친 저승사자를 잘 대접하라' 하니, 시킨 대로 하였다. 대접을 받은 저승사자는 차마 그를 잡아갈 수 없어서, 명부(名簿)의 동방삭 수명(壽命) '十'(십) 자를 '千'(천) 자로 고쳐 주었다. 동방삭은 오래 살며 변신(變身)과 도술(道術)을 부렸다. 아무도 알아보지 못했다. 저승에서는 동방삭을 잡을 꾀를 내어, 사자에게 사람이 많이 다니는 내(川)에서 숯(炭)을 씻게 하였다. 지나가던 사람들이 의아해 물으면, 사자는 "숯을 하얗게 씻는다."라고 말했다. 어느 날, 누군가 "내가 삼천갑자 살았지만 처음 듣는 말이다."라고 말했다. 저승사자는 그가 동방삭임을 알고 바로 잡아갔다.
(동방삭이 잡힌, 숯을 씻던 그 천이 지금의 서울 잠실의 탄천이다).

057 전

肆	筵	設	席
펼 사	대 자리 연	놓을 설	자리 석

해석 연회 자리 펴서 방석을 놓고

주해 『시경』 대아 <행위> 편 시구다. 연회할 때, 자리와 방석을 배열함을 말한 것이다.

자의

肆(사)	펼치다, 벌이다, 베풀다, 방자(放恣)하다, 제멋대로.
筵(연)	자리, 대자리, 경연(經筵); 왕의 유교 경서(經書) 공부 제도.
設(설)	놓다, 설치(設置)하다, 베풀다, 제사 음식을 진설(陳設)하다, 설계(設計), 창설(創設).
席(석)	앉을 자리, 모인 자리, 좌석(座席), 의석(議席), 주석(酒席), 화문석(花紋席).

'경연(經筵)'은 왕의 평생학습제도다. 고려 때 도입하여, 조선 이후 경연청을 설치하여 본격적으로 시행되었다. 하루 조(朝)·주(晝)·석(夕)의 '3강(講)' 체제였다. 세종은 20년간 매일 경연하였고, 세조와 연산군은 폐강하였다.

『시경』 <행위(行葦); 길가의 갈대> 4장 중 1, 2장
(1장) 저 길가 우북한 갈대를 소와 양이 밟지 않으면,
바야흐로 움트고 형체가 생겨서 잎이 윤택하리라.
친한 형제를 멀리하지 않고 가까이 하면, 혹 자리를 펴고 혹 기댈 궤를 내어주리라.
(敦彼行葦를 牛羊勿踐履면 方苞方體하야 維葉泥泥리라.
戚戚兄弟를 莫遠具爾면 或肆之筵이며 或授之几리라)

(2장) 자리 펴고 방석 놓으니, 궤 내고 모시는 이 있도다.
혹 술잔 올리고 권하며, 잔 씻고 올리며, 젓국과 육젓 올리며,
혹 생선 말리고 혹 구우며, 좋은 안주에 육고기며, 혹 노래하고 혹 북 치도다.
(肆筵設席하니 授几有緝御로다. 或獻或酢하며 洗爵奠斝하며
醓醢以薦하며 或燔或炙하며 嘉殽脾臄이며 或歌或咢이로다)

057 후

鼓	瑟	吹	笙
북 고	비파 슬	불 취	생황 생

훈음

해석 비파 타고 생황 불어 흥을 돋운다

주해 『시경』 소아(小雅) <녹명(鹿鳴)> 편 시구다. 연회할 때, 생황(笙簧)과 비파(琵琶)를 연주(演奏)함을 말한 것이다.

자의

鼓(고)	타다, 치다, 두드리다, 추기다, 북, 고취(鼓吹), 고무(鼓舞), 고동(鼓動), 고막(鼓膜).
瑟(슬)	큰 거문고=비파(琵琶), 금슬상화(琴瑟相和)=거문고·비파의 아름다운 화음. 부부(夫婦)의 화목함 → '금슬(琴瑟)', '금실(琴瑟)' 둘 다 쓴다.
吹(취)	불다, 취주(吹奏), 취타(吹打), 취입(吹入).
笙(생)	생황(笙簧), 궁중음악에 쓰인 악기(樂器).

고취(鼓吹)
북을 치고 피리를 붐. 힘을 내도록 용기를 북돋움

고무(鼓舞)
북을 치고 춤을 춤. 힘을 내도록 격려하여 용기를 북돋움

고양(高揚)
높이 쳐들어 올림. 정신이나 기분 따위를 북돋워서 높임

<비파>

『시경』 <녹명(鹿鳴)> '사슴 우는 소리' 3장 중 1장에
'유유' 소리 내며 사슴이, 들판의 쑥을 뜯는다
내게 좋은 손님 있어, 비파 타고 생황 부노라.
생황을 불며, 광주리에 담아 폐백을 올리니
나를 좋아하는 이여, 내게 대도(大道)를 보여 주소서.
(呦呦鹿鳴이여 食野之苹이로다 我有嘉賓하여 鼓瑟吹笙이라
吹笙鼓簧하여 承筐是將하니 人之好我는 示我周行이로다)

<생황>

'유유(呦呦)'는 먹이를 발견한 사슴이 다른 사슴을 부르는 소리(의성어)다. 혼자서 자신의 배만 채우지 않고, 동료(이웃)와 함께 먹기 위함이다. 닭도 먹이를 보면 이웃들을 불러서, 더불어 먹는다.

058 전

陞	階	納	陛
오를 승	계단 계	바칠(들일) 납	계단 폐

해석 신하들이 계단 오르고 임금이 들어가니

주해 섬돌(계단)은 당(堂) 밖에 있고, 여러 신하들이 오르는 곳이다. 폐(陛)는 당(堂) 안에 있고, 임금이 오르는 계단이다. 납폐(納陛)라고 말하는 것은 궁전의 터를 파서 폐(陛)를 만들어 용마루 아래로 들어가, 겉으로 드러나지 않고 오르게 함을 이른다.

자의

陞(승)	오르다, 나아가다, 해가 떠오르다(日昇).
階(계)	섬돌, 집 앞뒤의 계단(階段), 층계(層階), 품계(品階), 계급(階級).
納(납)	거두어 들이다, 수확(收穫)하다, 물건을 받다, 헌납(獻納), 격납고(格納庫), 납품(納品).
陛(폐)	섬돌, 대궐의 계단(階段), 폐하(陛下).

경칭(敬稱) 사례(事例)

폐하(陛下)
황제·국왕. 폐(陛) 아래에서 우러러뵈다.

전하(殿下)
왕(제후)·추기경. 어전(御殿) 아래에서 우러러뵈다.

저하(邸下)
왕세자. 저(邸, 집) 아래에서 우러러뵈다.

합하(閤下)
왕세손·대원군. 합(閤, 쪽문) 아래에서 우러러뵈다.

각하(閣下)
외교(外交) 의례. 대통령, 총리, 장관, 고위 외교관, 귀족.

성하(聖下)
종교 지도자. 가톨릭 교황, 정교회 총대주교, 달라이 라마.

예하(猊下)
고위 종교인(사자). 가톨릭 추기경, 불교 종정.

슬하(膝下)
자식이 부모를 부를 때. 부모 무릎 아래(품안) 자식.

족하(足下)
가깝고 대등한 사람. 형제·자매와 4촌·6촌의 자녀(조카).

학형(學兄)
나이가 비슷하거나 더 많은 학우(學友)를 부를 때.

형(兄)
나이 비슷한 동료끼리, 나이 낮은 사람 존칭. 李兄, 金兄.

058

후

훈음

弁	轉	疑	星
관 변	돌 전	의심할 의	별 성

해석 관에 달린 구슬들이 별 같다

주해 변(弁)에는 삼량(三樑), 오량(五梁), 칠량(七樑)의 구별이 있다. 량(梁)에는 모두 구슬이 달려 있는데, 여러 신하들이 오르내리면 그들이 머리에 쓴 관(冠)의 구슬이 별처럼 보인다. 『시경』에, '모자에 달린 구슬이 별과 같다'는 말이 이것이다.

자의

弁(변)	고깔, 관(冠), 모자.
轉(전)	구르다, 회전하다, 뒹굴다, 바뀌다, 옮기다, 전전반측(輾轉反側), 운전(運轉), 회전(回轉).
疑(의)	의심(疑心)하다, 의혹(疑惑), 싫어하다, 혐의(嫌疑), 의문(疑問), 질의(質疑).
星(성)	별, 별 이름, 해, 세월, 천문, 희뜩희뜩하다, 성성(星星), 행성(行星), 장성(將星).

- 과인(寡人)은 과덕지인(寡德之人)의 준말이다. 왕(제후)이 자기를 낮추어 말한 1인칭 대명사다.
- 짐(朕)은 나다. 진(秦) 시황제가 자기를 가리키는 1인칭 고유 대명사다.
  (우리나라는 고려 태조(太祖)부터 '짐'이라 했다. 충렬왕 이후 원나라 간섭으로 '고(孤)'로 변경했다. 조선 왕들은 모두 '과인'이라 했다. 고종(高宗)이 국호를 대한제국으로 바꾼 후, '짐' 칭호를 다시 사용했다.)
- 본인(本人)은 자기를 가리키는 1인칭 대명사다. 5공 대통령(전두환)이 즐겨 썼다.

"황공(惶恐) 무지(無地)로소이다."

황공하여(두려워서) 몸 둘 곳 없어요.

"성은(聖恩)이 망극(罔極)하옵니다."

성스러운 왕 은혜가 끝이 없습니다.

"통촉(洞燭)하여 주시옵소서."

밝게 촛불 밝혀 보아, 사정을 헤아리소서.

"저를 죽여 주시옵소서."

내 목을 치시오. 뒷감당은 당신(왕)의 몫이오.

059 전

右	通	廣	內
오른쪽 우	통할 통	넓을 광	안 내

해석: 오른쪽으로 광내실로 통하고

주해: 정전(正殿)의 오른쪽에 연각(延閣)과 광내실(廣內室)이 있다. 궁중의 비서(祕書)를 보관하는 집이다.

자의:

右(우)	오른쪽, 오른손, 우익(右翼), 숭상하다, 강(强)하다, 돕다(佑), 우의정(右議政).
通(통)	통하다, 오가다, 알리다, 통(數), 공통(共通), 교통(交通), 사통팔달(四通八達).
廣(광)	넓다, 광활(廣闊)하다, 광고(廣告), 광야(廣野), 광장(廣場), 고대광실(高臺廣室).
內(내)	안, 속, 내부(內部), 은밀히, 어머니, 안내(案內), 내용(內容), 내강외유(內剛外柔).

'연각(延閣)'은 길게 연(延)이어 선 누각(樓閣)이고,
'광내실(廣內室)'은 왕립(국립) 도서관이다.

통달(通達)
(통할 통), 막힘없이 환히 통함. 사물의 이치에 깊이 통함. 통지(通知), 사통팔달(四通八達). 달통(達通).

통달(洞達)
(밝힐 통), 말이나 글로 알림. 사물의 이치나 지식, 기술 등을 훤히 알거나 능숙하게 잘함. 통촉(洞燭).

『논어』 <헌문> 편에서, 공자가 말했다.
"군자는 위로 통달하고, 소인은 아래로 통달한다." (君子上達 小人下達)

위가 근본(根本)이면 아래는 지엽(枝葉)이다.
위가 천리(天理)라면 아래는 인욕(人慾)이다.

티벳 불교 지도자요 망명정부 지도자인 달라이 라마(1935~)가 말했다.
"오른손이 하는 일을 오른손도 모르게 하라."

059

左	達	承	明
왼 좌	통달할 달	받들(이을) 승	밝을 명

해석 왼쪽으로 승명실과 통한다

주해 금마문(金馬門)의 왼쪽에 승명실(承明室)과 석거각(石渠閣)이 있다. 이곳도 궁중 서적과 역사서를 교열(校閱)하는 집이다.

자의

左(좌)	왼쪽, 왼손, 좌심방(左心房), 좌의정(左議政), 좌익(左翼), 좌우충돌(左右衝突).
達(달)	꿰뚫다, 이르다, 통달(通達), 도달(到達), 배달민족(倍達民族)=배달겨레.
承(승)	잇다, 계승(繼承)하다, 받들다, 돕다, 보좌(保佐)하다, 승낙(承諾), 승인(承認).
明(명)	밝다, 밝히다, 명백(明白), 결백(潔白), 이승, 일월(日月), 총명(聰明), 현명(賢明).

'금마문(金馬門)'은 한(漢)나라 궁전(宮殿) 문(門) 이름이다. 문 옆에 말(馬) 동상이 있어 붙여졌다. '석거각(石渠閣)'은 궁궐의 장서고(藏書庫)다.(조선 창덕궁 안 규장각)

'좌고우면(左顧右眄)'은 원래 '좌우를 살펴 빈틈없게 한다'는 의미였다. 후에 '왼쪽을 돌아보고, 오른쪽을 곁눈질한다'가 되었다. 한쪽을 보는 척하면서, 실제는 다른 쪽을 곁눈으로 보아 마음에 새겨 둔다는 말이다.

중국사 '초한전(楚漢戰)'에서, 진(秦)나라를 멸(滅)하고 등극한 초패왕(楚霸王) 항우(項羽)는, 유방(劉邦)을 서쪽 험난한 파(巴)와 촉(蜀) 땅의 한왕(漢王)에 임명하였다. 유방은 현지 부임하며, 지나온 계곡과 비탈의 잔도(棧道)를 모두 불태웠다. 병사들 탈주를 막으려는 것과, 항우에게 '동쪽 관중으로 돌아오지 않겠다'는 의사표시였다.

유방은 이미, 관중을 떠나오면서 곁눈으로 지름길(대안)을 봐 두었고, 기존의 잔도(유일한 길)를 모두 없애며 '좌고우면'하였던 것이다. 힘을 길러 다른 길로 돌아온 유방은 항우에게 대적하여 승리하고, 한(漢)나라를 세웠다.

060 전

既	集	墳	典
이미 기	모일 집	무덤(책) 분	법(책) 전

해석 이미 『삼분』과 『오전』을 모으고

주해 삼황(三皇)의 책을 『삼분(三墳)』이라 하니, 높고 크다는 말이다. 오제(五帝)의 책을 『오전(五典)』이라 하니, 법(法) 삼을 만하다는 말이다. 『구구(九丘)』(九州에 대한 책), 『팔색(八索)』(八卦에 대한 책), 여러 경서(經書)와 백가서(百家書)를 말하지 않은 것은, 큰 것을 들어 작은 것을 포함한 것이다.

자의

旣(기)	이미, 벌써, 다하다, 마침, 기성세대(旣成世帶), 기왕(旣往), 기존(旣存).
集(집)	모으다, 모이다, 이루다, 시문(詩文) 등을 모은 책, 집중(集中), 시집(詩集), 집회(集會).
墳(분)	책, 무덤, 언덕, 크다, 큰 책, 분묘(墳墓), 고분(古墳).
典(전)	책, 사전(辭典), 자전(字典), 전적(典籍), 법전(法典), 경전(經典), 고전(古典).

- **사전**(辭典, dictionary)은 단어(單語)를 모아 일정한 순서로 배열하고, 언어학(言語學)적인 발음(發音)·어원(語源)·의미(意味)·용법(用法) 등을 해설한 책이다. 국어사전(國語辭典), 한자(漢字)사전, 영어(英語)사전.
- **사전**(事典, encyclopedia)은 사상(事象)의 체계적 분석·기술에 의한 지식(知識) 및 정보(情報)를 제공하는 책이다. 백과사전(百科事典), 인명(人名)사전, 지명(地名)사전, 식물(植物)사전, 협동조합(協同組合)사전.
- **자전**(字典)은 한자(漢字)를 부수(部首)·획수(劃數)에 따라 배열하고, 그 독법(讀法)·의미(意味) 등을 해설한 한자사전(漢字辭典)이다.
- **옥편**(玉篇)은 543년에 중국 양(梁)나라 학자 고야왕(顧野王)이 편찬한 한자사전의 이름이다.
- **용어집**(用語集)은 전문 분야의 글과 용어를 모아서 정의하고 해설한 책이다.
- **전집**(全集)은 한 사람이나 같은 시대, 같은 종류의 저작 등을 모아서 한 질로 출판한 책이다.

고전(古典, Classic)은 시대가 지나서도 계속 활용할 가치 있고 존중받는 빼어난 명작(서적, 음악)을 말한다. 시간이 오래되어 케케묵은(시대에 맞지 않은) 구식(舊式, Old type)이나 구습(舊習, Old custom)과 다르다.

060

후

亦	聚	群	英
또 역	모을 취	무리 군	영재 영

해석: 또 여러 영재를 모았다

주해: 이미 『삼분(三墳)』, 『오전(五典)』을 모아 놓고, 또 반드시 영재(英才)와 현사(賢士)들을 찾아 불러서, 광내실(廣內室)·승명실(承明室)에 모아, 강명(講明)하고 토론(討論)하여 정치하는 도리를 밝혔다.

자의:

- 亦(역): 또, 모두, 역시(亦是).
- 聚(취): 取(가질 취)+亦(또 역)=모으다, 회합(會合)하다, 무리, 마을, 취락(聚落).
- 群(군): 무리, 여러 사람, 많다, 군웅(群雄), 군중(群衆), 군계일학(群鷄一鶴), 군웅할거(群雄割據).
- 英(영): 영재(英才), 빼어나다, 초목의 꽃부리(꽃잎), 영화(英華), 영국(英國), 영웅(英雄).

화훼(花卉); 꽃이 피는 풀, 화초(花草), 관상(觀賞)식물

영(榮)	화(華)
초화(草花), 풀꽃	목화(木花), 나무 꽃

수(秀)	영(英)
무화유실(無華有實), 꽃이 피지 않고 열매를 맺는 것	화이부실(華而不實), 꽃은 피나 열매를 맺지 않는 것

『논어』<자한> 편에서, 공자가 애제자(愛弟子) 안회(顔回)가 요절(夭折)하자, 안타까운 마음에서 말했다.

"싹은 텄으나 꽃이 피지 못하는 것도 있고
꽃은 피었으나 열매를 맺지 못하는 것도 있다."
(苗에서 而不秀者도 有矣夫요 秀이나 而不實者도 有矣夫인저)

베토벤(L.v.Beethoven, 1770~1827)의 9개 교향곡 중 <4대 교향곡>은 3번 '영웅(英雄, Sinfonia Eroica)', 5번 '운명(運命)', 6번 '전원(田園)', 9번 '합창(合唱)'이다.

061 전

杜	稿	鍾	隸
막을 두	볏짚(초서) 고	쇠북 종	예서 예

해석: 글씨는 두조의 초서와 종요의 예서

주해: 창힐(蒼頡)이 글자를 만들었는데, 하 은 주 삼대에 서로 증감(增減)이 있었다. 진(秦)나라 예인(隸人; 하급관리) 정막(程邈)은 예서(隸書)를 만들고, 동한(東漢) 두조(杜操)는 초서(草書)를 만들고, 위(魏)나라 종요(鍾繇)는 소예(小隸)를 만들었으니, 소예는 지금의 해자(楷字)다.

자의:

杜(두)	막다, 금하다, 두절(杜絶), 두문불출(杜門不出).
稿(고)	초서, 볏짚(稾), 마르다(枯), 원고(原稿).
鍾(종)	鐘(쇠북 종)과 혼용, 경종(警鐘), 종로(鍾路), 성덕대왕신종(神鐘)=에밀레종(鐘).
隸(예)	글씨, 예서(隸書), 종, 노예(奴隸).

◎ 한자 서체(書體)의 종류(種類)와 변천(變遷)

서체 종류	시대(時代)	시기(時期)	특징(特徵)
갑골문(甲骨文)	은(殷)	BC.15세기	거북 껍질, 동물 뼈
금석문(金石文)	주(周) 초기	BC.11세기	돌, 비석, 종, 그릇
대전(大篆)	주(周) 중기	BC.9세기	점, 획 복잡한 조형미
소전(小篆)	진(秦)	BC.3세기	천하통일체, 도장(篆)
예서(隸書)	진(秦)		자획 간략, 쓰기 편리
해서(楷書)	후한(後漢) 말기	2세기	정서(正書), 진서(眞書)
행서(行書)	후한(後漢)		반흘림, 왕희지 부자
초서(草書)	후한(後漢)		간략 빨리, 곡선 흘림
간체자(簡體字)	중국(中國)	1956년부터	문맹(文盲) 퇴치 목적

061 후

漆	書	壁	經
옻 칠	쓸(글) 서	벽 벽	경전 경

글은 공자 옛집 벽에 있던 칠서다

전한(前漢) 때 노(魯)나라 공왕(恭王)이 공자의 사당(祠堂)을 수리하다가 옛집 벽을 헐어 『상서(尙書); 서경』를 얻었는데, 죽간에 전자(篆字, 도장글씨체)로 옻칠하여 쓴 것이었다. 공자 집의 벽 속에서 얻었으므로 '벽경(壁經)'이라 하였다.

漆(칠)	옻, 옻칠, 바르다, 색칠(色漆), 칠흑(漆黑), 나전칠기(螺鈿漆器).
書(서)	글, 글씨, 글자, 문서(文書), 책, 쓰다, 기록하다, 서당(書堂), 저서(著書), 엽서(葉書).
壁(벽)	벽(壁), 담, 낭떠러지, 절벽(絶壁), 암벽(巖壁), 성벽(城壁), 벽보(壁報).
經(경)	糸(실 사)+巠(물줄기 경), 베틀 세로 긴 날실, 경도(經度), 경전(經典).

*緯(위)는 날실 사이를 가로(좌우) 지나는 씨실(북실), 위도(緯度), 경위(經緯)=완성의 과정.

◎ 한자 5서체(書體)

전서(篆書) / 예서(隸書) / 초서(草書) / 행서(行書) / 해서(楷書)

062 전

府	羅	將	相
관청 부	벌일 라	장차(장수) 장	정승 상

해석: 관부에 장수와 정승이 나열하고

주해: 황제(皇帝)가 거처하는 좌우(左右)에 부서(府署) 건물이 벌여 있으니, 장수(將帥)나 정승(政丞)이 있는 곳이다.

자의:

府(부)	관청(官廳), 관부(官府), 관아(官衙), 도읍, 고을, 창고, 장부, 삼부(三府).
羅(라)	벌이다, 나열(羅列)하다, 늘어서다, 두르다, 그물, 비단(緋緞), 전라도(全羅道).
將(장)	장수(將帥), 장차(將次), 나아가다, 일취월장(日就月將), 독불장군(獨不將軍).
相(상)	정승(政丞), 승상(丞相), 재상(宰相), 서로, 살피다, 관상(觀相), 상생(相生), 상극(相剋).

진(秦)시황제 뒤, 2세 황제 호해(湖海)는 환관 조고(趙高)의 손아귀에서 놀아났다. 수도의 빈민들을 변방으로 이주(移住)시키는 일꾼 진승(陳勝)과 오광(吳廣)은 도중(途中)에 큰비를 만나, 제때 도착이 거의 불가능했다. 이들은 형벌이 두려워, 두 장위(將尉)를 살해하고 부하들에게 호소했다.

"우리는 비를 만나 기한을 어기게 되어, 마땅히 모두 죽음을 당해야 한다. 죽지 않는다고 해도 변경을 지키다 죽는 사람이 10명 중 6명이다. '남아(男兒)로 태어나 쉽게 죽지 않는다'고 했다. 만약 죽으려면 세상에 커다란 이름을 남겨야 하지 않겠나. 왕후장상이 어찌 씨가 따로 있는가(王侯將相寧有種乎)"

이 말에 일하는 사람들이 공감(共感)하고 따랐다. 진제국(秦帝國) 멸망의 불씨였다.

'백락상마(伯樂相馬)'는 백락이 말을 관찰한다는 뜻이다. 한유(韓愈)의 『잡설(雜說)』에 있다.

초나라 상마가(相馬家, 말 감정인) 백락(伯樂)이 명마(名馬)를 구해 오라는 왕명을 받고 길을 나섰다. 소금마차를 끌던 볼품없는 말을 보고 비싸게 사와, 왕은 실망하여 화를 냈다. 자질을 갖춘 말임을 안 백락은 정성 들여서, 위풍당당 천리마(千里馬)로 드러냈다.

어지러운 나라엔 천리마가 없는 것이 아니라, 백락이 없고 조련사가 없는 것이다.

062
후

路	俠	槐	卿
길 로	낄 협	삼공 괴	벼슬 경

해석

궁궐 길에 삼공과 구경이 줄지었다

주해

노(路)는 왕조(王朝; 조정)의 길이다. 길 왼쪽에는 세 그루의 회화나무를 심었으니 삼공(三公)의 자리고, 길 오른쪽에는 아홉 그루의 가시나무를 심었으니 구경(九卿)의 자리다. 괴(槐)는 삼공(三公)을 이른다.

자의

路(로)	길, 행정구획, 언로(言路), 애로(隘路), 대로(大路), 생사기로(生死岐路).
俠, 夾, 挾(협)	끼다, 부축하다, 겸(兼)하다, 좁다(狹), 가볍다, 젊다, 의협심(義俠心), 협객(俠客).
槐(괴)	삼공(三公), 회화나무, 홰나무, 괴화(槐花)나무, 느티나무, 괴산군(槐山郡).
卿(경)	벼슬, 대신(大臣), 구경(九卿), 왕이 신하를 부르는 호칭(呼稱), 추기경(樞機卿).

途(길 도)	道(길 도)	路(길 로)
수레 한 대가 지나갈 폭의 작은 길	수레 두 대가 지나갈 폭의 길	수레 세 대가 지나갈 폭의 넓고 큰길

조선(朝鮮)의 통치(統治) 시스템(정치적 의사결정)은 왕(王)과 삼정승(三政丞)의 합의제(合議制)였다. 왕이 국정(國政)을 독단(獨斷)할 수 없었다.

'3정승'은 의정부(議政府)의 정1품 영의정(領議政)·좌의정(左議政)·우의정(右議政)이다. 국정을 주관하는 최고 정무기관, 최고위 관리다. 합의체제로서, 영의정의 특권은 없었다. 이들이 9경(卿)을 발탁(拔擢)했다.

'9경(卿)'은 정2품의 육조(六曹)의 판서, 한성부(漢城府)의 장(長) 한성판윤, 의정부의 좌참찬(左參贊)·우참찬(右參贊)이다.

'6조(曹)'는 6개의 중앙행정관서(官署)로서, 이조(吏曹)·호조(戶曹)·예조(禮曹)·병조(兵曹)·형조(刑曹)·공조(工曹)다. 수장(首長)은 판서(判書)라 칭하며, 참판(參判)과 참의(參議)를 두어 판서를 보좌하게 하였다.

063 전

戶	封	八	縣
지게(집) 호	봉할 봉	여덟 팔	고을 현

해석 공신에게 여덟 고을의 제후로 봉하고

주해 한(漢)나라는 천하를 평정하고, 공신(功臣)을 크게 봉(封)하였다. 공이 큰 자는 여덟 현(縣)의 민가(民家) 세금으로 제후국(諸侯國)을 영위(營爲)하게 하였다.

자의

戶(호)	외짝 사립문, 집 문, 살림집, 가가호호(家家戶戶), 창호지(窓戶紙), 호적(戶籍).
封(봉)	봉(封)하다, 봉건제(封建制), 틀어막다, 밀봉(密封), 무덤, 봉투(封套), 금일봉(金一封).
八(팔)	여덟, 8, Ⅷ, 팔방(八方), 팔도(八道), 사주팔자(四柱八字), 팔대가(八大家).
縣(현)	고을, 군(郡) 아래 행정구획 명칭, 군현제(郡縣制), 현감(縣監).

'戶(호)'는 출입하는 문이 한쪽에 달린 것을 상형(象形)한 글자다. 양쪽에 달린 문은 門(문)이다. 흔히 '지게 호'라 훈음(訓音)하는데, 이 지게는 등에 지는 운반용 지게가 아니라 문 이름이다.
'호구(戶口)'는 호(戶, 집)와 구(口, 사람)의 합성어다.
'호적(戶籍)'은 호구성적(戶口成籍)의 줄임말이다.
'가가호호(家家戶戶)'는 한 집 한 집, 집집마다, 모든 집이란 뜻이다.

'팔도(八道)'는 조선(朝鮮) 최상위 행정구역, 나라 전체를 가리키는 대명사다. 1896년 13도(道)로 개편, 남북분단과 도시화에 따라 변화되었다.
경기도(京畿道)는 수도(京)+경기(畿), 충청도(忠淸道)는 충주(忠州)+청주(淸州), 전라도(全羅道)는 전주(全州)+나주(羅州), 경상도(慶尙道)는 경주(慶州)+상주(尙州), 강원도(江原道)는 강릉(江陵)+원주(原州), 황해도(黃海道)는 황주(黃州)+해주(海州), 평안도(平安道)는 평양(平壤)+안주(安州), 함길도(咸吉道)는 함흥(咸興)+길주(吉州).

063 후

家	給	千	兵
집 가	넉넉할(줄) 급	일천 천	군사 병

제후국에 군사 천 명을 주었다

제후국(諸侯國)에 천(千) 명의 군사(軍士)를 주어 지키게 하였다.

家(가)	집, 건물, 가족(家族), 문벌(門閥), 전문가(專門家), 아내, 대부, 가풍(家風).
給(급)	주다, 수급(受給), 배급(配給), 급여(給與), 월급(月給), 반대급부(反對給付).
千(천)	일 천(1,000), 천군만마(千軍萬馬), 천리마(千里馬), 천자문(千字文).
兵(병)	군사(軍士), 병졸(兵卒), 군대(軍隊), 병장기(兵仗器), 전쟁(戰爭), 의병(義兵).

『명심보감(明心寶鑑)』 <치가(治家)> 편에,
"자식이 효도하면 부모가 즐거워하고, 가정이 화목하면 만사가 이루어진다."
(子孝면 雙親樂이요 家和萬事成이니라)
여기에서 '가화만사성'이란 말이 나왔다.

『명심보감』 <立敎> 편에, 『경행록』의 글을 인용하였다.
"정치의 요점은 공정함과 청렴함이고, 집을 일으키는 도리는 검소함과 근면함이다."
(爲政之要는 曰公與淸이요 成家之道는 曰儉與勤이라)

당(唐)나라 때, '가정 화목'의 비결을 묻자 장공예(張公藝)가 답했다.
"화날 때마다 忍(참을 인)자를 백 번 쓴다." (百忍堂中에 有泰和라)

이 고사를 들은 조선의 학자 연암(燕巖) 박지원(朴趾源, 1737~1805)이 말했다.
"이제 내가 樂(즐거울 락) 자 한 자를 쓰니, 무수한 笑(웃음 소) 자가 따르네."
(今吾書一樂字하니 無數笑字隨之니라)
'참으며 속으로 끙끙 앓지 말고, 낙천하며 긍정적으로 웃고 살자'는 말이다.

064 전

高	冠	陪	輦
높을 고	갓 관	모실 배	가마 연

해석: 고관 쓴 자들이 수레를 모시니

주해: 제후(諸侯)가 출동하면, 높은 관(冠)을 쓰고 큰 띠를 맨 선비가 좌우에서 수레를 모신다.

자의:

高(고)	높다, 존귀하다, 숭고(崇高)하다, 쌓아 올리다, 불어나다, 고흥(高興), 고구려(高句麗).
冠(관)	갓, 관, 관을 쓰다, 닭의 볏, 으뜸, 약관(弱冠), 면류관(冕旒冠), 월계관(月桂冠).
陪(배)	모시다, 시종(侍從), 보좌(補佐)하다, 신하의 신하, 배승(陪乘), 배심원(陪審員).
輦(연)	가마, 손수레, 끌다, 불교 행사 운반 용구, 여련(輿輦)=임금 전용 수레.

관혼상제(冠婚喪祭)=관계례(冠笄禮)·혼인례(婚姻禮)·상장례(喪葬禮)·제사례(祭祀禮)
- **관계례**는 성인(成人)이 될 때 하는 의식. 남자는 관례, 여자는 계례라 한다.
- **혼인례**는 남녀의 혼인(婚姻) 의식이다.
- **상장례**의 상은 임종부터 묘지까지 옮기는 과정 의식, 장은 시신을 매장하는 일이다.
- **제사례**는 조상의 제사(祭祀)를 지내는 의식이다.

〈비녀 계(笄)〉

064

驅	轂	振	纓
몰 구	바퀴통 곡	떨친 진	갓끈 영

해석 수레가 나아가면 갓끈이 흔들렸다

주해 제후(諸侯)의 종자(從者; 수행원)가 수레를 몰아 달리면, 수레와 말과 갓끈과 장식(裝飾)들이 진동(振動)한다.

자의

驅(구)	몰다, 내쫓다, 채찍질, 구박(驅迫), 구보(驅步), 구충제(驅蟲劑), 선구자(先驅者).
轂(곡)	바퀴통(바퀴 중앙 부분), 수레바퀴.
振(진)	떨치다, 떨쳐 일어나다, 분기(奮起), 진작(振作), 진동(振動), 탈삼진(奪三振).
纓(영)	갓끈, 멍에끈, 말안장을 매는 가죽끈, 관영(冠纓).

〈탁사정(濯斯亭)〉 전남 나주

〈탁사정(濯斯亭)〉 충북 제천

탁영탁족(濯纓濯足)은
수청탁영(水淸濯纓) 수탁탁족(水濁濯足)의 준말이다.
"물이 맑으면 갓끈을 씻고, 물이 흐리면 발을 씻는다."
굴원(屈原, BC.340~278)의 〈어부사〉에 나오는 말이다.

주체(主體)는 나다. 누구를 탓하랴.
객체(客體)인 물을 탓할 일이 아니라 내가 마음을 어찌 먹느냐, 행동을 어찌 하느냐가 중요하다는 교훈이다.

<어부사(漁父辭)> 전문

굴원(屈原)이 쫓겨나, 강호(江湖)에서 시(詩)를 읊고 물가를 거니는데, 안색은 초췌(憔悴)하고 모습은 수척(瘦瘠)하였다.

어부(漁父)가 그를 알아보고 물었다.
"그대는 삼려대부(三閭大夫)가 아니오? 무슨 까닭으로 이 지경에 이르셨소?"

굴원이 대답했다.
"온 세상이 다 혼탁(混濁)한데 나 홀로 깨끗하고, 모든 사람이 다 취(醉)해 있는데, 나 홀로 깨어 있었소. 이런 까닭에 추방(追放)당했소."

어부가 말했다.
"성인(聖人)은 세상 사물에 엉키고 막히지 않고, 세태(世態) 따라 변해 가야지요. 세상 사람들이 모두 탁하면 (그 속으로 들어가) 왜 진흙탕을 휘저어 흙탕물을 일으키지 않으시오? 뭇사람들이 모두 취해 있다면 어째서 술지게미를 먹고 박주(薄酒)를 마시지 않으시오? 어째서 깊이 생각하고 고결하게 처신하여 쫓겨남을 자초(自招)하였소?"

굴원이 대답했다.
"내가 듣건대 '새로 머리를 감은 사람은 반드시 관(冠)을 털어서 쓰고, 새로 목욕한 사람은 반드시 옷을 털어서 입는다'고 하였소. 어찌 결백(潔白)한 몸으로 더러운 것을 받아들일 수 있겠소? 차라리 상강(湘江)에 가서 물고기 뱃속에 장사(葬事) 지낼지언정, 어찌 결백한 몸으로서 세속의 먼지를 덮어 쓸 수 있겠소?"

어부는 빙그레 웃고, 뱃전을 두드리며
"창랑(滄浪)의 물이 맑으면 내 갓끈을 씻고, 창랑의 물이 흐리면 내 발을 씻으리라." 하고 떠나가 버려서, 다시 함께 이야기 나누지 못했다.

*굴원은 초(楚)나라 시인(詩人)이자 개혁(改革)적 정치인이다. 그는 연제항진(聯齊抗秦)의 합종(合從)을 주장했으나 받아들여지지 않았고, 오히려 모함(謀陷)을 받아 유배(流配)당했다. 유배지에서 이 글을 썼다. 자신 굴원과 세속인(世俗人) 어부의 대화(對話) 형식을 빌려 쓴 글이다.

굴원이 유배 중인 BC.278년, (그의 예언대로) 진나라가 초나라를 침공했다. 굴원은 비분강개(悲憤慷慨)하여, 멱라수(汨羅水)에 투신자살했다. 사람들은 강에 배를 띄워, 그의 시체를 훼손하지 못하게 물고기를 쫓았다. 이후, 그의 죽음을 기리는 행사 <단오절(端午節)>을 지낸다.

〈창포〉

단오(端午)는 초닷새(初五日)라는 뜻으로 음력 5월 5일이다. 일년 중 양기(陽氣)가 가장 왕성한 날이라 하여, 설날·추석과 함께 '삼대 명절'로 정해진 적도 있었다.

단오의 풍속 행사로서 창포(菖蒲)에 머리 감기, 쑥과 익모초 뜯기, 그네뛰기, 씨름, 활쏘기 등을 했다. 창포 삶은 물은 머리카락을 윤기 나게 하고, 빠지지 않게 한다고 한다.

漁(고기잡을 어)와 魚(물고기 어)는 다르다.

- **어부**(漁夫)는 고기잡이가 생업(生業)인 사람이다.
- **어부**(漁父)는 낚시질하며 인격수양(人格修養)하는 사람, 때를 기다리는 사람, 도인(道人)이다. 강태공(姜太公)이 대표적이다.

강태공(姜太公)은 본래 성은 강(姜), 이름은 상(尙)이다. 조상이 치수(治水)에 공을 세워 봉지(封地)로 받은 여(呂) 땅을 성씨로 삼아서, 여상(呂尙)이라 불린다. 그의 아내는 품팔이하며, 글공부만 하는 여상을 먹여 살리다가 결국 집을 나가 버렸다. 그는 미끼도 없는 곧은 낚시 바늘을 물에 드리우고 세월을 보냈다.

흔히 태공망(太公望)이라 한 것은, 은(殷)나라 제후국의 서백(西伯)이었던 창(昌, 文王)의 아버지 '태공(太公)이 기다리던(望) 사람'이란 뜻이다.

강태공은 나이 80에 위수(渭水)에서 문왕을 만나 재상이 되었고, 문왕의 아들 발(發, 武王)의 스승이 되어, 은(銀)나라 주(紂)왕을 정벌하여 주(周)나라를 세우는 데 공헌하였다. 제(齊)나라를 분봉 받아 초대 군주가 되었다. 대기만성(大器晚成)의 상징 인물이다.

한편, 강태공을 버리고 떠난 아내는 재혼하여 어렵게 살다가, 강태공이 제후(諸侯)가 되었다는 소문을 듣고 찾아가, 다시 합치기를 간청(懇請)하였다. 강태공은 그릇의 물을 땅에 쏟아 버린 뒤, 그녀에게 '다시 그릇에 담아 보라' 하였다.

여기서 나온 성어(成語)가 '복수불반(覆水不返)'이다. '한 번 엎지른 물은 다시 주워담을 수 없다'는 말이다.

065 전

世	祿	侈	富
세상(인간) 세	(녹)봉 록	사치할 치	부유할 부

해석: 대대로 녹봉 받아 사치하고 부유하니

주해: 공신(功臣)의 자손(子孫)들이 대대로 녹봉(祿俸)과 지위(地位)를 누려, 사치(奢侈)하고 부귀(富貴)를 누렸다.

자의:

世(세)	인간, 일생, 생애, 세상, 시대(時代), 당세(當世), 대대(代代)로, 처세(處世), 별세(別世).
祿(록)	관리의 봉급(俸給), 녹봉(祿俸), 봉록(俸祿), 복(福), 행복(幸福), 관록(貫祿).
侈(치)	사치(奢侈)하다, 호사(豪奢)하다, 오만(傲慢)하다, 크다, 많다.
富(부)	살림이 넉넉하다, 재산(財産)이 많다, 부자(富者), 부국안민(富國安民).

- 세(世) → 시조(始祖)를 1세로 기준하여 아래로 내려 세는 차례. 예) 나는 강릉공 13세손(世孫)이다.
- 대(代) → 나를 0대로 기준하여 위로 올려 세는 차례. 예) 강릉공은 나의 12대조(代祖)이시다.

- 소비(消費) → 생활에 필요한 만큼 돈이나 물건을 씀. 합리(合理)적임.
- 낭비(浪費) → 씀씀이나 꾸밈새가 분수(分數)를 지나침. 사치(奢侈)함.

『채근담』<전4>에,
"권세와 이익과 사치와 화려함을 가까이하지 않는 사람을 깨끗하다고 하나, 이를 가까이하면서도 물들지 않는 사람은 더욱 깨끗하다고 한다. 잔꾀와 권모술수와 기교를 모르는 사람을 고결하다고 하나, 이를 알면서도 사용하지 않는 사람은 더욱 고결하다고 한다."
(勢利粉華는 不近者爲潔이나 近之而不染者는 爲尤潔이다. 智械機巧는 不知者爲高나 知之而不用者는 爲尤高다)

또, "그가 부(富)를 내세우면 나는 인(仁)을 내세우고, 그가 지위(地位)를 내세우면 나는 의(義)를 내세우니, 군자는 임금이나 재상에게 농락(籠絡)되지 않는다."
(彼富면 我仁이요 彼爵이면 我義니, 君子는 固不爲君相所牢籠이니라)

065
후
훈음

車	駕	肥	輕
수레 거	멍에 가	살찔 비	가벼울 경

해석 말은 살찌고 수레는 경쾌하다

주해 그들이 타는 수레가 경쾌(輕快)하고, 멍에 씌운 말들이 살쪘다.

자의

車(거, 차)	수레, 인력거(人力車), 동력(動力)이면 '차(車)', 기차(汽車), 기관차(機關車).
駕(가)	멍에, 멍에 씌운 말, 탈것, 거마(車馬), 능가(凌駕)=비교 대상을 훨씬 넘어섬.
肥(비)	살찌다, 기름지다, 거름, 비료(肥料), 비만(肥滿), 비대(肥大), 천고마비(天高馬肥).
輕(경)	가볍다, 가벼이 여기다, 손쉽다, 경솔(輕率)하다, 경중(輕重), 경쾌(輕快), 경음악(輕音樂).

『채근담』<전77>에,
"수레를 뒤엎는 사나운 말도 길들이면 부릴 수 있고, 단단한 쇠붙이도 틀에 부으면 기물이 된다. 그러나 사람이 매사에 우유부단하여 떨쳐 일어나지 않으면, 평생 아무 진보도 없을 것이다."
(泛駕之馬도 可就驅馳하고, 躍冶之金도 終歸型範이로되, 只一優游不振하면 便終身無個進步라)

또,
"백사(白沙) 선생이 '사람으로서 허물이 많은 것이 부끄러움이 아니라, 평생토록 (고쳐야 할) 허물이 없는 것이 나의 근심이다'라고 했다."
(白沙云하되 '爲人多病이 未足羞요, 一生無病이 是吾憂라')

'천고마비(天高馬肥)'란
하늘은 높고 말은 살찐다는 뜻으로, 오곡(五穀)백과(百果)가 풍성한 절기(節氣)인 가을을 일컫는 말이다.

'경거망동(輕擧妄動)'은
경솔(輕率)하고 망령(妄靈)되게 행동(行動)함이다. 도리(道理)나 사정(事情)을 생각하지 아니하고, 단순(單純) 무식(無識)하게 행동하는 것이다.

066 전

策	功	茂	實
꾀(기록할) 책	공로 공	우거질 무	열매 실

해석: 공적을 기록하여 상을 주고

주해: 공적(功績)을 기록함을 책공(策功)이라 한다. 무실(茂實)은 실적(공로)을 표창하여 상(賞)을 주는 것이니, 공(功)이 많은 사람에게는 상을 많이 준다는 뜻이다.

자의:

策(책)	기록(記錄)하다, 꾀, 계책(計策), 채찍, 산책(散策), 책사(策士), 상책(上策), 차선책(次善策).
功(공)	공(功), 공로(功勞), 공훈(功勳), 공적(功績), 공치사(功致辭), 형설지공(螢雪之功).
茂(무)	무성(茂盛)하다, 우거지다, 빼어나다, 무주군(茂朱郡).
實(실)	열매, 과실(果實), 꽉 차다, 충만(充滿)하다, 익다, 진실(眞實), 허실(虛實), 현실(現實).

· 성공(成功) → 노력하여 목적을 달성함. 공생(共生). success. win-win.
· 승리(勝利) → 경쟁·싸움에서 1등이나 이겨서 이득을 취함. victory. win.

『채근담』 <전 28>에 전한다.
"세상 살면서 성공(成功)을 반드시 바라지 말라. 허물이 없으면 그것이 곧 성공이다. 남에게 베풀면서 내 은덕(恩德)에 감사하기를 바라지 말라. 남들 원망(怨望)을 받지 않고 살면 그것이 바로 은덕이다."
(處世에 不必邀功하라. 無過면 便是功이라. 與人에 不求感德하라. 無怨이면 便是德이라)

'무실역행(務實力行)'은
공리공론(空理空論)을 배척(排斥)하며, 참되고 성실하게 힘써 행(行)할 것을 강조하는 교육사상이다. '행하기를 힘쓰라'는 말로, 실행(實行)을 강조한다. 안창호 등이 1913년, 미국 유학 중인 청년학생들을 중심으로 창설한 민족운동단체 <흥사단(興士團)>의 정신이다.

도산(島山) 안창호(安昌鎬, 1878~1938)는 일제강점기 때, 독립협회·신민회·흥사단·임시정부 등에서 항일 민중운동을 전개한 교육자다.

066 후

勒	碑	刻	銘
새길 륵	돌기둥(비석) 비	새길 각	새길 명

해석 공적을 비석에 새겨 후대하였다

주해 그 공적을 비석을 세우고 조각하여 새기니, 공신(功臣)을 대우(待遇)함이 또한 후(厚)한 것이다.

자의

- 勒(륵) 새기다, 억누르다, 다스리다, 굴레, 1905년 을사늑약(乙巳勒約), 미륵(彌勒).
- 碑(비) 비석(碑石), 비문(碑文), 돌기둥, 기념비(紀念碑), 신도비(神道碑).
- 刻(각) 새기다, 조각(彫刻)하다, 깎다, 각박(刻薄)하다, 각인(刻印), 부각(浮刻).
- 銘(명) 새기다, 기억하다, 좌우명(座右銘), 묘비명(墓碑銘), 명심(銘心).

- 비(碑)는 방각형(方角形)으로 깎은 석재 위에 지붕 형태의 가첨석(加檐石)이 있는 것이고,
- 갈(碣)은 석물의 위쪽이 둥그스름하여 지붕이 없는 것이다.

비(碑)의 종류는 내용에 따라 묘비(墓碑), 탑비(塔碑), 신도비(神道碑), 사적비(史跡碑), 유허비(遺墟碑), 송덕비(頌德碑), 열녀비(烈女碑), 순수비(巡狩碑) 등이 있다. 신도비(神道碑)는 사자(死者)의 묘로(墓路), 신도(神道, 신령이 지나가는 길). 무덤 남동쪽 지점에 남쪽을 향하여 세운 비석이다. 묘 주인공의 삶을 기록한 비문을 새긴다.

'자명(自銘)'은 자기 묘비(墓碑)에 새길 글을 자기가 직접 쓰는 것이다.
퇴계 이황은 운명(殞命)하기 나흘 전, 조카를 불러 자명(自銘) 글을 주었다. 사후(死後)에 제자들이나 다른 사람들이 자기 생애(生涯)를 과장(誇張)하거나 미화(美化)하는 것을 염려해서였다.
이황의 자명은 모두 4언 24구 96자로, 묘비 전면 왼쪽에 아주 작은 글씨로 새겨져 있다. 이 글은 조선의 석학(碩學) 이황의 아주 짧은 '회고록(回顧錄)'이다.

퇴계(退溪) 이황(李滉) 선생 묘비명(墓碑銘)

生而大癡(생이대치)	태어날 때는 온통 어리석었고
壯而多疾(장이다질)	장성해서는 잔병치레에 고생했다
中何嗜學(중하기학)	중년에 어쩌다 학문을 좋아했고
晩何叨爵(만하도작)	만년에 어쩌다 벼슬을 차지했다
學求猶邈(학구유막)	학문은 구할수록 외려 멀어지고
爵辭愈嬰(작사유영)	벼슬은 사양해도 한층 높아졌다
進行之跲(진행지겁)	벼슬길은 비틀거리며 걸었으나
退藏之貞(퇴장지정)	물러나서는 숨어 올곧게 지냈다
深慙國恩(심참국은)	나랏밥 먹은 것이 매우 부끄럽고
亶畏聖言(단외성언)	성현의 말씀은 참으로 두렵다
有山嶷嶷(유산억억)	인덕 높은 산은 우러러 높고
有水源源(유수원원)	근원 깊은 물은 끊임없이 흐른다
婆娑初服(파사초복)	관복 벗고 돌아와 자유인이 되니
脫略衆訕(탈략중산)	사람들 중상모략도 벗어났구나
我懷伊阻(아회이조)	내 품었던 뜻이 이로써 막히니
我佩誰玩(아패수완)	내 가진 것들은 누가 가져 놀까나
我思古人(아사고인)	내가 옛 성인을 생각하니
實獲我心(실획아심)	진실로 내 마음과 같구나
寧知來世(영지래세)	어찌 다음 세상을 알리오
不獲今兮(불획금혜)	지금 세상 일도 모르는데
憂中有樂(우중유락)	근심 속에 즐거움이 있었고
樂中有憂(락중유우)	즐거움 속에 근심이 있었다
乘化歸盡(승화귀진)	섭리 따라 내 인생 끝나는데
復何求兮(부하구혜)	새삼스레 무엇을 구하랴

〈퇴계 이황 묘비(墓碑)〉, 경북 안동 건지산, 2021년 8월.

이황의 묘소(墓所)는 소박하다. 비(碑)의 전면에 〈퇴도만은진성이공지묘(退陶晚隱眞城李公之墓)〉라고 적혀 있다. '관작(官爵)을 쓰지 말라'는 유명(遺命)을 따랐기 때문이다. 후면의 묘갈문(墓碣文)은 고봉(高峰) 기대승(奇大升, 1527~1572)이 지었다.

퇴계와 고봉의 '사칠논변(四七論辨)'은 우리 사상사에서 대사건이었다. 두 사람은 영남과 호남의 대표적 학자로서, 나이는 26세 차이였지만 서로 존중하며 교유하였다. 1558년, 성균관 대사성 퇴계(58세)와 과거급제 1년 차 선비 고봉(32세)은 처음 만나, 퇴계 타계 시까지 8년간 편지를 주고받으며, 사단(四端)과 칠정(七情)에 관해 논변했다. 퇴계는 '사단과 칠정은 서로 다르다'는 이기이원론(理氣二元論)을 주장했고, 고봉은 '사단과 칠정이 모두 정(情)'이라며 이기일원론(理氣一元論)을 주장했다.

7 章 인재의 공적

067	磻溪伊尹(반계이윤)이 佐時阿衡(좌시아형)이라	은나라 신야의 이윤과 주나라 반계의 여상은 왕을 돕는 재상이다
068	奄宅曲阜(엄택곡부)하니 微旦孰營(미단숙영)이리오	주공이 노나라를 하사받아 곡부에 도읍하니 주공 아니면 누가 다스렸겠나
069	桓公匡合(환공광합)하여 濟弱扶傾(제약부경)이라	제나라 환공은 천하를 바로잡고 제후들을 규합하여 약해져서 기우는 주나라를 도왔다
070	綺回漢惠(기회한혜)하고 說感武丁(열감무정)이라	한나라 기리계는 혜제 지위를 회복시켰고 은나라 부열은 왕 무정을 감동시켰다
071	俊乂密勿(준예밀물)하여 多士寔寧(다사식녕)이라	재주 있는 자들이 힘써 일하고 선비가 많으니 나라가 평안했다
072	晋楚更霸(진초경패)하고 趙魏困橫(조위곤횡)이라	진과 초나라는 번갈아 패자 되고 조와 위나라는 연횡책에 곤란했다
073	假途滅虢(가도멸괵)하고 踐土會盟(천토회맹)이라	진나라가 우나라 길을 빌려 괵나라를 멸하고 천토에서 회맹하였다

074	何遵約法(하준약법)하고 韓弊煩刑(한폐번형)이라	소하는 약법삼장으로 다스렸고 한비는 번잡한 형벌로 폐해를 끼쳤다
075	起翦頗牧(기전파목)은 用軍最精(용군최정)이라	백기·왕전·염파·이목은 군사 용병술이 가장 정묘하였다
076	宣威沙漠(선위사막)하고 馳譽丹靑(치예단청)이라	장수의 위엄을 사막에 떨치고 얼굴을 단청으로 그려 명예를 전했다
077	九州禹跡(구주우적)이요 百郡秦幷(백군진병)이라	9주는 하나라 우임금의 발자취 1백 군은 진나라 때 합병한 것이다
078	嶽宗恒岱(악종항대)하고 禪主云亭(선주운정)이라	오악 중 항산과 태산을 으뜸으로 삼고 천자는 운운산과 정정산에서 봉선하였다
079	鴈門紫塞(안문자새)요 鷄田赤城(계전적성)이라	장성의 북쪽 관문은 안문과 자새요 서쪽 경계는 계전과 적성이다
080	昆池碣石(곤지갈석)과 鉅野洞庭(거야동정)이라	못은 운남 곤지요 산은 북평 갈석산이며 들은 태산 동쪽 거야요 호수는 장강 남쪽 동정호다
081	曠遠綿邈(광원면막)하고 巖岫杳冥(암수묘명)이라	산천은 멀리 끊임없이 이어지고 큰 바위와 동굴이 아득하고 깊다

067 전

磻	溪	伊	尹
강이름 반	시내 계	저 이	다스릴 윤

해석 은나라 신야의 이윤과 주나라 반계의 여상은

주해 주(周)나라 문왕(文王)은 여상(呂尙)을 반계(磻溪)에서 초빙하였다. 은(殷)나라 탕왕(湯王)은 이윤(伊尹)을 신야(莘野)에서 초빙하였다.

자의

磻(반, 번)	강 이름, 여상(강태공)이 낚시한 곳, 녹번역(碌磻驛), 반계수록(磻溪隨錄).
溪(계)	시내, 계천(溪川), 계곡(溪谷), 청계(淸溪), 상계동(上溪洞), 월계동(月溪洞).
伊(이)	저, 이, 그, 발어사(發語詞), 이태리(伊太利), 불가살이(不可殺伊)=불가사리.
尹(윤)	다스리다, 바로잡다, 신의, 미쁘다, 성(姓)씨, 벼슬, 해남윤씨(海南尹氏).

이윤은 하(夏)나라 걸왕(桀王)의 밑에서 벼슬하였으나, 걸왕이 충언(忠言)을 듣지 않자 궁에서 도망하여, 신야(莘野) 들판에서 농사지으며 숨어 살았다. 탕왕(湯王)을 만나 재상이 되어, 폭군 걸왕을 정벌하고 은(銀)나라를 세우는 데 공을 세웠다.

여상은 반계(磻溪)에서 (곧은 바늘) 낚싯대로 세월을 낚던 강태공(姜太公)이다. 나이 80세에 문왕(文王)을 만나 재상이 되었다. 무왕(武王)을 도와 은나라 폭군 주왕(紂王)을 정벌하고, 주(周)나라를 세우는 데 공을 세웠다. 후에, 제(齊)나라를 분봉받아 제후가 되었다.

〈청계산(淸溪山) 일출〉, 옥녀봉(玉女峰)과 매봉, 경기도 과천. 2023.3.

067

佐 時 阿 衡

도울 좌 / 때 시 / 언덕 아 / 저울대 형

왕을 돕는 재상이다

[주해] 여상(呂尙)이 반계(磻溪)에서 낚시질하다가 옥황(玉璜; 패옥)을 얻었다. 여기에, '문왕(文王)이 천명(天命)을 받고, 여씨(呂氏)가 그 시대를 돕는다'는 글이 있었다. 아형(阿衡)은 은나라 재상(宰相)의 칭호다.

[자의]

佐(좌)	돕다, 보좌(補佐), 佐 → 아랫사람이 윗사람 도움, 佑 → 윗사람이 아랫사람 도움.
時(시)	때, 세월(歲月), 적시(適時), 때때로, 좋다, 동시(同時), 유사시(有事時), 일시불(一時拂).
阿(아)	언덕, 구릉(丘陵), 물가, 산비탈, 아형(阿兄), 아편(阿片)=영어 opium.
衡(형)	저울대, 저울질하다, 균형(均衡), 형평(衡平).

'시(時)'는 의존 명사로, 앞말과 띄어 쓴다. 그러나 예외(例外)가 있다. '비상시(非常時)', '유사시(有事時)', '평상시(平常時)', '필요시(必要時)' 등 이미 굳어진 것은 붙여 쓴다.

한비자(韓非子)는 법(法)의 형평성과 공정성을 강조하여 말했다.
"법(法)은 신분 귀한 자에게 아부하지 않고, 먹줄(繩)은 굽은 나무를 따라 굽혀 긋지 않는다."
(法不阿貴(법불아귀)요 繩不撓曲(승불요곡)이라)

그리스 신화, '정의(正義)의 여신(女神)' 디케(Dike)는 로마시대에 유스티치아(Justitia)로 불려져, 오늘날 '정의(Justice)'를 의미하게 되었다.
디케 왼손의 저울(衡, 형)은 엄정한 정의의 기준을, 오른손의 칼(劍, 검)은 정의의 강력한 실행을 상징한다. 눈을 가린 것은 사적(私的) 감정에 휩싸이지 않는다는 의미다.

〈디케(Dike) 상〉

068 전

奄	宅	曲	阜
문득 엄	집 택	굽을 곡	언덕 부

해석 주공이 노나라를 하사받아 곡부에 도읍하니

주해 곡부(曲阜)는 노(魯)나라의 땅이다. 주공(周公)이 큰 공로(功勞)가 있어서 노나라에 봉(封)해져, 노나라 도읍(都邑)을 곡부에 정했다.

자의

奄(엄)	문득, 갑자기, 취하다, 오래다, 가리다.
宅(택, 댁)	집, 살다, 양택(陽宅), 음택(陰宅), 택호(宅號), 자택(自宅), 택배(宅配), 시댁(媤宅).
曲(곡)	굽다, 가락, 곡조(曲調), 곡선(曲線), 굴곡(屈曲), 완곡(婉曲), 왜곡(歪曲), 서곡(序曲).
阜(부)	언덕, 대부도(大阜島), 고부(古阜).

곡부(曲阜, 취푸)는 중국 산동성(山東省) 제령도(濟寧道)에 위치한 고을 이름으로, 성인(聖人) 공자가 태어나고 죽은 곳이다. 그의 사당(祠堂)과 묘(墓)가 있어, '공림(孔林)'이라 한다.

고부(古阜)는 정읍시 고부면과 부안군 백산면 일대에 있었던 옛 고을 이름이다. 동학(東學)농민운동의 진원지(震源地)다. 1894년(조선 고종 31년) 1월, 서당 훈장이었던 전봉준(全琫準)과 손화중(孫華仲)·김개남(金開南) 등은 제폭구민(除暴救民)과 보국안민(輔國安民)의 기치를 들고 봉기(蜂起)하였다. 5월 1일(음력 3월 26일), 전라도 각지 농민들이 부안 백산(白山)에 집결했다. 이때 많은 농민들이 흰옷에 죽창을 들고 모여서 '앉으면 죽산(竹山)이요, 서면 백산(白山)이라'는 말이 생겼다. 농민군은 전주성(全州城)을 점령하고 충청도 일대까지 진출하였으나, 신식 무기인 조총(鳥銃)으로 무장한 일본군의 개입으로 공주 우금치 전투에서 패배하여 전멸하였다. 전봉준 등은 한양으로 압송, 처형당했다.

〈동학혁명백산창의비〉
전북 부안

068 후

微	旦	孰	營
작을 미	아침 단	누구 숙	경영할 영

해석: 주공 아니면 누가 다스렸겠나

주해: 단(旦)은 주공(周公)의 이름이다. '주공(周公)의 공로가 아니면 그 누가 이처럼 큰 터전을 경영(經營)하였겠는가?'라고 말한 것이다.

자의:

微(미)	작다, 미물(微物), 적다, 천(賤)하다, 미천(微賤), 숨다, 아니다, 미소(微笑), 미풍(微風).
旦(단)	아침, 밝다, 날이 새다, 초하루, 원단(元旦).
孰(숙)	누구, 무엇, 어느, 익다.
營(영)	경영(經營)하다, 짓다, 다스리다, 진영(陣營), 병영(兵營), 비영리(非營利).

*微A 孰B → A 아니면 누가 B 하겠는가?

『맹자』<양혜왕上> 편에, 맹자가 양나라 혜왕을 뵈었다. 왕은 궁중의 연못가에 서서, 크고 작은 기러기들과 사슴들을 돌아보며 말했다.
"현자(賢者)도 이런 것을 즐깁니까?"

맹자가 대답했다.
"현자라야 즐길 줄 압니다. 현자가 아닌 사람은 비록 이러한 것들이 있어도 즐길 줄 모릅니다.
『시경』<영대(靈臺)>에,
(주나라 문왕이) '영대를 계획하여 측량하고 줄을 치니, 백성들이 모여들어 하루 만에 완성하였네. 일을 시작할 때 (문왕이) 서두르지 말라고 하였으나, 백성들은 (부모의 일을 본) 자식처럼 스스로 와서 도왔네.' 하였습니다."
(經始靈臺하여 經之營之하니 庶民攻之라 不日成之로다. 經始勿亟하나 庶民子來로다)

경지영지(經之營之)의 준말이 '경영(經營)'이다.
경영의 성공은 구성원들의 자발성(自發性)에 의한다.

069 전

桓	公	匡	合
굳셀 환	공평할 공	바를 광	합할 합

해석 제나라 환공은 천하를 바로잡고 제후들을 규합하여

주해 환공(桓公)은 제(齊)나라 군주(君主) 소백(小白)이다. 오패(五霸)의 한 사람이다. 관중(管仲)을 등용하여 천하를 바로잡고, 제후들을 규합하였다.

자의

桓(환)	굳세다, 머뭇거리다, 푯말, 나무, *환단(桓檀)=환웅(桓雄)과 단군(檀君).
公(공)	공, 임금, 벼슬, 귀인(貴人), 공평(公平)하다, 공개(公開), 공고(公告), 주인공(主人公).
匡(광)	넓다, 바르다, 바로잡다, 광주리.
合(합)	모이다, 모으다, 합하다, 맞다, 짝하다, 합당(合當), 규합(糾合), 경합(競合), 궁합(宮合).

'분구필합(分久必合) 합구필분(合久必分)'은 나뉜 지 오래면 반드시 합쳐지고, 합친 지 오래면 반드시 나뉘게 된다는 뜻(법)이다. 중국 왕조사와 자연의 섭리를 일컫는 말이다. 소설『삼국지』의 첫 글이다.

'조합(組合)'이란, 2인 이상의 특정인(=조합원)이 서로 출자(出資)하여 공동사업을 경영할 목적으로 결합(結合)한 단체다. 노동조합, 협동조합 등.

'협동조합(協同組合)'은, 경제적·사회적으로 어려운 사람들이 뜻을 모아, 자신들의 지위 향상과 권익 옹호를 위해 만든 경제 조직이다. *합할 협(協)=열 십(十)+힘 력(力+力+力). 매우 쎈 힘. 옛 恊.

협동조합의 특징은 구성원(조합원)의 필요에 의한 자발(自發) 조직, 1인 1표의 민주적 운영, 자조적 사업활동, 자율과 책임 경영이다. 설립 목적이 이윤(利潤) 추구에 있지 않으나, 활동으로 발생한 이익은 구성원끼리 나누어 가진다. 이 점이 주식회사(株式會社)와 구별된다.

크게, 생산자협동조합, 소비자협동조합, 신용(信用)협동조합으로 나뉜다.
현대적 협동조합의 기원은 산업혁명기인 1844년, 영국 맨체스터 지역에서 28명의 공장 노동자들이 스스로 만들어 운영한 '로치데일 공정 개척자 협동조합'이다.

069

濟 弱 扶 傾

건널 제 / 약할 약 / 도울 부 / 기울 경

해석: 약해져서 기우는 주나라를 도왔다

주해: 주나라 양왕(襄王)의 왕위를 안정시켜, 미약(微弱)할 때에 구제(救濟)하고 위태로울 때 도왔으니, 바로잡고 규합한 실제(實際)다.

자의:

濟(제)	물 건너다, 건지다, 이루다, 구제(救濟), 제민(濟民), 제세(濟世), 결제(決濟).
弱(약)	약하다, 젊다, 어리다, 노약자(老弱者), 약육강식(弱肉强食), 약점(弱點), 나약(懦弱).
扶(부)	돕다, 붙들다, 부축하다, 부지(扶持), 부조(扶助), 부양(扶養), 억강부약(抑强扶弱).
傾(경)	한쪽으로 기울다, 마음을 기울이다, 경주(傾注), 경사(傾斜), 경도(傾度), 경청(傾聽).

- 결제(決濟) → 대금(貸金) 등을 주고받아 당사자 간 거래 관계를 끝맺음.
- 결재(決裁) → 결정 권한 있는 자가 안건을 검토하여 허가하거나 승인함.
- 경청(傾聽) → 상대방의 말을 귀 기울여 공경하여 들음.
- 개청(開廳) → 여러 사람의 말을 두루 들음.

'상부상조(相扶相助)'란, 다수의 개인 또는 집단이 공동의 목표를 달성하기 위하여 함께 행동하면서 성립되는 사회적 관계다. 인류(人類)는 어느 시대 어느 사회를 막론(莫論)하고, 뜻하지 않은 사고나 재난을 당했을 때 공동의 노력으로 이를 극복하며 살아왔다. 특히, 현대 산업사회 자본주의사회는 자유 개인주의 풍조에 따라, 부익부(富益富) 빈익빈(貧益貧)의 양극화를 심화시켰다. 이에, 사회경제적으로 소외(疏外)되고 가난한 서민(庶民)은 자구책(自救策)을 찾아야 한다. 이는 상부상조하는 '공동체 시민정신'의 자연스런 발현(發現)이다.

『상호부조론(相互扶助論)』(Mutual Aid)은 재정 러시아의 생물학자요 사회운동가인 표트르 크로포트킨(P.Kropotkin, 1842~1921)이, 영국의 생물학자 찰스 다윈(C. Darwin, 1809~1882)의 '약육강식·적자생존의 사회진화론'을 비판한 논저(論著)다. 그는 '만물은 서로 돕는다'면서, '사회 진화의 원동력은 경쟁이 아니라 상호부조'라고 주장했다.

아프리카 대륙 속담(俗談)에 있다. **"빨리 가려면 혼자 가고, 멀리 가려면 함께 가라."**
(If you want to go fast, go alone. If you want to go far, go together)

070 전

綺	回	漢	惠
비단 기	돌 회	한수 한	은혜 혜

해석: 한나라 기리계는 혜제 지위를 회복시켰고

주해: 기(綺)는 기리계(綺里季)다. 상산사호(商山四皓)의 한 사람이다. 한(漢)나라 고제(高帝; 유방)가 태자(太子; 유영)를 폐위(廢位)하려 하자, 사호가 태자를 따라 우익(羽翼; 보좌인)이 되었다. 고제가 유영을 인정하여, 태자의 자리를 되돌려, 2대왕 혜제(惠帝)로 등극했다.

자의:

綺(기)	비단, 무늬, 문체, 곱다, 훌륭하다, 기라성(綺羅星), 기어(綺語)=아름답게 꾸민 말.
回(회)	돌다, 돌아오다, 횟수, 윤회(輪回), 만회(挽回), 회고(回顧), 회피(回避).
漢(한)	한나라, 강 이름 한수(漢水), 한양(漢陽), 은한(銀漢), 한라산(漢挐山), 치한(癡漢).
惠(혜)	은혜(恩惠), 은덕(恩德), 특혜(特惠), 혜택(惠澤), 여기서는 혜제(惠帝)제를 가리킴.

'**상산사호(商山四皓)**'는 진말·한초(秦末·漢初)의 네 저명 학자, 기리계·동원공·하황공·녹리선생이다. 상산(商山)에 은거하다가 80여 세에 하산하였는데, 모두 눈썹이 하얗게(皓, 호) 되었다.

한고조 유방(劉邦)은 일찍이 이들에게, 하산 입궁을 청했으나 거절당했다. 고조는 태자(太子)를 장자 영(盈, 여태후 子)에서 여의(如意, 척부인 子)로 바꾸려 하였다. 이에, 여태후와 장량(張良)이 상산사호를 궁중행사에 초빙, 놀란 고조는 영을 태자로 인정했다. 이가 2대왕 혜제다.

한강(漢江)은 태백산맥에서 발원한 북한강·남한강의 두 물줄기가 양수리(兩水里)에서 합류하여, 수도 서울을 가로질러 서해로 흘러든다. 길이 514km다.

〈한강(漢江)〉 2024

070

說	感	武	丁
기쁠 열	느낄 감	굳셀(무반) 무	장정 정

해석: 은나라 부열은 왕 무정을 감동시켰다

주해: 열(說)은 부열(傅說)이다. 부열은 부암(傅巖)의 들에서 담을 쌓고 있었다. 상(商)나라 왕 무정(武丁)의 꿈에, 상제(하느님)가 훌륭한 보필(재상)을 주었다. 무정이 (그 얼굴을 그려) 천하에서 찾아내, 정승(政丞)으로 세웠다. 이가 부열인데, 부열이 무정을 꿈속에서 감동시킨 것이다.

자의:

說(열, 설, 세)	기쁘다, 희열(喜說), 말씀, 설명(說明), 달래다, 유세(遊說).
感(감)	느끼다, 감동(感動)하다, 깨닫다, 감각(感覺), 둔감(鈍感), 민감(敏感), 불감증(不感症).
武(무)	굳세다, 용감(勇敢)하다, 병장기(兵仗器), 무장(武裝), 충무공(忠武公), 무릉도원(武陵桃源).
丁(정)	장정(壯丁), 세다, 왕성(旺盛)하다, 고무래, 성씨, 못(釘), 정정(丁丁).

무력(武力) ↔ 문덕(文德).

『사기(史記)』〈은본기(殷本紀)〉에,
은(殷)나라 22대 왕 무정(武丁)은 꿈에 성인(聖人)을 만났는데, 이름은 열(說)이라 했다. 날이 밝자, 무정은 꿈에서 만났던 성인 형상을 떠올리며 여러 신하들을 두루 살폈으나, 닮은 사람은 없었다. 무정은 관리들을 민간으로 보내 두루 살펴, 부암(傅巖) 들에서 징역(懲役)으로 길 닦는 일을 하던 열을 찾아냈다. 무정은 그와 대화하면서, 성인임을 알아차리고 재상으로 삼으니, 은나라에 큰 정치가 펼쳐졌다. 열에게는 부암(傅巖) 지명(地名)을 성(姓)으로 내려, 부열(傅說)이라 불렀다.

『서경』에, 재상 부열이 왕 무정에게 말했다.
"나무는 목수의 먹줄을 따라서 곧게 잘리고, 임금은 신하의 충간(忠諫)을 받아들여 성군(聖君)이 됩니다. 임금이 능히 성군이 되면 신하는 명령하지 않아도 받들 것이니, 누가 감히 임금의 아름다우신 명령을 순종하지 않으리요?"
(惟木從繩則正하고 后從諫則聖하나니 后克聖이면 臣不命其承이니 疇敢不祗若王之休命하리요)
*疇 누구 주 *休 아름다울 휴

071 전

俊	乂	密	勿
준걸 준	재주 예	빽빽할 밀	분주할 물

해석: 재주 있는 자들이 힘써 일하고

주해: 크게는 1천 명 중 뛰어난 준걸(俊傑)과 작게는 1백 명 중 뛰어난 영걸(英傑)이 모두 조정에 모여 정사(政事)를 치밀(緻密)하게 함이다.

자의:

俊(준)	준걸(俊傑), 재주와 지혜가 뛰어나다, 높다, 준수(俊秀).
乂(예)	재주(藝), 다스리다, 어질다, 깎다, 머리털 흰 50살, 애년(艾年), 예초기(刈草機).
密(밀)	빽빽하다, 밀림(密林), 은밀(隱密)하다, 밀어(密語), 힘써 일하다, 오밀조밀(奧密稠密).
勿(물)	물망초(勿忘草), 의인물사사인물의(疑人勿使使人勿疑), 말다, 없다, 물론(勿論).

오백 년 도읍지(都邑地)를 필마(匹馬)로 돌아드니
산천(山川)은 의구(依舊)하되 인걸(人傑)은 간데없네
어즈버, 태평연월(太平烟月)이 꿈이런가 하노라.

고려(高麗) 도읍지는 개성(開城), 필마(匹馬)는 한 필의 말을 탄, 신분 낮은 남자. 인걸은 뛰어난 인재로서 충신(忠臣)들을 말한다. 고려 왕조 흥망의 무상함을 한탄한 야은(冶隱) 길재(吉再, 1353~1419)의 시다. 길재는 두 임금을 섬기지 않겠다며 조선의 벼슬을 거절하였다. 그러나, 자손들에게는 나라에 충성하라며 벼슬살이를 인정했다.

흥망(興亡)이 유수(有數)하니 만월대(滿月臺)도 추초(秋草)로다
오백 년(五百年) 왕업(王業)이 목적(牧笛)에 부쳤으니
석양(夕陽)에 지나는 객(客)이 눈물계워 하노라.

수(數)는 운수(運數)다. 만월대(滿月臺)는 고려 궁궐을 상징한다. 고려 말, 원천석(元天錫, 1330~1402) 시다. 두문동(杜門洞) 72현인 송헌(松軒) 이반계(李攀桂, 1334~1392)와 더불어, 강원도 치악산에 은거 단식불음(斷食不飮) 절명(絕命)했다. 두 사람은 세자 이방원의 스승이었다.

071

多	士	寔	寧
많을 다	선비 사	이 식	평안할 녕

해석 선비가 많으니 나라가 평안했다

주해 많은 준예(俊乂)가 관직에 있으면 나라가 평안하고 고요하다. 『시경』 <문왕 편>에, '많은 선비가 있어서 문왕이 편안하다'고 하였다.

자의

- **多(다)** 많다, 다수(多數), 뛰어나다, 아름답다, 다단계(多段階), 골다공증(骨多孔症).
- **士(사)** 선비, 벼슬, 현사(賢士), 무사(武士), 사림(士林), 학자(學者), 박사(博士), 사화(士禍).
- **寔(식)** 이것(是), 진실로(實).
- **寧(녕)** 편안(便安)하다, 무사(無事)하다, 안녕(安寧), 강녕(康寧), 수복강녕(壽福康寧).

'다다익선(多多益善)'은 수(數)가 많으면 많을수록 좋다는 뜻이다.
한(漢) 고조 유방이 욕심 많은 일등공신 한신을 무력화시킨 뒤 물었다.
"과인은 몇 만의 군사를 통솔할 수 있겠소?" 한신 왈 "대략 10만쯤!"
"그렇다면 그대는?" 한신 왈 "저는 다다익선!"
한신은 자만심(自慢心) 때문에 결국 죽임을 당했다.

'수즉다욕(壽則多辱)'은 오래 살다 보면 험한 꼴을 많이 본다는 말이다.
『장자(莊子)』 <천지> 편에, 순시하던 요(堯)임금에게 변방 관문지기가 빌었다.
"성인(聖人)이시여, 장수(長壽)와 부(富)와 다남자(多男子)하소서."

요임금이 사양하며 말했다.

"아들이 많으면 걱정이 많고, 부유하면 일이 많으며, 오래 살면 욕을 많이 본다오. 이 셋은 덕(德)을 기르는 것이 되지 못하니 사양하오."

문지기가 가면서 중얼거렸다.

"성인인 줄 알았더니 군자밖에 안 되네? 아들이 많으면 각자 할 일을 주고, 부유하면 재물을 남에게 나눠 주고, 오래 살기 싫으면 신선이 되어 하늘에 오르면 되지."

072 전

晋	楚	更	覇
진나라 진	초나라 초	고칠 경	으뜸 패

해석
진과 초나라는 번갈아 패자 되고

주해
춘추시대에 진(晉)나라 문공(文公)이 초(楚)나라 성왕(成王)을 성복(城濮)에서 패퇴시키고 패자(霸者)가 되더니, 영공(靈公)에 이르러 패자 자리를 잃고 초나라 장왕(莊王)이 다시 패자가 되었다. 이는 진나라와 초나라가 번갈아 패자가 된 것이다.

자의

晉(진, 보)	나라 이름, 진나라(晉國), 진주시(晉州市), 보신각(普信閣).
楚(초)	나라 이름, 가시나무, 매, 회초리, 아프다, 우거진 모양, 초나라(楚國), 고초(苦楚)=심한 괴로움.
更(경, 갱)	고치다, 번갈다, 변경(變更), 경질(更迭), *다시 갱, 갱신(更新), 갱년기(更年期).
霸(패)	으뜸, 우두머리, 패권(霸權), 패자(霸者), 제패(制霸), 패왕(霸王), 패기(霸氣).

〈중국 춘추전국(春秋戰國) 시대〉 지도

072

趙 조나라 조 **魏** 위나라 위 **困** 괴로울 곤 **橫** 가로 횡

해석
조와 위나라는 연횡책에 곤란했다

주해
전국시대에 합종(合從)을 주장한 사람들은 육국(六國)을 이끌고 진(秦)나라를 치려 하였고, 연횡(連橫)을 주장한 사람들은 육국으로 하여금 진나라를 섬기게 하더니, 육국이 마침내 연횡책 때문에 곤궁하게 되었다. 육국 중 다만 조나라와 위나라만 들었으나, 그 나머지도 곤궁하게 되었음을 알 수 있다.

자의

趙(조)	나라 이름, 성(姓).
魏(위)	나라 이름, 성(姓).
困(곤)	곤란(困難)하다, 고생(苦生), 빈곤(貧困), 피곤(疲困), 곤욕(困辱), 곤혹(困惑), 빈곤(貧困).
橫(횡)	가로, 비끼다, 거스르다, 연횡(連橫), 종횡(縱橫), 횡령(橫領), 횡포(橫暴), 횡재(橫財).

'합종연횡(合從連橫)'은 BC.4세기 말, 칠웅(七雄)의 전국시대(戰國時代)에 나온 외교전략이다.
칠웅은 연(燕)·제(齊)·한(韓)·위(魏)·조(趙)·초(楚)·진(秦)나라다. 이 중 진나라가 강대국으로 부상(浮上)했다. 소진과 장의는 제나라 귀곡자(鬼谷子)에게 배운, 동문(同門) 제자였다.

소진(蘇秦, ?~BC.317)이 먼저 나섰다. 그는 동주(東周)의 낙양(洛陽) 사람이다. 약소(弱小) 6국이 종(從)으로 단합(團合)하여, 강대(强大) 진나라를 견제(牽制)하고 대항하자는 '합종(合從)'이었다. 소진은 6국의 재상을 겸임하였고, 진나라는 15년간 6국을 감히 넘보지 못했다.

장의(張儀, ?~BC.309)가 나섰다. 그는 위나라 사람이다. 처음에 초나라로 갔으나, 도둑 누명을 쓰고 쫓겨났다. 소진의 주선으로 진나라에서 벼슬살이했다. 그는 각국이 진나라와 횡(橫)으로 동맹(同盟)을 맺어 화친(和親)하자는 '연횡(連橫)'을 주장했다. 연횡 이후, 진나라는 약속을 깨고, 6국을 차례로 멸망시켰다. 한(韓)나라(BC.230), 조(趙)나라(BC.228), 위(魏)나라(BC.225), 초(楚)나라(BC.223), 연(燕)나라(BC.222), 제(齊)나라(BC.221). BC.221년, 진나라는 중국을 통일한 대제국(大帝國)이 되었다.

073 전

假	途	滅	虢
거짓(빌릴) 가	길 도	멸망할 멸	괵나라 괵

해석: 진나라가 우나라 길을 빌려 괵나라를 멸하고

주해: 진(晉)나라 헌공(獻公)이 괵(虢)나라를 치고자 하여, 우(虞)나라 길을 빌리자고 하니, 우나라 왕은 참모(參謀)인 궁지기(宮之奇)의 간언(諫言)을 듣지 않고 빌려 주었다. 진나라는 괵나라를 멸망시키고, 아울러 우나라도 멸망시켰다.

자의:

假(가)	빌리다, 임시, 가령(假令), 가계약(假契約), (속임 없는) 거짓, 가면(假面), 가상(假想).
途(도)	길, 길을 가다, 도(道), 로(路), 도로(道路), 개도국(開途國), 도중(途中), 용도(用途).
滅(멸)	멸망(滅亡)하다, 꺼지다, 빠지다, 죽다, 없어지다, 멸종(滅種), 파멸(破滅).
虢(괵)	나라 이름, 손톱자국, 범이 할퀸 자국, 괵나라(虢國).

- 도(途)는 1승(乘) 길. 1승(乘)은 4마(馬) 수레. 도중(途中), 용도(用途).
- 도(道)는 2승(乘) 길. 진리, 근원, 질서, 말하다. 도덕(道德), 도로(道路).
- 로(路)는 3승(乘) 길. 기로(岐路), 미로(迷路), 여로(旅路), 항로(航路).

우리 서울은 동서(東西) 간선(幹線)을 로(路), 남북(南北) 간선을 가(街)라 한다.
종로 3가(街), 을지로 2가, 퇴계로 3가 등. 미국 뉴욕은 동서 차도(車道)를 스트리트(Street), 남북 차도를 에비뉴(Avenue)라 한다.

중국, 중쨔오산맥(中條山脈)은 산서성 남부 황하와 속수하(涑水河) 사이, 태항산(太行山)과 화산(華山) 사이, 동서(東西)로 뻗었다. 해발 1200~2300m, 길이 160km다.
이 산맥 위쪽에 진(晉)나라가 있고, 아래쪽에 괵나라가 있다. 그 중간, 산맥이 낮게 끊긴 곳에 우(虞)나라가 있다. 만일 우나라를 통과하지 않는다면, 긴 산맥 끝자락을 돌아가야 한다. 그러나, 그곳 지형은 황하가 흐르는 절벽이다.

<중국 진(晉)-우(虞)-괵(虢) 지도>

(출처: google 지도)

◎ **가도멸괵(假途滅虢), 순망치한(脣亡齒寒)**

『맹자』<만장上> 편에서, 맹자가 당시 백리해와 궁지기의 처신을 말했다.

"진(晉)나라가 우(虞)왕에게 벽옥(璧玉)과 명마(名馬)를 뇌물로써, 우나라 길을 빌려서 괵나라를 정벌했다.
假途於虞以伐虢 → 假途滅虢(가도멸괵).
이때 백리해는 간언하지 않고 진(秦)나라로 갔다. 우왕이 간언을 들을 인물이 아님을 알고 떠난 것이다. 그의 나이 이미 70이었다."

궁지기는 우왕에게 간언하였다.
"속담에 '광대뼈와 잇몸은 서로 의지하고, 입술이 없어지면 이가 시리다(脣亡齒寒)'고 했는데, 바로 괵과 우의 관계를 말한 것이니, 길을 빌려 줘서는 안 됩니다."

그러나, 우왕은 간언을 듣지 않고, 진나라 요구대로 길을 빌려 주었다. 궁지기는 가족들을 거느리고 우나라를 떠나, 진(晉)나라로 달아났다.
진나라는 괵나라를 멸(滅)하고, 돌아오는 길에 우나라도 멸했다. 물론, 우왕에게 뇌물로 주었던 벽옥과 명마는 고스란이 회수했다.

◎ **졸지(猝地)에 나라를 잃은 괵나라 왕은 어찌 되었을까?**
한(漢)나라 학자 한영(韓嬰)이 쓴 『한시외전(韓詩外傳)』에 전한다.

괵나라 왕이 마부(馬夫)와 도주(逃走)하였다.
왕이 마부에게 "목이 마르다." 하니, 마부가 청주(淸酒)를 내왔다.
왕이 "배가 고프다." 하니, 마부가 말린 고기와 미숫가루를 내왔다.

왕이 이상히 여겨 물었다.
"어떻게 준비했느냐?"
"제가 미리 준비해 뒀습니다."
"어떻게 미리 준비해 뒀느냐?"
"왕께서 도망 다니다가 '배고프고 목마르다'고 말할 것에 대비했지요."
"너는 내가 도망하게 될 것을 미리 알았단 말이냐?"
"예."
"왜 진작 말하지 않았느냐?"
"왕께서는 아첨(阿諂)하는 말을 좋아하고, 간언(諫言)은 싫어하셨습니다. 저도 간언을 드리고 싶었으나, 그랬다가는 나라가 망하기 전에 제가 먼저 죽게 될 것이 두려워 간언하지 않았습니다."

괵왕이 화난 얼굴로 물었다. "내가 망한 것이 진실로 무엇 때문이냐?"

마부는 돌려대어 대답했다.
"왕께서 망한 까닭은 크게 현명(賢明)하셨기 때문입니다."
"현명한 까닭으로 존속하지 않고 망했다니, 어찌 된 것이냐?"
"천하에 현명한 사람이 없고, 왕 혼자만 현명하셨기에 망한 겁니다."

왕이 수레 앞턱에 엎드려 탄식했다.
"허허, 현인(賢人)이 이 꼴이라니?"

왕은 피곤한 몸에 힘이 빠져, 마부의 무릎을 베고 잠이 들었다. 마부는 다른 것으로 왕의 머리를 받쳐 주고, 멀리 떠났다. 들판에서 죽은 괵왕의 몸은 호랑이와 이리의 먹이가 되었다.

◎ **가도멸명(假道滅明)**
1592 임진년(壬辰年), 일본은 조선에게, '명(明)나라를 치려 하니, 길을 빌려 달라'고 요구했다. 조선은 당연히 반대했다. 가도는 일본의 조선침략전쟁 구실이었다.

073

후

踐	土	會	盟
밟을 천	흙 토	모일 회	맹세 맹

해석: 천토에서 회맹하였다

주해: 천토(踐土)는 지명이다. 진(晉)나라 문공(文公)이 제후들과 이곳에서 회맹(會盟)하고, 주(周)나라 양왕(襄王)을 하양(河陽)에서 불러와 조회(朝會)하였다. 이는 천자(天子)를 등에 업고 제후들을 호령한 것이다.

자의:

踐(천)	밟다, 걷다, 실천하다, 지키다, 부임하다, 실천(實踐).
土(토)	흙, 토양(土壤), 땅, 육지, 국토(國土), 고향(故鄕), 향토(鄕土), 농토(農土), 토착(土着).
會(회)	모으다, 모이다, 만나다, 회합(會合), 때마침, 계산, 회계(會計), 회사(會社).
盟(맹)	맹세(盟誓), 약정(約定), 가맹점(加盟店), 동맹국(同盟國), 국제연맹(國際聯盟).

1949년, 독립군 노래 <해 같은 마음>을 김초향 작사, 이봉룡 작곡, 남인수가 노래했다.
1989년, <사나이 결심>으로 조용필이 불렀다.

1절
사나이 가는 길 앞에 웃음만이 있을소냐
결심(決心)하고 가는 길 가로막는 폭풍(暴風)이 어이 없으랴
푸른 희망(希望)을 가슴에 움켜 안고 떠나온 정든 고향(故鄕)을
내 다시 돌아갈 땐 열 구비 도는 길마다 꽃잎을 날려 보내리라.

2절
세상을 원망(怨望)하면서 울던 때도 있었건만
나는 새도 눈 위에 발자국을 남기고 날아가건만
남아(男兒) 일생(一生)을 어이타 연기처럼 헛되이 보내오리까
이 몸이 죽어서 세상을 떠날지라도 이름만은 남겨 놓으리라.

3절
지구(地球)가 크다고 한들 내 맘보다 더 클소냐
내 나라를 위하고 내 동포(同胞)를 위해서 가는 앞길에
그 어느 것이 눈앞을 가리우고 발목을 묶어 둘소냐
뜨거운 젊은 피를 태양(太陽)에 힘껏 뿌려서 한 백 년 빛내 보리라.

074
전

何	遵	約	法
어찌 하	좇을 준	약속할 약	법 법

해석 소하는 약법삼장으로 다스렸고

주해 하(何)는 소하(蕭何)다. 한(漢)나라 고조(高祖; 유방)는 간략하게 만든 법(약법 3장)만을 썼다. 소하가 이를 가감(加減)하여 준행(遵行)하여, 한나라는 4백 년을 이어 갔고, 소하 또한 자손들이 영화(榮華)롭고 현달(顯達)하였으니, 이는 관대(寬大)하게 정사를 베푼 효험(效驗)이다.

자의

何(하)	어찌, 무엇, 어느, 여기서는 사람 소하(蕭何)를 가리킨다. *육하원칙(六何原則).
遵(준)	좇다, 따라가다, 준수(遵守), 준법(遵法).
約(약)	간략히 하다, 묶다, 단속하다, 맺다, 약속(約束), 조약(條約), 계약(契約), 약혼(約婚).
法(법)	법, 형벌(刑罰), 본받다, 법치(法治), 편법(便法), 법인(法人), 어법(語法), 문법(文法).

'약법 3장(約法三章)'은 『사기』〈고조본기(高祖本紀)〉에 전한다.
BC.207년, 유방(劉邦)은 진(秦)나라 수도 함양(咸陽)에 입성하여, 진나라의 엄혹한 형벌과 법령을 모두 폐지(廢止)하고, 세 가지만 남겨 두었다.
"사람을 죽인 자는 사형에 처하고, 상해를 입힌 자와 도둑질한 자는 처벌한다."
(殺人者는 死하고 傷人及盜는 抵罪하니라)
*어찌 '하(何)' 쓰임새 사례, •항우(項羽) "하여(何如)!" 나 어때! → 교만.
  •유방(劉邦) "여하(如何)?" 나 어찌할까? → 겸손.
*육하원칙(六何原則) = 글쓰기 6기본 원칙 = 5W1H
 누가(who), 언제(when), 어디서(where), 무엇을(what), 어떻게(how), 왜(why).

법(法)은 용어상 '정(正)'과 동의어, '정의(正義)'와 동근어(同根語)다.
법(法)은 한자로 물 수(水) + 갈 거(去)다. 물이 흘러가는 이치(理致)처럼, 올바른 세상의 당연한 도리(道理)를 뜻한다. 부덕한 권력은 법을 악용하여 아전인수(我田引水)한다.

074 후

韓	弊	煩	刑
한나라 한	폐단(해질) 폐	괴로워할 번	형벌 형

해석: 한비는 번잡한 형벌로 폐해를 끼쳤다

주해: 한(韓)은 한비(韓非)다. 한비는 참혹(慘酷)하고 각박(刻薄)한 법을 쓰도록 진(秦)나라 왕을 설득하였고, 십여만 자(字)에 이르는 책을 지었는데, 모두 각박한 내용이었다. 진나라는 이세(二世)에 망했고, 한비도 죽음을 당했으니, 이는 번거로운 형벌(刑罰)의 폐해(弊害) 때문이었다.

자의:

韓(한)	나라 이름, 성(姓), 한반도(韓半島), 대한민국(大韓民國), 한국(韓國), 한옥(韓屋), 한복(韓服), 한의(韓醫), 한약(韓藥), 한식(韓食), 한우(韓牛), 한류(韓流).
弊(폐)	해지다, 낡다, 피곤하다, 넘어지다, 폐단(弊端), 폐해(弊害), 민폐(民弊), 적폐(積弊).
煩(번)	번거롭다, 까다롭다, 귀찮다, 괴로워하다, 번민(煩悶), 백팔번뇌(百八煩惱).
刑(형)	형벌(刑罰), 형법(刑法), 형사재판(刑事裁判), 처형(處刑), 종신형(終身刑), 사형(死刑).

한비자(韓非子, BC.280?~233)는 혼란한 전국시대 말기, 한(韓)나라 사상가(思想家)다. 『한비자』의 저자다. 진(秦)나라 왕이 이 책을 읽고 감동하여 그를 보려 하자, 한나라는 그를 진나라에 사신으로 보냈다. 그러나 초(楚)나라 출신인 이사(李斯, BC.284~208)의 모함으로 감옥에 갇혔다가, 이사가 보낸 약을 먹고 자살했다. 한비와 이사는 순자(荀子)의 제자로서 동문수학(同門受學)한 사이였다.

책 『한비자』는 55편 20책으로 구성되었다. 자기를 포함하여, 여러 사람의 법가(法家) 사상을 집대성하였다. 당시 제후국들은 서로 전쟁을 일삼고, 각국에서는 신하가 군주를 시해(弑害)하고 아들이 부모를 살해(殺害)하는 등 비윤리적 행위들이 빈번했다. 이런 시기에, 한비자가 '법치(法治; 법으로써 나라를 다스릴 것)'을 주장하며, 여러 가지 방법론을 제시했다.

죄형법정주의(罪刑法定主義)란
범죄(犯罪)와 형벌(刑罰)을 법률(法律)로 명시하고, 그에 따라 처벌(處罰)해야 한다는 형법(刑法)의 대원칙이다.

075 전

起	翦	頗	牧
일어날 기	자를 전	꽤 파	기를 목

해석 백기·왕전·염파·이목은

주해 백기(白起)와 왕전(王翦)은 진(秦)나라 장수, 염파(廉頗)와 이목(李牧)은 조(趙)나라 장수다.

자의

起(기)	일어나다, 일어서다, 일으키다, 다시, 궐기(蹶起), 기립(起立), 기상(起牀).
翦(전)	자르다, 깎다, 전지(翦枝), 전목(翦木), 전정(剪定)가위.
頗(파)	자못, 꽤, 조금, 약간, 치우치다, 편파(偏頗), 파다(頗多)하다.
牧(목)	기르다, 치다, 목우(牧牛), 목자(牧者), 목민관(牧民官), 목사(牧使), 목사(牧師).

백기(白起, BC.332~257)는 전국시대 진(秦)나라의 장수(將帥)다.
28대 소양왕(昭襄王) 때, 조(趙)·위(魏)·한(韓)·초(楚)나라 등과 싸워 무수한 전공(戰功)을 세우고, 진나라 영토를 크게 넓혔다. 무안군(武安君) 칭호(稱號)를 받았다.
BC.260년, 백기는 '장평성(長平城) 대전'에서, 조나라 군(軍)을 46일 동안 포위하여, 식량이 떨어져 항복한 포로(捕虜) 45만 명을 산 채로 구덩이에 파묻어 학살(虐殺)했다. 소년병 240명만 고향으로 돌려보냈다. 이것을 구실로 정적(政敵)인 재상 범저(范雎, 범수 范雎)의 모함을 받아 병졸(兵卒)로 강등되고, 귀양 가던 길에 왕이 내린 검(儉)으로 자살하였다. 이름을 공손기(公孫起)라고도 하였다.

왕전(王翦, BC.?~?)은 진나라의 장수(將帥)다.
시황제도 그를 스승으로 받들었다. 그의 아들 왕분(王賁)과 함께 수백 성(城)을 함락하여, 주변 6국을 멸망시켰다. 곧은 백기와 달리 처세술에 능하고, 천수(天壽)를 누렸다.

기승전결(起承轉結) → 시문(詩文)을 짓는 한 형식(形式)이다. 글의 첫머리를 기(起), 그 뜻을 이어받아 쓰는 것을 승(承), 뜻을 한 번 부연(敷衍)하는 것을 전(轉), 전체(全體)를 끝맺는 것을 결(結)이라 한다.

075

훈음

用	軍	最	精
쓸 용	군사 군	가장 최	정(밀)할 정

해석

군사 용병술이 가장 정묘하였다

주해 군(軍)을 운용(運用)하는 용병술(用兵術)은 이들 네 장수(將帥)가 가장 정묘(精妙)하였다.

자의

用(용)	쓰다, 베풀다, 부리다, 등용(登用)하다, 체용(體用), 이용(利用), 사용(使用).
軍(군)	군사(軍士), 군대(軍隊), 진(陣) 치다, 주둔(駐屯)하다, 백의종군(白衣從軍).
最(최)	가장, 제일, 모두, 최상(最上), 최고(最高), 우두머리, 최강(最强), 최선(最善).
精(정)	정(精)하다, 곱다, 자세하다, 정성스럽다, 날카롭다, 정신(精神), 정기(精氣), 정자(精子).

· 사용 → 본디 용도(用度)대로 씀. · 이용 → 수단(手段)으로 씀.

염파(廉頗, BC.?~?)는 조(趙)나라 장수다.
'장평대전' 초기에 지휘권을 쥐고, 방어전략을 쓰며 우세(優勢)하였다. 진나라는 염파를 당해 낼 수 없다고 판단하고, 조나라에 첩자를 보내 "염파는 두렵지 않다. 두려운 건 조괄이다."라는 이간책(離間策)을 썼다. 조나라 왕은 즉각 조괄(趙括)로 지휘권을 교체했다. 조괄은 은밀히 새로 부임한 백기의 포위작전을 뚫고 나오려다 전사했다.

이목(李牧, BC.?~229)은 조(趙)나라 말기 장수다.
북방 수비(守備) 10여 년 동안 흉노(匈奴) 공격을 방어하고 수성(守城)하였다. 그는 흉노가 침입하면, 마을과 들판을 비워서 먹을 것을 남기지 않고, 모두 성 안으로 후퇴하여 수비에만 전념했다. 인명 피해나 물자 손실이 없었다. 흉노도 와 봐야 이득이 없었다. 이러한 대응방식이 불만이었던 왕과 정적들은 이목을 비난하고, 전장에서 소환하였다. 후임자는 흉노와 싸움을 즐겼으나, 상처만 남겼다.
BC.222년, "이목이 죽자 조나라는 망했다." (李牧死 趙國亡)고 기록했다.

체용론(體用論) → 본체(本體)와 작용(作用)이다. 체는 근원(根源)이고 용은 나타난 현상(現象)으로, 표리일체(表裏一體)의 불가분(不可分)의 관계다. 얼굴이 체(體), 표정이 때때로 달라지는 것이 용(用)이다.

076 전

宣	威	沙	漠
베풀 선	위엄 위	모래 사	사막 막

해석 장수의 위엄을 사막에 떨치고

주해 사막(沙漠)은 북방(北方)의 가장 변방(邊方) 땅이다. 장수(將帥) 된 자가 위엄(威嚴)과 무용(武勇)을 사막에 선양(宣揚)함을 말한 것이다.

자의

宣(선)	베풀다, 떨치다, 널리 펴다, 밝히다, 선언(宣言), 선전(宣傳), 선교사(宣敎師).
威(위)	위엄(威嚴), 세력(勢力), 위세(威勢), 두려워하다, 위협(威脅)하다, 권위적(權威的).
沙(사)	모래, 사막(沙漠), 물가의 모래땅, 산사태(山沙汰), 사금(沙金), 사탕(沙糖), 사과(沙果).
漠(막)	사막(砂漠), 넓다, 광막(廣漠)하다, 아득하다, 쓸쓸하다, 막연(漠然).

<사(死)의 찬미(讚美)> - 윤심덕(尹心悳) 작사, 노래

1. 광막(廣漠)한 광야(廣野)에 달리는 인생아, 너의 가는 곳 그 어데이냐
   쓸쓸한 세상 험악(險惡)한 고해(苦海)에, 너는 무엇을 찾으러 가느냐.

2. 웃는 저 꽃과 우는 저 새들이, 그 운명(運命)이 모두 다 같구나
   삶에 열중한 가련(可憐)한 인생아, 너는 칼 위에 춤추는 자(者)도다.

3. 허영(虛榮)에 빠져 날뛰는 인생아, 너 속였음을 네가 아느냐
   세상의 것은 너에게 허무(虛無)니, 너 죽은 후(後)에 모두 다 없도다.

후렴 눈물로 된 이 세상(世上)이 나 죽으면 고만일까
   행복(幸福) 찾는 인생(人生)들아, 너 찾는 것 설움.

윤심덕(1897~1926)은 1923년 동경음악학교 졸업 후 귀국하여, 음악활동과 교편생활 하였다. 1926년 일본에 건너가, 이바노비치(Ivanovich, 1845~1902)의 곡 <Waves of the Danube(다뉴브강의 잔물결)>에 가사를 붙인 <사의 찬미>를 동생 윤성덕의 피아노 반주로 취입하였다.
애인(愛人)인 극작가 김우진(金祐鎭)과 귀국 중, 현해탄(玄海灘)에서 동반(同伴) 투신(投身) 자살(自殺)했다.

076

馳	譽	丹	靑
달릴 치	기릴 예	붉을 단	푸를 청

해석: 얼굴을 단청으로 그려 명예를 전했다

주해: 단청(丹靑)은 그 얼굴과 모양을 그린 것이다. 공(功)을 세우면 그의 얼굴을 그려 명예(名譽)를 영원히 드날리니, 한(漢)나라 선제(宣帝)가 공신(功臣)들의 화상(畫像)을 기린각(麒麟閣)에 그려 놓은 것이 그것이다.

자의:

馳(치)	달리다, 질주(疾走)하다.
譽(예)	기리다, 칭찬(稱讚)하다, 명예(名譽), 명성(名聲), 좋은 평판.
丹(단)	붉다, 붉은 채색(彩色), 주사(朱砂), 단풍(丹楓), 단심(丹心), 단순호치(丹脣皓齒).
靑(청)	푸르다, 젊다, 청춘(靑春), 청사진(靑寫眞), 청과(靑果), 청자(靑瓷, 靑磁).

*기린각(麒麟閣)은 전한(前漢) 무제(武帝)가 사냥 나가 기린을 잡은 기념으로 지은 누각(樓閣)이다. 선제(宣帝) 때 이곳에 공신(功臣) 11명의 화상(畫像)을 안치(安置)하였다.

『논어』<계씨> 편에, 공자가
인생의 '소년기, 장년기, 노년기'에 경계할 것을 명확히 짚어서 말했다.
"군자(君子)는 세 가지를 경계(警戒)해야 한다.
젊었을 때는 혈기가 아직 안정되지 않았으므로 여색을 경계하고,
장년이 되어서는 혈기가 바야흐로 강성해지므로 싸움을 경계하며,
노년이 되어서는 혈기가 이미 쇠약해졌으므로 욕심을 경계해야 한다."
(君子有三戒하니 少之時에는 血氣未定이라 戒之在色이요 及其壯也하여는 血氣方剛이라
戒之在鬪요 及其老也하여는 血氣既衰라 戒之在得이니라)

<청춘예찬(青春禮讚)>은 우보(牛步) 민태원(閔泰瑗, 1894~1934)이 1929년 발표한 수필(隨筆)이다. 그 전문(全文)은 다음과 같다.

"청춘(青春)! 이는 듣기만 하여도 가슴이 설레는 말이다. 청춘! 너의 두 손을 가슴에 대고, 물방아 같은 심장(心臟)의 고동(鼓動)을 들어 보라. 청춘의 피는 끓는다. 끓는 피에 뛰노는 심장은 거선(巨船)의 기관(汽罐)과 같이 힘 있다. 이것이다. 인류의 역사(歷史)를 꾸며 내려온 동력(動力)은 바로 이것이다. 이성(理性)은 투명하되 얼음과 같으며, 지혜(智慧)는 날카로우나 갑(匣) 속에 든 칼이다. 청춘의 끓는 피가 아니더면, 인간이 얼마나 쓸쓸하랴? 얼음에 싸인 만물(萬物)은 죽음이 있을 뿐이다.

그들에게 생명(生命)을 불어넣는 것은 따뜻한 봄바람이다. 풀밭에 속잎 나고, 가지에 싹이 트고, 꽃 피고 새 우는 봄날의 천지는 얼마나 기쁘며, 얼마나 아름다우냐? 이것을 얼음 속에서 불러내는 것이 따뜻한 봄바람이다. 인생에 따뜻한 봄바람을 불어 보내는 것은 청춘의 끓는 피다. 청춘의 피가 뜨거운지라, 인간의 동산에는 사랑의 풀이 돋고, 이상(理想)의 꽃이 피고, 희망(希望)의 놀이 뜨고, 열락(悅樂)의 새가 운다.

사랑의 풀이 없으면 인간은 사막(沙漠)이다. 오아시스도 없는 사막이다. 보이는 끝까지 찾아다녀도, 목숨이 있는 때까지 방황(彷徨)하여도, 보이는 것은 거친 모래뿐일 것이다. 이상(理想)의 꽃이 없으면, 쓸쓸한 인간에 남는 것은 영락(零落)과 부패(腐敗)뿐이다. 낙원을 장식하는 천자만홍(千紫萬紅)이 어디 있으며, 인생을 풍부하게 하는 온갖 과실(果實)이 어디 있으랴?

이상(理想)! 우리의 청춘이 가장 많이 품고 있는 이상! 이것이야말로 무한한 가치를 가진 것이다. 사람은 크고 작고 간에 이상이 있음으로써 용감하고 굳세게 살 수 있는 것이다. 석가(釋迦)는 무엇을 위하여 설산(雪山)에서 고행(苦行)을 하였으며, 예수는 무엇을 위하여 광야(曠野)에서 방황하였으며, 공자는 무엇을 위하여 천하를 철환(轍環)하였는가? 밥을 위하여서, 옷을 위하여서, 미인(美人)을 구하기 위하여서 그리하였는가? 아니다. 그들은 커다란 이상, 곧 만천하(萬天下)의 대중(大衆)을 품에 안고, 그들에게 밝은 길을 찾아 주며, 그들을 행복스럽고 평화스러운 곳으로 인도(引導)하겠다는 커다란 이상을 품었기 때문이다. 그러므로 그들은 길지 아니한 목숨을 사는가 싶이 살았으며, 그들의 그림자는 천고(千古)에 사라지지 않는 것이다. 이것은 가장 현저(顯著)하여 일월(日月)과 같은 예가 되려니와, 그와 같지 못하다 할지라도 창공(蒼空)에 반짝이는 뭇별과 같이, 산야(山野)에 피어나는 군영(群英)과 같이, 이상은 실로 인간의 부패를 방지하는 소금이라 할지니, 인생에 가치를 주는 원질(原質)이 되는 것이다.

이상! 빛나는 귀중한 이상, 이것은 청춘의 누리는 바 특권이다. 그들은 순진(純眞)한지라 감동(感動)하기 쉽고, 그들은 점염(點染)이 적은지라 죄악(罪惡)에 병들지 아니하였고, 그들은 앞이 긴지라 착목(着目)하는 곳이 원대(遠大)하고, 그들은 피가 더운지라 실현(實現)에 대한 자신과 용기가 있다. 그러므로 그들은 이상의 보배를 능히 품으며, 그들의 이상은 아름답고 소담스러운 열매를 맺어, 우리 인생을 풍부하게 하는 것이다.

보라, 청춘을! 그들의 몸이 얼마나 튼튼하며, 그들의 피부가 얼마나 생생하며, 그들의 눈에 무엇이 타오르고 있는가? 우리 눈이 그것을 보는 때에, 우리의 귀는 생(生)의 찬미(讚美)를 듣는다. 뼈 끝에 스며들어 가는 열락(悅樂)의 소리다. 이것은 피어나기 전인 유소년(幼少年)에게서 구하지 못할 바이며, 시들어 가는 노년(老年)에게서 구하지 못할 바이며, 오직 우리 청춘에서만 구할 수 있는 것이다.

청춘은 인생의 황금시대(黃金時代)다. 우리는 이 황금시대의 가치(價值)를 충분히 발휘하기 위하여, 이 황금시대를 영원히 붙잡아 두기 위하여, 힘차게 노래하며 힘차게 약동(躍動)하자!"

<사철가(四節歌)> 판소리 단가(短歌), 사계절 변화와 인생 무상(無常)함의 노래다.

이 산 저 산 꽃이 피니 분명코 봄이로구나. 봄은 찾아왔건마는 세상사 쓸쓸하더라. 나도 어제 청춘일러니 오늘 백발(白髮) 한심하구나. 내 청춘도 날 버리고 속절없이 가버렸으니, 왔다 갈 줄 아는 봄을 반겨한들 쓸데 있나.

봄아, 왔다가 갈려거든 가거라. 네가 가도 여름이 되면, 녹음방초승화시(綠陰芳草勝花時)라 옛부터 일러 있고, 여름이 가고 가을이 돌아오면, 한로삭풍(寒露朔風) 요란해도 제 절개를 굽히지 않는 황국단풍(黃菊丹楓)도 어떠한고. 가을이 가고 겨울이 돌아오면, 낙목한천(落木寒天) 찬바람에 백설(白雪)만 펄펄 휘날리어 은세계가 되고 보면, 월백설백천지백(月白雪白天地白)하니, 모두가 백발의 벗이로구나.

무정세월은 덧없이 흘러가고, 이내 청춘도 아차 한 번 늙어지면 다시 청춘은 어려워라. 어화 세상 벗님네들 이내 한 말 들어 보소. 인생이 모두가 백 년을 산다고 해도, 병든 날과 잠든 날 걱정 근심 다 제하면 단 사십도 못 산 인생. 아차 한 번 죽어지면 북망산천(北邙山川) 흙이로구나. 사후에 만반진수(滿盤珍羞)는 생전에 일배주(一盃酒)만도 못하느니라.

세월아, 세월아, 세월아, 가지를 말아라. 아까운 청춘이 다 늙는다. 세월아, 가지 마라. 가는 세월 어쩔거나. 늘어진 계수나무 끝끄터리에다 대랑 매달아 놓고, 국곡투식(國穀偸食)하는 놈과 부모불효하는 놈과 형제화목 못하는 놈 차례로 잡아다가 저 세상 먼저 보내 버리고, 나머지 벗님네들 서로 모아 앉아서 '한 잔 더 먹소', '그만 먹게' 하면서 거드렁거리고 놀아 보세.

077 전

九	州	禹	跡
아홉 구	고을 주	하우씨 우	자취 적

해석: 9주는 하나라 우임금의 발자취

주해: 구주(九州)는 기주·연주·청주·서주·양주·형주·예주·양주·옹주다. 하(夏)나라 우(禹)임금이 산을 따라 나무를 베어 (길을 통하여) 구주를 분별했다. 구주는 모두 우임금이 지나간 곳이므로 '우임금 발자취'라 했다.

자의:

九(구)	아홉, 수(數)가 많다, 모으다, 구우일모(九牛一毛), 구사일생(九死一生).
州(주)	고을, 행정구역, 전주(全州)·나주(羅州), 경주(慶州)·상주(尙州), 제주(濟州).
禹(우)	임금, 하우씨(夏禹氏)를 가리킨다, 성씨(姓氏).
跡, 迹(적)	자취, 흔적(痕迹), 고적(古跡), 뒤를 밟다, 추적(追跡), 유적(遺跡), 종적(蹤跡)

〈한자(漢字) 수사(數詞)〉

0(零), 1(一, 壹), 2(二, 貳), 3(三, 參), 4(四), 5(五), 6(六), 7(七), 8(八), 9(九)
십(十, 什, 拾), 백(百, 伯), 천(千, 仟, 阡), 만(萬, 万), 억(億), 조(兆), 경(京)

踏雪野中去(답설야중거)　눈 쌓인 들판을 갈 적에는
不須胡亂行(불수호란행)　모름지기 어지러이 가지 말라
今日我行迹(금일아행적)　오늘 내가 간 발자취가
遂作後人程(수작후인정)　뒷사람에겐 이정표(里程標) 되리니.

조선시대, 임연(臨淵) 이양연(李亮淵, 1771~1853)의 시다. 서산대사(西山大師) 휴정(休淨, 1520~1604)이 선시(禪詩)로 애송했고, 백범(白凡) 김구(金九, 1876~1949)와 후광(後廣) 김대중(金大中, 1924~2009)이 좌우명으로 삼았다.

077
훈음

百	郡	秦	幷
일백 백	고을 군	나라 이름 진	아우를 병

해석

1백 군은 진나라 때 합병한 것이다

주해

진(秦)나라 시황제는 천하를 소유함에 봉건제(封建制)를 폐지하고, 군현제(郡縣制)를 실시하였는데, 무릇 36개 군(郡)이었다. 시대가 지나면서 증가하여 1백 개 군에 이르렀는데, 군현제 실시가 진나라 때 시작되었으므로 진나라가 합병했다고 한 것이다.

자의

百(백)	100, 많은 수(數), 힘쓰다, 인백기천(人百己千), 백일홍(百日紅), 백리향(百里香).
郡(군)	고을, 관청(官廳), 관아(官衙), 행정구역, 군현(郡縣), 군수(郡守).
秦(진)	나라 이름, 진(秦)나라, 진시황(秦始皇).
幷(병)	아우르다, 합치다, 병합(倂合), 합병(合倂).

군현제(郡縣制)는 진(秦)나라 시황제가 6국을 평정(平定)한 후 실시한 지방행정제도(地方行政制度)다. 주(周)나라 때 실시되었던 제후(諸侯) 봉건제(封建制)를 대신하는, 중앙집권(中央集權)적 통치제도다. 전 영토(領土)를 주(州), 군(郡), 현(縣) 등의 행정구역으로 구분(區分)하여, 중앙의 군주(君主)가 지방관(地方官)을 직접 임명(任命)하고, 임기(任期)를 주어 파견(派遣)하는 직할지배(直轄支配) 제도다.
그동안 실시되었던 제후(諸侯) 봉건제(封建制)의 제후 세습(世襲)은 세월이 흐를수록 혈통(血統)과 공훈(功勳)의 의미가 희미해지고, 제후 간 전쟁도 불사하며 세력 확장에 혈안(血眼)되었으며, 세력이 큰 제후는 왕권(王權)에 도전(挑戰)도 하였다.

진(秦)나라는 천하통일(BC.221)하여, 강력한 중앙집권적 제왕(帝王) 통치제도를 시행했다. 그것은
1) 법치(法治)의 강화, 2) 봉건제도의 폐지와 군현제 실시, 3) 모든 관리(官吏)를 중앙정부에서 임명, 4) 각국에서 쓰던 다양한 문자, 화폐, 도량형(度量衡), 수레바퀴 궤적 등의 통일, 5) 흉노의 침입을 막기 위한 만리장성(萬里長城)의 연결과 추가 축조(築造), 6) 진시황 사후 묻힐 병마용갱(兵馬俑坑) 무덤 토목공사였다.
이를 위하여 노동 인력의 과도한 징발과 장기간 혹사(酷使), 과중한 세금이 부과되었다. 이러한 결과 백성의 원성(怨聲)은 고조되고, 곳곳에서 민란(民亂)이 일어났다.
진시황은 업무량에 눌려, 지방 순시 중 과로사(過勞死)했다(BC.210).

078 전

嶽	宗	恒	岱
큰 산 악	으뜸 종	항상 항	대산 대

해석: 오악 중 항산과 태산을 으뜸으로 삼고

주해: 오악(五嶽)은 항산(恒山)과 대산(岱山)을 으뜸으로 삼았음을 말한 것이다. 항(恒)은 당본(唐本)에는 태(泰)로 되어 있다. 태대(泰岱; 泰山)는 동악(東嶽)이다.

자의:

嶽, 岳(악)	큰 산, 산마루, 묏부리, 관악산(冠嶽山), 설악산(雪嶽山), 모악산(母嶽山).
宗(종)	으뜸, 마루, 밑, 근본(根本), 일가(一家), 종족(宗族), 종교(宗敎), 종가(宗家).
恒(항)	늘, 항상(恒常), 항시(恒時), 여기서는 항산(恒山)을 가리킨다.
岱(대)	큰 산 이름, 대산(岱山)=태산(泰山, 太山).

오악(五嶽)은 중국의 다섯 명산(名山)으로서, 동태산(東泰山, 1545m)·서화산(西華山, 2160m)·남형산(南衡山, 1300m)·북항산(北恒山, 2016m)·중숭산(中嵩山, 1492m)이다.

078

禪	主	云	亭
봉선 선	주인 주	이를 운	정자 정

해석 천자는 운운산과 정정산에서 봉선하였다

주해 천자(天子)는 12년에 한 번씩 순수(巡狩)하였는데, 반드시 태대(泰岱)에서 봉선(封禪) 의식을 거행하였다. 운운(云云)과 정정(亭亭)은 태대(泰岱) 아래에 있는 작은 산(山)이다. 천자가 반드시 이곳에서 유숙(留宿)하며, 목욕재계(沐浴齋戒) 한 뒤에 대종(岱宗)에 제사하였다.

자의

禪(선)	봉선(封禪), 불교의 선(禪), 참선(參禪), 좌선(坐禪), 구두선(口頭禪)=실속 없는 말.
主(주)	주인(主人), 임금, 주군(主君), 맹주(盟主), 주제(主題), 주주(株主), 주체(主體).
云(운)	이르다, 운운(云云)하다, 여기서는 운운산(云云山)을 가리킨다.
亭(정)	정자(亭子), 주막집, 여기서는 정정산(亭亭山)을 가리킨다.

'선(禪)'이란 범어(梵語) '디야나'에서 따온 말로, 생각하여 닦는다(思惟修), 고요히 생각한다(靜慮)는 뜻이다. 요가와 함께 발전하였다. 영어는 '젠(Zen)'이다.
'선문답(禪問答)'은 깨달음을 얻기 위한 스승과 제자의 질문과 답변이다.

'봉선(封禪)'은 고대 제왕(帝王)이 천명(天命)을 받았음을 표명(表明)하는 제사(祭祀)다. 봉(封)은 태산(泰山) 정상에서 하늘에 지내는 제사요, 선(禪)은 태산 아래에서 땅에 지내는 제사다.

> 태산(泰山)이 높다 하되 하늘 아래 뫼이로다
> 오르고 또 오르면 못 오를 리 없건마는
> 사람이 제 아니 오르고 뫼만 높다 하더라.

<태산가(泰山歌)>는 봉래(蓬萊) 양사언(楊士彦, 1517~1584)의 시다. 그는 경기도 포천 출신, 조선 중종(中宗)·선조(宣祖) 때 문신(文臣), 서예에 능했다. 두 동생 풍고(楓皐) 양사준(楊士俊), 죽재(竹齋) 양사기(楊士奇)와 더불어 삼 형제가 문장이 높고 효성(孝誠)이 지극하여 칭송(稱頌)이 자자(藉藉)했다.

079 전

鴈	門	紫	塞
기러기 안	문 문	자주색 자	변방 새

해석: 장성의 북쪽 관문은 안문과 자새요

주해: 안문(鴈門)은 군(郡)의 이름이고, 병주(幷州)에 있다. 봄에 기러기가 북쪽으로 돌아갈 때에 이곳을 넘어간다. 그래서 이름 지은 것이다. 자새(紫塞)는 지명(地名)이다. 진나라가 이곳에 장성(長城)을 쌓았는데, 흙빛이 모두 자주색(紫朱色)이었다.

자의:

鴈, 鴻, 雁(안)	기러기, 큰기러기 홍(鴻), 가안(家雁)=거위, 안항(雁行)=남의 형제(兄弟)를 높임말.
門(문)	문, 집안, 가문(家門), 사대문(四大門), 동문(同門), 입문(入門), 항문(肛門).
紫(자)	자주색(紫朱色), 적색(赤色)과 청색(靑色)의 간색(間色), 자운영(紫雲英).
塞(새, 색)	변방(邊方), 요새(要塞), 막다, 막히다, 궁색(窮塞), 뇌경색(腦梗塞), 비색(否塞).

동요 <기러기> 1920년, 작사 윤복진, 우리 나라 최초 동요(童謠).
울 밑에 귀뚜라미 우는 달밤에, 길을 잃은 기러기 날아갑니다.
가도 가도 끝없는 넓은 하늘로, 엄마 엄마 찾으며 흘러갑니다.
오동잎이 우수수 지는 달밤에, 아들 찾는 기러기 울며 갑니다.
엄마 엄마 울고 간 잠든 하늘로, 기럭기럭 부르며 찾아갑니다.

<기러기 떼> 전남 해남, 2024.12.

가요 <찔레꽃> 1942년. 작사 김영일, 작곡 김교성, 가수 백난아. 만주 독립군 청년의 망향가(望鄕歌).

1절 | 찔레꽃 붉게 피는 남쪽나라 내 고향(故鄕), 언덕 위에 초가삼간(草家三間) 그립습니다
자주(紫朱) 고름 입에 물고 눈물 젖어, 이별가(離別歌)를 불러 주던 못 잊을 동무야.

2절 | 달 뜨는 저녁이면 노래하던 세 동무, 천리객창(千里客窓) 북두성(北斗星)이 서럽습니다
삼 년 전(前)에 모여 앉아 백인 사진(寫眞), 하염없이 바라보니 즐거운 시절(時節)아.

3절 | 연분홍(軟粉紅) 봄바람이 돌아드는 북간도(北間島), 아름다운 찔레꽃이 피었습니다
꾀꼬리는 중천(中天)에 떠 슬피 울고, 호랑(虎狼)나비 춤을 춘다. 그리운 고향아.

079 후

鷄	田	赤	城
닭 계	밭 전	붉을 적	성(재) 성

해석 서쪽 경계는 계전과 적성이다

주해 계전(鷄田)은 옹주(雍州)에 있는 지명이다. 옛날에 주(周)나라 문왕(文王)은 암탉을 얻고서 왕이 되었고, 진(秦)나라 목공(穆公)은 암탉을 얻고서 패자(霸者)가 되었다. 계전 아래에 보계사(寶雞祠)가 있으니, 진나라에서 하늘에 제사 지내던 곳이다. 적성(赤城)은 기주(夔州) 어복현(魚腹縣)에 있다.

자의

鷄(계)	닭, 암탉은 자(雌), 수탉은 웅(雄)이다, 계란(鷄卵)=달걀, 목계(木溪).
田(전)	밭, 경작지(耕作地), 봉토(封土), 농사짓다, 사냥하다, 이전투구(泥田鬪狗).
赤(적)	붉다, 적색(赤色), 벌거벗다, 적나라(赤裸裸), 적신호(赤信號), 적도(赤道).
城(성)	성, 재, 도읍(都邑), 한양도성(漢陽都城), 남한산성(南漢山城).

닭은 동양(東洋) 12지(枝) 동물 중 유일한 새로서, 다섯 가지 덕(德)을 갖추었다. 닭은 먹을 것을 보면 서로 불러 함께 먹는다(仁). 때를 알려서 잠에서 깨운다(信). 머리에 관을 썼다(文). 발에 날카로운 며느리발톱은 무기다(武). 적과 잘 싸운다(勇).

080 전

昆	池	碣	石
맏(형) 곤	못 지	돌(비석) 갈	돌 석

해석 못은 운남 곤지요 산은 북평 갈석산이며

주해 곤지(昆池)는 운남성 곤명현에 있다. 한(漢)나라 무제(武帝)는 운남(雲南)과 통래(通來)하기 위해, 장안(長安)에 운남의 곤명지(昆明池)를 본떠 파서 수전(水戰)을 익혔으니, 또한 곤지라 말한다. 갈석산(碣石山)은 북평군 여성현에 있다.

자의

昆(곤)	맏, 형, 위, 자손, 후예(後裔), 다음, 나중, 뒤섞이다, 같다, 곤제(昆弟), 곤충(昆蟲).
池(지)	못, 해자(垓子), 연지(硯池), 연지(蓮池), 천지(天池), 저수지(貯水池), 전지(電池).
碣(갈)	돌, 비(碑), 선 돌, 돌을 세우다, 산이 우뚝 솟은 모양, 묘갈(墓碣), 비갈(碑碣).
石(석)	돌, 암석(巖石), 돌비석, 굳다, 숫돌, 용량 단위 섬(10말), 보석(寶石), 석유(石油).

곤지(昆池)는 한(漢)나라 무제(武帝)가 병사들 수전(水戰) 연습용으로, 장안(長安)에 운남의 곤명지(昆明池)를 본떠서 판 못이다. 주위 40리(里).
갈석(碣石)은 산 이름이다.

못, 호수, 소(늪), 호소
• **못**(池)은 크기가 작고, 수심이 얕다. 연(蓮)을 심어 꽃을 관상하는 못이 '연못'이다.
• **호수**(湖水)는 크기가 크고, 수심 깊다.
• **소**(沼, 늪)는 햇빛이 바닥에 비친다. 수생식물, 작은 동물, 곤충이 산다.
• **호소**(湖沼)는 호수와 늪을 가리킨다.

백두산 천지(天池)는 못(池)이다. 수면(水面)은 해발 2,257m, 면적은 9.165㎢, 둘레 길이는 14.4km, 최대 수심(水深)은 384m다.

080

후

훈음

鉅	野	洞	庭
클 거	들 야	골짜기 동	뜰 정

해석 들은 태산 동쪽 거야요 호수는 장강 남쪽 동정호다

주해 거야군(鉅野郡)은 태산(泰山) 동쪽에 있고, 동정호(洞庭湖)는 악주(岳州)의 큰 강(長江) 남쪽 팽려(彭蠡)의 서쪽에 있다.

자의

鉅(거)	크다(巨), 수가 많다, 높다, 강하다, 거유(鉅儒)=거유(巨儒)=대학자(大學者).
野(야)	들, 벌판, 평야(平野), 미개(未開)하다, 야만(野蠻), 초야(草野), 광야(廣野), 야구(野球).
洞(동, 통)	골, 골짜기, 동굴(洞窟), 마을, 동구(洞口), 밝다, 통찰(洞察), 통촉(洞燭).
庭(정)	뜰, 집 마당, 정원(庭園), 조정(朝庭), 가정(家庭), 교정(校庭), 친정(親庭).

거야(鉅野)는 산동성 북방에 있는 큰 들이다. 거야(巨野), 거택(巨澤), 택야(澤野)라 부르기도 한다.
동정(洞庭)은 동정호(洞庭湖, 둥팅호)다. 담수호(淡水湖)로, 중국에서 네 번째로 크다(면적 3,000㎢). 중국에서 제일 큰 호수는 칭하이호(青海湖)다(면적 4,540㎢).

'공'놀이=구기(球技) 종목(種目) 한자(漢字)와 영어 표기

야구(野球)	들 야, baseball.	축구(蹴球)	찰 축, (미) soccer, (영) football.
배구(排球)	밀칠 배, volleyball.	정구(庭球)	뜰 정, tennis.
농구(籠球)	대그릇 롱, basketball.	피구(避球)	피할 피, dodgeball.
송구(送球)	보낼 송, handball.	족구(足球)	발 족, foot volleyball.
탁구(卓球)	높은(탁상) 탁, table tennis.	당구(撞球)	칠 당, billiards.
수구(水球)	물 수, water polo.	마구(馬球)	말 마, polo.

골프 golf, 럭비 rugby, 하키 (미) field hockey, (영) hockey. 게이트볼 gateball, 볼링 bowling, 구슬치기 marbles.

081 전

曠	遠	綿	邈
빌 광	멀 원	이어질 면	멀 막

해석: 산천은 멀리 끊임없이 이어지고

주해: 윗 글에 열거(列擧)한 산천(山川)이 모두 훤히 넓고 아득히 멀다.

자의:

曠(광)	비었다, 공허(空虛)하다, 밝다, 환하다, 넓다, 멀다, 들판, 광야(曠野).
遠(원)	멀다, 아득하다, 요원(遙遠), 세월이 오래다, 소원(疏遠), 망원경(望遠鏡), 원근(遠近).
綿(면)	멀다(緬), 요원하다, 길게 이어지다, 면면(綿綿)히, 목화 솜, 면직(綿織), 면봉(綿棒).
邈(막)	멀다, 아득하다, 깊숙하다, 근심하다, 막막(邈邈)하다.

시 <宿建德江(숙건덕강)> '건덕강가 마을에서 하룻밤 묵다'

移舟泊烟渚(이주박연저)	배를 저어 가다 연기 난 강가에 대니
日暮客愁新(일모객 수신)	날은 저물어 나그네 시름 새로 인다
野曠天低樹(야광천저수)	들이 훤히 트이니 하늘이 숲에 내려오고
江淸月近人(강청월근인)	강물이 맑으니 달이 손에 닿을 듯 가깝다.

당(唐)나라 맹호연(孟浩然, 689~740)이 절강성의 건덕강(전당강)을 유람하다가, 날이 저물자 연기가 나는 마을에 배를 대고, 하룻밤 머물며 읊은 여수(旅愁) 시다.

(移; 옮길 이. 泊; 배 댈 박. 烟; 연기 연. 渚; 물가 저. 暮; 저물 모. 愁; 시름 수. 野; 들 야. 曠; 훤할 광. 低; 낮을 저. 樹; 나무 수)

면직(綿織, cotton)은 목화솜에서 얻고, 마직(麻織, linen)은 삼 껍질에서 얻으며, 견직(絹織, silk)은 누에고치에서 실을 뽑고, 모직(毛織, wool)은 동물 털을 다듬어 짠 것이다.

081 후

巖	岫	杳	冥
바위 암	산봉우리 수	아득할 묘	어두울 명

해석: 큰 바위와 동굴이 아득하고 깊다

주해: 암수(巖岫)는 산이 높아서 오를 수 없음이요, 묘명(杳冥)은 물이 깊어서 헤아릴 수 없음이다.

자의:

巖(암)	바위, 돌산, 벼랑, 낭떠러지, 가파르다, 높다, 험준(險峻)하다, 암석(巖石), 암벽(巖壁).
岫(수)	산봉우리(峀), 산정(山頂), 묏부리, 산굴, 석굴(石窟).
杳(묘)	아득하다, 멀다, 어둡다, 어둠침침하다, 묘연(杳然)하다.
冥(명)	어둡다, 그윽하다, 바다, 저승, 황천(黃泉), 명복(冥福), 명부전(冥府殿).

여명(黎明) → 하늘이 희미하게 밝아 오는 새벽, 희망의 빛, 먼동(東).
　　　　　검을 려(黎)=흑(黑), 밝을 명(明). 어둠(밤)이 밝음(낮)으로 변화됨.

〈일월산(日月山, 1,219m) 정상에서 맞은 동해 일출〉 경북 영양, 벗 李鍾佑 동행(同行), 2021.8.28.

〈서해일락(西海日落)〉 전남 진도 세방리, 2022.5.

8章 인생의 황혼

082	治本於農(치본어농)하여 務玆稼穡(무자가색)이라	제왕의 다스림은 농사에 근본하여 때맞춰 심고 거둠에 힘쓰게 한다
083	俶載南畝(숙재남묘)하고 我藝黍稷(아예서직)이라	비로소 남쪽 밭에서 농사짓고 나는 기장과 피를 심는다
084	稅熟貢新(세숙공신)하고 勸賞黜陟(권상출척)이라	세금은 익은 곡식, 공물은 햇곡식이고 실적 따라 상 주거나 내친다
085	孟軻敦素(맹가돈소)하고 史魚秉直(사어병직)이라	맹자는 선한 바탕을 두텁게 하고 사어는 올곧음을 지녔다
086	庶幾中庸(서기중용)이면 勞謙謹勅(노겸근칙)하라	중용에 거의 이르려면 힘써 일하고 겸손하며 삼가고 조심해야 한다
087	聆音察理(영음찰리)하고 鑑貌辨色(감모변색)이라	소리를 듣고 이치를 살피고 모양을 보고 기색을 분별한다
088	貽厥嘉猷(이궐가유)하니 勉其祗植(면기지식)이라	자손에게 아름다운 도리를 물려주니 그것을 공경히 심기에 힘쓰라

089	省躬譏誡(성궁기계)하고 寵增抗極(총증항극)하라	자신을 살펴 경계하고 은총이 더할수록 극도에 도달함을 막아라
090	殆辱近恥(태욕근치)하니 林皐幸卽(임고행즉)하라	위태롭고 욕된 일은 치욕이 가까우니 숲 언덕으로 가서 몸을 지켜라
091	兩疏見機(양소견기)하니 解組誰逼(해조수핍)이리오	한나라 소광·소수는 기회를 보아 사직하고 돌아가니 누가 핍박하랴
092	索居閑處(삭거한처)하니 沈黙寂寥(침묵적요)라	퇴직하여 홀로 한가로운 곳에 사니 잠잠하고 고요하다
093	求古尋論(구고심론)하고 散慮逍遙(산려소요)라	옛사람의 도를 구하고 논거를 찾아 잡념을 버리고 한가로이 거닌다
094	欣奏累遣(흔주누견)하고 慼謝歡招(척사환초)라	기쁨은 오고 슬픔은 가며 근심은 사라지고 즐거움이 다가온다
095	渠荷的歷(거하적력)하고 園莽抽條(원망추조)라	도랑의 연꽃은 환히 빛나고 동산의 풀은 가지를 뻗어 우거졌다
096	枇杷晚翠(비파만취)하고 梧桐早凋(오동조조)라	비파나무는 겨울 늦도록 푸르고 오동나무는 가을에 일찍 시든다
097	陳根委翳(진근위예)하고 落葉飄颻(낙엽표요)라	묵은 뿌리는 시들어 땅을 가리고 떨어진 잎은 바람에 날린다
098	遊鯤獨運(유곤독운)하여 凌摩絳霄(능마강소)라	곤어는 바다에서 홀로 노닐다가 붕새가 되어 붉은 하늘에 이른다

082 전

治	本	於	農
다스릴 치	근본 본	어조사 어	농사 농

해석 제왕의 다스림은 농사에 근본하여

주해 제왕(帝王)이 정치(政治)를 함에 반드시 농사를 근본으로 삼으니, 군주(君主)는 백성(百姓)으로써 하늘로 여기고, 백성은 먹는 것으로써 하늘로 여기기 때문이다.

자의

治(치)	다스리다, 바로잡다, 평정하다, 정치(政治), 인치(人治), 법치(法治), 덕치(德治).
本(본)	밑, 근본(根本), 기본(基本), 민본(民本), 자본(資本), 책(冊), 원본(原本), 본향(本鄕).
於(어)	어조사(語助辭), 있다(在), 심지어(甚至於), 어중간(於中間).
農(농)	농사(農事), 농업(農業), 농부(農夫), 농민(農民), 영농(營農).

'농자천하지대본(農者天下之大本)'은 농본주의(農本主義) 사상에서 나온 말로서, 백성의 생업(生業)인 농업이 모든 산업의 기본이므로, 농민과 농촌을 사회·경제의 바탕으로 삼아 국가를 경영해야 한다는 말이다.

조선(朝鮮) 개국공신 삼봉(三峯) 정도전(鄭道傳, 1342~1398)은 농자천하지대본의 기치를 세우며 말했다. "부자(富者)들은 땅이 천맥(阡陌)을 잇댈 만큼 넓게 가졌고, 빈자(貧者)들은 송곳을 꽂을 땅도 없어서 소작(小作) 신세가 뻔하며, 지주(地主)들은 소출(所出)의 절반 이상을 가져가니 '빈익빈(貧益貧) 부익부(富益富)' 현상이 심해지는 것이 고려(高麗)의 사정이다." 이 농본주의 사상은 조선 500년 동안 이어졌다.

『도덕경』 25장에,
"사람은 땅을 본받고, 땅은 하늘을 본받고, 하늘은 도를 본받고, 도는 자연을 본받는다."
(人法地하고 地法天하고 天法道하고 道法自然하니라)

082	務	茲	稼	穡
후	일(힘쓸) 무	이 자	심을 가	거둘 색

훈음

해석 때맞춰 심고 거둠에 힘쓰게 한다

주해 그러므로 반드시 (백성들로) 하여금 봄에 심고 가을에 수확하는 일에 오로지 힘쓰게 하여, 그 농사철을 빼앗지 않는 것이다.

자의

務(무)	일, 힘쓰다, 힘써 하다, 권장(勸獎)하다, 업무(業務), 동무(同務), 공무원(公務員).
茲(자)	이, 이것, 검다, 자산(茲山)=흑산(黑山), '오등(吾等)은 자(茲)에'.
稼(가)	심다, 벼, 곡식(穀食), 농사(農事).
穡(색)	거두다, 수확(收穫), 추수(秋收), 농사(農事).

'**가색**(稼穡)'은 땅에 씨를 뿌리고 (가꾸어), 익은 곡식을 거둬들인다는 말이다. 농사(農事)를 일컫는다.

'**자산**(茲山)'은 정약전(丁若銓, 1758-1816)의 호(號)다. 흑산도(黑山島)를 가리키기도 한다. 정약전은 1801년, 천주교 박해사건인 신유박해(辛酉迫害) 때 흑산도에 유배되었다가, 16년 만에 그곳에서 죽었다.

'**신유박해**(辛酉迫害)'는 신유년(1801년)에 조정이 전국에 박해령 선포, 많은 천주교인들이 체포되고 300여 명이 순교(殉敎)한, 한국천주교회에 가해진 최초의 박해였다. 이때, 정약전 삼 형제와 친인척들이 큰 화(禍)를 당했다.

정약전은 유배생활 중 『**자산어보**(慈山漁譜)』를 썼다. 책은 흑산도 근해의 어족(魚族)에 대한 내용을 기록한 어보(魚譜)로서, 3권으로 구성되었다. 그는 각종 어류와 수중 식물을 인류(鱗類, 비늘 있음), 무린류(無鱗類, 비늘 없음), 개류(介類, 딱딱한 껍질 가짐), 잡류(雜類, 물고기 아닌 수생 생물)로 분류하였다. 잡류는 다시 해충(海蟲, 바다 벌레), 해금(海禽, 바닷 새), 해수(海獸, 바다 짐승), 해초(海草, 바다 풀)로 분류하였다.
수록된 생물은 총 55류(類) 226종(種)이며, 그들의 이름, 모양, 습성, 맛, 쓰임새 등을 기록했다.

083 전

俶	載	南	畝
비로소 숙	실을 재	남녘 남	이랑 묘

해석 비로소 남쪽 밭에서 농사짓고

주해 『시경』 <소아> 편의 가사다. 처음으로 남쪽(양지) 이랑에서 일함을 말한 것이다.

자의

俶(숙)	비로소, 처음(始), 가지런히 정돈하다, 비롯하다.
載(재)	싣다, 쌓다, 적재(積載), 기재(記載), 오르다, 등재(登載), 연재(連載), 탑재(搭載).
南(남)	남녘, 남쪽, 남도(南道), 남풍(南風), 남해(南海), 남가일몽(南柯一夢).
畝(묘)	이랑, 밭두둑.

<호남가(湖南歌)>

호남(湖南)의 54개 지명(地名)을 넣어 노래한 판소리 단가(短歌)다. 서술자(敍述者)가 제주도(濟州島)에서 건너와, 호남 각 고을의 한자 이름 뜻을 살려 각각 특색과 풍경을 그리고, 장부(丈夫)의 할 일과 기상(氣像)을 표현하였다. 작자 및 창작 시기와 가사에 여러 설(說)이 있다. 고창 출신 신재효(申在孝, 1812~1884)가 수집하고 수정한 것이 전해지고 있다. 광주 출신 명창(名唱) 임방울(林芳蔚, 1904~1961)이 잘 불렀다. 지방명가(地方名歌)로서, <충청가>, <경기가>도 있다.

"함평(咸平) 천지(天地) 늙은 몸이, 광주(光州) 고향(故鄕)을 보려 하고
제주(濟州) 어선(漁船) 빌려 타고, 해남(海南)으로 건너갈 제
흥양(興陽)의 돋은 해는, 보성(寶城)에 비쳐 있고
고산(高山)의 아침 안개, 영암(靈巖)을 둘러 있다.
태인(泰仁)하신 우리 성군(聖君), 예악(禮樂)을 장흥(長興)하니
삼태(三台) 육경(六卿)은 순천(順天) 심(心)이요
방백(方伯) 수령(守令)은 진안(鎭安) 민(民)이라.

고창(高敞) 성(城)에 높이 앉아, 나주(羅州) 풍경(風景)을 바라보니
만장(萬丈) 운봉(雲峯)은 높이 솟아, 층층(層層)한 익산(益山)이요
백리(百里) 담양(潭陽) 흐르는 물은, 굽이굽이 만경(萬頃)이라.
용담(龍潭)의 맑은 물은, 이 아니 용안(龍安) 처(處)며
능주(綾州)의 붉은 꽃은, 골골마다 금산(錦山)이네.
남원(南原)에 봄이 들어, 각색화초(各色花草) 무장(茂長)하니
나무나무 임실(任實)이요, 가지가지 옥과(玉果)로구나.
풍속(風俗)은 화순(和順)하고, 인심(人心.)은 함열(咸悅)인데
기초(奇草)는 무주(茂州)하고, 서기(瑞氣)는 영광(靈光)이라.
창평(昌平)한 좋은 시절, 무안(務安)을 일삼으니
사농공상(士農工商) 낙안(樂安)이요, 부자형제(父子兄弟) 동복(同福)이라.
강진(康津)의 상고선(商賈船)은, 진도(珍島)로 건너갈 제
금구(金溝)의 금(金)을 일어, 쌓인 게 김제(金堤)로다.
농사(農事)하는 옥구(沃溝) 백성(百姓), 임피(臨陂) 상의(裳衣) 둘러 입고
정읍(井邑)의 정전법(井田法)은, 납세인심(納稅人心) 순창(淳昌)이라.
고부(古阜) 청청(靑靑) 양유색(楊柳色)은
광양(光陽) 춘색(春色)이 팔도(八道)에 왔네.
곡성(谷城)에 묻힌 선비, 구례(求禮)도 하려니와
흥덕(興德)을 일삼으니, 부안(扶安) 제가(齊家) 이 아닌가.
호남(湖南)의 굳은 법성(法聖), 전주(全州) 백성(百姓) 건지려고
장성(長城)을 멀리 쌓고, 장수(長水)를 돌고 돌아
여산(礪山) 석(石)에 칼을 갈아, 남평(南平) 루(樓)에 꽂았으니
삼천리 좋은 경(景)은 호남이 으뜸이라, 거드렁 거리고 살아 가세."

〈강강수월래〉

<현충탑(顯忠塔)> 헌시(獻詩) 경기도 과천 중앙공원, 2024.

김태수(金汰洙) 시, 정영채(鄭榮采) 글씨

날파리는 하루

꽃은 열흘

권세(權勢)는 십 년(十年)

인생(人生)은 백 년(百年)

예술(藝術)은 천 년(千年)

시간(時間)과 공간(空間)은 무한(無限)

사랑은 영원(永遠)

생명(生命)을 조국(祖國)에 바친

영령(英靈)이시여

영원(永遠)히 살으소서.

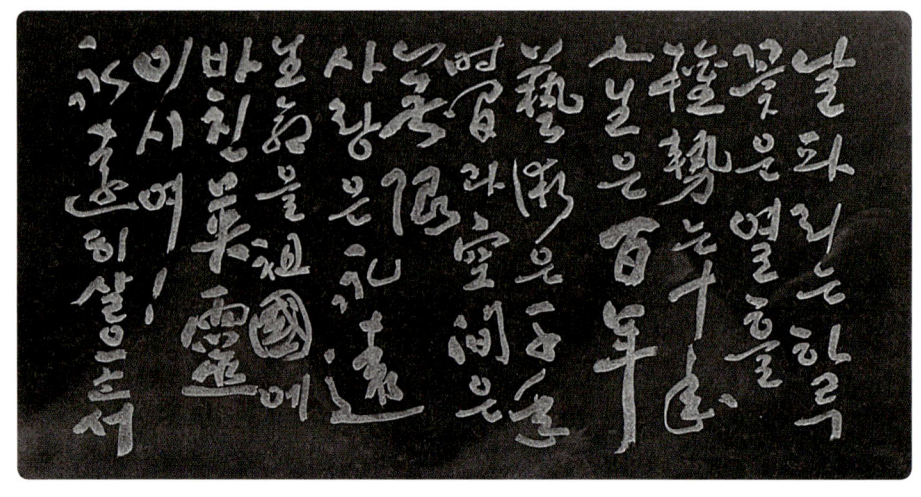

083

후

훈음: 我 나 아 / 藝 기예 예 / 黍 기장 서 / 稷 피 직

해석: 나는 기장과 피를 심는다

주해: 『시경』 <소아> 편 가사다. 전록(田祿)이 있어 제사(祭祀)를 받드는 자가 스스로 기장과 피를 심음을 말한 것이다.

자의:

我(아)	나, 나의, 고집(固執) 부리다, 아집(我執), 자아(自我), 피아(彼我).
藝(예)	기예(技藝), 재주, 재능(才能), 문예(文藝), 여기서는 '심다', 원예(園藝), 예술(藝術).
黍(서)	기장, 오곡(五穀)의 하나, *오곡; 쌀, 보리, 조, 콩, 기장.
稷(직)	사직(社稷)= 사(社, 토지신) + 직(稷, 곡식신), 나라 상징, 사직단(社稷壇)= 사직신께 제사(祭祀) 지내는 신단(宸斷).

종묘(宗廟)= 조선 역대 왕과 왕비 위패(位牌) 모신 사당(祠堂), 왕실 상징.

<사직단(社稷壇)>
서울 종로구

<종묘(宗廟)>
서울 종로구, 2025

084 전

税	熟	貢	新
세금 세	익을 숙	바칠 공	새 신

해석 세금은 익은 곡식, 공물은 햇곡식이고

주해 농토에 대한 조세(租稅)를 거두되, 반드시 익은 것으로써 국가의 쓰임에 대비한다. 토산물(土産物)을 바치되 반드시 새 것으로써 종묘(宗廟)에 올린다.

자의

税(세)	거두다, 징수하다, 세납(稅納), 납세(納稅), 세금(稅金), 면세점(免稅店).
熟(숙)	익다, 익히다, 익숙하다, 이루다, 숙고(熟考)하다, 능숙(能熟), 팽두이숙(烹頭耳熟).
貢(공)	바치다, 드리다, 올리다, 공물(貢物), 나라에 바치는 토산물, 공헌(貢獻).
新(신)	새, 새롭다, 온고지신(溫故知新), 갱신(更新), 경신(更新), 일신우일신(日新又日新).

고사(故事) '가정맹호(苛政猛虎)'는 세금(稅金)에 얽힌 슬픈 이야기다.

공자가 제자들과 이동 중, 태산(泰山) 기슭 무덤 앞에서 슬프게 우는 한 여인을 만났다. 그 사연(事緣)을 물었더니, 그녀가 말했다.

"옛날에 시아버님이 호랑이에게 물려 죽었고, 남편도 호랑이에게 물려 죽었으며, 이제 아들도 호랑이에게 물려 죽었습니다."

공자가 "그런데 왜 여기 산중에 있소?" 물으니, 그녀가 대답했다.

"산중에는 가혹(苛酷)한 법, 부역(賦役), 세금이 없기 때문입니다."

공자가 제자들에게 말했다.

"기억(記憶)하라! 가혹한 정치는 호랑이보다 더 잔혹(殘酷)하다."
(識之하라 苛政猛於虎也니라)

'균공애민(均貢愛民) 절용축력(節用蓄力)'은
세금을 균등 부과하여 백성을 사랑하고, 비용을 절약하여 재정을 축적하라는 말이다.
조선 21대 왕 영조(英祖)가 국가재정을 맡은 호조(戶曹)에 내린 지침이다.

084

勸	賞	黜	陟
권할 권	상줄 상	내칠 출	오를 척

해석
실적 따라 상 주거나 내친다

주해 농사가 이루어지고 나면, 권농관(勸農官)이 부지런한 자에게 상(賞)을 주어 권면(勸勉)하고 게으른 자를 내쳐 징계(懲戒)한다. 척(陟) 또한 상(賞)을 주는 뜻이다.

자의

勸(권)	권하다, 권장(勸奬)하다, 권고(勸告)하다, 권선징악(勸善懲惡), 권면(勸勉).
賞(상)	상(賞), 상(賞) 주다, 기리다, 찬양하다, 감상하다, 완상(玩賞), 신상필벌(信賞必罰).
黜(출)	내치다, 물리치다, 떨어뜨리다, 내몰다, 방출(放黜), 출당(黜黨).
陟(척)	오르다, 올리다, 나아가다, 관작이 오르다, 진척(進陟)=일이 목적대로 진행됨.

권선징악(勸善懲惡)
선한 것을 권하고, 악한 것을 벌한다.

인과응보(因果應報)
행위의 선악(善惡)에 대한 결과를 후에 받는다.

자업자득(自業自得)
자기가 저지른 일의 결과를 자신이 돌려받는다.

자승자박(自繩自縛)
자신의 밧줄로 자신을 묶는다.

사필귀정(事必歸正)
모든 일은 반드시 바른길로 돌아간다.

사불범정(邪不犯正)
바르지 못한 것은 바른 것을 감히 범하지 못한다.

종과득과(種瓜得瓜)
외 심은 데 외 난다.

종두득두(種豆得豆)
콩 심은 데 콩 난다.

속담(俗談) '뿌린 대로 거둔다'는 모든 일은 원인(原因)에 따라서 결과(結果)가 나타난다는 말이다.
'인과율(因果律)'은 어떤 상태(원인)에서 다른 상태(결과)가 필연적(必然的)으로 일어나는 경우의 법칙성(法則性)을 일컫는다. 이를 인과(因果) 혹은 인과성(因果性)이라고 한다.

085 전

孟	軻	敦	素
맏 맹	수레 가	도타울 돈	흴(바탕) 소

해석 맹자는 선한 바탕을 두텁게 하고

주해 맹자(孟子)의 이름은 가(軻)다. 어려서는 자모(慈母)의 가르침을 받고, 자라서는 자사(子思)의 문하(門下)에서 교유(交遊)하여, 그 소양(素養)을 두텁게 하였다.

자의

孟(맹)	맏, 첫, 성(姓), 우두머리, 맹자(孟子), 맹춘(孟春), 맹하(孟夏), 공맹(孔孟), 맹순(孟荀).
軻(가)	수레, 높다, 굴대.
敦(돈)	도탑다, 돈독(敦篤)하다, 敦厚(돈후), 敦義門(돈의문).
素(소)	바탕, 성질(性質), 평소(平素), 꾸밈없다, 희다, 소박(素朴)하다, 검소(儉素).

'맹모삼천지교(孟母三遷之敎)'는 전한(前漢) 때 유향(劉向)이 지은 『열녀전(列女傳)』'모의전(母儀傳)'에 있다. '맹자의 어머니가 맹자 교육을 위해 세 곳을 이사했다'는 것이다. 그 내용 전문은 이렇다.

추현(鄒縣)의 맹가(孟軻)의 어머니는 '맹모(孟母)'라 불린다.
그의 집은 묘지 근처에 있었다. 맹자가 어렸을 때, 묘지에서 춤추고 뛰며 다지고 묻는 일을 하면서 놀았다. 맹모가 "이곳은 내가 자식을 살게 할 곳이 아니다." 하고, 시장 근처로 이사했다. 그러자 맹자는 물건을 파는 일을 하면서 놀았다. 맹모가 또 "이곳은 내가 자식을 살게 할 곳이 아니다." 하고, 학교 근처로 이사했다. 그러자 맹자는 제기(祭器)를 늘어놓고 읍양(揖讓)하고 진퇴(進退)하며 놀았다. 맹모가 "참으로 내 아들을 살게 할 만한 곳이다." 하고, 마침내 정착했다. 맹자가 성장하여 육예(六藝)를 배워, 마침내 대유(大儒)의 명성을 이루었다. 군자(君子)가 이르기를, "맹모는 좋은 것으로 점차 교화시켰다." 『시경』에, "저 순박한 아이에게 무엇을 줄 것인가?"라고 했는데, 그것은 이를 두고 한 말이다.

맹순(孟荀)은 맹자(孟子)와 순자(荀子)를 아울러 이르는 말이다. 두 사람은 동시대에 산 유학사상가다.
맹자는 성선설(性善說), 즉 '인간은 천성이 선'하므로, 덕(德)과 인의(仁義)의 정치를 주장하였고(덕치주의), 순자는 성악설(性惡說), 즉 '인간은 천성이 악'하므로, 규범으로 다스리는 법치주의를 주장하였다.
둘 다 교육을 통하여, 성선을 유지하고 성악을 교화한다고 하였다.

085
훈음

史	魚	秉	直
역사 사	물고기 어	잡을 병	곧을 직

해석

사어는 올곧음을 지녔다

주해

사어(史魚)는 위(衛)나라 대부(大夫)다. 이름은 추(鰌)요, 자(字)는 자어(子魚)다. 죽어서 시신(屍身)으로써 간(諫)했다. 『논어』 <위령공> 편에, 공자가 말했다. "곧도다, 사어여. 나라에 도(道)가 있을 때에도 화살같이 곧았고, 나라에 도(道)가 없을 때에도 화살같이 곧았다."

자의

史(사)	역사(歷史), 역사서(歷史書), 사기(史記), 사관(史官), 국사(國史), 사극(史劇).
魚(어)	물고기, 수생동물, 어패류(魚貝類)=어류+패류(고둥+조개), 목어(木魚), 문어(文魚).
秉(병)	잡다, 손에 쥐다, 자루(柄, 병), 병이(秉彛)=사람의 도리를 굳게 지킴.
直(직)	곧다, 정직(正直)하다, 번(番)들다, 당직(當直), 솔직(率直), 직시(直視), 직언(直言).

『한시외전(韓詩外傳)』에, '사어의 시간(尸諫)' 이야기가 전한다.

위(衛)나라 대부 사어는 임금 영공(靈公)에게, '외교력과 통치력이 뛰어난 거백옥(蘧伯玉)을 등용하자'고 청했는데 따르지 않고, 총애(寵愛)하는 미소년(美少年) 미자하(彌子瑕)를 중용하였다. 사어는 수차례 '거백옥 등용'을 간(諫)하였지만, 임금은 미자하의 반대하는 말에 따라, 끝내 거백옥을 중용하지 않았다.

사어가 죽기 전, 아들에게 유언했다. "내가 살아서 두 가지를 이루지 못해 유감(遺憾)이다. 거백옥을 등용하지 못한 것과 미자하를 궐 밖으로 내쫓지 못한 것이니, 죽어서도 눈을 감지 못할 것이다. 내 시신을 관(棺)에 넣지 말고 북쪽 창 아래에 두거라." 아들은 그 말대로 하였다.

조문(弔問) 온 임금이 사어의 시신을 보고 그 까닭을 묻자, 사어의 아들은 사실대로 고했다. 임금은 "죽어서도 시체로 간하니, 충성이 지극하구나." 자책하고, 그의 유언대로 거백옥을 등용하고 미자하를 쫓아냈다.

'군명후현신직(君明后賢臣直)'은 임금은 총명하고 왕후는 현명하며 신하는 정직하다는 뜻이다. 이 세 가지는 국가 지도자가 갖출 필요조건이다. 그 대표적 사례로, 당(唐)나라 안정기를 이룬 태종 이세민(李世民)의 겸청(兼聽)과 그의 부인 문덕왕후(文德王后)의 사심 없는 내조(內助)와 신하 간의대부(諫議大夫) 위징(魏徵)의 직언(直言)이 손꼽힌다.

086 전

庶	幾	中	庸
여러(거의) 서	거의 기	가운데 중	떳떳할 용

해석
중용에 거의 이르려면

주해 중용(中庸)은 치우치지 않고 기대지 않으며, 지나치거나 미치지 못함이 없이 평상(平常)한 이치(理致)다. 사람이 능(能)하기 어려우나 또한 힘써서 거의 중용의 도(道)에 이르기를 바라야 한다.

자의

庶(서)	거의, 여럿, 많다, 서민(庶民), 바라다, 서자(庶子), 서얼(庶孼).
幾(기)	거의, 하마터면, 몇, 얼마, 바라다, 어찌(豈), 빌미, 기미(幾微), 기하학(幾何學).
中(중)	중용(中庸), 중앙, 가운데, 안, 꿰뚫다, 백발백중(百發百中), 뇌졸중(腦卒中).
庸(용)	떳떳하다, 항상(恒常)하다, 늘 그렇다, 평상(平常).

책 『중용』은 『대학』, 『논어』, 『맹자』와 더불어 '사서(四書)'의 하나다. 공자의 손자 자사(子思)가 지었다. 원래 『예기』에 있었는데, 송(宋)나라 때 주희(朱熹)가 떼어내어 『중용』이라 이름 붙였다. 전체 33장(章)이다. 전반부는 중용(中庸)·중화(中和)를, 후반부는 성(誠)을 설명하였다. 첫 장(章)은 유교철학의 출발점(出發點)이자 지향처(志向處)를 제시한다.

『중용』 <제1장> (총론 해당)
"하늘이 명한 것을 성(性)이라 하고, 성을 따름을 도(道)라 하며, 도를 닦는 것을 교(敎)라 한다."
(天命之謂性이요 率性之謂道요 修道之謂敎니라)

명(命)은 령(令)과 같고, 성(性)은 리(理)다. 솔(率)은 따름이고,
도(道)는 로(路)와 같다. 수(修)는 품절(品節)이고, 교(敎)는 천하의 법(法)이다.

*품절(品節)이란 경중(輕重)에 따라 나의 판단을 조절하는 것이다.

086 후

勞	謙	謹	勅
일할 로	겸손할 겸	삼갈 근	삼갈 칙

해석: 힘써 일하고 겸손하며 삼가고 조심해야 한다

주해: 근로하고 겸손하며 삼가고 힘쓴다면, 경계하고 삼가며 두려워하여 거의 중용(中庸)의 도(道)에 가까울 것이다.

자의:
- 勞(로): 일하다, 힘쓰다, 수고하다, 근심하다, 노심초사(勞心焦思), 노동(勞動), 위로(慰勞).
- 謙(겸): 겸손(謙遜)하다, 공손(恭遜)하다, 몸을 낮추다, 사양하다, 덜다.
- 謹(근): 삼가다, 경계하다, 금지하다, 공손하게 하다, 정직하게 하다.
- 勅(칙): 삼가다, 경계하다, 조심하다, 타이르다, 조서(詔書), 칙서(勅書).

『중용』에
"도(道)는 잠시라도 떨어져 있을 수 없는 것이니, 떨어져 있다면 도(道)가 아니다. 그러므로 군자는 남이 보지 않는 곳에서도 경계하고 삼가며, 듣지 않는 곳에서도 두려워한다."
(道也者는 不可須臾離也니 可離면 非道也니라. 是故로 君子는 戒愼乎其所不睹하며 恐懼乎其所不聞이니라)

"숨겨진 것보다 잘 드러나는 것이 없고, 미미한 것보다 잘 나타나는 것이 없다. 그러므로 군자는 그가 홀로 있을 때를 삼간다."
(莫見乎隱이며 莫顯乎微니 故로 君子는 愼其獨也니라)

"기쁨·성냄·슬픔·즐거움의 감정이 드러나지 않은 것을 중(中), 드러나서 모두 절도(節度)에 맞는 것을 화(和)라 한다. 중(中)은 천하의 큰 근본이요, 화(和)는 천하에 통달되는 도(道)다."
(喜怒哀樂之未發을 謂之中이요 發而皆中節을 謂之和니라. 中也者는 天下之大本也요 和也者는 天下之達道也니라)

"중과 화에 이르면 천지가 제자리 잡고(편안하고), 만물이 잘 길러진다."
(致中和면 天地 位焉하며 萬物이 育焉이니라)

087 전

聆	音	察	理
들을 령	소리 음	살필 찰	다스릴(이치) 리

해석 소리를 듣고 이치를 살피고

주해 지혜가 으뜸인 사람은 그 소리를 듣고서 그 사물의 이치를 살핀다. 공자가 자로(子路)의 거문고 타는 소리를 듣고 '북쪽 변방의 살벌(殺伐)한 소리가 있다'고 말한 것이 이것이다.

자의

聆(령)	듣다, 깨닫다, 따르다, 첨령(瞻聆)=여러 사람이 보고 들음.
音(음)	소리, 음(音), 음악(音樂), 소식(消息), 잡음(雜音), 지음(知音), 불협화음(不協和音).
察(찰)	살피다, 알다, 드러나다, 자세(仔細)하다, 상고(詳考)하다, 관찰(觀察), 성찰(省察).
理(리)	이치(理致), 사리(事理), 도리(道理), 다스리다, 수선(修繕)하다, 궁리(窮理).

'거경궁리(居敬窮理)'는 마음을 경건(敬虔)하게 하여 이치(理致)를 추구(追究)하는 것이다.
이는 유학(儒學)의 학문 수양 방법이다.

- 聆(들을 령) → 듣다, 깨닫다, 남의 말을 따르다, 첨령(瞻聆), 영음찰리(聆音察理).
- 聽(들을 청) → 주의 깊게 듣다, 청각(聽覺), 청강(聽講), 청문(聽聞), 청중(聽衆).
- 聞(들을 문) → 듣다, 들리다, 알다, 소문(所聞), 청이불문(聽而不聞)=듣고도 못 들은 체함.

『논어』<위정> 편에, 공자가 '시(視)·관(觀)·찰(察)'을 말했다.
"그가 행동하는 것을 보고, 그렇게 행동한 이유를 살피며,
그의 삶이 편안한지 살핀다면 그의 사람됨을 어찌 숨길 수 있겠는가."
(視其所以하고 觀其所由하며 察其所安하면 人焉廋哉리오)

『논어』<위령공> 편에, 공자가 말했다.
"여러 사람이 그를 미워하더라도 (장점 있는지) 반드시 살펴보고,
여러 사람이 그를 좋아하더라도 (단점 있는지) 반드시 살펴보아야 한다."
(衆惡之라도 必察焉하고, 衆好之라도 必察焉하라)

- 조리(調理) → 식재료 가공 과정, 볶는 조리. · 요리(料理) → 완성품, 중화요리 짜장면.

087 후

鑑	貌	辨	色
거울 감	얼굴(모양) 모	분별할 변	빛 색

해석: 모양을 보고 기색을 분별한다

주해: 용모(容貌)와 말과 얼굴빛으로, 그 사람의 정(情)을 보고 뜻을 분별할 수 있다. 제(齊)나라 환공(桓公)이 위(衛)나라를 치려 함을 그의 부인(婦人)이 알았고, 위나라를 용서하려 함을 관중(管仲)이 알았다.

자의:

鑑(감)	거울삼다, 본보기, 비추다, 경계(警戒)로 삼다, 귀감(龜鑑), 감정(鑑定), *거울 경(鏡).
貌(모)	모양, 모습, 자태(姿態), 얼굴, 행동거지(行動擧止), 면모(面貌), 모양(貌樣), 전모(全貌).
辨(변)	분별하다, 나누다, 쟁론(爭論)하다, 밝히다, 총명(聰明)하다, 변별(辨別), 변명(辨明).
色(색)	빛, 색채(色彩), 낯, 안색(顔色), 관형찰색(觀形察色), 명색(名色), 생색(生色), 퇴색(退色).

오색(五色)은 오행(五行)의 방위(方位)에 따른 색이다. 적(赤)·청(靑)·황(黃)·백(白)·흑(黑)색으로, 양(陽)의 색이다. 오방정색(五方正色), 정색(正色), 오채(五彩)라고도 한다. 적·청·황은 삼원색(三原色), 백·흑은 무채색(無彩色)이다. 간색(間色)은 오색의 어느 두 가지 이상을 혼합(混合)한 색으로, 음(陰)의 색이다. 오방간색(五方間色)이라고도 한다. 청+황=녹(綠), 황+흑=유황(硫黃), 흑+적=자(紫), 적+백=홍(紅), 백+청=벽(碧)이다.

북(北)
흑(黑)-현무(玄武), 수(水)-동(冬), 지(智)

서(西)
백(白)-백호(白虎), 금(金)-추(秋), 의(義)

중(中)
황(黃)-황룡(黃龍), 토(土)-토용(土用), 신(信)

동(東)
청(靑)-청룡(靑龍), 목(木)-춘(春), 인(仁)

남(南)
적(赤)-주작(朱雀), 화(火)-하(夏), 예(禮)

088 전

貽	厥	嘉	猷
끼칠 이	그 궐	아름다울 가	꾀 유

해석 자손에게 아름다운 도리를 물려주니

주해 군자(君子)는 그 자손에게 마땅히 아름다운 도리를 물려줘야 한다. 소하(蕭何)는 검소함을, 양진(楊震)은 청렴함을, 방덕공(龐德公)은 편안함을 물려줌과 같은 것이니, 이는 모두 훌륭한 도리를 물려준 것이다.

자의

貽(이)	주다, 후세에 물려주다, 끼치다, 이훈(貽訓) → 조상이 남긴 교훈.
厥(궐)	그(其), 돌궐(突厥).
嘉(가)	아름답다, 기쁘다, 맛 좋다, 옥반가효(玉盤嘉肴), 가상(嘉尙), 가배(嘉俳).
猷(유)	꾀, 그림을 그리다, 재유(才猷)=재주와 꾀, 모유(謀猷)=원대한 꾀.

한(漢)나라 고조(高祖) 유방(劉邦)이 개국공신들을 모아놓고 말했다.
"군영의 장막 안에서 계책을 짜서 천 리 밖 싸움을 승리로 이끄는 일은, 내가 장량만 못하다. 후방에서 나라를 안정시키고 백성을 달래며 전방에 군량을 공급하는 일은, 내가 소하만 못하다. 백만대군을 통솔하여 싸우면 이기고 공격하면 반드시 점령하는 일은, 내가 한신만 못하다. 나는 그들을 잘 운용하였기에, 천하를 얻을 수 있었다."

◎ **소하이검(蕭何以儉)** → 소하(BC.257~193)의 검소함

소하는 건한삼걸(建漢三傑) 개국공신 서열 1위로, 초대 상국(相國)을 지냈다. 주군(主君) 유방의 의심(疑心)에서 벗어나고자 자신의 평판(評判)을 나쁘게 조작(造作)하고, 쌓인 재산을 국고에 기부했으며, 집에는 담장을 세우지 않았고, 전답은 변두리에 마련했다. 이로써 숙청(肅淸)을 피해 살아남았다. 소하는 천수를 누리고, 숨을 거두면서 말했다.
"나의 후대(後代)가 현명하다면 나의 검소함을 본받을 것이고, 현명하지 못하더라도 권세가들에게 가산(家産)을 빼앗기지는 않으리라."

088 후

勉	其	祗	植
힘쓸 면	그 기	공경할 지	심을 식

해석
그것을 공경히 심기에 힘쓰라

주해
공경(恭敬)히 좋은 도를 심기에 힘써서, 물려주신 바의 아름다운 계책을 실추(失墜)시키지 말아야 한다.

자의
- **勉(면)** 힘쓰다, 근면(勤勉), 권면(勸勉), 면학(勉學), 각고면려(刻苦勉勵)하다.
- **其(기)** 그, 그것, 각기(各其), 급기야(及其也), 기간(其間), 기타(其他).
- **祗(지)** 공경하다, 지명(祗命), 지배(祗拜).
- **植(식)** 심다, 재배(栽培)하다, 식물(植物), 식목일(植木日), 식민지(植民地), 이식(移植).

◎ **양진이청(楊震以淸)** → 양진(54~124)의 청렴함. 사지공(四知公) 고사

양진은 후한(後漢) 명신, 학문이 뛰어나고 인격이 출중하며, 가난하였으나 청렴결백했다. 그가 동래(東萊)태수가 되어 가던 중 창읍(昌邑) 객사에 머물렀는데, 밤늦게 창읍 현령(縣令) 왕밀(王密)이 찾아왔다. 왕밀은 자기를 천거해 준 은혜에 보답한다며, 황금 10냥을 공손히 내놓으며 말했다.

"한밤중이라 아는 자가 없습니다." (暮夜라 無知者오)

양진이 말했다. "하늘이 알고 땅이 알며 그대가 알고 내가 아는데, 어찌 아는 자가 없다 하는가?" (天知 地知 子知 我知어늘 何謂無知오)

◎ **방덕공이안(龐德公以安)** → 방덕공(미상~?)의 편안함

방덕공은 후한(後漢) 말, 삼국시대의 은사(隱士), 방통(龐統)의 숙부다.
양양(襄陽) 현산(峴山) 남쪽에서 아내와 농사지으며 살았다. 형주자사 유표(劉表)가 여러 번 벼슬을 청했지만 응하지 않았다. 유표가 물었다. "벼슬하지 않으면서 후세에 무엇을 물려주겠소?"
방덕공이 말했다. "남들은 모두 위태로움을 물려주지만, 나는 편안함을 물려주겠소."

089 전	省 살필 성	躬 몸 궁	譏 나무랄 기	誡 경계할 계

해석: 자신을 살펴 경계하고

주해: 신하가 스스로 그 몸을 살펴서, 매양 비판(批判)과 풍자(諷刺)와 경계(警戒)가 올 것을 생각한 다면, 스스로 마땅히 벼슬길에 나아감을 어렵게 여기고, 물러나기를 쉽게 여겨야 한다.

자의:

省(성, 생)	살피다, 귀성(歸省), 깨닫다, 성찰(省察), 줄이다, 반성(反省), 생략(省略), 생획(省劃)
躬(궁)	몸, 신체(身體), 몸소, 친(親)히, 자신(自身), 궁진(躬進), 궁행(躬行).
譏(기)	나무라다, 꾸짖다, 비난(非難)하다, 책망(責望)하다, 충고하다, 기롱(譏弄), 기방(譏謗).
誡, 戒(계)	경계(警戒)하다, 조심(操心)하고 삼가다, 훈계(訓戒), 계율(誡律, 戒律).

'일일삼성(一日三省)' 또는 '삼경오신(三敬吾身)'은
'하루에 세 가지를 성찰(省察)한다'는 것으로, 『논어』 <학이> 편에, 증자(曾子)가 말했다.
"나는 날마다 세 가지로써 나 자신을 성찰(省察)한다.
남을 위한 일이 성실(誠實)하였는가?
벗과 사귐이 진실(眞實)하였는가?
전(傳)해 받은 가르침을 실천(實踐)하였는가?."
(吾日三省吾身하노니 爲人謀而不忠乎아 與朋友交而不信乎아 傳不習乎이니라)

- 관찰(觀察) 볼 관, 살필 찰. 사물이나 현상을 주의하여 살핌.
- 통찰(洞察) 밝을 통, 살필 찰. 예리한 관찰력으로 사물을 꿰뚫어 살핌.
- 성찰(省察) 살필 성, 살필 찰. 자기 마음을 반성하고 두루 살핌. 지나간 일을 되돌아보거나 살핌.

증자(曾子, BC.505~435)는 이름이 삼(參)이다. 공자의 만년(晩年)의 적통(嫡統) 제자로서, 스승의 가르침을 공자의 손자인 자사(子思)에게 전하고, 자사는 맹자에게 전하였다. 이로써 유학(儒學)의 맥(脈)이 이어졌다. 증자는 『대학』과 『효경』을 저술하였다.

089

후

寵	增	抗	極
사랑할 총	더할 증	막을(높을) 항	다할(끝) 극

해석 은총이 더할수록 극도에 도달함을 막아라

주해 영광(榮光)과 총애(寵愛)가 더욱 더해지면 마땅히 극도(極度)에 이름을 근심해야 한다. 옛사람들이 영화(榮華)에 처하면 위태로움을 생각한 것은 이 때문이다.

자의

寵(총)	사랑하다, 총애(寵愛), 은총(恩寵).
增(증)	더하다, 불다, 늘다, 더욱, 증가(增加), 급증(急增), 점증(漸增), 증대(增大).
抗(항)	높다(亢), 막다, 겨루다, 대항(對抗), 항거(抗拒), 항쟁(抗爭), 항암제(抗癌劑).
極(극)	끝, 극도(極度), 지극(至極), 북극성(北極星), 왕위, 등극(登極), 양극화(兩極化).

'**항룡유회**(亢龍有悔)'는 하늘 끝까지 올라간 용이 (내려갈 길만 남아) 후회한다는 말로, 권세(權勢)가 한없기를 바라지 말라는 경계(警戒)다.

『주역』 건괘(乾卦)의 육효(六爻)의 뜻을 설명한 〈효사(爻辭)〉에 나오는 말이다. 용이 승천(昇天)하는 기운을 단계별로 설명하였다.

첫 단계는 물속에 잠긴 '**잠룡**(潛龍)'이다. 아직 때가 이르지 않았으므로 덕(德)을 쌓으며 때를 기다려야 한다.
다음은 땅에 올라와 자신을 드러낸 '**현룡**(現龍)'이다. 쌓은 덕을 만천하에 펴서 신임을 받는다.
그다음은 하늘을 나는 '**비룡**(飛龍)'이다. 자신의 능력을 발휘하여 높이 날아오른다.
마지막은 절정에 이른 '**항룡**(亢龍)'이다. 하늘 끝에 다다랐다.

공자가 '지위가 높을수록 겸손(謙遜)하라'며 말했다.
"항룡은 너무 높이 올라갔다. 존귀하나 지위가 없고, 교만하여 자칫 민심을 잃게 되며, 남을 무시하므로 보필도 받을 수 없다."

090 전

殆	辱	近	恥
위태할 태	욕될 욕	가까울 근	부끄러워할 치

해석 위태롭고 욕된 일은 치욕이 가까우니

주해 노자(老子)가 말했다. "만족(滿足)함을 알면 욕(辱)되지 않고, 그칠 줄을 알면 위태(危殆)롭지 않다." 신하가 부귀하고서 능히 겸양(謙讓)하지 않으면 반드시 위태로움과 욕을 당하여 치욕(恥辱)에 가깝게 된다.

자의

殆(태)	위태(危殆)롭다, 위험(危險)하다, 해(害)치다, 거의, 태반(殆半).
辱(욕)	욕(辱)되다, 욕(辱)보이다, 모욕(侮辱), 치욕(恥辱), 영욕(榮辱), 오욕(汚辱).
近(근)	가깝다, 닮다, 비슷하다, 친하게 지내다, 근교(近郊), 근사(近似), 친근(親近), 근황(近況).
恥(치)	부끄러워하다, 창피(猖披), 수치(羞恥), 치욕(恥辱), 염치(廉恥), 불치하문(不恥下問).

◉ 부끄러워할 염(廉), 치(恥), 수(羞), 참(慙), 괴(愧).
• 염치(廉恥)=염조(廉操)+지치(知恥) → 청렴(淸廉)하고 부끄러워하는 마음.
• 파렴치(破廉恥), 몰염치(沒廉恥), 후안무치(厚顔無恥), 철면피(鐵面皮) → 염치를 모르고 뻔뻔스러움.
• 창피(猖披) → (미쳐 날뛸 창, 헤칠 피). 체면이 깎이고 망신을 당해 낯부끄러움.
• 체면(體面) → (몸 체, 낯 면). 남을 대하기에 떳떳한 도리(道理)나 얼굴.
• 자괴(自愧) → 스스로 부끄러워함.

『논어』〈헌문〉편에서, 공자는 언행일치(言行一致)를 강조하였다.
"군자는 자신의 말이 실행보다 앞서는 것을 부끄럽게 여긴다."
(君子는 恥其言而過其行이니라)

『논어』〈학이〉편에서, 공자는 말만 번지르르한 사람을 비평하였다.
"교묘(巧妙)히 꾸민 말과 아첨(阿諂)하는 얼굴빛에는 인(仁)이 드물다."
(巧言令色은 鮮矣仁이니라)

090 후

林	皐	幸	卽
수풀 림	언덕 고	다행 행	나아갈 즉

숲 언덕으로 가서 몸을 지켜라

주해 이미 그칠 줄 알고 만족할 줄 아는 뜻이 있으면, 산림(山林) 물가로 나아가야 천성(天性)을 보전(保全)할 수 있다.

자의

林(림)	수풀, 숲, 많다, 유림(儒林), 서림(書林), 사림(士林), 주지육림(酒池肉林).
皐(고)	언덕, 물가의 땅, 늪, 고등어(皐登魚).
幸(행)	다행(多幸), 행운(幸運), 바라다, 요행(徼幸), 행복(幸福), 행운(幸運).
卽(즉)	나아가다, 가까이하다, 죽다, 곧, 이제, 즉시, 바로, 만약(萬若), 즉각(卽刻), 즉답(卽答).

'유유자적(悠悠自適)'은 무엇에건 구속(拘束)받지 않고 한가(閑暇)로이 자기 마음 내키는 대로 다닌다는 뜻이다.

중국 당(唐)나라 시인 유종원(柳宗元, 773~819)의 대표적인 산수시(山水詩) <강설(江雪)>이다.

千山鳥飛絶(천산조비절) 온 산에는 새 한 마리 날지 않고
萬逕人蹤滅(만경인종멸) 모든 길에는 사람 발자국이 끊겼네
孤舟蓑笠翁(고주사립옹) 외로운 배에 도롱이에 삿갓 쓴 노인
獨釣寒江雪(독조한강설) 홀로 낚시하는 차가운 강에 눈만 내린다.

<적벽강(赤壁江) 석양>, 전북 부안 격포, 2021

091 전

兩	疏	見	機
두 량	상소할 소	볼 견	틀(기미) 기

해석 한나라 소광·소수는 기회를 보아

주해 두 소씨는 한(漢)나라 때의 태부(太傅) 소광(疏廣)과 그의 조카인 소부(少傅) 소수(疏受)다. 상소(上疏)하여 사직(辭職)하고 물러가 몸을 보전(保全)하기를 원하였으니, 기미(幾微)를 보아 알고 떠나간 것이다.

자의

兩(량)	둘, 짝, 쌍(雙), 화폐 단위 냥, 양립(兩立), 양면성(兩面性). 양두사(兩頭蛇)는 뱀 머리가 몸 양쪽에 있고, 쌍두사(雙頭蛇)는 한쪽에 둘임.
疏(소)	상소(上疏), 트다, 소통(疏通), 멀다, 거칠다, 성씨(姓氏), 소홀(疏忽), 친소(親疏).
見(견, 현)	보다, 보이다, 나타나다, 드러나다, 선입견(先入見), 편견(偏見), 알현(謁見).
機(기)	틀, 기미(機微), 기회(機會), 기관차(機關車)+객차=기차(汽車), 기계(機械).

『한서(漢書)』 <소광전(疏廣傳)> 내용을 간추린 <이소산금(二疏散金)>은 '두 소씨(疏氏)가 황금을 마구 뿌렸다'는 뜻이다.

전한(前漢)의 선제(宣帝) 때, 소광(疏廣)은 태자(太子)의 태부(太傅)가 되고, 형의 아들인 조카 소수(疏受)는 소부(少傅)가 되었다. 매일 조회에, 태부는 태자의 앞에 서고, 소부는 뒤에 서서 임금을 알현하였다. 조정에서는 숙부와 조카가 나란히 태자의 스승이 된 것을 영화롭게 여겼다.

어느 날, 소광이 소수에게 말했다.

"내가 들으니, 족한 것을 알면 욕되지 않고, 그칠 줄을 알면 위태롭지 않다고 했다. 공(功)이 이루어지면 물러나는 것이 하늘의 도리다. 어찌 고향으로 돌아가 노후를 보내며 천수(天壽)를 다하는 것만 하겠느냐?"

숙질(叔姪)이 병(病)을 핑계로 사직(辭職)을 청하니, 선제가 황금 20근을 하사하고, 태자는 황금 50근을 주었으며, 동문 밖까지 전송 나온 공경대부(公卿大夫)와 친구와 사람들이 타고 온 수레가 수백 대였다.

091 후

解	組	誰	逼
풀 해	끈(짤) 조	누구 수	핍박할 핍

해석

사직하고 돌아가니 누가 핍박하랴

주해

인수(印綬)를 풀고(반납=사직), 물 흘러가듯이 떠나갔으니, 누가 능히 핍박(逼迫)하여 그들이 떠나는 것을 막을 수 있겠는가.

자의

解(해) 풀다, 화해(和解), 가르다, 분해(分解), 흩어지다, 해산(解散), 이해(理解), 곡해(曲解). 해석(解釋)은 문장이나 사물의 의미를 이해하고 설명함이고, 해석(解析)은 복잡한 사물을 분석하여 논리적으로 밝힘이다.

組(조) 짜다, 끈, 인끈, 여기서는 관직(官職)의 인수(印綬)다, 조직(組織), 조합(組合).

誰(수) 발어사(發語詞), 누구, 수하(誰何).

逼(핍) 핍박(逼迫)하다, 다치다, 쪼그라들다, 몰다, 핍진(逼眞)

· 핍진(逼眞) 실물과 다름없을 정도(程度)로 몹시 비슷함. 사정(事情)이나 표현(表現)이 진실(眞實)하여 거짓이 없음.
· 핍진(乏盡) 재물(財物)이나 정력 따위가 죄다 없어짐.

두 소씨(疏氏)는 고향으로 돌아와, 하사받은 황금을 팔아서 날마다 술과 음식을 갖추어, 친지 친구 손님들을 초청하여 즐기고 나누어 주었다. 어떤 사람이 말했다.
"그렇게 황금을 다 써 버리지 말고 전답(田畓)과 집을 사두시지요."

소씨가 말했다.
"옛 전답과 집이 그대로 있으니, 자손들이 부지런히 일한다면 족히 의식주(衣食住)는 해결될 걸세. 이 황금은 임금이 늙은 신하에게 은혜로 베푼 것이므로 고향 사람들과 더불어 나누어 먹으면서, 즐겁게 여생(餘生)을 마치려네."

어느 날, 소광이 하사받은 황금을 사람들에게 나누어 주면서 말했다.
"어진 사람이 재물이 많으면 그 뜻이 덜어지고, 어리석은 사람이 재물이 많으면 그 허물만 늘어난다오."
(賢而多財면 則損其志요 愚而多財면 則益其過라)

092 전

索	居	閑	處
홀로 삭	있을(살) 거	한가할 한	곳 처

해석 퇴직하여 홀로 한가로운 곳에 사니

주해 한가롭게 조용히 사니, 곧 벼슬을 사직하고 물러난 자의 일이다.

자의

索(삭, 색)	홀로, 쓸쓸하다, 줄, 노끈, 삭막(索寞), 찾다, 검색(檢索), 색인(索引), 색출(索出).
居(거)	살다, 거주(居住)하다, 처신(處身)하다, 곳, 거소(居所), 거처(居處), 주거(住居).
閑, 閒(한)	농한기(農閑期), 한산(閑散), 한가(閑暇), 한적(閑寂), 한량(閑良), 망중한(忙中閑).
處(처)	곳, 장소(場所), 지위(地位), 머무르다, 결정하다, 처사(處事), 처방(處方), 난처(難處).

조선 기묘사화 때, 사재(思齋) 김정국(金正國, 1485~1541)은 형 모재(慕齋) 김안국(金安國, 1478~1543)과 함께 벼슬에서 쫓겨나, 고향(故鄕)인 경기도 고양(高陽)에 돌아와 살았다. 한양(漢陽)의 친구가 '무료(無聊, 지루하고 심심함)하지 않느냐'고 문안 편지를 보내와, 답시 <淸福(청복)>을 지어 보냈다.

<淸福(청복)> '잡념 없이 행복하다'

我田雖不饒(아전수불요)	내 전답(田畓)이 비록 많지는 않아도
一飽卽有餘(일포즉유여)	내 배 하나 채우기에 넉넉하고
我廬雖阨陋(아려수액루)	내 집이 비록 좁고 누추(陋醜)해도
一身常晏如(일신상안여)	내 몸 하나 지내기는 편안(便安)하네.
晴窓朝日昇(청창조일승)	비 갠 아침 창(窓)에 해가 떠오르면
依枕看古書(의침간고서)	목침(木枕)에 기대어 옛글을 읽고
有酒吾自斟(유주오자짐)	술이 있어 홀로 따라 마시니
榮瘁不關予(영췌불관여)	영화(榮華)와 근심은 나와 무관(無關)하네.
勿謂我無聊(물위아무료)	내게 '무료(無聊)하지 않는 지' 묻지 말게
眞樂在閑居(진낙재한거)	참된 즐거움은 한가(閑暇)한 삶에 있나니.

<현호색(玄胡索)>, 속명 '종달새'

092

훈음: 沈 가라앉을 침 / 默 잠잠할 묵 / 寂 고요할 적 / 寥 고요할 요

해석: 잠잠하고 고요하다

주해: 침묵(沈默)은 남들과 언의(言議)를 오르내리지 않는 것이요, 적요(寂寥)는 남들과 몰려다니거나 찾아다니지 않는 것이다.

자의:

沈(침)	잠기다, 가라앉다, 침몰(沈沒), 성씨 심(沈), 심청가(沈淸歌), 부침(浮沈), 침잠(沈潛).
默(묵)	잠잠하다, 입 다물다, 말 없다, 소리 없다, 침묵(沈默), 묵언(默言), 묵비권(默祕權).
寂(적)	고요하다, 한적(閑寂)하다, 적적(寂寂)하다, 잠적(潛寂), 적막강산(寂寞江山).
寥(요)	고요하다, 쓸쓸하다, 휑하다, 적요(寂寥).

사재 김정국은 경기도 고양에 낙향하여, 호(號)를 팔여거사(八餘居士)로 바꾸고 유유자적(悠悠自適) 살았다. 김정국의 <팔여(八餘)> '여덟 가지의 여유(餘裕)'는 다음과 같다.

1) 토란국과 보리밥을 배불리 먹고,
2) 따뜻한 방에서 잠을 푹 자고,
3) 땅에서 솟은 맑은 샘물을 실컷 마시고,
4) 서가(書架)에 가득한 책을 뽑아 읽고,
5) 봄철엔 꽃, 가을철엔 달빛을 맘껏 감상하고,
6) 새들의 지저귐과 솔바람 소리를 종일 듣고,
7) 눈 속에 핀 매화와 서리 맞은 국화 향기를 넉넉하게 맡고,
8) 이 일곱 가지를 넉넉하게 즐기는 복(福)이다.

- 백채(白菜) → 백추 → 배추.
- 침채(沈菜) → 딤채 → 김채 → 김치.
- 동침(冬沈) → 동침이 → 동치미.
- 침장(沈藏) → 김장.

모재 김안국은 조광조(趙光祖)와 더불어 김굉필(金宏弼)의 문인이고, 하서(河西) 김인후(金麟厚, 1510~1560)의 스승이다. 예조판서, 대제학 등을 지냈다. 경상도관찰사와 전라도관찰사 재임 시 '향약(鄕約)'을 보급 시행하여, 지역공동체(성리학적 사회)를 추구하였다.
정몽주(鄭夢周)-길재(吉再)-김숙자(金叔滋)-김종직(金宗直)-김굉필(金宏弼)의 학맥(學脈)을 이어받았다.

093 전

求	古	尋	論
구할 구	옛 고	찾을 심	의논할 론

해석
옛사람의 도를 구하고 논거를 찾아

주해
군자(君子)가 한가롭게 거처할지라도 반드시 일상생활이 있다. 옛사람의 벼슬살이와 은둔(隱遁)생활에 대한 본말(本末)을 구하고 토론하니, 몸이 비록 물러났더라도 사회의 교화(教化)에 도움이 크다.

자의

求(구)	구(求)하다, 탐(貪)내다, 청(請)하다, 찾다, 얻어 내다, 빌다, 짝, 간구(懇求), 갈구(渴求).
古(고)	예, 예전, 옛날, 옛것, 묵음, 오래됨, 선조(先祖), 조상(祖上), 태고(太古), 고시(古詩).
尋(심)	찾다, 캐묻다, 탐구(探求), 탐색(探索), 길이의 단위, 여덟 자, 심문(尋問), 추심(推尋).
論(론)	논(論)하다, 사물의 이치를 말하다, 서술(敍述), 진술(陳述), 논리(論理), 여론(輿論).

- 求(구할 구)는 구애(求愛), 구직(求職), 요구(要求), 추구(追究)함이다.
- 救(건질 구)는 구원(救援), 구제(救濟), 구명(救命), 구출(救出)함이다.
- '求存同異(구존동이)'는 서로 다름을 인정하고 같은 점을 찾음이다.

- 古(옛 고)는 과거, 옛날, 먼 시대, 오래되고 낡은 것(old)이다.
- 故(연고 고)는 연고(緣故), 이유(理由), 전통(傳統)이다, 사망(死亡)함.
- 舊(오랠 구)는 오래됨, 구면(舊面), 친구(親舊), 송구영신(送舊迎新).

- 尋(찾을 심)은 찾다, 깊이 살피다, 심방(尋訪), 심문(尋問), 추심(推尋).
- 探(찾을 탐)은 찾다, 탐구(探求, 探究), 탐문(探問, 探聞), 탐험(探險).
- 索(찾을 색)은 찾다, 실마리를 찾다, 수색(搜索), 탐색(探索), 검색(檢索).

- 의(議)는 책임 있는 자(기관)의 평의(評議), 의회(議會), 의사(議事).
- 논(論)은 책임 벗어난 논평(論評), 언론(言論), 여론(輿論), 논문(論文).

093
훈음

散	慮	逍	遙
흩어질 산	생각할 려	거닐 소	멀(거닐) 요

해석

잡념을 버리고 한가로이 거닌다

주해

또한 마땅히 잡다한 생각을 흩어 버려, 세상(世上) 일에 마음 얽매임 없이 소요(逍遙)하며 유유자적(悠悠自適)한다.

자의

散(산)	흩다, 흩어지다, 헤어지다, 풀어놓다, 내치다, 한가(閑暇)하다, 산문(散文), 해산(解散).
慮(려)	생각하다, 헤아리다, 근심하다, 꾀하다, 삼고초려(三顧草廬), 염려(念慮), 배려(配慮).
逍(소)	노닐다, 거닐다, 소요(逍遙), 소풍(逍風).
遙(요)	노닐다, 거닐다, 멀다, 아득하다, 요원(遙遠)하다.

<귀천(歸天)> - 천상병(千祥炳, 1930~1993), 1970년.
나 하늘로 돌아가리라
새벽빛 와 닿으면 스러지는, 이슬 더불어 손에 손을 잡고
나 하늘로 돌아가리라
노을빛 함께 단 둘이서, 기슭에서 놀다가 구름 손짓하면은
나 하늘로 돌아가리라
아름다운 이 세상(世上) 소풍(逍風) 끝내는 날
가서 아름다웠더라고 말하리라.

<소풍(逍風) 같은 인생> - 추가열(1968~) 작사 작곡 노래, 2014년.
너도 한 번 나도 한 번, 누구나 한 번 왔다 가는 인생(人生)
바람 같은 시간(時間)이야, 멈추지 않는 세월(歲月), 하루하루 소중(所重)하지
미련(未練)이야 많겠지만, 후회(後悔)도 많겠지만
어차피(於此彼) 한 번 왔다가는 걸, 붙잡을 수 없다면
소풍(逍風) 가듯 소풍(逍風) 가듯
웃으며 행복(幸福)하게 살아야지.

| 094 전 | 欣 기뻐할 흔 | 奏 나아올 주 | 累 묶을 루 | 遣 보낼 견 |

해석: 기쁨은 오고 슬픔은 가며

주해: 한가한 곳에 살며 잡된 생각을 흩어 버리면, 기뻐하고 감상하는 정이 스스로 나오고, 잡되게 얽매이는 일이 스스로 물러감을 말함이다.

자의:

欣(흔)	기쁘다, 기뻐하다, 즐겁다, 즐거움, 흔연(欣然), 흔쾌(欣快).
奏(주)	나오다, 아뢰다, 여쭈다, 상소(上疏), 연주(演奏)하다, 반주(伴奏), 합주(合奏).
累(루)	묶다, 얽매다, 여러, 자주, 포개다, 걱정, 허물, 죄, 연루(連累), 누계(累計), 누적(累積).
遣(견)	보내다, 하사품(下賜品), 버리다, 파견(派遣), 자견(自遣).

이백(李白) 시 <자견(自遣)> '홀로 걷는 길'

對酒不覺暝(대주불각명)	술 한잔하다 보니 어느새 날은 저물고
花落盈我衣(화락영아의)	꽃잎 떨어져 내 옷자락에 가득 쌓였구나
醉起步溪月(취기보계월)	취해 일어나 개울물에 뜬 달 따라 걸으니
鳥還人亦稀(조환인역희)	새들 둥지로 돌아가고 인적(人跡) 드물다

094 후

感	謝	歡	招
근심할 척	사례할(끊을) 사	기쁠 환	부를 초

해석 근심은 사라지고 즐거움이 다가온다

주해 이렇게 하면, 괴롭고 슬픈 생각이 날마다 떠나가고, 즐거운 흥취(興趣)가 날마다 다가온다.

자의

感(척)	근심하다, 남으로 하여금 나에 대하여 원한을 갖게 하는 것.
謝(사)	끊다, 사절(謝絶), 감사(感謝), 사례(謝禮), 사은(謝恩), 사과(謝過).
歡(환)	기쁘다, 기뻐하다, 좋아하다, 즐기다, 歡迎(환영), 환희(歡喜), 애환(哀歡).
招(초)	부르다, 손짓하다, 초대(招待), 초래(招來), 자초(自招), 초혼(招魂)=영혼을 부름.

무척(無慼)
남에게 억울한 원한(怨恨)을 지음이 없음. 척 짓지 말라.

무척(無隻)
둘도 없이, 견줄 데 없이 매우, 무쌍(無雙). 무척 힘세다.

사과(謝過)
스스로 잘못을 깨닫고 용서(容恕)를 빎.

사죄(謝罪)
죄(罪)를 사과(謝過)하고 잘못을 빎.

감사(感謝)
고맙게 여김, 감사(感謝)하다, 고맙다(고유어).

감은(感恩)
받은 은혜(恩惠)에 감사하고 고맙게 여김.

환영(歡迎)
오는 사람을 기쁜(歡) 마음으로 맞이함(迎). 신입생 환영.

환송(歡送)
떠나는 사람을 기쁜(歡) 마음으로 보냄(送). 졸업생 환송.

초대(招待)
어떤 모임에 사람을 불러 대접(待接)함. 잔치에 초대하다.

초청(招請)
어떤 사람을 청(請)하여 불러들임. 관계자 초청, 초청장.

초빙(招聘)
어떤 일을 풀기 위해 전문가를 예(禮)를 갖추어 맞이함.

095 전

渠	荷	的	歷
개천 거	연꽃 하	과녁(밝을) 적	지낼(밝을) 력

해석 도랑의 연꽃은 환히 빛나고

주해 개천의 연꽃이 여름을 맞이하여 무성하게 피니, 환히 아름다운 향기가 손에 잡힐 듯하다.

자의

渠(거)	개천, 도랑, 개거(開渠), 수도거성(水到渠成).
荷(하)	연, 연꽃, 짊어지다, 부담(負擔)하다, 과부하(過負荷), 하중(荷重), 적반하장(賊反荷杖).
的(적)	밝다, 곱다, 선명(鮮明)하다, 과녁, 목표(目標), 적중(的中), 적확(的確), 표적(標的).
歷(력)	밝다, 지내다, 겪다, 세월을 보내다, 이력(履歷), 역사(歷史), 경력(經歷).

역사학자 단재(丹齋) 신채호(申采浩, 1880~1936)의 『조선상고사(朝鮮上古史)』의 일부다. 일제강점기에 10여 년 신문 연재한 미완의 글이다.

"역사(歷史)란 무엇이뇨? 인류사회의 '아(我)'와 '비아(非我)'의 투쟁(鬪爭)이 시간부터 발전하며 공간부터 확대하는 심적 활동의 상태의 기록이니, 세계사라 하면 세계 인류의 그리 되어 온 상태의 기록이며, 조선사라 하면 조선 민족의 그리 되어 온 상태의 기록이니라.

무엇을 아라 하며 무엇을 비아라 하느뇨? 깊이 팔 것 없이 얕게 말하자면, 무릇 주관적 위치에 선 자를 아라 하고 그 외에는 비아라 하나니, 이를테면 조선인은 조선을 아라 하고, 영·미·법·로(英·美·法·露) 등을 비아라 하지만, 영·미·법·로 등은 각기 제 나라를 아라 하고 조선을 비아라 하며, 무산계급은 무산계급을 아라 하고, 지주나 자본가 등은 각기 제 붙이를 아라 하고, 무산계급을 비아라 하며, 이뿐만 아니라 학문에나 기술에나 직업에나 의견에나 그 밖에 무엇에든지, 반드시 본위(本位)인 아가 있으며, 따라서 아와 대치한 비아가 있고, 의 중에 아와 비아가 있으며 비아 중에도 또 아와 비아가 있어, 아에 대한 비아의 접촉이 번극(煩劇)할수록 비아에 대한 아의 분투(奮鬪)가 더욱 맹렬하여, 인류사회의 활동이 휴식될 사이가 없으며, 역사의 전도(顚倒)가 완결될 날이 없나니, 그러므로 역사는 아와 비아의 투쟁의 기록이니라."

095 후

園	莽	抽	條
동산 원	풀 망	뽑을(빼낼) 추	가지 조

훈음

해석 동산의 풀은 가지를 뻗어 우거졌다

주해 동산의 풀이 바야흐로 봄에 푸르러, 우북히 빼어난 가지가 사랑스럽기만 하다.

자의

園(원)	동산, 수목 재배지, 과수원(果樹園), 정원(庭園), 공원(公園), 낙원(樂園).
莽(망)	풀, 초원, 숲, 우거지다, 멀다, 넓다, 거칠다, 크다, 초망(草莽).
抽(추)	빼다, 뽑다, 당기다, 거두다, 추상(抽象), 추첨(抽籤), 추출(抽出).
條(조)	가지, 곁가지, 조목(條目), 조항(條項), 조건(條件), 조약(條約), 철조망(鐵條網).

◎ 『대한민국헌법(大韓民國憲法)』 [시행 1988.2.25.] [헌법 제10호, 1987.10.29. 전부개정]

전문 / 유구한 역사와 전통에 빛나는 우리 대한국민은 3·1운동으로 건립된 대한민국임시정부의 법통과 불의에 항거한 4·19민주이념을 계승하고, 조국의 민주개혁과 평화적 통일의 사명에 입각하여 정의·인도와 동포애로써 민족의 단결을 공고히 하고, 모든 사회적 폐습과 불의를 타파하며, 자율과 조화를 바탕으로 자유민주적 기본질서를 더욱 확고히 하여 정치·경제·사회·문화의 모든 영역에 있어서 각인의 기회를 균등히 하고, 능력을 최고도로 발휘하게 하며, 자유와 권리에 따르는 책임과 의무를 완수하게 하여, 안으로는 국민생활의 균등한 향상을 기하고 밖으로는 항구적인 세계평화와 인류공영에 이바지함으로써 우리들과 우리들의 자손의 안전과 자유와 행복을 영원히 확보할 것을 다짐하면서 1948년 7월 12일에 제정되고 8차에 걸쳐 개정된 헌법을 이제 국회의 의결을 거쳐 국민투표에 의하여 개정한다.

제1장(章) 총강(總綱) / 제1조(條) ① 대한민국은 민주공화국(民主共和國)이다.
② 대한민국의 주권(主權)은 국민(國民)에게 있고, 모든 권력(權力)은 국민으로부터 나온다.
제2조(條) ① 대한민국의 국민의 요건은 법률로 정한다.
② 국가는 법률이 정하는 바에 의하여 재외국민을 보호할 의무를 진다. (이하 생략)

096 전

枇	杷	晚	翠
비파나무 비	비파나무 파	늦을 만	푸를 취

해석: 비파나무는 겨울 늦도록 푸르고

주해: 비파나무는 추운 겨울철에 꽃이 핀다. 그러므로 늦게까지 푸르다고 한 것이다.

자의:

枇(비)	비파(枇杷)나무.	杷(파)	비파(枇杷)나무.
晚(만)	늦다, 저물다, 저녁, 만추(晚秋), 만학(晚學), 대기만성(大器晚成), 만찬(晚餐).		
翠(취)	푸르다, 비취색(翡翠色), 비취조(翡翠鳥)=물총(鶬)새.		

〈비파(枇杷)나무〉

〈오동(梧桐)나무〉

〈동백꽃〉

〈물총새〉

096

후

梧	桐	早	凋
오동나무 오	오동나무 동	일찍 조	시들 조

해석: 오동나무는 가을에 일찍 시든다

주해: 오동나무는 가을 기운을 만나면 잎이 맨 먼저 떨어진다. 그러므로 일찍 시든다고 한 것이다.

자의:

梧(오)	오동(梧桐)나무.	桐(동)	오동(梧桐)나무.
早(조)	이르다, 일찍, 먼저, 아침, 조조(早朝), 조기(早期), 조퇴(早退), 조사(凋謝).		
凋(조)	시들다, 떨어지다, 조락(凋落).		

『논어』<자한> 편에, 공자가 말했다.
"날이 추워진 이후라야 소나무와 잣나무가 뒤늦게 시든다는 것을 알 수 있다."
(歲寒然後에 知松栢之後彫也라)

추사 김정희는 제주도 유배지에서 <세한도(歲寒圖)>에 발문(跋文)을 써서, 제자 이상적(李尙迪)에게 줬다.
"(전략) 공자가 말했다. '날이 추워진 후에야 송백(松柏)이 늦게 시든다는 것을 알 수 있다'고. 송백은 사철 잎이 지지 않는다. 날이 추워지기 전에도 송백이요, 날이 추워진 후에도 송백이다. 그런데도 성인(공자)은 날이 추워진 후의 송백을 특별히 칭찬하였다. 지금 그대가 나를 대하는 것을 보면, 내가 곤경에 처하기 전에 더 잘해 준 것도 없지만, 그 후에도 전만큼 못해 준 것도 없다. 그러나 예전의 그대는 칭찬할 만한 것이 없지만, 그 후의 그대는 역시 성인에게 칭찬받을 만하다. 성인이 특별히 칭찬한 것은 단지 늦게 시드는 송백의 굳센 절조(節操)만을 위함이 아니었다. 역시 날이 추워진 때와 같은 세상 시절을 보고 느낀 바가 있어서였다. (후략)"

<세한도(歲寒圖) 발문(跋文)>

<만종(晚鐘)> 밀레, 1859년 작, 프랑스 파리 루브르 미술관

그림 <만종(晚鐘)>은 프랑스의 화가 장 프랑수아 밀레(Millet, 1814~1875)의 대표작이다. 들판 하늘 멀리 석양이 물들고, 저녁 나절 치는 교회 종(만종)이 울리자, 젊은 부부가 밭일을 멈추고 기도(祈禱)하는 모습이다. 당시 농촌 출신이었던 밀레는 피폐(疲弊)한 농민들의 일상을 많이 그렸으므로 사실주의(Realism) 혹은 자연주의(Naturalism) 화가라 하고, 그런 그림을 농민화(農民畵)라 한다. 그래서 그를 사회주의자들은 찬사를, 보수주의자들은 비판했다.

그림의 원제목은 <감자 추수를 위한 저녁기도(Evening Prayer)>인데, 이 그림을 접한 동양의 일본인들이 한자(漢字)식으로 표현하여 <만종(晚鐘)>으로 우리에게 소개하였다고 한다.

1857년경 이 그림을 그릴 당시, 밀레는 물감을 살 돈조차 없는 가난한 화가였다. 애초 그림의 부부 발 앞에 놓인 작은 바구니에는 굶주린 아기 시체가 있었으나, 친구의 조언(助言)을 받아들여, 감자를 덧씌워 그려서 판매했다고 한다. 이 그림은 결코 평화스러운 농촌 풍경화가 아니었던 것이다.

<이삭 줍기> 밀레, 1857년 작, 프랑스 파리 오르세 미술관

그림 <이삭 줍기>는 추수 끝난 빈 들판에서 세 여인이 이삭을 줍는 모습이다. 그림 위쪽에는 농토를 가진 대지주의 추수가 한창이다. 그림 위 오른쪽엔 말을 탄 사람이 현장을 통제한다. 당시, 아무에게나 이삭을 줍게 하지 않았다. 그만큼 농촌 생활이 어려웠다.

밀레는 프랑스 노르망디의 작은 농촌 마을에서 태어나, 어린 시절부터 농민들의 힘든 노동과 가난한 생활 속에서 자라났다. 23세 파리로 유학하여 그림을 배우고, 결혼하였다. 초상화·간판·미인화 등을 그려 생계를 유지했다. 35세(1849년)에 파리 외곽 바르비종(Barbizon)으로 이사하여 농촌 현실을 고발하듯 사실적인 농민화를 많이 그렸다.

작품으로는 <키질>, <나무 켜기>, <씨 뿌리는 사람>, <건초 묶는 사람>, <빵 굽는 여인>, <양 치는 소녀>, <소와 농부>, <삽 든 사람> 등이 있다.

097 전

陳	根	委	翳
베풀(묵을) 진	뿌리 근	버릴 위	가릴 예

해석: 묵은 뿌리는 시들어 땅을 가리고

주해: 온갖 풀이 겨울에 이르러 마르고 시들어져서, 묵은 뿌리가 땅을 가리고 덮는다.

자의:

陳(진)	묵다, 오래되다, 베풀다, 진(陳)치다, 늘어놓다, 성씨(姓氏), 진(陳)나라, 진정(陳情).
根(근)	뿌리, 뿌리박다, 생식기, 근본(根本), 근원(根源), 근성(根性), 낙엽귀근(落葉歸根).
委(위)	시들다, 버리다, 내버려두다, 맡기다, 위임(委任), 위축(萎縮), 위원회(委員會).
翳(예)	가리다, 숨다, 일산(日傘).

◎〈용비어천가(龍飛御天歌)〉
조선 세종 때, 정인지(鄭麟趾, 1396~1478) 등이 선조(先祖) 6대(代)의 행적(行蹟)을 125장(章)의 노래로 읊은 서사시(敍事詩)다.

〈제1장〉
"海東(해동) 六龍(육룡)이 ᄂᆞᄅᆞ샤 일마다 天福(천복)이시니 古聖(고성)이 同符(동부)ᄒᆞ시니"
(우리 나라 여섯 임금님이 뜻을 펴시는 일(개국창업)마다 하늘의 복이시니, 이는 마치 중국의 옛 개국 성군들의 사적과 똑같이 일치하시다.)

〈제2장〉
"불휘 기픈 남ᄀᆞᆫ ᄇᆞᄅᆞ매 아니 뮐씨 곶됴코 여름 하ᄂᆞ니 시미 기픈 므른 ᄀᆞᄆᆞ래 아니 그츨씨 내히 이러 바ᄅᆞ래 가ᄂᆞ니"
(뿌리 깊은 나무는 바람에 흔들리지 않고 꽃 좋고 열매가 많나니, 샘이 깊은 물은 가뭄에 마르지 않고 흘러서 내를 이루어 바다에 이른다.) (이하 생략)

097

落 떨어질 락 **葉** 잎 엽 **飄** 나부낄 표 **颻** 나부낄 요

떨어진 잎은 바람에 날린다

온갖 나무가 서리를 맞으면 잎이 떨어져, 앙상한 잎이 공중에 나부끼고 춤춘다.

落(락)	떨어지다, 죽다, 버리다, 마을, 촌락(村落), 낙화암(落花巖), 몰락(沒落), 낙정하석(落穽下石).
葉(엽)	잎, 꽃잎, 시대, 말엽(末葉), 지명(섭), 성씨(姓氏) 섭, 책(접), 고엽(枯葉), 침엽(針葉).
飄(표)	나부끼다, 흔들리다, 빠르다, 회오리바람, 질풍(疾風), 표연(飄然), 표전(飄轉).
颻(요)	흔들리다, 나부끼다, 날아오르다, 질풍(疾風), 요요(颻颻)=바람에 흔들리는 모양.

'낙정하석(落穽下石)'은 우물에 빠진 사람에게 돌을 던진다는 뜻이다. 어려운 처지에 놓인 사람을 도와주기는커녕 도리어 괴롭히는 것을 비유적으로 이르는 말이다. 정(穽)=함정(陷穽).

고려(高麗)때 문신(文臣) 이규보(李奎報, 1168~1241년) 시 <종화(種花)>
꽃씨 심어 놓고 꽃 안 필까 걱정하더니, 꽃이 피니 또 질까 걱정하네
꽃이 피고 지는 것을 다 걱정하는 사람, 꽃씨 심는 즐거움 아직 몰라.
(種花愁未發 花發又愁落 開落摠愁人 未識種花樂)

660년, 신라·당나라 연합군(18만 명)이 백제를 침략했다. 부여 여인들은 백마강에 남(藍)치마로 얼굴을 감싸고, 꽃잎처럼 떨어졌다. 적군에게 능욕을 당하느니 죽음을 택한 것이다. 조선 중종 때, 관리 석벽(石壁) 홍춘경(洪春卿, 1497~1548)이 낙화암에서, 백제 망국(亡國)의 슬픔을 읊었다.

<낙화암(落花巖)> '꽃잎처럼 떨어진 여인들'

國破山河異昔時(국파산하이석시)	백제는 멸망했고, 강산도 옛날과 달라졌는데
獨留江月幾盈虧(독류강월기영휴)	강에 뜬 달만 홀로 차고 기울기를 반복하구나
落花巖畔花猶在(낙화암반화유재)	낙화암 언저리에 꽃이 아직 남아 피었으니
風雨當年不盡吹(풍우당년부진취)	그해 비바람에 다 떨어지지는 않았었구나.

098 전

遊	鯤	獨	運
놀 유	곤어 곤	홀로 독	돌(움직일) 운

해석: 곤어는 바다에서 홀로 노닐다가

주해: 곤(鯤)은 장자(莊子)가 말한 북해(北海)의 물고기다. 이것은 푸른 바다에서 홀로 노닌다. 곤(鯤)은 속본(俗本)에 곤(鵾)으로 되어 있는데, 이는 오자(誤字)다.

자의:

游(유)	놀다, 헤엄치다, 뜨다, 즐겁게 지내다, 깃발, 소유(溯游), 유어(游魚), 유영(游泳).
鯤(곤)	상상의 큰 물고기, 곤어(鯤魚), 곤이(鯤鮞, 물고기 뱃속의 알).
獨(독)	홀로, 독신(獨身), 외롭다, 고독(孤獨), 독일(獨逸), 독립(獨立), 독학(獨學), 독재(獨裁).
運(운)	돌다, 움직이다, 옮기다, 운동(運動), 운수(運數), 행운(幸運), 운명(運命).

맹자가 『맹자』 <만장上> 편에서, '운명(運命)'에 대해 말했다.
"아무 것도 하지 않았는데 저절로 그렇게 되는 것은 천운(天運)이요,
이루려고 하지 않았는데 저절로 이루어지는 것은 천명(天命)이다."
(莫之爲而爲者는 天也요 莫之致而至者는 命也라)

맹자가 『맹자』 <진심上> 편에서, 또 말했다.
"세상에 운명 아닌 것이 없으니, 운명의 바른 것을 순리(順理)로 받아야 한다. 그렇기 때문에 운명을 아는 사람은 무너지려는 돌담 밑에 서지 않는다. 자기의 도리(道理)를 다하고 죽는 사람은 바른 운명에 죽는 것이고, 질곡(桎梏)에 매여서 죽는 것은 바른 운명이 아니다."
(莫非命也나 順受其正이니라. 是故로 知命者는 不立乎巖墻之下하나니라. 盡其道而死者는 正命也요 桎梏死者는 非正命也니라)

'질곡(桎梏)'이란 발(足)에 차는 차꼬(桎)와 손(手)에 차는 쇠고랑(梏)이다.
차꼬는 족쇄(足鎖), 쇠고랑은 수갑(手匣)이니 속박(束縛)을 의미한다.

098 후

凌	摩	絳	霄
능가할 릉	이를 마	붉을 강	하늘 소

붕새가 되어 붉은 하늘에 이른다

곤(鯤)이 변하여 새가 되면 그 이름을 붕(鵬)새라 한다. 등에 푸른 하늘을 지고, 한 번에 구만 리(九萬里)를 날아 붉은 하늘에 이른다. 이는 사람이 청운(靑雲)의 길에 오르고, 숨어 움직이는 것이 각각 때가 있음을 비유한 것이다.

- **凌(릉)** 능가(凌駕)하다, 업신여기다, 범하다, 능멸(凌蔑)하다, 능욕(凌辱), 능소화(凌霄花).
- **摩(마)** 이르다, 갈다, 연마(研磨), 비비다, 마찰(摩擦), 마천루(摩天樓), 안마(按摩).
- **絳(강)** 짙은 붉은색, 진홍색(眞紅色), 강포(絳袍).
- **霄(소)** 하늘, 밤하늘, 천상(天上), 천기(天氣), 단소(丹霄)=노을 낀 붉은 하늘.

옛날, 궁녀(宮女) '소화(霄花)'가 어쩌다 임금 눈에 띄어 하룻밤 사이에 빈(嬪, 정1품)이 되었으나, 그날이 마지막이었다. 구중궁궐(九重宮闕) 구석방에서, 밤마다 임금을 기다리던 소화는 상사병(相思病)으로 죽었다. 그 뒤, 소화 처소 담장 위에 금등화(金藤花)가 피어 <능소화(凌霄花)>라 하였다. 하늘을 넘보는 꽃!

〈책〉 부분, 캔버스에 유채, 이동수 작, 임채경 소장

9章 선비의 일상

099	耽讀翫市(탐독완시)하니 寓目囊箱(우목낭상)이라	후한 왕충은 책방에서 독서를 즐겨 한 번 읽으면 주머니나 상자에 넣은 듯 기억하였다
100	易輶攸畏(이유유외)니 屬耳垣墻(속이원장)이라	쉽고 가볍게 말함은 두려워할 바니 귀가 담장에도 붙었기 때문이다
101	具膳飡飯(구선찬반)하니 適口充腸(적구충장)이라	반찬을 갖추어 밥을 먹으니 입에 맞게 배를 채울 뿐이다
102	飽飫烹宰(포어팽재)하고 飢厭糟糠(기염조강)이라	배부르면 삶은 고기도 싫고 배고프면 술지게미 쌀겨도 실컷 먹는다
103	親戚故舊(친척고구)는 老少異糧(노소이량)이라	친척과 오랜 친구를 대접할 때 늙고 젊음에 따라 음식을 달리한다
104	妾御績紡(첩어적방)하고 侍巾帷房(시건유방)이라	아내와 첩은 길쌈을 하고 규방에서 수건을 들고 시중을 든다

105	紈扇圓潔(환선원결)하고 銀燭煒煌(은촉위황)이라	흰 비단 부채는 둥글고 깨끗하며 은 촛대의 촛불은 환히 빛난다
106	晝眠夕寐(주면석매)하니 藍筍象床(남순상상)이라	낮잠과 밤잠은 쪽빛 대자리와 상아 장식 침상에서 잔다
107	絃歌酒讌(현가주연)하고 接杯擧觴(접배거상)이라	악기 타고 노래하고 술로 잔치하며 잔을 들어 마신다
108	矯手頓足(교수돈족)하니 悅豫且康(열예차강)이라	손을 들고 발을 구르며 춤을 추니 기쁘고 편안하다
109	嫡後嗣續(적후사속)하여 祭祀蒸嘗(제사증상)이라	적자로 후대를 이어 조상께 제사를 지낸다
110	稽顙再拜(계상재배)하고 悚懼恐惶(송구공황)이라	이마를 조아려 두 번 절하고 두려워하여 엄숙히 공경해야 한다
111	牋牒簡要(전첩간요)하고 顧答審詳(고답심상)이라	편지는 간결하고 긴요해야 하고 안부 묻는 답장은 자상해야 한다
112	骸垢想浴(해구상욕)하고 執熱願凉(집열원량)이라	몸에 때 끼면 목욕을 생각하고 뜨거운 것 잡으면 찬 것을 원한다
113	驢騾犢特(여라독특)이 駭躍超驤(해약초양)이라	나귀와 노새와 송아지와 수소는 놀라 날뛰고 뛰어넘어 내달린다
114	誅斬賊盜(주참적도)하고 捕獲叛亡(포획반망)이라	역적과 도적을 처벌하여 베고 배반자와 도망자는 잡아 벌한다

099 전

耽	讀	翫	市
즐길 탐	읽을 독	익힐 완	저자(시장) 시

해석
후한 왕충은 책방에서 독서를 즐겨

주해
한(漢)나라의 왕충(王充)은 가난하였다. 학문을 좋아했으나 책이 없었다. 매양 책방에 가서 책을 보면 그것을 종신토록 잊지 않았다.

자의

耽(탐)	즐기다, 좋아하다, 빠지다, 열중(熱中)하다, 탐닉(耽溺), 탐독(耽讀), 탐라국(耽羅國).
讀(독, 두)	읽다, 이해하다, 계산하다, 이두(吏讀), 구두점(句讀點), 독서(讀書), 숙독(熟讀).
翫(완)	탐하다, 아끼다, 장난하다, 손에 가지고 놀다, 익히다, 즐기다, 유완(遊翫)=돌아다니며 구경함.
市(시)	저자, 시장(市場), 번화가(繁華街), 성시(城市), 도시(都市), 문전성시(門前成市).

서울 남산 <안중근(安重根) 공원>, 의사(義士)의 글씨 새겨진 비석들.

"하루라도 책을 읽지 않으면 입안에 가시가 돋친다"
〈一日不讀書口中生荊棘(일일부독서구중생형극)〉

"눈앞의 이익을 보면 대의를 생각하고 나라의 위태로움을 보면 목숨을 바친다"
〈見利思義見危授命(견리사의견위수명)〉

099

寓	目	囊	箱
붙일 우	눈 목	주머니 낭	상자 상

해석 한 번 읽으면 주머니나 상자에 넣은 듯 기억하였다

주해 사람들은 '왕충(王充)이 눈 붙여 책을 읽으면, 주머니와 상자에 책을 담아 두는 것 같다'고 하였다. 한 번만 눈 붙여 책을 보면 잊지 아니하여, 마치 주머니와 상자 속에 책을 넣어둔 것과 같았기 때문이다.

자의

寓(우)	붙이다, 부치다, 보내다, 위탁하다, 머무르다, 우화(寓話), 우언(寓言), 우거(寓居).
目(목)	눈, 눈빛, 안목(眼目), 목적(目的), 제목(題目), 목록(目錄), 맹목적(盲目的).
囊(낭)	주머니, 주머니에 넣다, 자루, 지갑, 배낭(背囊), 음낭(陰囊)=낭심(囊心)=고환(睾丸).
箱(상)	상자(箱子)=뚜껑이 없거나 옆, 아래로 열림, 함(函)=뚜껑이 위로 열림.

- 目(목)은 사람의 눈의 겉모양이다. 이목구비(耳目口鼻), 반목(反目).
- 眼(안)은 사람의 눈의 구조와 기능을 포함한다. 안과(眼科), 안구(眼球).

- **목불인견(目不忍見)** → 상황이 눈 뜨고 차마 볼 수 없는, 참혹하거나 어처구니없음.
- **꼴불견(-不見)** → 하는 짓이나 모양이 차마 볼 수 없을 정도로 우습고 거슬림.
- **반목(反目)=반목질시(反目嫉視)** → 서로 미워하고 질투(嫉妬)하는 눈으로 봄.
- **불목(不睦)** → 서로 사이가 좋지 않음.

'**낭중지추(囊中之錐)**'는 주머니 속의 송곳이다. 재능(才能)이 특출(特出)하거나 능력(能力)이 출중(出衆)한 사람은 숨어 있어도 저절로 드러나 사람들에게 알려진다는 말이다.

왕충(王充, 27~97)은 후한(後漢)의 사상가, 자는 중임(仲任)이다.
반표(班彪, 반고의 父)에게 배웠다. 평론서 『논형(論衡)』을 지었다.
『논형』은 85편 20만여 자로 구성, 공자 맹자 등 189명이 포함되었다.
반고(班固)와 반표는 역사서 『전한서(前漢書)』 100편 120권을 지었다.

易	輶	攸	畏
쉬울 이	가벼울 유	바 유	두려워할 외

쉽고 가볍게 말함은 두려워할 바니

이는 말을 삼가야 함을 말한 것이다. 말을 쉽고 가볍게 하면 반드시 어긋나고 잘못을 저지르니, 이는 군자(君子)가 두려워하는 바다.

易(이, 역)	쉽다, 소홀하다, 용이(容易), 바꾸다, 교역(交易), 주역(周易), 역학(易學).
輶(유)	가볍다, 가벼운 수레.
攸(유)	바 소(所), 어조사, 아득하다, 유호덕(攸好德).
畏(외)	두려워하다, 경외(敬畏)=존경과 두려움, 슈바이처 '생명(生命) 외경(畏敬)'.

'역지사지(易地思之)'는 처지(處地)를 바꾸어 생각함이다. 다른 사람과 입장(立場)을 바꿔 생각하고 이해(理解)한다는 뜻이다.

『맹자』〈이루上〉편에서 맹자는, 착하게 산 안회(顔回)와 물 관리를 잘한 우(禹)임금과 농업의 신 후직(后稷)은 서로 '처지가 바뀌었더라도 다 그러했을 것(易地則皆然)'이라고 말했다. 즉, 시대 상황이 바뀌면 그 처지를 헤아려서 합당한 처신을 했을 것이라는 말이다.

『논어』〈위령공〉편에, 제자 자공이 스승에게 물었다.
"평생 실천할 '말 한 마디' 무엇입니까?" (有一言 而可以終身行之者乎잇가)

공자가 말했다.
"그것은 서(恕)! 자기가 원치 않는 일은 남에게도 행(하게) 하지 말라."
(其恕乎인저! 己所不欲을 勿施於人이니라)

『기독성경』〈마태복음〉에, 예수가 말했다.
"무엇이든지 남에게 대접받고 싶은 대로, 너희도 남을 대접하라."

100 후

屬	耳	垣	墻
붙을 촉	귀 이	담 원	담 장

해석: 귀가 담장에도 붙었기 때문이다

주해: 『시경』에, '군자는 말을 함부로 하지 말지어다, 사람들의 귀가 담장에 붙어 있다'고 하였다. 이는 말을 쉽게 할 수 없음을 말한 것이니, (사람들) 귀가 담장에 붙어 있는 듯 두려워함을 말한 것이다.

자의:

屬(촉, 속)	잇다, 붙다, 촉탁(屬託, 囑託), 촉망(屬望), 무리, 속하다, 속국(屬國), 부속(附屬).
耳(이)	귀, 청각(聽覺), 뿐이다(耳, 而已, 而已矣), 이비인후과(耳鼻咽喉科), 이목구비(耳目口鼻).
垣(원)	담, 낮은 담, 단원(壇垣), 원장(垣墻/垣牆).
墻(장)	담, 담장, 집 주위를 돌려 막다, 경계(境界), 장원(牆垣).

- 이촉우원(耳屬于垣)=격장유이(隔牆有耳) → 담장에도 귀가 있다, 누군가 엿들음.
- 주어작청(晝語雀聽) 야어서청(夜語鼠聽) → 낮말은 새가 듣고 밤말은 쥐가 들음, 늘 말조심하라.

중국 5대 10국 시대, 재상(宰相) 풍도(馮道, 882~954)는 5왕조(후당·후진·요·후한·후주)에서 11왕을 섬기며, 30년 고관(高官)을 지내고, 73세까지 살았다. 사람들이 그를 '지조 없다'고 비난하자, 변명(辨明)하였다. "나는 임금을 섬긴 것이 아니라 나라를 섬겼다." 그가 말조심하라는 <설시(舌詩)>를 남겼다.

"입은 재앙(災殃)을 부르는 문(門)이요, 혀는 몸을 베는 칼이다.
입을 다물고 혀를 깊이 간직하면, 몸이 어느 곳에 있든지 편안하리라."
(口是禍之門이요 舌是斬身刀이니 閉口深藏舌이면 安身處處니라)

조선의 학자 문신 성대중(成大中, 1732~1809)이 말했다.
"재앙은 입에서 생기고, 근심은 눈에서 생기고, 병은 마음에서 생기며, 허물은 체면에서 생긴다."
(禍生於口하고 憂生於眼하며 病生於心하고 垢生於面이니라)

101 전

具	膳	飧	飯
갖출 구	반찬 선	먹을 찬	밥 반

해석 반찬을 갖추어 밥을 먹으니

주해 반찬(飯饌)을 갖추어 밥을 먹는 것은 일상생활(日常生活)의 마시고 먹는 합당(合當)한 일이다.

자의

具(구)	갖추다, 구비(具備), 골고루 갖추다, 그릇, 기구(器具), 가구(家具), 필기구(筆記具).
膳(선)	반찬(飯饌), 올리다, 선물(膳物, Present), 선사(膳賜).
飧, 餐(찬)	밥, 밥을 먹다(飧, 찬), 저녁밥, 만찬(晚餐), (신라 때) 벼슬 이름.
飯(반)	밥, 밥을 먹다, 조반(朝飯), 반상(飯床), 백반(白飯), 반점(飯店), 반찬(飯饌), *찬(饌)=반찬.

飧(밥 손, 먹을 찬), 飯(밥 반), 食(밥 식, 먹을 식), 餐(밥 찬).
반찬(飯饌)=밥과 반찬. 진수성찬(珍羞盛饌)=좋은 음식과 풍성한 반찬

초한전(楚漢戰) 때, 항우 세력이 유방의 근거지 오창(敖倉)을 압박했다. 유방이 (진나라의 곡식 창고가 있는) 오창을 포기하려 하자, 책사(策士) 역이기(酈食其)가 말했다.
"왕은 백성을 하늘로 삼고, 백성은 먹을 것을 하늘로 삼습니다."
(王者以民人爲天, 而民人以食爲天) 하여, 오창을 지켰다. 그 후 오창 백성들은 유방을 신뢰하였다.

조선(朝鮮)을 세운 이성계(李成桂)의 책사 삼봉(三峰) 정도전(鄭道傳, 1342~1398)은 고려의 문란해진 토지제도를 개혁했다. 귀족(貴族)들은 결사적(決死的)으로 저항(抵抗)했다. 수구(守舊) 보수(保守) 세력의 반동(反動)이었다.

고종 22년(1885년), 동학(東學) 2대 교주 해월(海月) 최시형(崔時亨, 1827~1898)이 말했다.
"천지만물은 모두 하늘을 모신다. 그러므로 이천식천(以天食天)은 우주의 당연한 이치(理致)다."
'이천식천(以天食天)'은 하늘로써 하늘을 먹는다는 말이니, 밥(먹는 것)은 하늘만큼 크고 중하다는 의미가 담겼다.

101

후

適	口	充	腸
갈(맞을) 적	입 구	찰 충	창자 장

해석: 입에 맞게 배를 채울 뿐이다

주해: 음식(飮食, 마시고 먹음)은 다만 마땅히 내 입에 맞게 하고, 내 배를 채워 굶주리지 않게 할 뿐이지, 사치(奢侈)스러워서는 안 된다.

자의:

適(적)	맞다, 들어맞다, 적당(適當), 마땅히 가야 할 데로 가다, 마침, 적중(適中), 적합(適合).
口(구)	입, 어귀, 구멍, 출입구(出入口), 인구(人口), 식구(食口), 함구(緘口), 구미(口味), 항구(港口).
充(충)	채우다, 보충(補充), 차다, 가득 차다, 충분(充分), 충족(充足), 충당(充當).
腸(장)	창자, 육부(六腑), 위(胃)에서 항문(肛門)까지 긴 소화(消化)기관, 단장(斷腸).

- 적중(適中) → 지나치거나 부족함이 없이 꼭 알맞음.
- 유유자적(悠悠自適) → 속세에 속박되지 않고, 자신이 하고 싶은 대로 편히 지내는 상태.
- 적자생존(適者生存) → 환경에 가장 잘 적응하는 생물이나 집단이 살아남음. 1864년, 영국 철학자 허버트 스펜서가 처음 사용한, 사회적 생존 원리를 함축한 용어. 경쟁(競爭)을 부추기는 원리가 아니다.
- 적재적소(適材適所) → 맞는 재목을 맞는 곳에 씀. 인재를 그 능력에 맞는 위치에 배치해야 함.

- 오장(五臟); 간장(肝腸)·심장(心臟)·비장(脾臟)·폐장(肺腸)·신장(腎臟).
- 육부(六腑); 위장(胃腸)·소장(小腸, 12指腸)·대장(大腸, 맹장·충수·결장·직장)·담낭(膽囊, 쓸개)·방광(膀胱, 오줌보)·삼초(三焦).

삼초(三焦)는 눈에 보이지 않는다. 인체(人體)의 기화작용(氣化作用)을 종합·통제하고, 원기(元氣)와 내분비물(內分泌物)을 운송한다.
상초(上焦)는 횡격막 이상, 심장과 폐를 포괄한다. 음식물의 정수를 전신에 보내 피부·근육·골격을 보양한다.
중초(中焦)는 횡격막에서 배꼽까지, 비장과 위장과 간을 포괄한다. 음식물을 소화·흡수·혈액화한다.
하초(下焦)는 배꼽 이하, 신장·대장·소장·방광을 포괄한다. 대변과 소변을 분리시키고, 노폐물(땀 등)을 몸 밖으로 배설시키는 일이다.

102 전

飽	飫	烹	宰
배부를 포	질릴 어	삶을 팽	재상 재

해석: 배부르면 삶은 고기도 싫고

주해: 배가 부를 때는, 비록 삶아 요리한 맛난 먹을거리라도 배부르게 실컷 먹어 질려서 먹지 않는다.

자의:

飽(포)	배부르다, 물리게 하다, 포만(飽滿), 포식(飽食), 포화(飽和).
飫(어)	배부르다, 실컷 먹어 질리다, 질리게 많이 먹다.
烹(팽)	삶다, 익히다, 익힌 음식, 삶아 죽이다, 삶아 죽이는 형벌, 팽형(烹刑).
宰(재)	고기 저며 요리하다, 제사 주관하다, 벼슬아치, 재상(宰相).

'포어팽재'를 '배부르니 재상(宰相)을 내쫓는다'로 해석하면, 토사구팽(兎死狗烹)과 유사한 뜻이 된다.

'토사구팽(兎死狗烹)'은 토끼를 잡고 나면 사냥개를 삶긴다는 말이다. 필요할 때 요긴하게 써 먹고, 쓸모 없어지면 헌신짝처럼 버린다는 뜻이다.

오월(吳越)전쟁에서 승리한 월왕(越王) 구천(句踐)은 책사 범려(范蠡)를 상장군과 승상(丞相)으로 임명했다. 범려는 은밀히 떠나며, 동료 책사 문종(文種)에게 '토사구팽!'될 것을 충고했으나, 문종은 은근히 큰 대우(待遇)를 기대하다가 반역자(叛逆者)로 의심 받고 자결(自決)하였다.

한(漢)나라 개국공신 명장(名將) 한신(韓信, ?~BC.196) 이야기다. 그는 가난한 평민 출신, 품행이 좋지 않아 관리로 천거되지 못해, 남의 집에 빌붙어 먹고 살았다. 빨래터 여자에게 밥을 얻어먹기도 하고, 살기 위해 무뢰배 가랑이 사이를 기어나가기(과하지욕, 袴下之辱)도 했다. 초(楚) 항우의 군대에 들어갔다가 배신하고, 한(漢) 유방을 따라가 대장군이 되었다. 제(齊) 제후로 해하에서 항우를 죽이고 초나라 제후가 되었다. 그의 공이 너무 커서, 유방은 늘 두려워하던 차, 그에게 예전 항우의 장수 종리매(鐘離昧)가 찾아와 의탁했다. 유방은 '한신의 반역 음모설'을 퍼뜨렸다. 그는 유방의 의심을 풀기 위해 종리매 목을 가져가야 했다. 이를 눈치챈 종리매가 '바보야, 나 죽으면 다음엔 너야.' 하고, 자결(自決)하였다. 그가 종리매 목을 들고 유방에게 갔지만, 장안으로 압송되었다. 그가 죽기 전에 말했다. "토사구팽 한다더니!"

102 후

飢	厭	糟	糠
굶주릴 기	실컷먹을 염	술지게미 조	쌀겨 강

해석 배고프면 술지게미 쌀겨도 실컷 먹는다

주해 배가 고플 때에는, 비록 술지게미와 쌀겨의 하찮은 음식이라도 반드시 만족하여 달고 좋게 여긴다.

자의

飢, 饑(기)	굶주리다, 기아(饑餓), 흉년 들다, 기근(饑饉), 허기(虛饑).
厭(염)	실컷 먹다, 물리다, 싫증 나다, 싫어하다, 염포(厭飽), 염세(厭世).
糟(조)	지게미, 술을 짜 내고 남은 찌꺼기.
糠(강)	겨, 쌀겨, 조강지처(糟糠之妻).

- **학불염**(學不厭) **교불권**(教不倦) → 배우는 것을 싫어하지 않고 가르치는 것을 게을리하지 않음이다. 끊임없이 배워야 하고 가르쳐야 한다는 말로, 『논어』 <술이> 편에 있다.
- **조강지처**(糟糠之妻) → 지게미와 쌀겨로 끼니를 이으며 함께 고생하던 아내다. 고사(故事)가 있다.

후한(後漢)의 초대 황제 광무제(光武帝, BC6~AD57년)의 누나 호양공주(湖陽公主)는 일찍 남편을 여의고 홀로 지냈다. 광무제는 누나를 재가(再嫁)시키려고, 맘에 드는 사람이 있는지 물었더니, 당시 감찰(監察)을 맡아 보던 대사공(大司空) '송홍(宋弘)'이라고 대답했다. 하지만 송홍은 이미 유부남(有婦男)이었다. 황족(皇族)을 첩(妾)으로 보낼 수는 없으니, 본처(本妻)를 쫓아내거나 첩으로 강등해야 했다.

어느 날, 광무제는 송홍을 불러 술을 나누다 넌지시 마음을 떠보았다.
"옛말에, '사람이 출세하면 (천할 때의) 친구를 바꾸고, 부유해지면 (가난할 때의) 아내를 버린다'고 했는데, 이것이 인지상정(人之常情) 아니겠소?"

송홍이 대답했다.
"저는 '가난하고 천할 때의 친구는 잊지 말아야 하고, 지게미와 쌀겨로 끼니를 이을 만큼 구차할 때 함께 고생하던 아내는 집에서 내치지 않는다'(貧賤之交는 不可忘이요 糟糠之妻는 不下堂이라)고 들었습니다. 이것이 '사람의 도리(道理)'라고 생각합니다."

103 전

親	戚	故	舊
친할 친	친척 척	옛(오랠) 고	예 구

해석 친척과 오랜 친구를 대접할 때

주해 동성(同姓)의 친속(親屬)을 친(親)이라 하고, 이성(異姓)의 친속을 척(戚)이라 하며, 오래 사귄 친구를 고구(故舊)라 하니, 모두 등급이 있다.

자의

親(친)	친(親)하다, 가깝다, 부모, 겨레, 일가(一家), 사랑하다, 직접, 양친(兩親), 친절(親切).
戚(척)	친척(親戚), 겨레, 친하다, 슬퍼하다, 근심하다, 외척(外戚), 척신정치(戚臣政治).
故(고)	오래되다, 연고(緣故), 이유(理由), 죽다, 고인(故人), 사고(事故), 유고(有故), 고향(故鄕).
舊(구)	예, 옛날, 오래되다, 친구(親舊), 구면(舊面), 구습(舊習), 구시대(舊時代), 구식(舊式).

*古(예 고), 故(예 고), 昔(예 석), 久(오랠 구), 舊(오랠 구).
· 古는 일반적인 오래된 옛날이고(古人, 古物)   · 故는 자기와 관련이 있다(故人, 故鄕)
· 昔은 지난 과거의 의미가 크고(昔年, 昔日)   · 久와 舊는 오래됨 의미가 크다(永久, 舊世代)

· 일가(一家)는 동성(同姓) 동본(同本)의 한집안 사람이다.
· 친척(親戚)은 친족(親族)과 외척(外戚)을 함께 이르는 말이다.
· 친족은 아버지의 가족이고, 외척은 어머니의 가족이다.
· 가족(家族)은 부모·자식·부부 등 한집에서 함께 생활하는 공동체다.

· 인척(姻戚)은 어떤 사람과 그 사람의 '혈족의 배우자', '배우자의 혈족', '배우자의 혈족의 배우자' 사이의 신분관계를 이르는 말이다.
· 혈족(血族)인 형제자매·삼촌·고모·이모 등의 배우자인 형수·계수·매부·숙모·고모부·이모부 등, 배우자의 혈족인 장인·장모·처남·처제·시모·시부 등, 배우자의 혈족인 처남이나 처제 등의 배우자를 말한다.

민법(民法)은 배우자·혈족·인척을 친족으로 규정하나, 인척이 모두 친족인 것은 아니고 8촌 이내의 혈족, 4촌 이내의 인척, 배우자만을 친족으로 한정한다.

103

훈음: 후

老	少	異	糧
늙을 로	적을(어릴) 소	다를 이	양식 량

해석: 늙고 젊음에 따라 음식을 달리한다

주해: 늙은이는 비단옷이 아니면 따뜻하지 않고, 고기가 아니면 배부르지 않는다. 젊은이도 또한 마땅히 음식을 절제하고 사랑하여 양육(養育)함을 신중히 해야 한다. 『예기』에 '15세 이상은 늙은이와 젊은이가 음식을 달리 한다'는 것이 이것이다.

자의:

老(로)	늙다, 오래되다, 익숙하다, 노련(老鍊), 어른, 장로(長老), 노년(老年), 노령(老齡).
少(소)	적다, 젊다, 어리다, 줄다, 모자라다, 남녀노소(男女老少), 소녀(少女), 소년(少年).
異(이)	다르다(不同), 뛰어나다, 달리하다, 기이(奇異)하다, 이변(異變), 이성(異性).
糧(량)	양식(糧食), 식량(食糧), 양곡(糧穀), 군량(軍糧).

- 늙음; 세월이 오래됨. 가치가 있음.
- 낡음; 헐어 못 쓰게 됨. 보수해야 함.

- 小(작을 소); 작다, 좁다, 짧다, 적다. 대소(大小), 소인(小人), 협소(狹小).
- 少(적을 소); 적다, 젊다, 드물다. 다소(多少), 소년(少年), 사소(些少), 일소일소(一笑一少).

〈소녀상(少女像)〉 경기 광명

- 다르다(異, 형용사); 비교되는 두 대상이 서로 같지 않음. → 상이(相異), 이견(異見), 동명이인(同名異人) 보통의 것보다 두드러진 데가 있다. 특이(特異)하다. → 이색(異色), 기이(奇異), 변이(變異).
- 틀리다(誤, 동사); 사실, 계산이 그르거나 어긋남. → 오산(誤算), 오해(誤解), 오기(誤記), 오답(誤答). 바라거나 하려는 일이 꼬이거나 순조롭지 못하다. → 과오(過誤), 실패(失敗)하다, 낭패(狼狽)다.

<청춘(靑春)>

미국의 사업가 사무엘 울만(Samuel Ullman, 1840~1924)이 78세에 썼다. 잡지 『리더스 다이제스트』 1945년 12월 호에, 제목 <How to stay young>으로 소개되었다.

"청춘(靑春)이란 인생(人生)의 어느 기간을 말하는 것이 아니라 마음의 상태다. 그것은 장밋빛 뺨, 앵두 같은 입술, 늘씬한 맵시가 아니라 강인한 의지(意志), 풍부한 상상력(想像力), 불타는 열정(熱情)을 말한다.

청춘이란 인생의 깊은 샘물에서 오는 신선한 정신(精神), 유약함을 물리치는 용기(勇氣), 안이함을 뿌리치는 모험심(冒險心)을 의미한다. 때로는 20세의 청년보다 60세 된 사람에게 청춘이 있다. 나이를 먹어서 늙는 것이 아니라 이상을 잃어버릴 때 비로소 늙는다.

세월(歲月)은 피부에 주름을 만들지만, 열정(熱情)을 가진 마음을 시들게 하지는 못한다. 고뇌(苦惱), 공포(恐怖), 실망(失望) 때문에 기력이 땅에 떨어질 때 비로소 마음이 시든다.

60세든 16세든, 그대 가슴속에는 경이로움을 향한 동경(憧憬)과 아이처럼 왕성한 탐구심(探究心)과 인생에서 기쁨을 얻고자 하는 열망(熱望)이 있는 법이다. 그대와 나의 가슴 속에는 마음과 마음의 안테나가 있어 인간과 신으로부터 아름다움과 희망, 기쁨, 용기와 힘의 영감(靈感)을 받는 한 언제까지나 청춘이다.

영감이 끊기고 정신이 냉소(冷笑)의 눈에 덮일 때, 비탄(悲嘆)의 얼음에 갇힐 때 그대는 20세라도 늙은이다. 그러나 머리를 높이 들고 희망의 물결을 붙잡고 있는 한 그대는 80세여도 늘 푸른 청춘이다."

<석양(夕陽)> 전남 해남 땅끝, 2024. 12. 31.

\<Youth\>

Youth is not a time of life; it is a state of mind; it is not a matter of rosy cheeks, red lips and supple knees; it is a matter of the will, a quality of the imagination, a vigor of the emotions; it is the freshness of the deep springs of life.

Youth means a temperamental predominance of courage over timidity of the appetite, for adventure over the love of ease. This often exists in a man of sixty more than a body of twenty. Nobody grows old merely by a number of years. We grow old by deserting our ideals.

Years may wrinkle the skin, but to give up enthusiasm wrinkles the soul. Worry, fear, self-distrust bows the heart and turns the spirit back to dust.

Whether sixty or sixteen, there is in every human being's heart the lure of wonder, the unfailing child-like appetite of what's next, and the joy of the game of living. In the center of your heart and my heart there is a wireless station; so long as it receives messages of beauty, hope, cheer, courage and power from men and from the Infinite, so long are you young.

When the aerials are down, and your spirit is covered with snows of cynicism and the ice of pessimism, then you are grown old, even at twenty, but as long as your aerials are up, to catch the waves of optimism, there is hope you may die young at eighty.

104 전

妾	御	績	紡
첩 첩	어거할(첩) 어	길쌈할 적	길쌈 방

해석 아내와 첩은 길쌈을 하고

주해 첩어(妾御)는 첩(妾)이다. 그러나 면류관(冕旒冠) 끈을 짜는 왕후(王后)부터 남편 옷을 만들어 입히는 서사(庶士) 이하의 아내에 이르기까지 모두 그 직분(職分)이 있으니, 길쌈하는 일이 어찌 첩에게만 국한되겠는가, 이는 우연히 아내를 말하지 않았을 뿐이다.

자의

妾(첩)	첩, 시비(侍婢), 하녀(下女), 처첩(妻妾).
御(어)	첩, 아내, 모시다, 시종(侍從)하다, 거느리다, 마부(馬夫), 어명(御命), 어사(御史).
績(적)	길쌈, 길쌈하다, 실을 뽑다, 실로 옷감을 짜다, 공적(功績), 성적(成績), 실적(實績).
紡(방)	길쌈, 방적(紡績), 방직(紡織).

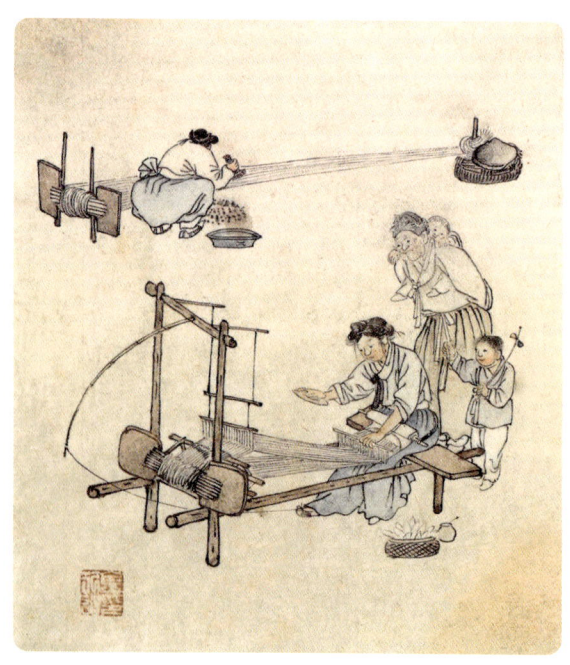 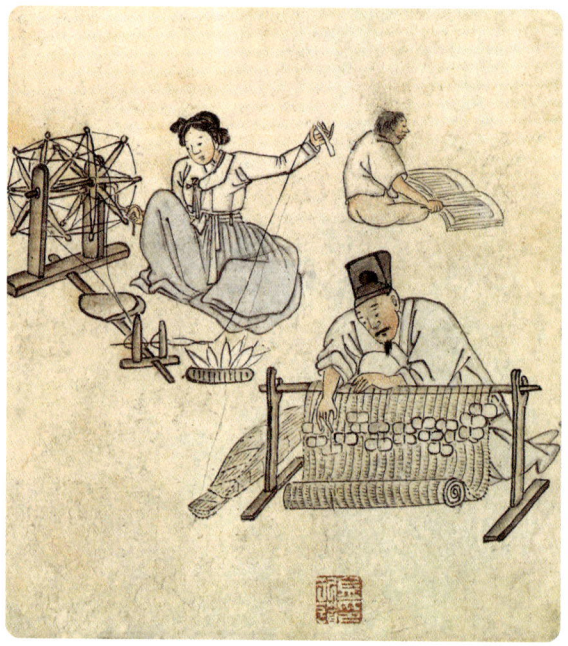

단원(檀園) 김홍도(金弘道, 1745~1806?) 작. 좌 〈길쌈〉, 우 〈자리짜기〉

104 후

侍	巾	帷	房
모실 시	수건 건	휘장 유	방 방

해석
규방에서 수건을 들고 시중을 든다

주해
처첩은 수건과 빗을 들고, 휘장 친 방에서 남편을 모신다.

자의

侍(시)	모시다, 시중들다, 내시(內侍).
巾(건)	헝겊, 수건(手巾), 두건(頭巾).
帷(유)	휘장(揮帳), 장막(帳幕).
房(방)	방, 집, 이방(吏房).

〈유건〉

〈탕건〉

〈망건〉

〈갓〉

- 시건(侍巾)은 시집건즐(侍執巾櫛).
- 건즐(巾櫛)은 수건(巾)과 빗(櫛).

'수건(手巾)'은 손이나 얼굴, 몸의 물기를 닦기 위해 만든 천 조각이다.

'유건(儒巾)'은 유생(儒生)의 평상 두건(頭巾), 전사후민(前士後民)이다.

'망건(網巾)'은 상투 튼 머리카락을 걷어 올려, 이마에 두른 그물 띠다.

'탕건(宕巾)'은 망건 위, 갓 아래 쓰던 관(冠). 실내에서 관 대신 썼다.

'갓'은 성인(사대부)이 쓴 모자(帽子)다.

'방(房)'은 공간개념으로서 안방·규방·주방·다방·복덕방·책방 등이고, 작동개념으로서 냉방(冷房)·난방(暖房) 등으로 쓰인다.

<속담>, "이방 저방 좋다 해도 내 서방이 제일 좋다."에서, 이방(吏房)은 관직(官職), 서방(書房)은 남편을 뜻한다.

'독수공방(獨守空房)'은 부부(夫婦)가 별거(別居)나 사별(死別)하여, 홀로 외로이 지내는 처지(處地)를 말한다.

105 전

紈	扇	圓	潔
흰 비단 환	부채 선	둥글 원	깨끗할 결

해석: 흰 비단 부채는 둥글고 깨끗하며

주해: 흰 깁을 잘라 부채를 만드니, 둥글고 깨끗하다. 결(潔)은 당본(唐本)에 혈(絜)로 되어 있는데, 오자(誤字)다. *혈(絜)은 헤아리다, 묶다.

자의:

紈(환)	흰 깁, 흰 비단, 환선(紈扇).
扇(선)	부채, 부채질, 선풍기(扇風機), 선동(扇動, 煽動), 당선(唐扇), 합죽선(合竹扇).
圓(원)	둥글다, 화폐의 단위, 돈(錢, 전), 원불교(圓佛敎), 원만(圓滿), 대단원(大團圓).
潔(결)	깨끗하다, 순결(純潔)하다, 품행(品行)이 바르다, 청렴(淸廉), 성결교(聖潔敎).

〈줄탁동시(啐啄同時)〉 합죽선(合竹扇), 장전(長田) 하남호(河南鎬, 1926~2007) 글씨

'啐啄同時' 啐(빠는 소리 줄), 啄(쫄 탁), 同(같을 동), 時(때 시).
병아리가 알을 까기 위해, 새끼와 어미가 안팎에서 동시에 껍데기를 쫀다.
어떤 일을 이루기 위해서는 서로 뜻을 모아 협력해야 한다. 가르치고 배우는 교육(敎育) 용어로 쓰인다.

105

훈음

銀	燭	煒	煌
은 은	촛불 촉	빛날 위	빛날 황

해석 은 촛대의 촛불은 환히 빛난다

주해 옛날에는 나무 섶을 묶어 촛불을 만들었으나, 후세에는 밀랍(蜜蠟)으로 만든 촛불을 사용하니 그 밝음이 은빛과 같았으므로 은촉(銀燭)이라 말한 것이다. 위황(煒煌)은 광명(光明)의 뜻이다.

자의

銀(은)	은(銀), 은빛, 은하(銀河), 은반(銀盤), 은발(銀髮), 은어(銀魚), 은행(銀行).
燭(촉)	초, 촛불, 비치다, 화촉(華燭), 향촉(香燭), 등촉(燈燭), 통촉(洞燭), 촉루(燭淚).
煒(위)	빛나다(煇, 휘), 빨갛다, 위황(煒煌).
煌(황)	빛나다, 아름답다, 휘황(輝煌).

은행(銀行, Bank)은 돈(金)을 거래(去來)하는 곳이다. 산업혁명과 대항해시대에 발달되었다. Bank 어원은 길가의 벤치(Bench)라 한다. 그런데, 왜 금행(金行)이 아닌 은행(銀行)일까? 중국 명(明)나라 때, 외국에서 은(銀)이 대거 유입되었고, 이를 바탕으로 은 중심의 세금제도를 시행하였다. 은을 거래하는 상인 길드(guild)를 행(行)이라 했는데, 이들이 금융업의 주체가 되어 '은행(銀行)'이라는 말이 생겼다.

동요(童謠) <반달>은 일제강점기, 윤극영(尹克榮, 1903~1988)이 작사·작곡하여, 어린이 잡지 『어린이』에 발표하였다(1924년). 반달을 은하수(銀河水)에 떠 있는 하얀 쪽배(조각배)에 비유(比喩)하여, 나라 잃은 설움을 은유(隱喩)했다. 샛별 등대(燈臺)는 우리말과 글을 못 쓰는 우리 어린이들에게 희망을 제시하고, 용기를 북돋는 노랫말이다.

1절 푸른한울 은하물 하얀쪽배에 / 계수나무 한나무 톡긔한머리
     돗대도 아니달고 삿대도업시 / 가기도 잘도간다 西쪽나라로.

2절 은하물을 건너서 구름나라로 / 구름나라 지나선 어대로가나
     멀니서 반짝반짝 빗초이는 것 / 샛-별 燈臺란다 길을차저라.

106 전

晝	眠	夕	寐
낮 주	잠잘 면	저녁 석	잠잘 매

해석: 낮잠과 밤잠은

주해: 낮에는 졸고 저녁에 자는 것은 한가(閑暇)로운 사람이 유유자적(悠悠自適)하는 일이다. 공자는 제자 재아(宰我)가 낮잠 자는 것을 보고, '썩은 나무와 똥 흙으로 된 담장'에 비유하였다. 군자(君子)는 오직 마땅히 일찍 일어나고 밤늦게 자야 한다.

자의:

- 晝(주): 낮, 정오, 주경야독(晝耕夜讀), 불철주야(不撤晝夜), 주야장천(晝夜長川).
- 眠(면): 잠을 자다, 수면(睡眠), 불면증(不眠症), 숙면(熟眠), 최면(催眠), 휴면(休眠), 동면(冬眠).
- 夕(석): 저녁, 해 질 녘, 밤, 석양(夕陽), 조석(朝夕), 칠석(七夕), 추석(秋夕).
- 寐(매): 잠을 자다, 오매불망(寤寐不忘), *寤(오): 잠에서 깨다.

'주경야독(晝耕夜讀)'은 낮에는 농사짓고 밤에는 공부한다는 뜻으로,
바쁜 틈을 타서 어렵게 공부함을 이른다.

<登樂游原(등낙유원)> '낙유원에 올라 읊은 시'.

向晚意不適(향만의부적)	저녁 무렵 마음이 울적하여
驅車登古原(구거등고원)	수레 몰아 낙유원에 올랐네
夕陽無限好(석양무한호)	석양이 한없이 아름다우니
只是近黃昏(지시근황혼)	황혼이 가깝기 때문이라오.

당(唐)나라 말기 관료(官僚) 시인 이상은(李商隱, 813~858)의 시다.
樂遊原(낙유원)은 장안(長安) 동남쪽에 있는 지명(地名)이다. 지세(地勢)가 높아 시야(視野)가 트여, 장안 시가를 조망할 수 있고, 지평선(地平線) 멀리 아름다운 저녁 노을을 볼 수 있는 곳이다.

106

藍	筍	象	床
쪽 람	죽순 순	코끼리 상	상 상

해석

쪽빛 대자리와 상아 장식 침상에서 잔다

주해

남(藍)은 람(籃)이 되어야 할 듯하다. 남순(籃筍)은 대나무를 대바구니처럼 엮어 만든 가마다. 상상(象牀)은 안석(案席)이니, 그 사이를 코끼리 뼈로 꾸민 것이다.

자의

藍(람)	쪽 풀, 남색(藍色), 누더기(襤, 남), 절, 가람(迦藍).
筍(순)	죽순(竹筍), 대나무로 엮어 만든 가마, 우후죽순(雨後竹筍).
象(상)	코끼리, 상아(象牙), 모양(模樣), 본뜨다, 조짐(兆朕), 상징(象徵), 기상(氣象).
床(상)	상, 마루, 평상(平床), 침상(寢牀), 牀(상)의 속자, 책상(冊床), 주안상(酒案床).

'청출어람 청어람(靑出於藍 靑於藍)'은 제자가 스승보다 실력이 뛰어나다는 뜻이다.
학문의 중요성을 깨우치는 글로, 『순자』<권학> 편에 나온다.
"학문은 그쳐서는 안 된다. 푸른색은 쪽에서 취했지만 쪽빛보다 더 푸르고,
얼음은 물이 이루었지만 물보다 더 차다."
(學不可以已니 靑取之於藍이나 而靑於藍하고 氷水爲之나 而寒於水니라)

〈쪽(람, 藍)〉, 한국의 들꽃, 돌베개

〈죽순(竹筍)〉

107 전

絃	歌	酒	讌
줄 현	노래 가	술 주	이야기할 연

해석 악기 타고 노래하고 술로 잔치하며

주해 현악기(絃樂器)로 노래하고 번갈아 연주하며 술을 권(勸)한다.

자의

絃(현)	줄, 현악기(絃樂器), 거문고, 타다, 현악기를 연주하다, 관현악(管絃樂).
歌(가)	노래, 노래하다, 가사(歌詞), 가곡(歌曲), 가무(歌舞), 교가(校歌), 가객(歌客).
酒(주)	술, 잔치, 주연(酒宴), 소주(燒酒), 일본 소주(燒酎), 맥주(麥酒), 안주(按酒).
讌(연)	이야기하다, 모여 환담(歡談)하다, 잔치(宴)하다, 청연각(淸讌閣).

• **음주가무**(飮酒歌舞) → 술을 마시고 노래를 부르며 춤을 춤. 집단 축제화.
　　　　　　　　우리 민족의 오래된 (긍정적인) 한 특성이다.

백거이 시 <대주(對酒)> 5수(首) 중 한 수 '어이, 술이나 한잔하세'

蝸牛角上爭何事(와우각상쟁하사)	달팽이 뿔 위에서 무얼 그리 다투시나?
石火光中寄此身(석화광중기차신)	부싯돌에서 튀는 불꽃같은 짧은 인생
隨富隨貧且歡樂(수부수빈차환락)	있니 없니 따지지 말고 사이좋게 살게
不開口笑是痴人(불개구소시치인)	하하 입 벌려 웃지 않는 그대는 바보!

'와각지쟁(蝸角之爭)'은 『장자』 <칙양> 편에 나오는 우화(寓話)다.

달팽이 왼쪽 뿔에 사는 촉씨(觸氏)와 오른쪽 뿔에 사는 만씨(蠻氏) 두 부족(部族)이 영토 전쟁을 벌이다가 큰 희생을 치렀다. 좁은 세상에서 아주 보잘것없는 일 때문에 목숨 걸고 싸우는 것을 비유하는 말이다.

<달팽이>

107

接	杯	擧	觴
사귈(이을) 접	잔 배	들 거	잔 상

해석 잔을 들어 마신다

주해 술잔이 오고가는 것은 기쁨을 짓는 것이다.

자의

接(접)	잇다, 닿다, 접(接)하다, 접목(接木), 접촉(接觸), 접속(接續), 접점(接點).
杯(배)	잔(盞), 술잔, 건배(乾杯), 고배(苦杯), 독배(毒杯), 성배(聖杯), 계영배(戒盈杯).
擧(거)	잔을 들다, 새가 날다, 일으키다, 거병(擧兵), 과거(科擧)시험, 선거(選擧).
觴(상)	술잔, 물잔, 곡수유상(曲水流觴), 일상일영(一觴一詠).

이백 시 <산중여유인대작(山中與幽人對酌)>
'산중 은자(隱者)와 술을'

우리 둘은 술 마시고 산에는 꽃이 피고
나 한 잔 그대 한 잔 또 한 잔 한 잔씩
나는 취해 자려 하니 그대 그만 가셨다가
내일 아침 생각나면 거문고 안고 오시게.

(兩人對酌 山花開에 一杯一杯 復一杯라
我醉欲眠 卿且去하니 明朝有意 抱琴來하소)

<계영배(戒盈杯)>

'과거(科擧)시험'은 중국 수(隋)나라 때(587년) 처음 실시하여, 당·명·청대까지 이어 오다가, 1905년 학교교육을 실시하면서 폐지되었다.

우리나라는 고려 때(958년) 처음 시행하였다. 과목은 제술과(製述科)·명경과(明經科)·잡과(雜科)·승과(僧科)였다. 삼층제(三層制)로서 향시(鄕試)·회시(會試)·전시(殿試)를 실시했고, 시기는 식년(式年; 쥐, 토, 말, 닭 해)제로서 3년에 1회였다. 조선시대에 무과(武科)를 신설하고, 승과(僧科)를 폐지했다. 합격정원은 문과 33명, 무과 28명, 잡과는 약 50명이었다.

조선 518년 동안, 과거시험 문과(文科) 합격자는 모두 1만 5천 명이다. 선비의 나라였다.

108 전

矯	手	頓	足
바로잡을(들) 교	손 수	두드릴 돈	발 족

해석 손을 들고 발을 구르며 춤을 추니

주해 교(矯)와 돈(頓)은 손으로 춤추고 발로 뛰는 모양이다.

자의

矯(교)	들다, 높이 들어 올리다, 바로잡다, 교정(矯正), 속이다, 교도소(矯導所).
手(수)	손, 거수(擧手), 재주, 수단(手段), 사람, 가수(歌手), 묘수(妙手), 무리수(無理手).
頓(돈)	두드리다, 조아리다, 둔(鈍)하다, 사돈(查頓), 정돈(整頓), 돈오점수(頓悟漸修).
足(족)	발, 다리, 만족(滿足)하다, 충분(充分)하다, 수족(手足), 풍족(豊足), 흡족(洽足).

'**교각살우**(矯角殺牛)'는 소의 뿔 모양을 바로잡으려다 소를 죽인다는 말로, 작은 결점(缺點)이나 흠을 고치려다 수단(手段)이 지나쳐 도리어 일을 크게 그르친다는 말이다.

'**지족**(知足)'은 제 분수(分數)를 지켜 만족(滿足)할 줄을 안다는 말이다.
'**지족상락**(知足常樂)'은 만족할 줄 알면 인생이 항상 즐겁다는 말이다.

노자가 『도덕경』 44장에서 명예(名)와 몸(身)과 재물(貨)에 대해 말했다.
"명예와 몸 중 어느 것이 더 좋은가? 몸과 재물 중 어느 것이 더 중한가?
얻음과 잃음 중 어느 것이 더 걱정인가? 그러므로 지나치게 아끼면 크게 낭비할 것이요,
너무 많이 쌓아 두면 크게 잃을 것이다.
(名與身孰親고 身與貨孰多요 得與亡孰病인고 是故로 甚愛必大費요 多藏必厚亡이라)

만족할 줄 알면 욕되지 않고, 적당할 때 그칠 줄 알면 위태롭지 않아, 삶을 오래 누릴 수 있다."
(知足不辱하고 知止不殆하니 可以長久니라)

108

悅	豫	且	康
기뻐할 열	미리(기쁠) 예	또 차	편안할 강

기쁘고 편안하다

현악기(絃樂器)를 타며 술잔을 올리고, 노래하며 춤추는 것은 기뻐하여 편안하게 즐기는 것이다.

悅, 說(열)	기쁘다, 희열(喜悅), 열락(悅樂).
豫(예)	즐겁다, 편안(便安)하다, 기쁘다, 놀다, 미리, 먼저, 예측(豫測), 예감(豫感), 예고(豫告).
且(차)	또, 또한, 우선(于先), 장차(將次), 구차(苟且)하다, 차치(且置), 중차대(重且大).
康(강)	편안(便安)하다, 탈이 없다, 강녕(康寧), 건강(健康), 강건(康健), 소강(小康).

『논어』첫 편 <학이> 편 첫 문장의 자안(字眼)은 열(說)·락(樂)·군자(君子).
"배우고 때때로 익히니, 또한 기쁘지 아니한가
벗이 먼 곳에서 찾아오니, 또한 즐겁지 아니한가
남이 안 알아줘도 성내지 않으니, 또한 군자답지 아니한가."
(學而時習之면 不亦說乎아 有朋自遠方來면 不亦樂乎아 人不知而不慍이면 不亦君子乎아)

悅(열)은 기쁨·기뻐함이다. 기쁨은 마음속에 젖어 있는 심정(心情)이다.
樂(락)은 즐거움·즐거워함이다. 즐거움은 밖에서 얻어 발산(發散)한다.
君子(군자)는 '덕(德)을 이룬 사람'이다. 남을 탓하거나 성내지 않는다.
학습은 기쁨의 한 방편, 벗은 즐거움의 한 방증, 인부지는 내 탓이다.
『논어』<옹야> 편에서, '지(知) < 호(好) < 락(樂)'이라 했다.

정자(程子, 程伊川-정이천)가 말했다.
"즐거움은 기쁨 이후 얻고, 즐겁지 않으면 군자라 말하기에 부족하다."
(樂은 由說而後得이니 非樂이면 不足以語君子니라)

109 전

嫡	後	嗣	續
정실 적	뒤 후	이을 사	이을 속

해석: 적자로 후대를 이어

주해: 적후(嫡後)는 적장자(嫡長子, 맏아들)로서 후계자(後繼者)가 된 자이고, 사속(嗣續)은 그 대(代)를 잇는 것이다.

자의:

嫡(적)	정실(正室), 본처(本妻), 맏아들, 적장자(嫡長子), 적손(嫡孫), 적출(嫡出), 적통(嫡統).
後(후)	후가(後嫁), 아들, 장래(將來), 뒤, 사자(嗣子), 후사(後嗣), 선후(先後), 향후(向後).
嗣(사)	잇다(續, 속), 후사(繼, 계), 자손(子孫), 사자(嗣子), 사손(嗣孫).
續(속)	잇다, 더하다, 계속(繼續), 존속(存續), 후속(後續), 상속(相續), 지속(持續). 상대 자는 斷(끊을 단), 絶/切/截(끊을 절)이다.

'속단단장(續短斷長)'은 짧은 것을 잇고, 긴 것을 자른다는 뜻이다. 짧고 긴 것을 잇고 자르는 것처럼 적절하게 맞추는 상황을 비유하는 말이다.

'구미속초(狗尾續貂)'는 개의 꼬리를 잘라서 담비 꼬리에 잇는다는 뜻이다. 중한 벼슬을 별 볼 일 없는 자에게 함부로 주는 것이나, 훌륭한 것 뒤에 보잘것없는 것이 뒤따르는 것을 비유하는 말이다.

장자(莊子)가 말했다.
"오리의 다리가 짧다고 여겨서 길게 당겨 주면 그에게는 아픔이요,
학의 다리가 길다고 여겨서 짧게 잘라 주면 그에게는 슬픔이다."
(鳧脛雖短이니 續之則憂요, 鶴脛雖長이니 斷之則悲니라)

짧은 대로 긴 대로 자연(自然)이니, 조작(造作)하거나 거역(拒逆)하지 말라.
내 입맛대로 남을 재단(裁斷)하지 말라는 말이다.

109

훈음

祭	祀	蒸	嘗
제사 제	제사 사	찔(겨울 제사) 증	가을 제사 상

해석: 조상께 제사를 지낸다

주해: 제사(祭祀)의 예(禮)다. 가을의 상제(嘗祭)와 겨울의 증제(蒸祭)만 들었지만, 봄의 사제(祠祭)와 여름의 약제(禴祭)도 포함되는 것이다.

자의

祭(제), 祀(사)	제사(祭祀), 제례(祭禮).
蒸(증)	김으로 찌다, 수증기(水蒸氣), 한증막(汗蒸幕), 겨울 제사.
嘗(상)	맛보다, 일찍이, 몸소 겪다, 상담(嘗膽), 상분(嘗糞), 가을 제사.

'제사'는 죽은 조상과 산 자의 유대를 확인하는 문화행위다. 종교적 신앙(信仰)이 아니다.

- 기제사(忌祭祀) → 돌아가신 날에 지내는 제사. 전야 자시(子時)에 지내는 까닭은? 당일 가장 이른 때이기 때문.
- 사대봉사(四代奉祀) → 부모(父母)·조(祖)·증조(曾祖)·고조(高祖)까지, 집에서 제사를 지냄.
- 신위(神位) → 영혼(靈魂)의 자리. 지방(紙榜).

'와신상담(臥薪嘗膽)'은 거친 섶나무(장작) 더미에 눕고(臥薪), 쓴 쓸개를 맛봄(嘗膽)이다. 마음먹은 일을 이루려 어려움을 참고 견딘다는 말이다.

춘추전국시대, 오(吳)나라와 월(越)의 원수(怨讐) 이야기에서 나왔다.
BC.496년, 오나라 합려(闔閭)가 월나라를 공격하였으나 패(敗)했다. 손가락 부상(負傷)으로 죽으며, 아들 부차(夫差)에게 '원수를 갚으라'고 유언했다. 부차는 거친 섶나무 더미에 누워 자며, 복수(復讐)를 별렀다.
부차 재위 2년, 이를 눈치챈 월나라 구천(句踐)이 선제공격했으나 패했다. 패잔병 5천을 이끌고 도망간 회계산(會稽山)이 포위되자, 오나라 대부 백비(伯嚭)를 뇌물로 매수하여 강화(講和) 맺었다. 나라와 보물과 미녀를 바쳐 목숨을 건지고, 부차의 노예로서 환심(歡心) 사려고 상분(嘗糞)했다.
3년 후, 구천은 천신만고(千辛萬苦) 귀국하여, 천장에 곰쓸개(膽)를 걸어 두고 핥으며 복수의 이를 갈았다. 겉으로 진귀한 조공품 상납과 군대 지원 등 신하 노릇 하면서, 안으로 은밀히 군대를 키운 지 20년! 오나라가 영토확장 원정 전쟁하는 사이에 침입하여, 왕궁 포위 3년만에 항복받았다. 부차에게 자살할 기회를 주고, 백비는 잡아 죽였다.

110 전

稽	顙	再	拜
조아릴 계	이마 상	두 재	절 배

해석: 이마를 조아려 두 번 절하고

주해: 의식(儀式)의 절차(節次)가 부지런하고

자의:

稽(계)	조아리다, 계수(稽首), 상고(詳考)하다, 머무르다, 계류(稽留).
顙(상)	이마, 조아리다, 계상(稽顙).
再(재)	두 번, 재고(再考), 거듭, 재차(再次), 재개발(再開發), 재건축(再建築), 재탕(再湯).
拜(배)	절, 절하다, 예배(禮拜), 삼가 공경(恭敬)하다, 세배(歲拜), 숭배(崇拜), 참배(參拜).

절(拜)은 상대방에게 공경(恭敬)의 뜻으로 몸을 굽혀 하는 인사(人事)다.
절은 공사(公私) 간 상호관계를 확인하는 행위다. 은혜에 대한 감사의 감정이 개재되어, 사후(死後)에도 제례(祭禮)로 이어지며, 초자연적 신(神)에게도 배례(拜禮)한다. 절의 형태는 종교마다 경우마다 다르다.

삼배구고두례(三拜九叩頭禮)는 신하 나라의 임금이 큰 나라의 임금에게 큰 나라 임금에게, 세 번 무릎 꿇고 아홉 번 머리를 땅바닥에 조아려 절하는 예법이다.
1636년(인조 14년) 12월, 청(清)나라가 병자호란(丙子胡亂)을 일으켜 조선을 침략했다. 인조(仁祖)는 남한산성으로 피신했으나, 45일 만에 식량이 떨어지자 항복하였다.
1637년 1월 30일, 항복의 예로서 한강변 삼전도(三田渡)에 평복 차림으로 나와, 청나라 왕에게 '삼배구고두례'를 올렸다. 조선 왕조사에서 가장 치욕적인 사건이었다.
조선은 그 자리에, 청태종을 미화한 '대청황제공덕비(大淸皇帝功德碑)'를 세웠다. 비석은 당시 조선에서 유례없던 큰 돌로서 군사 4백 명이 운반하였다. 비문(碑文)은 이조판서 이경석(李景奭)이 짓고, 명필 오준(吳竣)이 해서로 썼으며, 여이징(呂爾徵)이 돌에 새겼다.

〈대청황제공덕비〉 서울 송파.

110 후

悚	懼	恐	惶
두려워할 송	두려워할 구	두려워할 공	두려워할 황

해석 두려워하여 엄숙히 공경해야 한다

주해 엄숙(嚴肅)하고 공경(恭敬)함이 지극(至極)한 것이다.

자의

悚(송)	두려워하다, 송구(悚懼)하다, 죄송(罪悚), 모골송연(毛骨悚然).
懼(구)	두려워하다, 조심(操心)하다, 경구(敬懼), 계구(戒懼), 공구(恐懼), 의구심(疑懼心).
恐(공)	두려워하다, 으르다, 아마, 가공(可恐), 공갈(恐喝), 공포(恐怖), 공황(恐慌).
惶(황)	두려워하다, 황송(惶悚), 황공(惶恐), 경황(驚惶), 공황장애(恐惶障礙).

송구(悚懼)하다	닥친 일이 두려워서 마음이 거북스럽다.	황송(惶悚)하다	분수(分數)에 넘쳐 고맙고 미안(未安)하다.
황당(荒唐)하다	말이나 행동이 참되지 않고 터무니없다.	당황(唐惶)하다	놀라거나 다급하여 어찌할 바를 모르다.

『논어』<이인> 편에서, 공자가 '희구지심(喜懼之心)'을 말했다.
"부모님의 연세(年歲)를 알지 않으면 안 된다. 한편으로는 (장수하심을) 기뻐해야 하고, 다른 한편으로는 (종신이 가까움을) 두려워해야 한다."
(父母之年은 不可不知니 一則以喜오 一則以懼니라)

'희구지심'은 한 마음 안에, 상반된 기쁨(喜)과 두려움(懼)이 공존함이다.
세상에 일어나는 일도 그렇다. 반드시 좋기만 한 일도 없고, 반드시 나쁘기만 한 일도 없다.
절대 선(善)도 없고, 절대 악(惡)도 없다.

영국의 영화 배우 찰리 채플린(Charles Chaplin, 1889~1977)이 말했다.
"인생은 가까이서 보면 비극(悲劇)이지만, 멀리서 보면 희극(喜劇)이다."

111 전

牋	牒	簡	要
편지 전	편지 첩	대쪽(간략할) 간	요긴할 요

해석 편지는 간결하고 긴요해야 하고

주해 편지는, 윗사람에게 올리는 것을 전(牋)이라 하고, 평등(平等)한 사이에 보내는 것을 첩(牒)이라 하니, 간결(簡潔), 엄격(嚴格)하고 요점(要點)이 절실(切實)해야 한다.

자의

牋(전)	편지(便紙), 종이, 상소(上疏), 전모(牋帽)=여성용 삿갓에 종이 바른 모자.
牒(첩)	편지(便紙), 서찰(書札), 통첩(通牒), 임명장(任命狀), 첩지(牒紙).
簡(간)	편지, 대쪽, 간찰(簡札), 서간(書簡), 죽간(竹簡), 간략(簡略), 간단(簡單), 간편(簡便).
要(요)	요구(要求), 요청(要請), 필요(必要), 언약(言約), 중요(重要), 요점(要點), 요소(要素).

한(漢)나라 역사학자 사마천(司馬遷)이 친구인 소경 임안(任安)에게 보낸 편지 <보임소경서(報任少卿書)> 내용의 한 구절이다.

"사람은 누구나 한 번 죽지만 어떤 이의 죽음은 태산보다 무겁고,
어떤 이의 죽음은 기러기 털보다 가볍다. 이는 죽음을 사용하는 방향이 다르기 때문이다."
(人固有一死나 或重于泰山하고 或輕于鴻毛는 用之所趨異也일새라)

임안은 위(衛)나라 수도방위사령부 참모였는데, 역모(逆謀)의 누명(陋名)을 쓰고 억울하게 감옥에 갇혀, 사형(死刑)을 한 달 앞둔 처지였다. 당시에 사마천은 사형을 피해 궁형을 받아, 환관 노릇 하며, 『사기』를 거의 완성할 무렵이었다.

임안에게 보낸 이 편지에서, 사마천은 자기의 처지, 이릉 사건의 진상, 치욕의 궁형을 택하고 산 이유, 역사에서 주요 인물들이 당한 고난, 치욕 속에서 이룬 위인들의 업적, 죽음의 가치, 환관의 비애, 『사기』 130편을 저술한 전말을 밝혔다.

임안은 '사내답게 죽지, 비겁(卑怯)하게 목숨을 연명(延命)하지 않겠다'고 천명(闡明)하고, 형장(刑場)의 이슬로 사라졌다.

111 후

顧	答	審	詳
돌아볼 고	대답할 답	살필 심	자세할 상

해석 안부 묻는 답장은 자상해야 한다

주해 안부(安否)를 묻는 것을 고(顧)라 하고, 화답(和答)하는 것을 답(答)이라 하니, 자세히 분변(分辨)하고 명백(明白)하여야 한다.

자의

顧(고)	돌아보다, 찾다, 고려(顧慮), 유의(留意), 고객(顧客), 회고(回顧), 고문관(顧問官).
答(답)	대답(對答), 보답(報答), 해답(解答), 화답(和答), 회답(回答), 답변(答辯).
審(심)	살피다, 심사(審査), 심판(審判), 결심(結審), 깨닫다, 예심(豫審), 재심(再審).
詳(상)	자세(仔細)하다, 세밀(細密)하다, 상세(詳細)하다, 미상(未詳), 불상(不詳).

삼고초려(三顧草廬)=초려삼고(草廬三顧)=삼고지례(三顧之禮)는 '초가집을 세 번 찾아간다'는 뜻으로, 사람을 맞이함에 있어 진심으로 예(禮)를 다함이다.

후한(後漢) 말 위(魏)나라·오(吳)나라·촉(蜀)나라가 전쟁을 벌이던 삼국(三國)시대, 유비(劉備)는 촉(蜀)의 '군사(軍師)로서 복룡(伏龍)이나 봉추(鳳雛)가 인물'이라는 말을 듣고, 양양(襄陽)의 복룡 제갈량(諸葛亮, 공명(孔明), 181~234)을 찾아갔다. 그러나 제갈량은 집에 없었고, 재차 가서도 만나지 못했다가, 세 번째 방문하니 이에 감동한 제갈량이 마침내 유비의 참모(參謀)가 되었다.

제갈량은 유비에게 '천하삼분지계(天下三分之計)'를 제안했다. 위(魏)나라 조조(曹操), 오(吳)나라 손권(孫權)과 더불어 천하를 셋으로 나누어 차지하라는 것이었다. 당시 촉한(蜀漢)의 유비 세력이 상대적으로 가장 약했으므로, 우선 독자성(獨自性)을 갖추고 차츰 세력을 키울 필요가 있었다. 유비는 제갈량의 지혜에 힘입어, 삼국시대에 촉한의 초대 황제가 되었다.

우리가 흔히 이야기하는 삼국지(三國志)는 명(明)나라의 소설가 나관중(羅貫中, 1330~1400경)이 쓴 소설(小說) 『삼국지연의(三國志演義)』이고, 정사(正史)로서 역사서(歷史書)는 서진(西晉) 때의 역사가 진수(陳壽, 233~297)가 당시 사료들을 모아서 하나로 편찬한 『삼국지(三國志)』가 있다.

112 전

骸	垢	想	浴
뼈 해	때 구	생각할 상	목욕할 욕

해석: 몸에 때 끼면 목욕을 생각하고

주해: 몸에 때가 있으면 반드시 목욕(沐浴)할 것을 생각하고

자의:

骸(해)	뼈, 해골(骸骨), 유해(遺骸), 잔해(殘骸), 몸, 형해화(形骸化)=내용 없이 뼈대만 남음.
垢(구)	때, 티끌, 더럽다, 순진무구(純眞無垢), 불교 번뇌, 3구(三垢)=탐(貪)·진(瞋)·치(癡).
想(상)	생각하다, 그리워하다, 상상(想像)하다, 추측(推測)하다, 바라다, 이상(理想).
浴(욕)	몸을 씻다, 풍욕(風浴), 해수욕(海水浴), 목욕(沐浴), 머리감을 목(沐).

<욕천(浴川)> '냇물에 몸을 씻으며'
온 몸에 쌓인 사십 년의 허물, 천 섬 맑은 물에 모두 씻어 버리네
만약 티끌이 오장에 있다면, 바로 배를 갈라 흐르는 물에 부치리.
(全身四十年前累 千斛淸淵洗盡休 塵土倘能生五內 直今刳腹付歸流)

남명(南冥) 조식(曺植, 1501~1572)의 학덕을 기려 세운 덕천서원(德川書院, 경남 산청) 앞에 세심정(洗心亭)과 시비(詩碑)가 있다. 1549년(49세)에 제자들과 거창 감악산(紺岳山) 계곡에서 몸 씻으며 이 시를 지었다.

112 후

執	熱	願	凉
잡을 집	더울 열	바랄 원	서늘할 량

해석: 뜨거운 것 잡으면 찬 것을 원한다

주해: 손에 더운 것을 잡으면 반드시 서늘한 것을 구(求)한다.

자의:

執(집)	잡다, 가지다, 맡다, 고집(固執), 아집(我執), 집착(執捉, 執着), 집념(執念), 집필(執筆).
熱(열)	열(熱), 덥다, 뜨겁다, 맵다, 정열(情熱), 열렬(熱烈, 熱裂), 열심(熱心), 열애(熱愛).
願(원)	원하다, 바라다(望), 소원(所願), 기원(祈願), 요망(瞭望), 탄원서(歎願書).
凉(량)	서늘하다, 시원하다, 얇다, 처량(凄凉), 청량(清凉), 납량(納凉), 황량(荒凉).

『논어』 <공야장> 편에서, 공자가 제자 자로와 안연에게 '품은 뜻을 말해 보라'고 했다.
자로가 말했다.
"수레와 말, 가볍고 좋은 옷을 벗들과 함께 쓰다가 버리게 되어도 유감 없기를 바랍니다."
안연이 말했다.
"재주를 자랑하는 일이 없기를, 공적을 과장하는 일이 없기를 바랍니다."
자로가 '선생님의 뜻을 듣고 싶다'고 하자, 공자가 말했다.
"노인들이 편안하게 여기는 사람, 벗들이 신뢰하는 사람, 어린이들이 따르는 사람이고 싶다."
(老者安之하고 朋友信之하며 少者懷之니라.)

중국 옛 농요(農謠) <주천(做天)> '하늘 노릇'. 사람마다 원(願)이 다르니, 하늘인들 어찌하랴.

하늘 노릇 하기 어렵다지만, 어찌 4월 하늘만 하겠는가
누에는 날씨가 따뜻하기를 바라고, 보리는 춥기를 바라며
집 나선 나그네는 맑기를 바라고, 농부는 비 오기를 바라며
뽕잎 따는 여인들은 하늘에 구름 끼기를 바란다네.
(做天難做四月天이니 蠶要溫和麥要寒이라 出門望晴農望雨하고 採桑娘子望陰天이라)

113 전

驢	騾	犢	特
나귀 려	노새 라	송아지 독	수컷(소) 특

해석: 나귀와 노새와 송아지와 수소는

주해: 세상이 평화롭고 백성들이 부유하여, 기르는 가축이 번성(繁盛)함을 말한 것이다.

자의:

驢(려)	나귀, 여명견폐(驢鳴犬吠)=나귀의 울음과 개의 짖음, 보잘것없는 문장.
騾(라)	노새, 역라(役騾).
犢(독)	송아지, *駒(구): 망아지.
特(특)	수소(牡牛), 황소, 수컷, 뛰어나다, 특별(特別), 특강(特講), 특징(特徵), 특출(特出).

- **나귀, 당나귀**(Donkey)는 말과(馬科)동물이다. 말보다 작고 느리며, 귀가 길고 다리는 짧다. 당(唐)나라와 아무 상관없다.
- **노새**(Mule)는 암말과 수탕나귀가 교배하여 나온 것이다.
- **버새**(Hinny)는 암탕나귀와 수말이 교배하여 나온 것이다.
- **야크**(Yak)는 수컷이고, 암컷은 **나크**(Nak)라 한다.
- **좁교**(Dzo, 조)는 암물소와 숫야크가 교배하여 나온 것이다.
- **라이거**(Liger)는 암호랑이와 수사자가 교배하여 나온 것이다.
- **타이곤**(Tigon)은 암사자와 수컷 호랑이가 교배하여 나온 것이다.

- **교배**(交配) → 생물의 암수를 인위적으로 수정(受精) 또는 수분(受粉)시켜 다음 세대를 얻는 일.
- **이종교배**(異種交配) → 종(種)이 다른 암수가 교배하는 것.

수정(受精)은 동물의 생식세포인 난자와 정자 핵의 융합 과정이다.
수분(受粉)은 식물의 수술 꽃가루가 암술로 옮겨붙는 과정이다.

〈쥐똥꽃과 꿀벌〉

113 후

駭	躍	超	驤
놀랄 해	뛸 약	뛰어넘을 초	달릴 양

해석 놀라 날뛰고 뛰어넘어 내달린다

주해 해약(駭躍)은 뛰쳐나와 놀라 뛰는 모양이다. 초양(超驤)은 분주(奔走)히 뛰어오르고 발을 구르는 모양이다.

자의

駭(해)	놀라다, 해괴망측(駭怪罔測); 헤아릴 수 없이 괴이(怪異)함.
躍(약)	뛰다(跳), 뛰어넘다(超越), 나아가다(進), 도약(跳躍), 약동(躍動).
超(초)	뛰어넘다, 뛰어오르다, 초과(超過), 초월(超越), 초인(超人), 초고령(超高齡).
驤(양)	머리를 들다, 뛰다, 달리다, 빠르다, 용양호보(龍驤虎步)=용처럼 뛰오르고 범처럼 걷다.

니체(Friedrich Wilhelm Nietzsche, 1844~1900)가 삶의 목표로 제시한 인간상 '초인(超人)'은 독일어로 위버멘쉬(Übermensch), 영어로 오버멘(Overman)이다. 있는 그대로의 모든 것을 긍정하여, 고통마저도 자신을 성장시키는 기회로 삼는다. 외부의 (물리적·물질적) 힘이나 (초지상적·신비적) 절대자에게 의존하기보다 자신의 삶에 집중하며, 스스로 가치를 창조해 내는 자(者)다.
'초인'은 슈퍼맨(superman)이나 초능력자(超能力者)가 아니다. '초인'이 신(神)을 대신하는 절대적·초월적인 존재로 오해될 수도 있어, '극복인(克復人)'으로 번역한 학자도 있다.

위버멘쉬는 자신의 내부에 자신을 제어하는 강력한 힘이 있다. 그는 말하고 침묵하는 법을 알고, 자신을 엄격하고 혹독하게 다루는 데서 기쁨을 느끼며, 엄격하고 혹독한 모든 것을 존경한다. 그는 스스로 존중하지 못하는 겁 많은 자, 불안해하는 자, 눈앞의 이익만 좇는 자, 편협하고 의심 많은 자, 비굴한 자, 남에게 아첨하는 자, 자기 자신에게 거짓말을 하는 자를 경멸(輕蔑)한다.

초고령사회(超高齡社會, Super-aged Society)는 65세 이상 인구가 전체의 20% 이상인 경우다. 일본·한국에서만 사용하는 용어, UN 공식용어가 아니다. 인류의 기술·산업 발전으로, 수명이 늘고 출산율은 줄면서 인구는 감소한다. 대한민국은 2010년대 후반부터 출산율이 크게 감소, 2020년부터 베이비붐 세대가 노인이 되면서 고령화 가속화, 2024년 12월 23일, 65세 이상 인구가 전체 인구의 20%에 도달하며 초고령사회에 진입하였다.

114 전

誅	斬	賊	盜
벨 주	벨 참	도둑(해칠) 적	훔칠 도

해석: 역적과 도적을 처벌하여 베고

주해: 사람을 해(害)치거나 남의 것을 훔치는 자가 있으면 그 죄(罪)를 성토(聲討)하여 머리를 베고

자의:

誅(주)	베다, 책(責)하다, 치다, 처형(處刑)하다, 사형하다, 형벌(刑罰), 주살(誅殺).
斬(참)	베다, 참수(斬首), 부관참시(剖棺斬屍), 읍참마속(泣斬馬謖).
賊(적)	도둑, 해치다, 도적(盜賊), 역적(逆賊), 국적(國賊), 왜적(倭賊), 의적(義賊).
盜(도)	도둑, 훔치다, 탐내다, 강도(強盜), 절도(竊盜), 도루(盜壘), 포도청(捕盜廳).

'**읍참마속(泣斬馬謖)**'은 중국 삼국시대 촉(蜀)의 제갈량이 평소 아끼던 부하 마속(馬謖)이 전투에서 명(命)을 어겨 대패(大敗)하자, '울며 마속을 벴다'는 뜻이다.

'**을사오적(乙巳五賊)**'은 1905.11.17, 일본의 을사늑약(乙巳勒約) 체결문에 찬성('可' 기명)했던 대한제국(大韓帝國)의 다섯 고급 매국노(賣國奴)를 일컫는 말이다. 학부대신 이완용(李完用), 군부대신 이근택(李根澤), 내부대신 이지용(李址鎔), 외부대신 박제순(朴齊純), 농상공부대신 권중현(權重顯)이다. 이들은 "대한제국 국호(國號)와 인민(人民)이 존재하기 때문에 나라가 망(亡)한 것이 아니다."라고 억지 변명(辨明)하였지만, 그 이름은 역사에 오명(汚名)으로 영원하다.

'**도루(盜壘)**'는 야구(野球) 경기에서 주자(走者)가 공(ball)과 상관없이 다음 루(壘, 베이스, base)를 훔치는 것을 말한다. 도중(途中)에 잡히지만 않으면 인정(認定)받는 도둑질이다.

'**의적(義賊)**'은 부당(不當)하게 재산을 모은 탐관오리(貪官汚吏)·부자(富者)·귀족(貴族)들의 재산을 빼앗아 가난한 자에게 나누어 주는 의(義)로운 도둑이다. 협도(俠盜)라고도 한다. 역사에서 홍길동(洪吉童), 임꺽정(林巨正), 장길산(張吉山), 전우치(田禹治), 일지매(一枝梅), 양산박(梁山泊), 로빈 후드(Robin Hood)가 유명하다.

114 후	捕	獲	叛	亡
훈음	사로잡을 포	얻을 획	배반할 반	(도)망할 망

해석 배반자와 도망자는 잡아 벌한다

주해 배반(背叛)하거나 도망(逃亡)하는 자(者)가 있으면 사로잡아 법(法)을 바르게 집행(執行)한다.

자의

捕(포)	잡다, 붙잡다, 사로잡다, 생포(生捕), 체포(逮捕), 포식자(捕食者), 포수(捕手).
獲(획)	얻다, 잡다, 차지하다, 사냥하다, 포획(捕獲), 획득(獲得), 어획(漁獲), 남획(濫獲).
叛(반)	배반(背叛)하다, 모반(謀叛)하다, 반란(叛亂), 반역(叛逆), 이반(離叛).
亡(망)	망(亡)하다, 달아나다, 죽다, 잃다, 없다, 사망(死亡), 망신(亡身), 망조(亡兆), 멸망(滅亡).

성즉군왕(成則君王)**이요 패즉역적**(敗則逆賊)**이라.** '반란(叛亂)이 성공하면 혁명적인 군왕(君王)이 되고, 패배하면 역적(逆賊)으로 매도(罵倒) 된다'는 말이다. '성자위왕 패자위구(成者爲王 敗者爲寇)'도 같은 의미다. 한 때, 대한민국 검찰(檢察)은 '성공한 쿠데타는 처벌할 수 없다'는 말을 만들었다. 국방군대의 무력을 사용(私用)하여 권좌에 앉은 야만(野蠻)의 수괴(首魁)도, 그에 아첨(阿諂)하여 호가호위(狐假虎威)하던 지식(知識)깡패들도 한결같이 뻔뻔하다.

'**패가망신**(敗家亡身)'은 가산(家産)을 다 써 없애고, 몸을 망치는 것이다. 절약(節約)하지 않았기에 탕진(蕩盡)하여 패가되었고, 청렴(淸廉)하지 않았기에 망신되었다.
패가는 가폐(家廢)니, 가정과 가족이 풍비박산(風飛雹散) 났다는 말이다. 망신은 인망(人亡)이니, 사람의 신체만 말하는 것이 아니다.

'**흥망성쇠**(興亡盛衰)'는 흥(興)하고 망(亡)하며 성(盛)하고 쇠(衰)하는 것이다. 이는 자연계(自然界)와 세상사(世上事), 국사(國事)와 인사(人事), 시대(時代)와 유행(流行)에서 일어나는 진실(眞實)이다.
그 무엇도 영원(永遠), 무궁(無窮), 무한(無限), 불사(不死)하는 것은 없다.
'**성주괴멸**(成住壞滅)'은 삼라만상(參羅萬像)은 생겨나서(成) 머무르다가(住) 수명이 다하면 허물어져(壞) 없어진다(滅)는 말이다.

〈찔레꽃〉, 경북 김천 청암사, 2023.

10章 지혜로운 삶

115	布射僚丸(포사료환)하며 嵇琴阮嘯(혜금완소)라	여포는 활을 잘 쏘고, 웅의료는 탄환을 잘 던지며 혜강은 거문고를 잘 타고, 완적은 휘파람을 잘 불었다
116	恬筆倫紙(염필륜지)하고 鈞巧任釣(균교임조)라	몽념은 붓을 만들고 채륜은 종이를 만들었으며 마균은 교묘한 물건을 만들고 임공자는 낚싯대를 만들었다
117	釋紛利俗(석분이속)하니 竝皆佳妙(병개가묘)라	(위 기술은) 분란을 풀고 세속에 이로우니 아울러 모두 아름답고 신묘했다

118	毛施淑姿(모시숙자)하여 工嚬姸笑(공빈연소)라	모장과 서시는 생김새가 아름다워 얼굴을 찡그려도 웃는 듯 고왔다
119	年矢每催(연시매최)하고 羲暉朗曜(희휘낭요)라	세월은 화살처럼 늘 재촉하고 햇빛은 밝게 빛난다
120	璇璣懸斡(선기현알)하고 晦魄環照(회백환조)라	선기옥형은 하늘에 매달려 돌고 달은 그믐엔 빛을 잃었다가 다시 돌아 밝게 비춘다
121	指薪修祐(지신수우)하니 永綏吉邵(영수길소)라	땔나무 불꽃을 잇듯이 복을 닦으면 오래도록 편안하고 길하고 아름답다
122	矩步引領(구보인령)하고 俯仰廊廟(부앙낭묘)라	바르게 걷고 옷깃을 여미며 조정에서는 위아래로 부끄러움이 없다
123	束帶矜莊(속대긍장)하고 徘徊瞻眺(배회첨조)라	예복을 입으면 긍지하고 장중하며 배회(평소)에도 우러러 멀리 본다
124	孤陋寡聞(고루과문)하면 愚蒙等誚(우몽등초)라	홀로 고집 세고 견문이 적으면 어리석은 자와 똑같이 꾸짖음받는다
125	謂語助者(위어조자)는 焉哉乎也(언재호야)니라	어조사라 이르는 것은 언(焉)·재(哉)·호(乎)·야(也)다

115 전

布	射	僚	丸
베 포	쏠 사	동료 료	알(둥글) 환

해석 여포는 활을 잘 쏘고, 웅의료는 탄환을 잘 던지며

주해 한(漢)나라 여포(呂布)는 창을 활에 꽂아 쏘아 작은 가지를 맞혀, 원술(袁術)의 군대에 포위되었던 소열제(昭烈帝, 유비)를 구원하였다. 초(楚)나라 웅의료(熊宜僚)는 3개의 탄환을 놀리면서, 손으로 교대로 받아 빙빙 돌리며 땅에 떨어뜨리지 않았다. 료(僚)는 속본(俗本)에는 료(遼)로 썼으니, 오자(誤字)다.

자의

布(포, 보)	베, 옷감, 천, 펴다, 베풀다, 벌이다, 도포(塗布), 폭포(瀑布), 포교(布敎), 보시(布施).
射(사)	쏘다, 발사(發射), 맞히다, 사격(射擊), 사살(射殺), 사행산업(射幸産業).
僚(료)	동료(同僚), 예쁘다, 벼슬아치, 관료(官僚), 각료(閣僚).
丸(환)	둥글다(圓), 알, 둥근 모양, 동그라미, 고환(睾丸), 탄환(彈丸), 환약(丸藥).

여포(呂布, ?~198)는 후한(後漢) 말 무장(武將)이다. '마중적토(馬中赤兎) 인중여포(人中呂布)'로, 무예(武藝)가 뛰어났다. 왕윤과 공모하여 양부(養父) 동탁을 죽이고 정권을 잡았다가, 30일 만에 패하여 장안(長安)에서 달아났다. 이후 떠돌다가 자신을 받아준 유비(劉備)를 내쫓고 서주(西周)를 탈취하였다. 조조(曹操)에게 패망하고 교수형에 처해졌다.

웅의료(熊宜僚)는 초(楚)나라 장수(將帥)다. 힘이 세고 의리가 두터웠다. 공놀이를 잘하여 탄환 9개를 가지고 놀면, 8개는 항상 공중에 떠 있고 1개만 손 안에 있었다. 전장에서 송(宋)나라 군사들이 웅의료의 현란한 공놀이에 넋을 빼앗긴 틈에 공격하여 크게 승리하였다.
*저글링(juggling).

〈활쏘기, 만작(灣酌)〉
파주 교하정, 서명진 접장(接長)

115

嵇	琴	阮	嘯
산이름 혜	거문고 금	성씨 완	휘파람 소

해석: 혜강은 거문고를 잘 타고, 완적은 휘파람을 잘 불었다

주해: 위(魏)나라 혜강(嵇康)은 거문고를 잘 타서, 광릉산(廣陵散) 한 곡조가 당세(當世)에 절묘(絶妙)하였다. 완적(阮籍)은 휘파람을 잘 불어서, 일찍이 손등(孫登)을 소문산(蘇門山)에서 만났는데, 이 산에 있는 소대(嘯臺)는 손등과 완적이 만나 휘파람을 분 곳이다.

자의:

- 嵇(혜) 산 이름(嵇). 여기서는 혜강(嵇康)을 가리킨다, 해금(奚琴).
- 琴(금) 거문고, 거문고를 타다, 가야금(伽倻琴), 칠현금(七絃琴), 마두금(馬頭琴).
- 阮(완) 성씨(姓氏), 나라 이름, 여기서는 완적(阮籍)을 가리킨다, 완당(阮堂) 김정희.
- 嘯(소) 휘파람, 휘파람 불다, 꾸짖다, 읊다, 부르짖다, 소가(嘯歌), 호소(虎嘯).

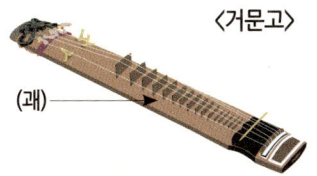
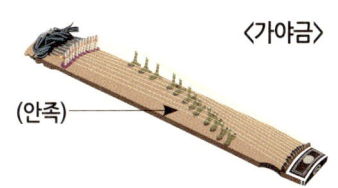
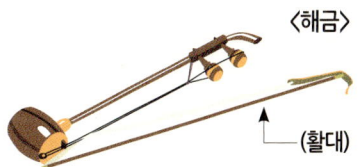

거문고는 순우리말이다. 6줄이고, 손으로 뜯거나 튕겨서 소리를 낸다. 가야금(伽倻琴)은 12줄이고, 술대로 줄을 치거나 튕겨서 소리를 낸다. 거문고는 괘(棵)가 있고 안족(雁足)이 3개, 가야금은 괘가 없고 안족이 12개다.

해금(奚琴, 嵇琴)은 2줄이다. 세워서 활대로 줄을 마찰시켜 소리를 낸다. 줄은 모두 명주실을 꼬아 만들었다.

혜강(嵇康, 223~262)은 완적(阮籍)과 더불어 죽림칠현(竹林七賢)의 한 사람으로, 사상가·문학가·음악가였다. 항상 금(琴)을 연주하고 시(詩)를 노래하며 삶을 즐겼다. 조조(曹操)의 손녀와 혼인하여, 위(魏)나라 종실(宗室)이 되었으나, 정치 소용돌이를 피해 산속에 은거했다.

완적(阮籍, 210~263)은 삼국시대 위나라 말기 사상가·시인이다. 벼슬살이하면서 권력에 밀착하지 않고, 은자(隱者)의 삶을 추구했다.

116 전

恬	筆	倫	紙
편안할 념	붓 필	인륜 륜	종이 지

해석 몽념은 붓을 만들고 채륜은 종이를 만들었으며

주해 옛날에는 대나무를 깎아 책을 만들어 옻칠해서 글씨를 썼다. 진(秦)나라 몽념(蒙恬)이 처음으로 토끼털 붓과 송연묵(松煙墨)을 만들었다. 후한(後漢)의 환관(宦官) 채륜(蔡倫)이 처음으로 닥나무 껍질과 썩은 솜을 이용하여 종이를 만들었다.

자의

恬(념)	편안(便安)하다, 무욕염담(無慾恬淡)=욕심(慾心)이 없고 담백(淡白)함.
筆(필)	붓, 쓰다, 자필(自筆), 필자(筆者), 서수필(鼠鬚筆), 낭호(狼毫), 만년필(萬年筆).
倫(륜)	인륜(人倫), 떳떳하다, 윤리(倫理), 삼강오륜(三綱五倫), 패륜아(悖倫兒).
紙(지)	종이, 백지장(白紙張), 이면지(裏面紙), 견출지(見出紙), 지폐(紙幣), 지갑(紙匣).

'**지필묵연**(紙筆墨硯)'은 종이·붓·먹·벼루로, 이들을 문방사우(文房四友)라 한다. 학문(學問)하는 선비의 네 벗이란 말이다. 문방사보(文房四寶) 또는 문방사후(文房四侯)라고도 한다.
서수필(鼠鬚筆)은 쥐 수염으로 만든 붓이다. 붓 1자루 = 쥐 수염 8가락×200마리.
송연묵(松煙墨)은 소나무 뿌리를 태워 그 그을음을 모아 만든 먹(墨)이다.

몽념(蒙恬, ?~BC.210)은 진(秦)나라 관료·장군이다. 북방 만리장성(萬里長城)을 쌓고 수비하였다. 시황제 측근(側近)으로 권세를 누렸다. 시황제 사후, 2세 호해의 측근인 조고의 모함(謀陷)으로 죽었다.

채륜(蔡倫, ?~121)은 후한(後漢)의 환관(宦官)이다. 나무껍질, 삼베조각으로 종이를 만들었다(105년). 종이는 후세 인류의 문화 발전에 크게 기여하였다.

〈명륜당(明倫堂)〉 서울 성균관(成均館)

116
후

鈞	巧	任	釣
무거울(고를) 균	공교할 교	맡길 임	낚시 조

해석 마균은 교묘한 물건을 만들고 임공자는 낚싯대를 만들었다

주해 위(魏)나라 마균(馬鈞)은 생각이 뛰어나 지남거(指南車)를 만들어, 수레 안에 나무로 만든 사람이 수레를 조정하면 수레가 반드시 남쪽을 지향(指向)하였다. 전국시대 임(任)나라 공자(公子)는 백균(百鈞)의 갈고리를 만들어, 동해(東海)에 낚싯대를 드리워 큰 고기를 낚았다.

자의

鈞(균)	무겁다, 1균=30근(斤), 고르다(均), 균안(均安).
巧(교)	공교(工巧), 교묘(巧妙), 기교(技巧), 교언영색(巧言令色), 대교약졸(大巧若拙).
任(임)	맡긴다, 마음대로 하다, 임의(任意), 부임(赴任), 성씨(姓氏). 임무(任務) → 맡은 일 또는 맡겨진 일. 반드시 달성해야 하는 목표.
釣(조)	낚시, 낚시질하다, 낚다, 출조(出釣).

마균(馬鈞, 220~265)은 삼국시대 위(魏)나라 관료·발명가다.
전설의 도구였던 지남거(指南車)를 재현하고, 관개용(灌漑用) 수차(水車)를 만들었으며, 인형극에서 인형들이 생동감 있게 움직이게 하는 수전백희(水轉百戱)를 개발하였다. 공성(攻城) 병기인 발석차(發石車)를 개량하여 성능을 강화시켰다. (*지남거 → 수레 위 목상(木像)이 손가락으로, 수레 달리는 방향과 상관없이 항상 남쪽을 가리킴)

공자(公子)는 『장자』에 나오는 인물이다.
굵은 밧줄에 거대한 낚싯바늘을 달고, 소 50마리를 미끼로써 회계산(會稽山)에 올라 앉아, 동해의 물고기를 낚았다. 산 같은 파도가 일고, 고기 울부짖는 소리가 천 리 밖에서도 들렸다. 잡은 물고기는 포를 떠서 동쪽에서 북쪽에 이르는 사람들이 모두 배불리 먹었다.

교언영색(巧言令色)이 선의인(鮮矣仁)이니라
"말을 듣기 좋게 하고 낯빛을 보기 좋게 꾸미는 사람치고 인(仁)한 사람은 드물다."
『논어』<학이> 편 3장과 <양화> 편 17장에, 공자가 거듭 말했다.

117 전

釋	紛	利	俗
풀 석	어지러울 분	이로울 리	풍속 속

해석: (위 기술은) 분란을 풀고 세속에 이로우니

주해: 윗글에 나온 여덟 사람은 기술(技術)의 공교(工巧)함이 진실로 장단(長短)과 득실(得失)이 있으나, 모두 분란(紛亂)을 풀어 주고 세속(世俗)을 편리(便利)하게 한 것이다.

자의

釋(석)	풀다, 풀어 주다, 석방(釋放), 해석(解釋), 석가모니(釋迦牟尼), 주석(註釋).
紛(분)	어지럽다, 분란(紛亂), 분분(紛紛), 분쟁(紛爭), 내분(內紛), 분실(紛失).
利(리)	이(利)롭다, 잘 들다, 날카롭다, 영리(營利), 예리(銳利), 권리(權利), 금리(金利).
俗(속)	속(俗)되다, 풍속(風俗), 관습(慣習), 풍습(風習), 속인(俗人), 속리산(俗離山).

사람의 속(俗)됨, 소동파가 시 <어잠승녹균헌(於潛僧綠筠軒)>에서 짚었다.
항저우(杭州) 어잠(於潛)현의 절(적조사) 정자(녹균헌)에서 지었다.
'선비가 지조(志操)를 지키면서 동시에 부귀영화를 누리고 살 수는 없음'을 경계하였다.

"사람이 밥상에 고기반찬 없어도 되지만, 대나무 없는 집에 살 수 없다.
고기를 못 먹으면 사람이 야위나, 대나무 없이 살면 속물(俗物)이 된다.
사람이 야위면 살찌울 수 있지만, 선비가 속물이 되면 고칠 수 없다.
옆 사람이 내 말 듣고 비웃으며, '고상한 듯하나 어리석다'고 말한다.
만약 대나무 집에 살면서 고기도 먹는다면, '양주학' 말이 왜 생겼겠나."
(可使食無肉이언정 不可居無竹이라 無肉令人瘦은 無竹令人俗이라
人瘦尙可肥나 士俗不可醫라 傍人笑此言하니 似高還似癡라 若對此君仍大嚼이면 世間那有揚州鶴고)

*양주학(揚州鶴)은 양주자사로서, 돈 많이 벌어, 학 타고 난다는 말이다. 권세·재물·명예를
 다 가질 수 없음을 이른다.
*녹균헌(綠筠軒)은 '푸른 대나무가 있는 집'이란 말이다.
*검은 대(오죽, 烏竹)를 중국은 자죽(紫竹), 일본은 흑죽(黑竹)이라 한다. 까마귀(烏)는 온통
 까맣다. 오죽의 잎은 파랗다.

하필왈리(何必曰利) 『맹자』 첫 편 <양혜왕上> 첫 문장 전문(全文)

맹자가 양(梁)나라 혜왕(惠王)을 찾아뵈었더니, 왕이 말했다.
"선생께서 불원천리(不遠千里) 오셨으니, 장차 내 나라를 이(利)롭게 함이 있겠습니까?"

맹자가 말했다. "왕께서는 하필 이(利)를 말씀하십니까? 오직 인(仁)과 의(義)의 덕(德)만 추구하시면 됩니다.

왕께서 '어떻게 하여 내 나라를 이롭게 할까?' 말씀하시면, 대부(大夫)들은 '어떻게 하여 내 집을 이롭게 할까?' 말할 것이고, 서민들은 '어떻게 하여 내 몸을 이롭게 할까?' 말할 것입니다. 그리되면 위와 아래가 서로 다투어 자기 이익만을 추구하여 나라는 위태로워질 것입니다.

만승(萬乘) 천자국(天子國)에서 그 천자를 죽이는 자는 반드시 천승(千乘) 제후국에서 나오고, 천승 제후국에서 그 제후를 죽이는 자는 반드시 백승(百乘) 가문(대부)에서 나오는 법입니다. 만승국이 가진 천승과 천승국이 가진 백승이 결코 적지 않은데, 만약 의(義)를 뒤로 미루고 이(利)를 앞세우면, 모두를 빼앗아 갖지 않고서는 만족하지 못할 것입니다.

인(仁)하면서 그 부모를 버리는 사람이 아직 있지 않으며, 의로우면서 그 왕을 뒤로 하는 사람은 아직 있지 않습니다. 왕께서는 오직 인의(仁義)를 말씀함에 그칠 것이지, 하필(何必) 이(利)를 말씀하십니까?"

(孟子見 梁惠王하신대 王曰 叟가 不遠千里而來하시니 亦將有以利吾國乎잇가.
孟子對曰 王은 何必曰利잇고 亦有仁義而已矣니이다. 王曰何以利吾國고하시면 大夫曰何以利吾家오하며 士庶人曰何以利吾身고하여 上下交征利면 而國危矣리이다.
萬乘之國에 弑其君子는 必千乘之家요 千乘之國에 弑其君子는 必百乘之家니 萬取千焉하며 千取百焉이 不爲不多矣언마는 苟爲後義而先利면 不奪하여는 不饜이니이다. 未有仁而遺其親者也며 未有義而後其君者也니이다. 王은 亦曰仁義而已矣시니 何必曰利잇고)

*천자국(天子國)은 종주국(宗主國), 제후국(諸侯國)은 번국(藩國)이다.
*승(乘) → 병력 전거(戰車) 단위. 1승(乘)=4마(馬)+10군사(軍師)+72병졸(兵卒)+무기(武器).
*불원천리(不遠千里) → 천 리 길도 멀다 하지 않다. 먼 길임에도 개의치 않고 오다. 당시 양나라 혜왕은 부국강병(富國强兵)의 지혜를 얻기 위해 현인(賢人)들을 초청하였다. 이에 맹자가 방문하였다.

한(漢)나라 가인(佳人) <왕소군(王昭君), 생몰 연도 미상>의 이야기.

왕(王)은 성씨(姓氏), 소군(昭君)은 후궁 별칭, 본명은 장(嬙)이다. 그녀의 운명은 기구했다. 『후한서(後漢書)』에 의하면, 한나라 11대 왕 원제(元帝, BC.48~33 재위)는 후궁이 너무 많아, 화공(畫工)이 그린 초상화(肖像畫)를 보고서 골라 불러들였다. 화공은 후궁들로부터 받은 뇌물의 많고 적음에 따라 초상을 예쁘거나 밉게 그렸다. 왕소군은 뇌물을 쓰지 않아 밉게 그려져서, 왕의 눈에 띄지 못했다.

흉노(匈奴)는 북방의 몽고 고원에서 활약한 유목(遊牧) 기마(騎馬) 민족국가로, 항시 한나라를 위협하여, 고조(高祖) 유방 때부터 조공(租貢)을 바쳐 무마(撫摩)해 왔다. BC.33년, 흉노 호한야 선우(呼韓邪單于, BC.58~31 재위)가 한왕과 사돈 맺기를 원하였다. 왕은 화공의 그림을 보고, 가장 못생긴 왕소군을 희생양(犧牲羊)으로 골랐다. 흉노 선우(왕)는 흡족하게 받아들였다. 흉노 일행이 떠나던 날, 한왕은 왕소군이 천하일색(天下一色) 임을 확인하고 깜짝 놀랐다. 한왕은 화공의 목을 베었다.

한편, 왕소군이 흉노로 가던 중 멀리 날던 기러기를 보고 고향 생각에 금(琴)을 연주하자, 기러기들이 그 소리에 취해 날갯짓하던 것을 잊고 모두 땅에 떨어졌다. 이에 그녀에게 '낙안(落雁)'이라는 칭호가 붙었다. 왕소군은 흉노에서 대우받고 오래 살면서, 한과 흉노의 관계 우호에 기여했다. 흉노 땅 그녀 무덤에는 풀이 겨울에도 시들지 않아 '청총(靑塚)'이라 부른다.

예부터 많은 시인(詩人) 묵객(墨客)들이 그녀의 슬픈 일생을 글과 그림으로 남겼다. 이백의 시 '왕소군의 원한' <소군원(昭君怨)>의 뒷부분은 이렇다.

漢月還從東海出 (한월환종동해출)	한나라 달은 다시 돌아와 동해에 떠오르건만
明妃西嫁無來日 (명비서가무래일)	명비(왕소군)는 서쪽으로 시집간 뒤 돌아오지 않네
燕支長寒雪作花 (연지장한설작화)	연나라 땅은 늘 추워서 눈 속에서 꽃이 피는데
蛾眉憔悴沒胡沙 (아미초췌몰호사)	미인은 초췌해져 오랑캐 모래 속으로 사그라지네
生乏黃金枉畫工 (생핍황금왕화공)	살아선 황금이 없어 초상화를 잘못 그리게 하더니
死遺靑塚使人嗟 (사유청총사인차)	죽어선 청총을 남겨 사람들로 하여금 탄식케 하네

상건(常建, 708~765)은 <소군묘(昭君墓)> '왕소군의 묘(墓)에서' 왕소군을 불러내어 함께 곡(哭)했다.

한나라 궁궐에서 어찌 죽지 못하고, 이국 땅에서 홀로 죽어 슬퍼하노라.
만 리 길에 황금을 실어 보냈건만, 고운 모습은 말라 뼈만 남았네.
밤마다 수레 돌려 월경하려 했지만, 말들이 움직이지 않아 이루지 못했노라.
그 화공을 함께 원망하며, 밝은 달 아래 무덤에서 슬피 우노라.

(漢宮豈不死 異域傷獨沒 萬里馱黃金 娥眉爲枯骨 廻車夜黜塞 立馬皆不發 共恨丹靑人 墳上哭明月)

117

훈음
- 竝 아우를 병
- 皆 다 개
- 佳 아름다울 가
- 妙 묘할 묘

해석 아울러 모두 아름답고 신묘했다

주해 그들의 기술(技術)이 모두 아름다움을 말한 것이다.

자의

竝, 并(병)	나란하다(倂, 幷), 함께하다, 견주다, 병기(竝記), 병립(竝立), 병설(竝設), 합병(合竝).
皆(개)	다, 함께, 모두, 두루, 개근상(皆勤賞), 개기월식(皆旣月蝕), 개병제(皆兵制).
佳(가)	아름답다, 좋다, 뛰어나다, 사랑하다, 가인(佳人), 미인(美人), 점입가경(漸入佳境).
妙(묘)	묘(妙)하다, 미묘(微妙)하다, 젊다, 예쁘다, 묘령(妙齡), 묘기(妙技), 절묘(絶妙).

*불교에서, 비구니(比丘尼)는 여성 출가자·승려, 비구(比丘)는 남성 출가자·승려를 지칭한다.

'가인박명(佳人薄命)'은 미인(美人)의 운명은 기구(崎嶇)하다는 말이다.
소동파 시 <한 비구니(比丘尼)>에 나온다. 미인단명(美人短命)이 아니다.
소동파가 항저우(杭州) 자사(刺史)일 때, 젊은 한 비구니가 고운 자태에 우수에 젖은 모습을 보고, 그녀의 아리따웠을 소녀시절과 기구하고 파란만장했을 삶을 유추(類推)하여 지은 상상의 시다.

두 뺨은 젖빛, 머리는 검은 옻빛, 주렴 너머 구슬같이 빛나는 눈빛
선녀처럼 흰 비단옷 입고, 타고난 얼굴 더럽힐까 연지도 아니 발랐네
오나라 사투리는 귀엽고 부드러워 앳되니, 한없는 근심 알 수 없구나
예부터 미인 운명 기구했었지, 문을 닫고 봄이 가면 버들꽃도 지겠지.
(雙頰凝酥髮抹漆 眼光入簾珠的皪, 故將白練作仙衣 不許紅膏污天質
吳音嬌軟帶兒癡 無限閒愁總未知, 自古佳人多命薄 閉門春盡楊花落)

*파란만장(波瀾萬丈); 파도 높이가 만장이다. 사람의 생활, 일의 진행에 곡절과 시련이 많음이다.
*<가인곡(佳人曲)>은 한(漢) 무제에게 궁중 악사 이연년(李延年)이 제 여동생을 은근히 추천하며 부른 노래다. "북쪽에 가인(佳人)이 있어, 눈길 한 번에 성이 기울고(경성, 傾城), 눈길 두 번에 나라가 기운다(경국, 傾國)"라고 하였다. 이후, '경국지색(傾國之色) 미녀(美女)'란 말이 생겼다.

118 전

毛	施	淑	姿
털 모	베풀 시	맑을 숙	맵시(모양) 자

해석: 모장과 서시는 생김새가 아름다워

주해: 모장(毛嬙)과 서시(西施)는 모두 옛날의 미녀(美女)이니, 그 아름다운 자태(姿態)가 세상에 뛰어났음을 말한 것이다.

자의:

毛(모)	털, 모피(毛皮), 가볍다, 불모지(不毛地), 구우일모(九牛一毛), 양모(羊毛).
施(시)	베풀다, 실시(實施)하다, 주다, 옮기다, 보시(布施), 시술(施術), 시행령(施行令).
淑(숙)	맑다, 착하다, 아름답다, 정숙(貞淑)하다, 사모(思慕)하다, 요조숙녀(窈窕淑女).
姿(자)	모양, 맵시, 자세(姿勢), 몸매, 옷차림, 형상(形像), 자태(姿態)=모양새.

모시(毛施)는 미녀였던 모장(毛嬙)과 서시(西施)의 약칭이다.

모장은 월(越)나라 왕 구천(句踐)이 사랑한 후궁(後宮)이다. 고사(故事) '침어(沈魚)'의 원래 주인공이다. 모장이 냇가에서 빨래할 때, 물에 비친 모장의 예쁜 얼굴을 쳐다보던 물고기가 부끄러워, 물속으로 깊이 도망쳤다는 것이다.

서시는 전쟁에서 패한 월나라 왕 구천이 오(吳)나라 왕 부차(夫差)에게 공물로 바친 미녀다. 서시는 구천의 참모인 범려의 애인이다. 부차는 서시에게 빠져 월나라 경계에 소홀하고, 이를 충언한 오자서를 죽여 버렸다. 오나라는 은밀히 국력을 키운 월나라의 공격으로 패망했다. 구천의 후궁이 된 서시는 왕비에 의해 비밀리에 살해되었다.

'중국 4대 미녀'는 서시·왕소군(王昭君)·초선(貂蟬)·양귀비(楊貴妃)다.
왕소군은 한(漢)나라 원제의 후궁으로, 흉노 왕과 정략(政略) 결혼하여 시집갔다.
초선은 후한(後漢) 말 재상 왕윤(王允, 137~192)의 수양딸이다. 왕윤은 무장 여포(呂布)에게 초선을 소개하고, 여포로 하여금 초선을 위해 양부(養父) 동탁(董卓)을 죽이게 했다.
양귀비는 당(唐)나라 현종(玄宗)이 사랑에 빠진 여인이다. 양귀비가 측근(側近)을 동원하여 국정(國政)을 농락(籠絡)하자, 변방의 장수(將帥) 안록산(安祿山) 등이 거병(擧兵)하여 왕궁을 장악했다. 현종과 함께 도망가던 중, '혼란의 근원'으로 지목되어 근위병에게 살해되었다.

118 후

工	嚬	姸	笑
장인(달구) 공	찡그릴 빈	고울 연	웃음 소

해석 얼굴을 찡그려도 웃는 듯 고왔다

주해 근심하여 찡그려도 마치 기뻐하여 웃는 듯이 아름다웠다.

자의

工(공) 달구, 장인(匠人), 일, 솜씨, 가공(加工), 공부(工夫), 공업(工業), 공예(工藝).

嚬(빈) 얼굴 찡그리다, 눈살 찌푸리다, 빈축(嚬蹙), 빈소(嚬笑).

姸(연) 곱다, 예쁘다(娟), 깨끗하다, 사랑스럽다, 연추(姸醜), 연장(姸粧), 김연아(金姸兒).

笑(소) 웃음, 웃다, 비웃다, 미소(微笑), 냉소(冷笑), 조소(嘲笑), 박장대소(拍掌大笑).

달구 → 집터 등의 땅을 단단히 다지는 데 쓰는 기구, 2~4개의 손잡이가 달림.

고사(故事) <효빈(效嚬)>은 '찡그림을 본받는다'는 말이다.
줏대없이 남을 따라하다가 웃음거리가 된다는 말의 비유(比喩)다.

『장자』<천운(天運) 편>에 '동시효빈(東施效嚬) 이야기'가 있다. 동시가 서시의 찡그린 얼굴을 흉내 냈다가 더욱 추녀가 되었다는 말이다.

"어느 마을에 시(施)씨 성(姓)을 가진 두 여인이 살았다. 마을 서쪽에 사는 여인은 서시(西施), 동쪽에 사는 여인은 동시(東施)라 불렸다. 추녀(醜女)였던 동시는 서시의 미모(美貌)를 부러워하며, 옷차림이나 몸동작을 흉내냈다.

서시는 어려서부터 가슴앓이 고질병(痼疾病)이 있었다. 그래서 가슴이 아플 때면 얼굴을 찡그렸는데, 그 얼굴이 평소보다 더 아름다워 보였다. 동시는 이것도 따라 했다. 못생긴 동시가 얼굴까지 찌푸리니, 사람들이 손가락질했다."

'일소일소(一笑一少) 일노일노(一怒一老)'
한 번 웃으면 한층 젊어지고, 한 번 화내면 한층 늙는다.
행복해서 웃는 게 아니라, 웃으면 행복해진다. 웃고 살자.

119 전

年	矢	每	催
해 년	화살 시	매양 매	재촉할 최

해석: 세월은 화살처럼 늘 재촉하고

주해: 세월(歲月)은 화살처럼 빨라서 늘 서로 재촉한다는 것이다.

자의:

年(년)	해, 12개월(個月), 시대(時代), 나이, 연세(年歲), 왕년(往年), 권불십년(權不十年).
矢(시)	화살, 궁시(弓矢), 목제(木製) 화살, *죽제(竹製) 화살은 箭(전), 효시(嚆矢).
每(매)	매양, 마다, 비록, 매년(每年), 매일(每日), 매번(每番), 매사(每事).
催(최)	재촉하다, 개최(開催), 최고(催告), 주최(主催), 최루탄(催涙彈), 최면제(催眠劑).

〈북〉사(梭)

『증광현문』에, '광음사전(光陰似箭) 일월여사(日月如梭)'는
"시간은 화살같이 빠르고, 세월은 북같이 빠르다"라는 말이다.
*백토적오(白兔赤鳥)=오비토주(烏飛兔走) → 토끼(兔)는 달을, 까마귀(烏)는 해를 상징한다.

백거이 시 <권주(勸酒)> 14수 중 한 수. 주제는 '빠른 세월'이다.
"그대에게 한 잔 술 권하니 사양하지 말고, 두 잔 술도 머뭇거리지 말게, 석 잔 술을 권하면 그대 비로소 알겠지. 오늘 얼굴이 어제보다 더 늙었고, 취했을 때가 깨었을 때보다 더 마음이 편한 것을. 천지는 아득하고 장구하며, 백토(白兔)와 적오(赤鳥)는 서로 다투듯 내달리니, 죽은 뒤 북두칠성 닿을 만큼 쌓은 황금은, 살아서 마시는 한 동이의 술만 못하리.
그대 보지 못했는가. 궁문 밖에 동이 트면, 시끄러운 노래와 곡(哭)소리는 죽음과 삶이 반반, 행인들은 가던 말을 멈추고, 상여는 다투어 가는 것을.
돌아가세. 검던 머리 이미 희어졌으니, 전당포에서 돈을 바꿔 술이나 마시세."

119

후

훈음

羲	暉	朗	曜
햇빛 희	빛날 휘	밝을 랑	빛날 요

해석 햇빛은 밝게 빛난다

주해 희화(羲和)는 당우(唐虞=요순, 堯舜)시대에 책력(冊曆)을 주관(主管)하던 관직(官職)이다. 그러므로 해(日)를 희휘(羲暉)라 한다. 햇빛이 밝게 비추어 운행(運行)하여 쉬지 않음을 말한 것이다.

자의

羲(희)	햇빛, 복희씨(伏羲氏).
暉(휘)	빛, 빛나다, 춘휘(春暉), 희휘(羲暉)=해(日).
朗(랑)	밝다, 환하다, 낭독(朗讀), 낭송(朗誦), 낭랑(朗朗), 낭보(朗報), 명랑(明朗).
曜(요)	빛나다, 비추다, 요일(曜日), 흑요석(黑曜石), 요금문(曜金門)=창덕궁 서쪽 출입문.

낭랑(朗朗) → 밝고 명랑한 '청춘(靑春)'을 뜻한다. <낭랑 18세>

'백구과극(白駒過隙)'은 문틈으로 본 흰 망아지의 지나감이다.
인생이 짧음을 비유한 말이다.

『장자』<지북유(知北遊)> 편에서,
공자가 '도(道)에 이르는 방법'을 묻자, 노자가 '백구과극(白駒過隙)'을 말했다.
"인생은 마치 흰 망아지가 달려가는 것을 좁은 문틈으로 언뜻 보는 것 같이, 순간(瞬間)일 뿐이다.
(人生 天地之間 若白駒之過隙 忽然而已)

모든 사물은 물이 솟아나듯 문득 생겼다가 물이 흘러가듯 사라진다. 즉 자연의 변화에 따라 태어났다가 또한 변화하여 죽을 뿐인데, 살아 있는 것들은 이를 슬퍼하고 사람들은 이를 비통(悲痛)해 한다.
죽음이란 활 통과 옷 주머니가 풀리듯 흩어지는 것이고, 혼백(魂魄)이 육신(肉身)에서 빠져나가 이에 몸이 따라가는 것이니, 이는 곧 '자연(自然)으로 복귀(復歸)함'이다."

120 전

璇	璣	懸	斡
구슬 선	구슬 기	매달 현	돌 알

해석: 선기옥형은 하늘에 매달려 돌고

주해: 기(璣)는 틀이다. 구슬로 틀을 장식하여 매달아 놓아 돌게 하니, 회전(回轉)하는 천체(天體)를 본뜬 것이다.

자의:

璇(선)	아름다운 옥(玉), 별 이름(북두칠성의 둘째 별).
璣(기)	(둥글지 않은)구슬, 별 이름(북두칠성의 세 번째 별).
懸(현)	달다, 매달다, 걸다, 현수막(懸垂幕), 현상금(懸賞金), 현토(懸吐), 현판(懸板).
斡(알)	돌다(旋), 알선(斡旋), 斡旋料(알선료), 斡旋人(알선인), 斡旋罪(알선죄).

- 선기옥형(璇璣玉衡)은 옥(玉)으로 만든 천체관측(天體觀測) 기구 '혼천의(渾天儀)'다.
- 앙부일구(仰釜日晷)는 해시계다. 앙부(仰釜)는 하늘을 우러르는 솥, 일구(日晷)는 해 그림자.

〈혼천의(渾天儀)〉

〈앙부일구(仰釜日晷)〉

120 후

晦	魄	環	照
그믐 회	넋 백	고리(돌) 환	비출 조

해석 달은 그믐엔 빛을 잃었다가 다시 돌아 밝게 비춘다

주해 회백(晦魄)은 달그림자가 그믐이면 밝음이 다해 없어지고, 초하루면 밝음이 다시 소생(蘇生)하며, 보름 뒤에는 어둠이 생기니, 해가 왔다 갔다 하며 순환(循環)하여 밝게 비춤을 말한 것이다.

자의

晦(회)	그믐, 어둡다, 회맹(晦盲), 회삭(晦朔), 도광양회(韜光養晦).
魄(백)	넋, 영혼(靈魂), 기백(氣魄), 혼(魂); 양기(陽氣), 백(魄); 음기(陰氣).
環(환)	고리, 고리 모양, 돌다, 금환(金環), 순환(循環), 환경(環境), 화환(花環).
照(조)	비추다, 비치다, 대조(對照), 조명(照明), 관조(觀照), 각하조고(脚下照顧).

- 도광양회(韜光養晦) → 자신의 재능을 드러내지 않고(韜), 은밀히 실력을 기름(養). 때를 기다린다.
- 혼비백산(魂飛魄散) → 사람이 죽으면, 혼이 날고 넋이 흩어짐. 몹시 놀라 어찌할 바 모르는 지경이다.
- 각하조고(脚下照顧) → 자신의 발 밑을 비추어 봄. 남을 비판하기 전에 자신을 먼저 살펴보라.
- 간담상조(肝膽相照) → 간(肝)과 쓸개를 서로에게 보여 줌. 진정한 우정(友情)을 의미한다.

한유(韓愈)가 <유종원 묘비명>에, 유종원(柳宗元)과 유우석(劉禹錫)의 의리(義理)를 찬사하여 썼다.
"사람은 어려운 일을 당했을 때 참된 절의(節義)가 나타난다. 평소에는 서로 그리워하고 같이 술을 마시며 놀고 즐겁게 웃는 것이, 마치 간담을 내보이는 것처럼 하고(肝膽相照), 죽는 한이 있어도 우정은 변치 말자고 맹세한다. 그러나 털끝만큼의 이해(利害) 관계가 생기면 눈을 돌려 모른 체 한다. 더욱이 위험에 빠지면 손을 내밀어 구하기는커녕, 더 깊이 빠뜨리고 돌까지 던지는 사람이 세상에 널려 있다."

유종원은 노모(老母)를 모시는 유우석이 험지(險地)의 자사(刺史)로 좌천(左遷)되자, '대신(代身) 가겠다'고 상소(上疏)하여 사람들을 감동시켰다.

121 전

指	薪	修	祐
손가락 지	땔나무 신	닦을 수	복 우

해석 땔나무 불꽃을 잇듯이 복을 닦으면

주해 선(善)을 쌓아 복(福)을 닦는 것은 손가락으로 섶(장작, 땔나무) 불을 지피는 것에 비유(比喩)할 수 있다. 장작은 다 타서 없어졌어도 불씨는 영원(永遠)히 꺼지지 않음과 같다.

자의

指(지)	손가락, 가리키다, 지시(指示), 지령(指令), 지명(指名), 지록위마(指鹿爲馬).
薪(신)	섶, 섶나무, 땔나무(땔감으로 쓰는 나무), 와신상담(臥薪嘗膽).
修(수)	닦다, 고치다, 다스리다, 수도(修道), 수양(修養), 수리(修理), 수교(修交).
祐(우)	복(福), 돕다(佑), 천우신조(天佑神助).

◎ 다섯 손가락의 이름

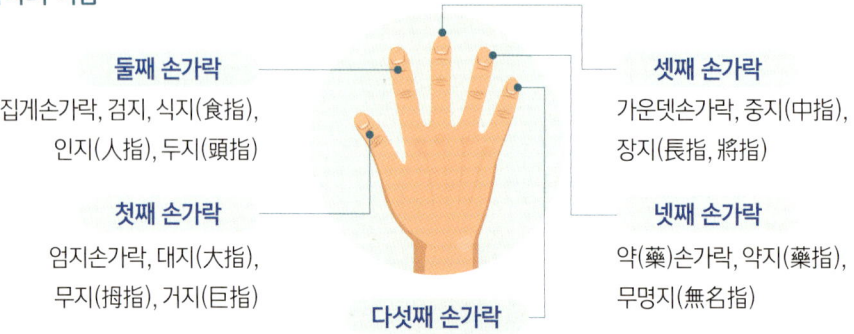

둘째 손가락 — 집게손가락, 검지, 식지(食指), 인지(人指), 두지(頭指)
셋째 손가락 — 가운뎃손가락, 중지(中指), 장지(長指, 將指)
첫째 손가락 — 엄지손가락, 대지(大指), 무지(拇指), 거지(巨指)
넷째 손가락 — 약(藥)손가락, 약지(藥指), 무명지(無名指)
다섯째 손가락 — 새끼손가락, 계지(季指), 소지(小指)

'견월망지(見月忘指)'는 불교 경전 『능엄경(楞嚴經)』에 나오는 말이다.
"달을 보아라. 달을 가리키는 손가락은 잊어라."
달을 보라고 손가락으로 가리켰는데, 보라는 달은 보지 않고 손가락만 보니, 이는 본질(本質)을 보지 않고, 형식과 방법에 집착(執着)하는 것을 지적(指摘)한 말이다.

- **수도(修道)** → 도(道)를 닦음. 번뇌(煩惱)의 속박(束縛)을 벗어나려고 되풀이 수행(修行)함.
- **수양(修養)** → 몸과 마음을 갈고닦아 품성(品性)·지식(知識)·도덕(道德)을 높은 경지(境地)로 올림.

121

永	綏	吉	邵
길 영	편안할 수	길할 길	높을 소

해석 오래도록 편안하고 길하고 아름답다

주해 이와 같이 하면, 영원(永遠)히 편안(便安)하고 좋은 일이 스스로 일어날 것이다.

자의

永(영)	길다(長), 오래다, 멀다, 영겁(永劫), 영구(永久), 영면(永眠), 영락(永樂), 영생(永生).
綏(수)	편안(便安)하다, 마음을 편안하게 하다, 물러가다, 수수(綏綏)=편안한 모양.
吉(길)	길(吉)하다, 상서(祥瑞)롭다, 훌륭하다, 행복(幸福), 성씨(姓氏), 길흉(吉凶).
邵(소)	높다, 아름답다, 힘쓰다, 권하다, 성씨(姓氏).

◎ **입춘첩(立春帖) '입춘대길(立春大吉) 건양다경(建陽多慶)'**

입춘첩은 입춘(立春)에, 대문이나 집안 기둥에 써 붙인, 세시풍속(歲時風俗)이다. 어둡고 추운 겨울이 끝나고 봄이 시작되었음을 자축하는 뜻과 농사의 풍년과 무사태평(無事泰平)을 기원하는 뜻이 담겨 있다.

붙이는 위치는 바깥에서 보아, 대문 오른쪽에 '立春大吉', 왼쪽에 '建陽多慶'을 붙인다. 이는 대문이 집 안쪽으로 열릴 때, 좋은 기운이 안으로 들어오기를 바라는 마음을 담았다.

〈입춘첩(立春帖)〉

122 전

矩	步	引	領
곱자 구	걸음 보	끌 인	거느릴 령

해석 바르게 걷고 옷깃을 여미며

주해 구보(矩步)는 직각(直角)으로 꺾어 돌아, 곡척(曲尺)에 맞게 하는 것이다. 인령(引領)은 결령(絜領)과 같으니, 옷깃을 가지런히 함이다.

자의

- **矩(구)** 곱자, 곡척(曲尺), 법도(法度), 네모, 종심소욕불유구(從心所慾不踰矩).
- **步(보)** 걸음, 걸음걸이, 걷다, 행하다, 찾아다니다, 칠보시(七步詩), 만보기(萬步機).
- **引(인)** 끌다, 자아내다, 인도하다, 인계인수(引繼引受), 인용(引用), 인상(引上), 할인(割引).
- **領(령)** 거느리다, 이끌다, 받다, 영의정(領議政), 영수증(領收證), 대통령(大統領).

『논어』 <위정> 편에, 공자의 38자(字) '자서전(自敍傳)'이 나온다.
"나는 열다섯 살에, 학문에 뜻을 두었고 (吾十有五而志于學)
서른 살에, 뜻을 확고하게 세웠으며 (三十而立)
마흔 살에, 미혹되지 않았고 (四十而不惑)
쉰 살에, 하늘의 명을 깨달았으며 (五十而知天命)
예순 살에, 남의 말을 순순히 들었고 (六十而耳順)
일흔 살에는, 마음 내키는 대로 해도 법도에
어긋나지 않았다." (七十而從心所欲不踰矩)

<사진> 곱자(矩, 구)

122 후

俯	仰	廊	廟
구부릴 부	우러를 앙	복도(사랑채) 랑	사당 묘

해석 조정에서 위아래로 부끄러움이 없다

주해 부앙(俯仰)은 주선(周旋, 두루 돎)과 같다. 낭(廊)은 종묘(宗廟)의 행랑(行廊, 복도)이다. 옛날에 일이 있으면 반드시 종묘(宗廟)에서 행하였으므로 조정(朝廷)을 일러 낭묘(廊廟)라 하였다.

자의

俯(부) 구부리다, 숙이다, 부앙불괴(俯仰不愧)=굽어보나 우러러보나 부끄러움 없음.

仰(앙) 우러르다, 올려다보다, 의지하다, 신앙(信仰), 추앙(推仰), 앙망(仰望), 앙모(仰慕).

廊(랑) 사랑(舍廊)채, 행랑(行廊), 회랑(回廊), 복도(複道).

廟(묘) 사당(祠堂), 종묘(宗廟), 문묘(文廟), 사찰(寺刹).

『맹자』 <진심上> 편에, 맹자가 '군자삼락(君子三樂)'을 말했다.
"군자(君子)에게 세 가지 즐거움이 있으나,
왕(王)이 되어 천하를 다스리는 것은 이에 끼지 않는다.
부모님께서 모두 살아 계시고,
형제들이 탈이 없이 잘 지냄이 첫 번째 즐거움이다.
우러러보아 하늘에 부끄러움이 없고,
굽어보아 사람에 부끄러움이 없음이 두 번째 즐거움이다.
천하의 영재(英才)를 얻어 그를 가르침이 세 번째 즐거움이다.
군자에게 세 가지 즐거움이 있으나,
왕이 되어 천하를 다스리는 것은 이에 끼지 않는다."
(君子가 有三樂호대 而王天下가 不與存焉이니라.
父母俱存하며 兄弟無故가 一樂也오.
仰不愧於天하며 俯不怍於人이 二樂也오.
得天下英才而敎育之가 三樂也니
君子가 有三樂호대 而王天下가 不與存焉이니라)

123 전

束	帶	矜	莊
묶을 속	띠 대	자랑할 긍	장중할 장

해석 예복을 입으면 긍지하고 장중하며

주해 허리띠를 묶고 조정(朝廷)에 서 있을 때에는 마땅히 긍지를 가지고 몸을 바르게 할 것이요 게을러서는 안 된다.

자의

束(속)	묶다, 매다, 삼가다, 약속(約束), 결속(結束), 단속(團束), 구속(拘束), 속박(束縛).
帶(대)	허리띠, 띠를 두르다, 혁대(革帶), 휴대(携帶), 지진대(地震帶), 유대(紐帶), 연대(連帶).
矜(긍)	자랑함, 당당함, 불쌍히 여김, 긍지(矜持), 긍휼(矜恤)=불쌍히 여겨 돌봄.
莊(장)	씩씩하다, 장엄(莊嚴)하다, 장중(莊重)하다, 산장(山莊), 별장(別莊), 장원(莊園).

- **속수무책**(束手無策) → 손이 묶여서 어떤 방법도 생각해 내지 못하고 행동도 할 수 없음.
- **유대**(紐帶)는 끈(紐)과 띠(帶)다. 둘 이상을 서로 연결(連結)하거나 결합(結合)하게 하는 것 또는 그런 관계다.
- **연대**(連帶)는 여럿이 함께 무슨 일을 하거나 함께 책임(責任)을 지는 관계다. 한 덩어리로 서로 연결되어 있다.

'허리띠(끈) 졸라매고' → 배고픔을 참다, 절약하다, 뜻을 이루려 굳게 결심하고 일을 시작하다.
서양복(西洋服)이나 제복(制服, 祭服)은 요대(腰帶, Belt)에 걸쇠(버클, buckle)를 채워 조절한다.

『채근담』<전집 18>에,
"세상을 덮을 만한 큰 공로도 한낱 '자랑할 긍(矜)' 자 하나를 당하지 못하고,
하늘에 가득 찬 허물도 한낱 '뉘우칠 회(悔)' 자 하나를 당하지 못한다."
(蓋世功勞라도 當不得一個矜字요, 彌天罪過라도 當不得一個悔字니라)

이 말은 '아무리 큰 업적도 스스로 지나치게 자랑하면 그 빛을 잃고, 아무리 큰 잘못도 본인이 스스로 뉘우치고 반성하면 그 허물이 사그라진다'는 것이다. 자기 잘못을 시인(是認)하는 것은 큰 용기(勇氣)다.

123 후

徘	徊	瞻	眺
배회할 배	배회할 회	쳐다볼 첨	바라볼 조

해석 배회(평소)에도 우러러 멀리 본다

주해 평소에 긍지(矜持)하고 장경(莊敬)하면, 배회(徘徊)하는 사이에도 사람들이 공경히 바라보니, 『시경』의 '백성들이 모두 그대를 우러러 본다'는 것이다.

자의

徘(배), 徊(회)	배회하다, 어정거리다, 왔다 갔다 하다, 노닐다.
瞻(첨)	쳐다보다, 첨성대(瞻星臺), 축계견첨리(逐鷄犬瞻籬).
眺(조)	바라보다, 조망(眺望)하다, 조망권(眺望權).

김삿갓(金笠, 본명 김병연) 방랑(放浪) 중 읊은 시 한 수. '죽(粥) 한 사발'

사각 소나무 소반에 죽 한 사발, 맑은 하늘에 흰 구름 배회하네
주인이여! 무안해하지 마오, 나는 물에 비친 청산을 좋아한다오.
(四角松盤粥一器 天光雲影共徘徊, 主人莫道無顔色 吾愛靑山倒水來)

김병연(金炳淵, 1807~1863) 5세(1812년)에, 조부인 평안도 선천부사(宣川府使) 김익순(金益淳)이 '홍경래 민란군'에 항복하고, 그 대신(代身) 가족의 목숨을 지켰다. 난(亂)을 진압한 정부군은 김익순을 참수(斬首), 가족은 뿔뿔이 흩어졌다. 어머니는 신분과 이름을 숨기고, 김병연을 키우고 가르쳤다.

『야사(野史)』에 의하면, 김병연이 16세에 향시(鄕試) 응시, 시제(試題)가 '선천부사 김익순을 비판(批判)하라' 였다. 김병연은 답지에 '가족을 살리기 위해 관청을 반란군에게 내준' 못난 신하 김익순을 신랄하게 비판했다. 귀가한 그에게 어머니가 집안 내력을 처음으로 들려주었다. 조부(祖父)를 비난(非難)하다니! 그는 불효를 자책하며, 감히 하늘을 바라볼 수 없어 삿갓을 눌러썼다. 또한 벼슬할 수 없는 신세를 비관(悲觀)하여, 죽장(竹杖)을 짚고 방랑(放浪)의 삼천리 길에 올랐다. 57세에 전라도 무등산 아래 마을 화순(和順) 동복면 구암리 친구 집에서 죽었다. 그의 아들이 시신을 수습하여 고향인 강원도 영월군 와석리에 모셨다.

〈김삿갓 상〉 전남 화순, 2021

孤	陋	寡	聞
외로울 고	더러울 루	적을 과	들을 문

해석 홀로 고집 세고 견문이 적으면

주해 『예기』학기(學記)에, '홀로 배우고 벗이 없으면, 외롭고 누추(陋醜)하여 견문(見聞)이 적다'고 하였다. 이 때문에 서로 살펴서 선(善)해지는 것을 귀(貴)하게 여긴다.

자의

孤(고)	홀로, 외롭다, 외따로, 고아(孤兒), 고독(孤獨), 고립(孤立), 환과고독(鰥寡孤獨).
陋(루)	더럽다, 좁다, 누추(陋醜)하다, 견문(見聞)이 적다, 비루(鄙陋), 누명(陋名).
寡(과)	적다, 과부(寡婦), 과소(寡少), 다과(多寡), 과인(寡人), 중과부적(衆寡不敵).
聞(문)	듣다, 견문(見聞), 소문(所聞), 풍문(風聞), 신문(新聞), 청문회(聽聞會).

· **고루(固陋)하다** → 생각하는 것이 낡고, 고집(固執)이 세며, 새로운 것을 받아들이지 않음. 이는 꽉 막혀 불통(不通)하므로 병(病)통이다.

· **환과고독(鰥寡孤獨)** → 늙어서 아내 없는 홀아비(鰥)와 남편 없는 홀어미(寡), 어려서 부모 없는 고아(孤)와 늙어서 자식 없이 사는 노인(獨)이다. 외롭고 의지할 곳 없는 이들, 사궁민(四窮民)을 이웃 공동체가 나서서 도와주어야 한다. 맹자는 『맹자』〈양혜왕장구下〉에서, 이러한 사람들을 먼저 돌보는 것이 왕도(王道)의 핵심(核心)이라고 말했다.

'과문(寡聞)'은 보고 들은 것이 적다는 말이다.
'과문천식(寡聞淺識)'은 보고 들은 것이 적고, 지식이 얕다는 말이다.
어찌할까? 총명(聰明)하면 된다.(聰; 귀 밝을 총, 明; 눈 밝을 명)

'고독(孤獨)'은 자의(自意)로 홀로 있는 상태다. 평화(平和)다.
'고립(孤立)'은 타의(他意)로 격리(隔離), 소외(疏外)됨이다. 고통(苦痛)이다.
실존주의 신학자이자 철학자 폴 틸리히(Paul Tillich, 1886~1965)가 정의했다.
"혼자 있는 즐거움은 '고독(孤獨)'이고, 혼자 있는 외로움은 '고립(孤立)'이다."

124

愚	蒙	等	誚
어리석을 우	어두울 몽	가지런할 등	꾸짖을 초

해석: 어리석은 자와 똑같이 꾸짖음받는다

주해: 홀로 배워 견문(見聞)이 적으면, 어리석고 미혹(迷惑)하여 몽매(蒙昧)한 자와 똑같이 꾸짖음을 받게 된다.

자의:

愚(우)	어리석다, 우둔(愚鈍), 우직(愚直), 우매(愚昧), 우문답(愚問答), 만우절(萬愚節).
蒙(몽)	덮다, 가리다, 어리석다, 어린 사람, 계몽(啓蒙), 격몽(擊蒙), 무지몽매(無知蒙昧). 어두울 몽(蒙) = 풀 초(艹) + 덮을 멱(冖) + 돼지 시(豕)
等(등)	무리, 같다, 등급(等級), 동등(同等), 평등(平等), 강등(降等), 무등산(無等山).
誚(초)	꾸짖다, 책망(責望)하다, 초책(誚責), 취초(取誚).

무지몽매(無知蒙昧) → 아는 것 없고(無知), 어리석고 사리에 어두움(蒙昧).

율곡 이이가 말했다.

"사람이 비록 지극히 어리석어도 남을 꾸짖는 데는 밝고, 비록 총명하다고 해도 자기를 용서하는 데는 어둡다. 남을 꾸짖는 마음으로 나를 꾸짖고, 나를 용서하는 마음으로 남을 용서한다면, 성현의 지위에 이르지 못했다 해도 근심할 것이 없다."

(人雖至愚나 責人則明하고 雖有聰明이나 恕己則昏이라. 責人之心으로 責己하고 恕己之心으로 恕人이면 不患不到聖賢地位也니라)

『격몽요결(擊蒙要訣)』 → 몽매(蒙昧)함을 깨뜨리는 중요한 비결(祕訣). 서문과 10장으로 구성되었다.

서문(序文). 학문(學問)이란 무엇인가
제1장. 입지(立志), 뜻 세우기.   제2장. 혁구습(革舊習), 옛 습관 고치기.
제3장. 지신(持身), 올바른 몸 가지기.   제4장. 독서(讀書), 독서하기.
제5장. 사친(事親), 부모 섬기기.   제6장. 상제(喪祭), 상 치르기.
제7장. 제례(祭禮), 제사 지내기.   제8장. 거가(居家), 가정생활 하기.
제9장. 접인(接人), 인간관계 하기.   제10장. 처세(處世), 관직생활 하기.

『격몽요결』 <서문(序文)> – 학문(學問)이란 무엇인가

사람이 이 세상에 살아가는 데 학문이 아니면 올바른 사람이 될 수 없다. 이른바 학문이라는 것은 이상한 별도 물건이나 일이 아니다. 단지 부모는 마땅히 자식을 사랑하고, 자식은 마땅히 부모에게 효도하며, 신하는 마땅히 나라에 충성하고, 부부는 마땅히 내외를 구별하고, 형제는 마땅히 서로 우애하고, 어린 사람은 마땅히 어른을 공경하고, 친구끼리는 마땅히 신의를 지키는 일이다. 이 일들은 모두 일상생활 속에서 일에 따라 각각 그 마땅함을 얻는 것일 뿐이요, 현묘한 곳에 관심을 집중시켜서 기이한 효력을 바라는 것이 아니다.

다만 배우지 못한 사람은 마음 밭이 막히고, 알고 보는 것이 어둡다. 그러므로 반드시 독서를 통해 이치를 끝까지 살펴서, 자기가 마땅히 가야 할 길을 밝힌 연후라야, 학문이 바르게 되고 실천도 올바르게 된다.

지금 사람들은 학문이 일상생활 속에 있음을 알지 못하고, 뜻이 높고 멀어 실천하기 어려운 것이라고 생각한다. 그리하여 학문하는 일을 다른 사람에게 미루고, 스스로 포기하고 안주하니, 어찌 슬픈 일이 아닌가!

人生斯世에 非學問이면 無以爲人이니 所謂學問者는 亦非異常別件物事也라. 只是爲父엔 當慈요 爲子엔 當孝요 爲臣엔 當忠이요 爲夫婦엔 當別이요 爲兄弟엔 當友요 爲少者엔 當敬長이요 爲朋友엔 當有信이니 皆於日用動靜之間에 隨事各得其當而已요 非馳心玄妙하고 希覬奇效者也라.

但不學之人은 心地茅塞하고 識見茫昧라. 故로 必須讀書窮理하여 以明當行之路然後라야 造詣得正하고 而踐履得中矣니라.

今人은 不知學問이 在於日用하고 而妄意高遠難行이라. 故로 推與別人하고 自安暴棄하니 豈不可哀也哉아.

제1장 <입지(立志)>: 뜻 세우기 – 聖人이 되겠다는 뜻을 세우라.

처음 배우는 사람은 모름지기 뜻을 세우되, 반드시 성인(완전한 사람)이 되겠다고 스스로 기약하여, 털끝만큼이라도 자신을 작게 여겨서 핑계 대려는 생각을 가져서는 안 된다. 보통사람이나 성인이나 그 본성은 마찬가지다. 비록 기질은 맑고 흐림과 순수하고 잡됨의 차이가 없을 수 없지만, 만약 참되게 알고 실천하여 과거에 물든 나쁜 습관을 버리고 그 본성을 회복하여, 털끝만큼도 나쁜 마음을 보태지 않으면 온갖 선(善)이 넉넉히 갖추어질 것이니, 모든 사람들이 성인되기를 스스로 기약하지 않는 것이 어찌 옳다 하리오. 그러므로 맹자는 모든 사람의 본성이 선하다고 말하며, 요임금과 순임금을 예로 들어 '사람은 모두 요임금이나 순임금처럼 될 수 있다'고 하였으니, 어찌 나를 속인 말이겠는가?

그러므로 우리는 마땅히 항상 스스로 분발하여 생각해야 한다. '사람의 본성은 본래 선하여 옛부터 지금까지 지혜로운 사람과 우매한 사람이 다르지 않거늘, 성인은 무슨 이유로 유독 성인이 되고, 나는 무슨 이유로 유독 보통사람이 되었는가. 이는 뜻이 확립하지 못하고 아는 것이 분명하지 못하며 행실이 착실하지 못했기 때문이다. 뜻을 확립하고 아는 것이 분명하며 행실을 착실히 하는 것은 모두 나에게 달렸으니, 어찌 다른 데서 구하랴? 안연은 '순임금은 어떤 사람이고, 나는 어떤 사람인가. 모든 일을 애써 행하면 누구든지 그리 될 수 있다'고 말했다. 그러니 나도 안연이 순임금 되기를 바란 마음가짐을 본보기로 삼으리라.'

사람의 용모는 추한 것을 곱게 바꿀 수 없고, 힘은 약한 것을 강하게 바꿀 수 없으며, 키는 짧은 것을 길게 바꿀 수 없다. 이것은 이미 정해진 분수인지라 바꿀 수 없다. 그러나 오직 마음과 뜻은 어리석음에서 지혜로움으로 바꿀 수 있다. 불초한 것을 바꾸어 어질게 할 수 있는 것은 마음이 형상이 없고, 비움과 채움이 본래 타고난 것에 구속되지 않기 때문이다. 사람에게 지혜로움보다 더 아름다운 것은 없고, 어짊보다 더 귀한 것이 없다. 어찌 지혜롭고 어진 사람이 되지 않고 괴로워하며, 하늘이 준 본성을 훼손하는가. 사람이 이러한 뜻을 마음속에 두고 굳게 지켜 물러서지 않는다면, 누구나 거의 도(道)에 가까울 것이다.

무릇 사람들은 스스로 뜻을 세웠다고 말하면서도 곧바로 공부하지 않고 미적거리면서 뒷날을 기다린다. 그것은 뜻을 세웠다고 말만 하고, 실제 배우려는 정성이 없기 때문이다. 진실로 나의 뜻이 학문에 있다면 인(仁)을 실천하는 일은 내게 있는 것이어서, 인을 실천하고자 하면 인에 이르게 되니, 어찌 남에게서 구하며, 어찌 뒷날을 기다린단 말인가. 뜻을 세움이 가장 귀한 것은, 뜻을 확립하여 공부하면 오히려 미치지 못할까 두려워하고 뒤로 물러서지 않으려 생각하고 또 생각하기 때문이다. 만약 혹시라도 뜻이 독실하지 않아 그럭저럭 세월만 보낸다면, 수명 다하여 세상 마친들 어찌 무엇을 성취하겠는가?

初學엔 先須立志하여 必以聖人으로 自期하고 不可有一毫自小退託之念이라. 蓋衆人은 與聖人으로 其本性은 則一也라. 雖氣質이 不能無淸濁粹駁之異나 而苟能眞知實踐하여 去其舊染하고 而復其性初면 則不增毫末하여 而萬善이 具足矣니 衆人은 豈可不以聖人으로 自期乎아. 故로 孟子는 道性善하시되 而必稱堯舜하시고 以實之曰 人皆可以爲堯舜이니 豈欺我哉리오 하니라.

當常自奮發曰 人性은 本善하여 無古今智愚之殊인데 聖人은 何故로 獨爲聖人이며 我則何故로 獨爲衆人耶아. 良由志不立이면 知不明하고 行不篤耳니 志之立과 知之明과 行之篤이 皆在我耳니 豈可他求哉리오. 顔淵曰 舜何人也며 矛何人也오 有爲者 亦若是니 我亦當以顔之希舜으로 爲法이니라.

人之容貌는 不可變醜爲姸이요 膂力은 不可變弱爲强이요 身體는 不可變短爲長이니 此는 則已定之分이니 不可改也라. 惟有心志면 則可以變愚爲智요 變不肖爲賢이니 此는 則心之虛靈이 不拘於禀受故也라. 莫美於智요 莫貴於賢이어늘 何苦로 而不爲賢智하여 以虧損天所賦之本性乎아. 人存此志하여 堅固不退면 則庶幾乎道矣니라.

凡人이 自謂立志하고 而不卽用功하고 遲回等待者는 名爲立志요 而實無向學之誠故也라. 苟使吾志요 誠在於學이면 則爲仁이요 由己欲之면 則至何求於人이며 何待於後哉리오. 所貴乎立志者는 卽下工夫하여 猶恐不及하여 念念不退故也라. 如或志不誠篤하고 因循度日이면 則窮年沒世하여 豈有所成就哉리오.

125 전

謂	語	助	者
이를 위	말씀 어	도울 조	놈(것) 자

해석 어조사라 이르는 것은

주해 문자(文字)에는 실자(實字)와 허자(虛字)가 있다. 허자도 또한 없어서는 안 된다. 그 발단·결말·접속하는 즈음에 연결하여 글을 만드는 것이니, 곧 이른바 어조사(語助辭)다.

자의

謂(위)	이르다, 일컫다, 가리키다, 논평(論評)하다, 설명(說明)하다, 가위(可謂), 소위(所謂).
語(어)	말씀, 말, 언어(言語), 말하다, 논란하다, 단어(單語), 논어(論語), 어법(語法).
助(조)	돕다, 유익(有益)하다, 보조(補助), 부조(扶助), 조연(助演), 상호부조(相互扶助).
者(자)	것, 놈, 사람, 저자(著者), 청자(聽者), 생자필멸(生者必滅), 결자해지(結者解之).

사람이 살면서, '정구업(淨口業)' - 정화(淨化)해야 할 말(言語)은 네 가지다.

망어(妄語)
속이는 거짓말. ↔ 진어(眞語), 참된 말, 진리(眞理).

기어(綺語)
교묘히 꾸민 말. ↔ 실어(實語), 진실한 말.

양설(兩舌)
일구이언(一口二言). ↔ 불이어(不異語), 한결같은 말.

악구(惡口)
사나운 말, 꾸지람. ↔ 칭찬(稱讚).

『성경』<요한복음> (1:1-5)의, "태초에 '말씀'이 있었다"에 대해
신학자(神學者) 함석헌이,『친우회보』1981 <겨울호> '요한복음 풀이'에서 말했다.
"우리나라에 기독교 개신교가 처음 들어왔을 때는,
'태초에 도(道)가 있으니'라고 번역했다.
지금은 '말씀'이라고 번역한다."

'도(道)'에는 길(路), 이성(理性), 로고스(logos), 종교의 도, 업(業), 말(말씀), 말하다 등의 뜻이 있다.
'로고스'는 (인문 용어) 우주 만물의 변화·유전하는 동안에 존재하는 조화·질서의 근본 원리(原理)이다.

125 후

焉	哉	乎	也
어찌(어조사) 언	어조사 재	어조사 호	어조사 야

해석

언(焉)·재(哉)·호(乎)·야(也)다

주해

언(焉)·재(哉)·호(乎)·야(也)가 바로 어조사(語助辭)이니, 이(而)·야(耶)·여(歟)·의(矣)·혜(兮) 등속이 모두 그 종류다.

자의

焉(언)	어찌, 어언(於焉)=벌써, 종언(終焉)=끝장, 언감생심(焉敢生心).
哉(재)	快哉(쾌재), 善哉(선재), 哀哉(애재), 乎哉(호재), 오호통재(嗚呼痛哉).
乎(호)	열호(說乎), (문장 끝에 붙어서)질문을 나타냄.
也(야)	~이다. 천자문(千字文)의 1000번째 글자다.

어조사는 문장(文章)의 끝에서 의문(哉, 乎)과 종결(焉, 也)을 나타낸다.
'종지부(終止符)'나 '마침표(標)' 같은 글자다.

『논어』의 끝 편 제20 <요왈> 편 의 끝말로써,
공자는 '삼지(三知)'-지명(知命)·지례(知禮)·지언(知言)에 대해 말했다.
"천명(天命)을 알지 못하면 군자(君子)라 할 수 없고
예의(禮儀)를 알지 못하면 인격체(人格體)로 설 수 없으며
말(言語)이 분명하지 않으면 사람 됨됨이를 알 수 없다."
(不知命이면 無以爲君子也요 不知禮면 無以立也요 不知言이면 無以知人也니라)

사람이 사람을 제대로 알고,
사람이 사람들과 관계(關係)하며, 더불어 사는 일의 열쇠는
말(言)이다.
말! 말! 말!
말을 바르게, 좋게 하자!

부록

부록1 『千字文 註解』(洪聖源) 원문

부록2 『千字文』 훈음 색인 (ㄱㄴㄷ순), 중·고 기초한자 표시

부록3 시(詩)·문(文)·사(寫)·화(畫) 색인

부록4 한자 부수(部首) 214자 훈음 일람표

부록 ① 『千字文 註解』(洪聖源) 원문

1. 天地玄黃하고 宇宙洪荒이라
此는 言天地之始也라. 易曰 天玄而地黃이라하니 天覆於上而其色玄하고 地載於下而其色黃也라. 天地之內를 橫說則爲上下四方이요 竪說則爲往古來今이니 洪廣而荒遠하여 無涯涘하고 無終極也라.

2. 日月盈昃하고 辰宿列張이라
易曰 日中則昃이요 月盈則虧라하니 日은 一日之內에 中而昃하고 月은 一月之內에 盈而虧하여 經緯錯綜이 如環無端이라. 周天之度를 分爲十二次하면 是爲辰이요 而日月會를 分爲二十八次하여 而二十八宿行環列而分張也라.

3. 寒來暑往하고 秋收冬藏이라
易曰 寒往則暑來하고 暑往則寒來하니 往者는 屈也요 來者는 信也라하니라. 萬物이 春生夏長하며 秋而成熟則斂而收之하고 冬而肅殺則閉而藏之하나니라.

4. 閏餘成歲하고 律呂調陽이라
一歲는 十二朔,二十四氣니 氣盈朔虛가 積三十二朔이면 則爲二十九日餘라. 以置閏而定四時成歲矣니라. 六律爲陽이요 六呂爲陰이라. 先王이 考音樂하여 定律呂하니 則陰陽調而萬物理矣니 擧陽則陰在中이라.

5. 雲騰致雨하고 露結爲霜이라
山澤出雲하고 雲凝而騰則致雨하니 此는 言雲雨之相仍也라. 夜氣成露하고 露寒而結則爲霜하니 此는 言霜露之相嬗也라.

6. 金生麗水하고 玉出崑岡이라
麗水는 在雲南省永昌府하니 土人이 取沙於水하여 淘汰百鍊하면 則成金하니라. 崑은 山名이니 在荊山之陽이라. 楚人卞和 得玉於此하여 獻於成王하니 名和氏璧이라. 後爲秦璽하니라.

7. 劍號巨闕이요 珠稱夜光이라
巨闕은 劒名이니 歐冶子所造라. 越王句踐이 滅吳하고 得寶劒六하니 吳鉤 湛盧 干將 莫邪 魚腸이요 此其一也라. 夜光은 珠名이라. 春秋時에 隨侯活龍子한대 報以徑寸珠하니 照夜如晝라. 獻于楚王하니 王大悅하여 數世에 不加兵於隨하니라.

8. 果珍李柰하고 菜重芥薑이라
李有佳品하니 晉王戎은 恐人傳種하여 鑽其核하니라. 柰名蘋婆니 甘如蘋實이요 涼州柰는 可作脯하니 皆果之貴者라. 芥能溫胃行氣하고 薑能通神明하며 去穢惡하니 菜非一種이로되 而重此二者하니라.

9. 海鹹河淡하고 鱗潛羽翔이라
海爲衆水所歸하여 積而不散하여 潤下作鹹하며 河源은 出於崑崙하여 諸水不侵하여 其味最淡하니 莫非理也라. 記曰 鱗蟲三百六十

에 龍爲長이요 羽蟲三百六十에 鳳爲長이라하니 鱗蟲은 藏於水하고 羽蟲은 飛於空하니 皆其性也라.

10. 龍師火帝요 鳥官人皇이라
伏羲以龍瑞官師하니 如蒼龍氏 司長養하고 白龍氏 主肅殺이 是也라. 神農은 有火瑞하여 以火紀官이라. 故로 曰火帝라. 少昊之立에 鳳鳥至라. 故로 以鳥紀官하니 如祝鳩司徒 雎鳩司馬是也라. 人皇은 黃帝也니 以人文大備故也라.

11. 始制文字하고 乃服衣裳이라
上古에 無文字하여 結繩爲治러니 伏羲始造書契하여 以代結繩하며 其臣蒼頡이 觀鳥跡而制字하니 爲文字之始라. 上古에 無衣裳하여 取木葉皮革以蔽體러니 黃帝爲冠冕衣裳하여 以肅觀瞻하고 以別等威하니 爲衣裳之始라.

12. 推位讓國은 有虞陶唐이라
言推致天子之位하여 以遜讓其國也라. 有虞는 帝舜이요 陶唐은 帝堯라. 堯子丹朱不肖에 讓於舜하고 舜子商均不肖에 讓於夏禹하시니 此卽推位讓國也라.

13. 弔民伐罪는 周發殷湯이라
恤民而慰之曰 弔요 聲罪而討之曰 伐이라. 發은 周武王名이요 湯은 殷王號라. 禹之後에 桀無道어늘 湯伐之하시고 湯之後에 紂無道어늘 武王伐之하시니 此卽弔民伐罪也라.

14. 坐朝問道하고 垂拱平章이라
人君爲治之要는 只在恭己而坐朝하여 尊賢問道而已라. 書畢命曰 垂拱仰成이라 하고 堯典曰 平章百姓이라 하니 言恭己尊賢이면 則垂衣拱手而自致均平章明之治也라.

15. 愛育黎首하고 臣伏戎羌이라
黎首는 猶言黔首니 民也라. 民惟邦本이니 人君所當撫愛而養育之也라. 戎羌은 皆西戎이로되 而此則總四裔言之也라. 人君이 德以懷之하고 威以馭之하면 則咸來臣伏也라.

16. 遐邇壹體하여 率賓歸王이라
自臣工而黎庶와 自中夏而外夷로 無遠無近히 視之如一體也라. 德化遠曁하여 如上文所言이면 則人皆相率而賓服하여 莫不歸往而王之矣라.

17. 鳴鳳在樹하고 白駒食場이라
詩曰 鳳凰鳴矣에 梧桐生矣라 하니 蓋鳳非梧桐이면 不棲하고 非竹實이면 不食하니 喩吉士之得所止也라. 樹는 唐本에 作竹하니라. 詩曰 皎皎白駒 食我場苗라 하니 蓋美賢人之來니 其所乘之白駒가 得以暫息於場而食場中之草也라.

18. 化被草木하고 賴及萬方이라
極其中和하여 雨暘時若이면 則草木無知而被仁化라. 詩之美周家曰 周王仁厚하여 澤及草木者가 是也라. 如保赤子하여 仁恩覃敷하면 則萬方至廣이나 而罔不永賴라. 書之稱夏后曰 蒸民乃粒하여 萬方作乂者가 是也라.

19. 蓋此身髮은 四大五常이라
蓋此는 猶言凡玆也라. 人生於世에 莫不具此身體髮膚로되 而其所以爲人者는 則別有在也라. 四大는 天地君親이요 五常은 仁義禮智信이라. 人非四大면 無以生이요 非常이면 無以成이니 是乃人之所以爲人也라.

20. 恭惟鞠養하니 豈敢毁傷이리오
人之有此身이 莫非父母鞠養之恩이니 爲子者當敬以思之也라. 孝經曰 身體髮膚는 受之父母라. 不敢毁傷이 孝之始也라 하니 苟思父母鞠養之恩하면 則其必不敢毁傷矣리라.

21. 女慕貞烈하고 男效才良이라
此下는 言不敢毁傷之道라. 女子는 其志貞하고 其行烈然後에 可以不辱其身이라. 故로 有如此者면 則必慕之也라. 男子는 才智優하고 忠良著然後에 可以成立이라. 故로 有如此者면 則必效之也라. 知此二句면 則可以事親矣리라.

22. 知過必改하고 得能莫忘하라
仲由는 喜聞過하여 人有告之以過則喜하니 其聞知而必改之니 可爲百世師也라. 論語曰 月無忘其所能이 是也라. 能而無忘하면 則得愈堅而不失하리니 知此二句면 則可以進學矣리라.

23. 罔談彼短하고 靡恃己長하라
君子急於自修라. 故로 不暇點檢人之長短라. 孟子曰 言人之不善하다가 其如後患何오 하시니 所當體念이니라. 己有長이라도 不可自恃니 恃則無所進益이라. 書曰 有厥善이면 喪厥善이라 하니 最宜警省이라. 知此二句면 則可以修己矣리라.

24. 信使可覆이요 器欲難量하라
有子曰 信近於義면 言可復(覆)也라 하니 言約信而其事合宜면 則其言可踐也라. 器有大小하니 斗筲는 固無論이요 江河亦有涯하니 必與天地同然後에 難於測量이라. 知此二句면 則可以應物矣리라.

25. 墨悲絲染하고 詩讚羔羊이라
墨은 墨翟也라. 翟은 見染絲而悲하니 謂人性本善이로되 誘於習染而爲不善하니 如絲本白而今黑이면 不可復白也라. 羔羊은 詩召南篇名이니 美南國大夫被文王化而節儉正直이라. 此二句는 言人性易移하여 可惡可善也라.

26. 景行維賢하고 克念作聖이라
詩曰 高山仰止하고 景行行止라 하니 言知大道之可由면 則可以爲賢也라. 書曰 維聖도 罔念이면 作狂이요 維狂도 克念이면 作聖이라 하니 言聖狂之分이 只係一念也라.

27. 德建名立하고 形端表正이라
德은 實也요 名은 實之賓이니 實之所在에 名自隨之也라. 形端則影端이요 表正則影正이라. 書曰 爾身克正이면 罔敢不正이라 하고 孔子曰 子帥(솔)以正이면 孰敢不正이리오 하시니 正謂此也라.

28. 空谷傳聲하고 虛堂習聽이라
人在空谷에 有聲則谷自響應하여 而傳其聲하니라. 上言影之隨形하고 此言響之隨聲하니 蓋一義也라. 虛堂有聲이면 亦可習聽이니 堂之有弘은 猶谷之有竑也라. 易曰 出其言이 善이면 則千里之外應之라 하니 卽此理也라.

29. 禍因惡積이요 福緣善慶이라
召禍者는 蓋因平日之積惡이라. 獲福者는 寔緣積善之餘慶이라. 孟子曰 禍福이 無不自己求之라 하시니 禍福之隨善惡은 猶影響之隨形聲也라.

30. 尺璧非寶요 寸陰是競하라
寶玉이 其長盈尺이면 則可謂至寶로되 而此猶未足爲寶요 別有可寶者存焉이니라. 禹惜寸陰하시니 日晷移寸은 人所忽也로되 而聖人惜之하시니 蓋任重道遠하여 惟日不足故也니라.

31. 資父事君하니 曰嚴與敬이라
孝經曰 資於事父하여 以事君이라 하니 言推事父之道하여 以事君也라. 事之之孝와 事君之忠이 各有攸當하니 竝著下文이어니와 而若其嚴莊敬恭之體면 則事父事君이 本自一致也라.

32. 孝當竭力하고 忠則盡命하라
竭力은 謂竭盡其力而不懈니 子夏所謂事父母하되 能竭其力이 是也라. 盡命은 謂殞喪其身而不辭니 子夏所謂事君하되 能致其身이 是也라.

33. 臨深履薄하고 夙興溫淸하라
曾子臨終에 曰 詩云 如臨深淵하며 如履薄氷이라 하니 而今而後에 吾知免夫라 하시니 此는 上文所謂不敢毁傷之道也라. 詩曰 夙興夜寐라 하고 禮曰 冬溫夏凊이라 하니 是則事親之疏節也라. 此二句는 專言孝하니 孝則忠可移於君故也라.

34. 似蘭斯馨하고 如松之盛이라
蘭之爲艸(草)는 處幽谷而孤馨하니 以喩君子之志操閒遠也라. 松之爲木은 傲霜雪而獨茂하니 以喩君子之氣節磊落也라.

35. 川流不息하고 淵澄取映이라
水之逝者爲川이니 其流日夜不息하니 以喩君子乾惕不已也라. 水之停者爲淵이니 其澄以取映하니 以喩君子獨觀昭曠也라.

36. 容止若思하고 言辭安定이라
容止는 欲其儼然若思니 曲禮所謂儼若思가 是也라. 言辭는 欲其詳審安定이니 曲禮所謂安定辭가 是也라.

37. 篤初誠美하고 愼終宜令이라
人能篤厚於始면 則誠爲美矣로되 而猶未也요 必克愼其終이라야 乃爲盡善이니 詩曰 靡不有初나 鮮克有終이 卽此意也라.

38. 榮業所基요 籍甚無竟이라
榮業은 卽榮耀事業이니 其所基本은 卽資父事君以下事也라. 人能修業하여 而有所基本이면 則聲響籍甚하여 殆無終極也라.

39. 學優登仕하여 攝職從政이라
子夏曰 學而優則仕라 하니 蓋學有餘力而仕면 則驗其學者益廣也라. 學優則可以攝官守之職하고 從國家之政이니 如子路之果와 子貢之達과 冉有之藝를 夫子皆許從政也하시니라.

40. 存以甘棠하니 去而益詠이라
周召公奭이 在南國之日에 止舍於甘棠之下하니 南國之人이 無不從其敎化焉하니라. 及其去也에 則民益思慕하여 作甘棠詩하여 曰 蔽芾甘棠을 勿翦勿伐이어다. 召伯所茇이라 하니 可見其澤之入人深也라.

41. 樂殊貴賤하고 禮別尊卑라
樂有等威하니 如天子八佾과 諸侯六佾과 大夫四佾과 士庶人二佾之屬이니 此는 貴賤之殊也라. 先王制五禮하여 朝廷엔 有君臣之儀하고 家庭엔 有父子之倫하며 以至夫婦長幼朋友之屬에도 皆有尊卑之別하니라.

42. 上和下睦하고 夫唱婦隨라
在上者愛而有敎曰和요 在下者恭而盡禮曰睦이니 父慈子孝兄愛弟敬之類가 是也라. 夫以剛義而唱하고 婦以柔順而隨니라.

43. 外受傅訓하고 入奉母儀라
男子十年이면 出就外傅而學焉이라. 故로 曰外受傅訓이라 하니라. 女子十年이면 不出하며 聽從姆敎라 故로 曰入奉母儀라 하니라.

44. 諸姑伯叔은 猶子比兒라
此는 言父之姉妹兄弟也라. 伯叔은 卽兄弟之稱이어늘 而俗以伯爲父之兄하고 叔爲父之弟하니 此亦承俗謬也라. 此는 言兄弟之子也라. 自諸姑伯叔視之하면 猶己子而比己兒也라.

45. 孔懷兄弟는 同氣連枝라
詩曰 死喪之威에 兄弟孔懷라하니 言死喪之事는 獨於兄弟之親에 思念倍切也라. 兄弟는 同受父母之氣하니 比諸樹하면 父母는 根也요 兄弟는 枝之連也라. 爲兄弟者知此하면 則豈有不相愛者乎아.

46. 交友投分하고 切磨箴規라
朋友는 以義合而父子君臣長幼夫婦之倫이 賴朋友而明이라. 故로 必託之以朋友之分焉이니라. 切磋琢磨는 講習克治之功이요 箴戒規警은 責善交修之意니 無此면 則不可謂盡朋友之分也라.

47. 仁慈隱惻을 造次弗離라
仁者는 心之德이요 愛之理也니 慈愛는 仁之用也요 惻隱은 仁之端也라. 孔子曰 君子는 無終食之間違仁하여 造次必於是라 하시니 仁之不可離가 如此라.

48. 節義廉退는 顚沛匪虧라
砥節守義하고 礪廉勇退는 士大夫之所以操心飭躬者也라. 雖患難顚沛之際라도 不可使節義廉退之操로 有一分虧缺也라.

49. 性靜情逸하고 心動神疲라
人生而靜者爲性也요 感物而動者爲情也니 縱逸도 亦動之意也라. 心은 統性情者也니 心若逐物而動하여 淵淪天飛하면 則不能全其性하여 而使神氣疲倦也라.

50. 守眞志滿하고 逐物意移라
眞은 道也니 守道則心體虛明하여 無係著하고 無虧欠이라. 故로 曰 志滿이라하니 滿은 平滿之意라. 與書經志不可滿之滿으로 異하니라. 不能守道하여 而逐物於外하면 則心無定向하여 而意自移矣라.

51. 堅持雅操하면 好爵自縻니라
固守正節하여 惟當盡在我之道而已니라. 在我之道旣盡이면 則祿在其中이라. 易曰 我有好爵하여 吾與爾縻之라 하니 卽所謂修其天爵而人爵自至也라.

52. 都邑華夏는 東西二京이라
都邑之在華夏者는 隨代而異也니 東京은 洛陽이니 東周, 東漢, 魏, 晉, 石趙, 後魏, 都焉하고 西京은 長安이니 西周, 秦, 西漢, 後秦, 西魏, 後周, 隋, 唐都하니라.

53. 背邙面洛하고 浮渭據涇이라
東京은 則邙山在其北하고 洛水經其南이라. 西京은 則涇渭二水橫其西北하니 此는 言二京之形勝也라.

54. 宮殿盤鬱하고 樓觀飛驚이라
端居를 謂之宮이요 臨御를 謂之殿이라. 盤鬱은 儹簇之意라. 憑眺를 謂之樓요 延覽을 謂之觀이라. 飛驚은 翬革之貌라.

55. 圖寫禽獸하고 畫綵仙靈이라
宮殿樓觀에 必圖寫龍虎麟鳳之狀하여 以爲美觀也라. 亦以五彩로 畫神仙靈怪之物也라.

56. 丙舍傍啓하고 甲帳對楹이라
丙舍는 殿前左右之舍니 侍臣所居가 相向兩傍而開也라. 東方朔이 造甲乙帳하니 人君暫止之處가 分對於兩楹之間也라.

57. 肆筵設席하고 鼓瑟吹笙이라
詩大雅行葦篇之詞니 言燕會之際에 排列筵席也라. 詩小雅鹿鳴篇之詞니 言燕會之時에 迭奏笙瑟也라.

58. 陞階納陛하니 弁轉疑星이라
階在堂外하니 諸臣所陞이요 陛在堂內하니 尊者之陞이라. 曰 納陛는 謂鑿殿基爲陛하여 納于霤下하여 不使露而陞也라. 弁有三梁, 五梁, 七梁之別하니 梁皆有珠라. 群臣升降之際에 見弁珠環轉如星하니 詩曰 會弁如星이 是也라.

59. 右通廣內하고 左達承明이라
漢正殿之右에 有延閣廣內하니 皆藏秘書之室이라. 有承明廬와 石渠閣이 在金馬門左하니 亦校閱書史之室이라.

60. 旣集墳典하고 亦聚群英이라
三皇書曰 三墳이니 言高大也요 五帝書曰 五典이니 言可法也라. 不言九丘八索諸經百家는 擧大包小也라. 旣集墳典하고 又必徵訪英賢하여 聚於廣內承明하여 講明討論하여 以昭治道也라.

61. 杜稿鍾隷요 漆書壁經이라
蒼頡造書러니 三代互有損益하며 秦隷人程邈은 作隷書하고 東漢杜操는 作草書하며 魏鍾繇는 作小隷하니 今楷字也라. 漢魯恭王이 修孔子廟라가 壞古牆壁하여 得尙書하니 以古篆으로 畫漆書於竹簡者也라. 得於孔壁이라. 故로 曰 壁經이라.

62. 府羅將相하고 路挾槐卿이라
皇居左右에 府第羅列하니 或將或相也라. 路는 王朝之路也라. 夾路左에 植三槐하니 三公位焉하고 右植九棘하니 九卿位焉이라. 槐는 謂三公也라.

63. 戶封八縣하고 家給千兵이라
漢平定天下하고 大封功臣할새 重者는 食八縣民戶하여 爲侯國하니라. 侯國에 許置兵千人하여 以衛其家하니라.

64. 高冠陪輦하고 驅轂振纓이라
諸侯出하면 則有高冠大帶之士가 左右陪輦也라. 諸侯從者驅轂而行하면 振動其車馬之纓旒也라.

65. 世祿侈富하니 車駕肥輕이라
功臣子孫이 世享祿位하여 侈大富盛也라. 其所乘之車輕하고 其所駕之馬肥也라.

66. 策功茂實하고 勒碑刻銘이라
紀績曰 策功이라. 茂實은 懋實이니 功懋懋賞之意라. 以其功烈로 勒之爲碑하고 刻之爲銘하니 待功臣이 其亦厚矣라.

67. 磻溪伊尹이 佐時阿衡이라
周文王은 聘呂尙于磻溪하고 殷湯은 聘伊尹于莘野也라. 呂尙이 釣磻溪라가 得玉璜하니 有文曰 姬受命에 呂佐時라 하니라. 阿衡은 商宰相之稱이라.

68. 奄宅曲阜하니 微旦孰營이리오
曲阜는 魯地라. 周公이 有大勳勞하시니 封於魯하여 定都於曲阜也라. 旦은 周公名이니 言非周公之勳이면 孰能營此鴻基也리오.

69. 桓公匡合하여 濟弱扶傾이라
桓公은 齊君小白이니 五覇之一이라. 用管仲하여 一匡天下하고 糾合諸侯하니라. 定周襄王之位하고 濟之於微弱하고 扶之於傾危러니 卽匡合之實也라.

70. 綺回漢惠하고 說感武丁이라
綺는 綺里季니 商山四皓之一이라. 漢高帝將廢太子러니 四皓從游하여 成羽翼하여 使漢惠로 太子之位를 轉而安焉하니라. 說은 傅說이라. 築於傅巖之野러니 商王武丁이 夢帝賚良弼일새 旁求天下하여 爰立作相하니 是는 說感夢於丁也라.

71. 俊乂密勿하여 多士寔寧이라
大而千人之俊과 小而百人之乂가 咸集于朝하여 經緯密勿也라. 俊乂在官이면 國以寧謐하니 詩云 濟濟多士여 文王以寧이 是也라.

72. 晉楚更覇하고 趙魏困橫이라
春秋時에 晉文公이 敗楚成王于城濮而覇러니 至靈公하여 失覇하고 楚莊王이 又稱覇하니 是는 晉與楚更迭而覇也라. 戰國時에 縱人은 欲以六國伐秦하고 橫人은 欲使六國事秦이러니 六國이 終困于橫하니라. 六國에 只擧趙魏하니 其餘可見이라.

73. 假途滅虢하고 踐土會盟이라
晉獻公이 欲伐虢하여 假途於虞하니 虞公이 不聽宮之奇之諫而假之러니 及晉滅虢에 竝滅虞하니라. 踐土는 地名이니 晉文公이 約諸侯할새 會盟於此하고 召周襄王於河陽而朝之하니 是는 挾天子以令諸侯也라.

74. 何遵約法하고 韓弊煩刑이라
何는 蕭何也라. 漢高祖約法三章이러니 蕭何損益而遵行之하여 漢歷年四百하고 何亦子孫榮顯하니 寬大之效也라. 韓은 韓非也라. 以慘刻說秦王하고 著書十餘萬言하니 皆刻薄之論이러니 秦二世而亡하고 韓亦誅死하니 煩刑之弊也라.

75. 起翦頗牧은 用軍最精이라
白起王翦은 秦將이요 廉頗李牧은 趙將이라. 言用軍之法이 四將最精也라.

76. 宣威沙漠하고 馳譽丹靑이라
沙漠은 朔北極邊之地니 言爲將者能宣揚威武於沙漠也라. 丹靑은 圖其形貌라. 樹功則圖形而馳名譽於永久하니 如漢宣帝圖畫功臣於麒麟閣이 是也라.

77. 九州禹跡이요 百郡秦幷이라
九州는 冀, 兗, 靑, 徐, 揚, 荊, 豫, 梁, 雍也라. 夏禹隨山刊木하여 分別九州하시니 九州는 皆禹所經이라. 故로 曰 禹跡이라 하니라. 秦始皇이 有天下에 廢封建之制하고 置郡이 凡三十六이러니 歷代增益하여 乃至百郡하니 而置郡이 始於秦이라. 故로 曰 秦幷이라 하니라.

78. 嶽宗恒岱하고 禪主云亭하니라
言五嶽은 以恒,岱爲宗이라. 恒은 唐本作泰하니 泰는 東嶽也라. 天子는 十二年에 一巡狩할새 必封禪泰岱하니라. 云云亭亭은 泰岱下小山이니 必主宿於是하여 齊沐而後祀岱宗焉하니라.

79. 雁門紫塞요 雞田赤城이라
雁門은 郡名이니 在幷州하니 春雁北歸踰此라. 故로 名이라. 紫塞는 地名이니 秦築長城할새 土色皆紫하니라. 雞田은 在雍州라. 昔에 周文은 獲雌而王하고 秦穆은 獲雌而覇하니 下有寶雞祠하니 秦郊祀處라. 赤城은 在夔州魚腹縣하니라.

80. 昆池碣石과 鉅野洞庭이라
昆池는 在雲南昆明縣하니 漢武欲通雲南하여 鑿昆明池하여 以習水戰하니 亦曰昆池라. 碣石은 在北平郡黎城縣하니라. 鉅野郡은 在泰山之東하고 洞庭湖는 在岳州大江之南과 彭蠡之西하니라.

81. **曠遠綿邈**하고 **巖岫杳冥**이라
上文所列山川이 皆空曠而遙遠也라. 巖岫는 山之岌嶪而不可登이요 杳冥은 水之淵深而不可測也라.

82. **治本於農**하여 **務玆稼穡**이라
帝王爲治에 必以農爲本하니 蓋君은 以民爲天하고 民은 以食爲天故也라. 以農爲本이라. 故로 以令專力於春稼秋穡하여 不奪其時也라.

83. **俶載南畝**하고 **我藝黍稷**이라
詩小雅大田篇之詞니 言始耕於南畝也라. 詩小雅楚茨篇之詞니 有田祿而奉祭祀者가 自言種其黍稷也라.

84. **稅熟貢新**하고 **勸賞黜陟**이라
稅以田畝하되 必用熟以備國用하고 貢以土産하되 必用新以薦宗廟니라. 田事旣成이어든 農官이 賞其勤者以勸之하고 黜其惰者以戒之하니 陟亦賞也라.

85. **孟軻敦素**하고 **史魚秉直**이라
孟子의 名은 軻이니 幼被慈母之敎하고 長遊子思之門하여 厚其素養也하시니라. 史魚는 衛大夫니 名鰌요 字子魚니 有尸諫하니라. 孔子曰 直哉라. 史魚여 邦有道에 如矢하며 邦無道에 如矢라 하시니라.

86. **庶幾中庸**이면 **勞謙謹勅**하라
中庸은 不偏不倚無過不及而平常之理니 人所難能而亦庶幾勉而至也라. 勤勞謙遜하고 畏謹勅勉이면 則可以戒愼恐懼하여 而庶幾中庸也리라.

87. **聆音察理**하고 **鑑貌辨色**이라
上智之人은 則聆其聲音而察其事理하니 如孔子聽子路鼓琴하시고 而謂其有北鄙殺伐之聲者是也라. 以容貌辭色으로 亦可以鑑其情辨其意하니 如齊桓公夫人之知欲伐衛와 管仲之知欲赦衛者是也라.

88. **貽厥嘉猷**하니 **勉其祗植**이라
君子貽厥子孫에 當以嘉猷니 如蕭何以儉하고 楊震以淸하고 龐德公以安이 皆是善貽也라. 勗其敬植善道하여 毋墜所貽之嘉猷也라.

89. **省躬譏誡**하고 **寵增抗極**하라
人臣이 自省其躬하여 每念譏諷規誡之來하면 則自當難進而易退也라. 榮寵愈增이면 當存亢極之憂니 古人之居寵思危가 以此也라.

90. **殆辱近恥**하니 **林皐幸卽**하라
老子曰 知足不辱하고 知止不殆라하니 人臣이 富貴而不能退하면 則必殆辱而近恥也라. 旣有知止知足之志하면 則可幸就林皐之下하여 以全其天也라.

91. **兩疏見機**하니 **解組誰逼**이리오
兩疏는 漢太傅疏廣과 及其兄子少傅疏受니. 上疏乞骸骨하니 蓋見幾(機)而作也라. 解脫印紱하고 浩然長往하니 誰能逼迫而尼其行哉리오.

92. **索居閑處**하니 **沈黙寂寥**라
散居而靜處하니 卽休退者之事也라. 沈黙은 不與人上下言議也요 寂寥는 不與人追逐過從也라.

93. **求古尋論**하고 **散慮逍遙**라
君子閒居에 必有事焉하여 求古人之出處本末하여 而尋索討論하니 卽身雖退로되 而有補於世敎가 大矣라. 又當散其思慮하여 不以世事攖其心하고 逍遙而自適也라.

94. **欣奏累遣**하고 **慼謝歡招**라
言居閒散慮하면 則欣賞之情自進하고 而冗累之事自退矣라. 疚慼之思日去하고 而歡樂之趣日來矣라.

95. **渠荷的歷**하고 **園莽抽條**라
溝渠之荷가 當夏盛開하여 的歷然芳香可挹也라. 園林之卉(草)가 方春交翠하여 蒙茸然抽條可愛也라.

96. **枇杷晩翠**하고 **梧桐早凋**라
枇杷는 値寒節而乃花라. 故로 曰 晩翠라하니라. 梧桐은 得金氣而先零이라. 故로 曰 早凋라 하니라.

97. **陳根委翳**하고 **落葉飄䫻**라
百草至冬而枯零하여 陳宿之根이 委蔽於地也라. 萬木經霜而搖落하여 蕭疎之葉이 飄舞於空也라.

98. **遊鯤獨運**하여 **凌摩絳霄**라
鯤은 莊周所謂北溟之魚니 其遊也獨運於滄海라. 鯤은 俗本作鷗니 誤라. 鯤化爲鳥하면 其名曰 鵬이니 背負靑天하여 一飛九萬里하니 卽凌摩絳霄也라. 此는 喩人之飛騰潛運이 各有時也라.

99. **耽讀翫市**하니 **寓目囊箱**이라
漢上虞王充이 家貧하여 好學而無書일새 每向書肆하여 覽其書하면 終身不忘하니라. 人稱王充寓目囊箱이라 하니 以其一寓目하면 輒不忘하여 如貯書於囊箱之中也라.

100. **易輶攸畏**니 **屬耳垣牆**이라
此는 言不可不愼也라. 輕易其言하면 則必致差失하니 君子之所畏라. 詩曰 君子無易由言이어다. 耳屬于垣이라 하니 言不可易於其言하니 恐耳屬于垣也라.

101. **具膳飡飯**하니 **適口充腸**이라
備膳而啖飯은 日用飮食之常也라. 飮食은 只當適吾之口하고 充吾之腸하여 不飢而已요 不可侈也라.

102. **飽飫烹宰**하고 **飢厭糟糠**이라
方其飽時하여는 則雖烹宰珍品이라도 亦厭飫而不嘗矣라. 及其飢也하여는 則雖糟糠薄具라도 必厭足而甘美矣라.

103. **親戚故舊**는 **老少異糧**이라
同姓之親曰 親이요 異姓之親曰 戚이며 舊要曰 故舊니 皆有品節也라. 老者는 非帛不煖하고 非肉不飽하며 少者亦宜節其飮食하고 愼

其愛養이니 禮所謂十五以上老少異食이 是也라.

104. 妾御績紡하고 侍巾帷房이라
妾御는 妾也라. 然이나 自王后織絍으로 至庶士以下之衣其夫에 皆有其職하니 紡績이 豈止於妾이리오. 此는 偶不言妻耳라. 侍巾櫛於帷房之內者는 亦妻妾之事也라.

105. 紈扇圓潔하고 銀燭煒煌이라
裁紈爲扇하니 團圓潔白也라. 潔은 唐本作絜하니 誤라. 古者에 束薪爲燭이러니 後世에 用蠟燭하니 其光明如銀이라. 故로 曰銀燭이라. 煒煌은 亦光明之意라.

106. 晝眠夕寐하니 藍笋象牀이라
晝而眠하고 夕而寐는 閒人自適之事라. 然이나 宰我晝寢이어늘 孔子比於朽木糞墻하시니 君子惟當夙興而夜寐也라. 藍은 恐當作籃이니 籃笋은 籠竹爲輿也라. 象牀은 榻筭이니 間以象骨飾之者라.

107. 絃歌酒讌하고 接杯擧觴이라
絃歌迭奏는 所以侑酒也요 杯觴交錯은 所以飾歡也라.

108. 矯手頓足하니 悅豫且康이라
矯頓은 手舞足蹈之貌라. 絃觴歌舞는 所以悅豫而康樂也라.

109. 嫡後嗣續하여 祭祀蒸嘗이라
嫡後는 嫡長之爲後者요 嗣續은 繼其代也라. 言祭祀之禮也니 只擧秋嘗冬蒸이나 而春祠夏禴이 亦可包也라.

110. 稽顙再拜하고 悚懼恐惶이라
禮數之勤也요 嚴敬之至也라.

111. 牋牒簡要하고 顧答審詳이라
啓上曰牋이요 平等曰牒이니 欲其簡嚴而要切也라. 通候曰顧요 報覆曰答이니 欲其審辨而詳明也라.

112. 骸垢想浴하고 執熱願涼이라
體有垢하면 則必思澡浴하고 手執熱하면 則必求淸涼이라.

113. 驢騾犢特이 駭躍超驤이라
言時平民富하여 畜養蕃盛也라. 駭躍은 放逸驚跳之貌요 超驤은 奔走騰踏之狀이라.

114. 誅斬賊盜하고 捕獲叛亡이라
有殘賊竊盜者하여 則聲罪而斷首하고 有叛負亡逸者하면 則擒獲而正法이라.

115. 布射僚丸하며 嵇琴阮嘯라
漢呂布는 射戟에 中小枝하여 解昭烈袁術兵하고 楚熊宜僚는 弄三丸에 以手遞承하여 旋轉不墜하니라. 僚는 俗本作遼하니 誤라. 魏嵇康은 善琴하여 廣陵散一曲이 妙絶當時하고 阮籍은 善嘯하여 嘗遇孫登於蘇門山하니 山有嘯臺는 卽孫阮嘯處라.

116. 恬筆倫紙하고 鈞巧任釣라
古者에 削竹爲冊하여 畫漆而書러니 秦蒙恬이 始造兎毫筆 松煙墨하며 後漢宦者蔡倫이 始用楮皮敗絮하여 爲紙하니라. 魏馬鈞은 有巧思하여 造指南車하니 車有木人하여 指必向南하고 戰國任公子는 爲百鈞之鉤하여 垂竿東海하여 釣巨魚하니라.

117. 釋紛利俗하니 竝皆佳妙라
上文八子는 技術之巧가 固有長短得失이나 而要之皆能釋紛而利俗也라. 言其技術俱佳美也라.

118. 毛施淑姿하여 工嚬姸笑라
毛嬙西施는 皆古之美女니 言其美姿絶世也라. 美姿絶世라. 故로 愁而嚬하고 喜而笑에 皆美라.

119. 年矢每催하고 羲暉朗曜라
歲色如箭하여 每相催迫也라. 羲和는 唐虞主曆日之官이라. 故로 謂日爲羲暉니 言日光明照하여 運行不息也라.

120. 璇璣懸斡하고 晦魄環照라
璣는 機也니 以璿飾璣하여 懸布斡旋하니 象天之轉也라. 晦魄은 月影이 晦則明盡하고 朔則明蘇하며 望後生魄也니 言日往日來하여 循環照曜也라.

121. 指薪修祐하니 永綏吉邵라
積善修福은 可以指薪爲喩니 如薪盡火傳하여 永不滅也라. 如是면 則永以爲綏而吉祥自邵也라.

122. 矩步引領하고 俯仰廊廟라
矩步는 折旋中矩也요 引領은 猶絜領이니 言整齊衣衿也라. 俯仰은 猶周旋也라. 廊은 宗廟之廊也니 古者有事에 必行於宗廟라. 故로 謂朝廷爲廊廟라.

123. 束帶矜莊하고 徘徊瞻眺라
束帶立於朝에 當矜持莊敬이요 不可懈也라. 矜莊有素면 則徘徊之間에 可以聳動瞻眺니 詩曰 民具爾瞻이 是也라.

124. 孤陋寡聞하면 愚蒙等誚라
學記曰 獨學無友면 則孤陋寡聞이라 하니 是以로 貴在相觀而善이라. 獨學寡聞이면 則與愚迷蒙昧者로 同其譏焉이라.

125. 謂語助者는 焉哉乎也니라
文字有實有虛하니 虛字亦不可無라. 其起結承接之際에 可以聯綴爲文者니 卽所謂語助辭라. 若焉若哉若乎若也는 是語辭니 而耶歟矣兮之屬이 皆其類也라.

부록 2 『千字文』 훈음 색인 (ㄱㄴㄷ순)

- *는 중학, **는 고등학교용 기초한자
- 숫자는 천자문 125문장 번호임

<ㄱ>

가	可*	24	옳을 가
	家*	63	집 가
	駕	65	멍에 가
	假	73	거짓(빌릴) 가
	稼	82	심을 가
	軻	85	수레 가
	嘉	88	아름다울 가
	歌*	107	노래 가
	佳	117	아름다울 가
각	刻**	66	새길 각
간	簡**	111	대쪽(간략할) 간
갈	竭	32	다할 갈
	碣	80	돌(비석) 갈
감	敢*	20	감히 감
	甘*	40	달 감
	感*	70	느낄 감
	鑑**	87	거울 감
갑	甲*	56	갑옷 갑
강	岡	6	메 강
	薑	8	생강 강
	羌	15	오랑캐 강
	絳	98	붉을 강
	糠	102	쌀겨 강
	康	108	편안할 강
개	芥	8	겨자 개
	蓋**	19	덮을(대개) 개
	改*	22	고칠 개
	皆*	117	다 개
거	巨*	7	클 거
	去*	40	갈 거
	據**	53	의거할 거
	車*	65	수레 거
	鉅	80	클 거
	居*	92	있을(살) 거
	渠	95	개천 거
	擧*	107	들 거
건	建*	27	세울 건
	巾	104	수건 건
검	劍**	7	칼 검
견	堅	51	굳을 견
	見*	91	볼 견
	遣**	94	보낼 견
결	結	5	맺을 결
	潔	105	깨끗할 결
겸	謙	86	겸손할 겸
경	景	26	볕(클) 경
	慶	29	경사 경
	競	30	다툴 경
	敬	31	공경할 경
	竟**	38	마침내 경
	京	52	서울 경
	涇	53	강이름 경
	驚	54	놀랄 경
	經*	61	경전 경
	卿**	62	벼슬 경
	輕	65	가벼울 경
	傾	69	기울 경
	更*	72	고칠 경(다시 갱)
계	啓**	56	열 계
	階	58	계단 계
	溪	67	시내 계
	雞	79	닭 계
	誡	89	경계할 계
	稽	110	조아릴 계
고	羔	25	새끼양 고
	姑**	44	시어머니(고모) 고
	鼓	57	북 고
	稿	61	볏짚(초서) 고
	高	64	높을 고
	皐	90	언덕 고
	古	93	옛 고
	故*	103	옛(오랠) 고
	顧	111	돌아볼 고
	孤**	124	외로울 고
곡	谷*	28	골 곡
	轂	64	바퀴통 곡
	曲	68	굽을 곡
곤	崑	6	메 곤
	困	72	괴로울 곤
	昆	80	맏(형) 곤
	鯤	98	곤어 곤
공	拱	14	손맞잡을 공
	恭	20	공손할 공
	空*	28	빌 공
	孔**	45	구멍(매우) 공
	功*	66	공로 공
	公	69	공평할 공
	貢**	84	바칠 공
	恐**	110	두려워할 공
	工	118	장인(달구) 공
과	果*	8	열매(과실) 과
	過	22	지날(허물) 과
	寡**	124	적을 과
관	官	10	벼슬 관
	觀	54	볼 관
	冠	64	갓 관
광	光*	7	빛 광
	廣	59	넓을 광
	匡	69	바를 광
	曠	81	빌 광
괴	槐	62	삼공 괴
괵	虢	73	괵나라 괵
교	交*	46	사귈 교
	矯**	108	바로잡을(들) 교
	巧**	116	공교할 교
구	駒	17	망아지 구
	驅**	64	몰 구
	九*	77	아홉 구
	求*	93	구할 구
	具**	101	갖출 구
	口*	101	입 구
	舊	103	예 구
	懼	110	두려워할 구
	垢	112	때 구
	矩	122	곱자 구
국	國*	12	나라 국
	鞠	20	기를 국
군	君*	31	임금 군
	群**	60	무리 군
	軍*	75	군사 군
	郡*	77	고을 군
궁	宮**	54	집 궁
	躬	89	몸 궁

권	勸*	84	권할 권	녀	女*	21	여자 여		洞*	80	골짜기 동
궐	闕	7	대궐 궐	년	年*	119	해 년		桐	96	오동나무 동
	厥**	88	그 궐	념	念*	26	생각할 념	두	杜	61	막을 두
귀	歸*	16	돌아갈 귀		恬	116	편안할 념	득	得*	22	얻을 득
	貴	41	귀할 귀	녕	寧**	71	평안할 녕	등	騰**	5	오를 등
규	規**	46	법 규	농	農*	82	농사 농		登*	39	오를 등
균	鈞	116	무거울(고를) 균	능	能*	22	잘할 능		等*	124	가지런할 등
극	克**	26	이길 극								
	極*	89	다할(끝) 극	<ㄷ>				<ㄹ>			
근	謹**	86	삼갈 근	다	多*	71	많을 다	라	羅**	62	벌일 라
	近*	90	가까울 근	단	短*	23	짧을(잘못) 단		騾	113	노새 라
	根	97	뿌리 근		端	27	바를 단	락	洛	53	강이름 락
금	金*	6	쇠 금		旦**	68	아침 단		樂*	41	음악 악
	禽	55	새 금		丹*	76	붉을 단		落*	97	떨어질 락
	琴**	115	거문고 금	달	達*	59	통달할 달	란	蘭**	34	난초 란
급	及*	18	미칠 급	담	淡	9	묽을(싱거울) 담	람	藍	106	쪽 람
	給*	63	넉넉할(줄) 급		談	23	말씀 담	랑	朗	119	밝을 랑
긍	矜	123	자랑할 긍	답	答	111	대답할 답		廊**	122	복도(사랑채) 랑
기	豈**	20	어찌 기	당	唐	12	당나라 당	래	來*	3	올 래
	己*	23	자기 기		堂*	28	집 당	량	良	21	어질 량
	器**	24	그릇 기		當*	32	당(마땅)할 당		量*	24	헤아릴 량
	基*	38	터 기		棠	40	아가위 당		兩*	91	두 량
	氣*	45	기운 기	대	大*	19	큰 대		糧**	103	양식 량
	旣*	60	이미 기		對*	56	대답(마주)할 대		凉*	112	서늘할 량
	綺	70	비단 기		岱	78	대산 대	려	呂	4	음률 려
	起	75	일어날 기		帶**	123	띠 대		麗**	6	고울 려
	幾	86	거의 기	덕	德*	27	덕 덕		黎	15	검을 려
	其*	88	그 기	도	陶	12	질그릇 도		慮**	93	생각할 려
	譏	89	나무랄 기		道*	14	길(도리) 도		驢	113	나귀 려
	機**	91	틀(기미) 기		都*	52	도읍 도	력	力*	32	힘 력
	飢**	102	굶주릴 기		圖	55	그림 도		歷	95	지낼(밝을) 력
	璣	120	구슬 기		途**	73	길 도	련	連*	45	잇닿을 련
길	吉*	121	길할 길		盜**	114	훔칠 도	렬	列*	2	벌일 열
				독	篤	37	도타울 독		烈	21	매울 열
<ㄴ>					獨	98	홀로 독	렴	廉**	48	청념할 렴
난	難*	24	어려울 난		讀	99	읽을 독	령	令*	37	착할 령
남	男	21	남자 남		犢	113	송아지 독		靈**	55	신령 령
	南*	83	남녘 남	돈	敦**	85	도타울 돈		聆	87	들을 령
납	納**	58	바칠(들일) 납		頓	108	두드릴 돈		領*	122	거느릴 령
낭	囊	99	주머니 낭	동	冬*	3	겨울 동	례	禮*	41	예도 례
내	柰	8	능금 내		同*	45	한가지 동	로	露*	5	이슬 로
	乃	11	이에 내		動	49	움직일 동		路*	62	길 로
	內*	59	안 내		東*	52	동녘 동		勞*	86	일할 로

부록2. 『千字文』훈음 색인(ㄱㄴㄷ순) 347

	老*	103	늙은이 로		綿**	81	이어질 면	<ㅂ>			
록	祿**	65	(녹)봉 록		勉	88	힘쓸 면	박	薄**	33	엷(얇)을 박
론	論*	93	의논할 론		眠	106	잠잘 면	반	盤**	54	소반 반
뢰	賴	18	힘입을 뢰	멸	滅**	73	멸망할 멸		磻	67	강 이름 반
료	僚**	115	동료 료	명	鳴*	17	울 명		飯*	101	밥 반
룡	龍**	10	용 룡		名*	27	이름 명		叛**	114	배반할 반
루	樓*	54	다락 루		命*	32	목숨 명	발	發*	13	쏠(필) 발
	累**	94	묶을 루		明*	59	밝을 명		髮**	19	털 발
	陋	124	더러울 루		銘**	66	새길 명	방	方*	18	모 방
류	流*	35	흐를 류		冥**	81	어두울 명		傍**	56	곁 방
륜	倫*	116	인륜 륜	모	慕**	21	그리워할 모		紡	104	길쌈 방
률	律*	4	법(가락) 률		母*	43	어머니 모		房*	104	방 방
륵	勒	66	새길 륵		貌**	87	얼굴(모양) 모	배	背**	53	등 배
릉	凌	98	능가할 릉		毛*	118	털 모		陪	64	모실 배
리	李*	8	오얏 리	목	木*	18	나무 목		杯*	107	잔 배
	履**	33	밟을 리		睦**	42	화목할 목		拜*	110	절 배
	離**	47	떠날 리		牧**	75	기를 목		徘	123	배회할 배
	理*	87	다스릴(이치) 리		目*	99	눈 목	백	白*	17	흰 백
	利*	117	이로울 리	몽	蒙**	124	어두울 몽		伯**	44	맏 백
린	鱗	9	비늘 린	묘	杳	81	아득할 묘		百*	77	일백 백
림	臨**	33	임할 림		畝	83	이랑 묘		魄	120	넋 백
	林*	90	수풀 림		妙*	117	묘할 묘	번	煩**	74	괴로워할 번
립	立*	27	설 립		廟**	122	사당 묘	벌	伐*	13	칠 벌
				무	無*	38	없을 무	법	法*	74	법 법
					茂*	66	우거질 무	벽	璧	30	구슬 벽
<ㅁ>					武*	70	굳셀(무반) 무		壁**	61	벽 벽
마	磨**	46	갈 마		務*	82	일(힘쓸) 무	변	弁	58	관 변
	摩	98	이를 마	묵	墨*	25	먹 묵		辨**	87	분별할 변
막	莫*	22	없을(말) 막		默**	92	잠잠할 묵	별	別*	41	나눌(다를) 별
	漠**	76	사막 막	문	文*	11	글월 문	병	丙	56	셋째 천간 병
	邈	81	멀 막		問*	14	물을 문		兵*	63	군사 병
만	萬*	18	일만 만		門*	79	문 문		幷	77	아우를 병
	滿*	50	찰 만		聞*	124	들을 문		秉	85	잡을 병
	晩*	96	늦을 만	물	物*	50	만물 물		竝**	117	아우를 병
망	忘*	22	잊을 망		勿*	71	분주할 물	보	寶**	30	보배 보
	罔	23	말 망	미	靡	23	말 미		步*	122	걸음 보
	邙	53	북망산 망		美*	37	아름다울 미	복	服*	11	옷(입을) 복
	莽	95	풀 망		縻	51	고삐 미		伏*	15	엎드릴 복
	亡	114	(도)망할 망		微**	68	작을 미		覆**	24	실천할 복
매	寐	106	잠잘 매	민	民*	13	백성 민		福*	29	복 복
	每*	119	매양 매	밀	密	71	빽빽할 밀	본	本*	82	밑(근본) 본
맹	盟**	73	맹세 맹					봉	鳳**	17	봉황새 봉
	孟**	85	맏 맹						奉*	43	받들 봉
면	面*	53	향할 면								

	封**	63	봉할 봉		沙**	76	모래 사		扇	105	부채 선
부	父*	31	아버지 부		史*	85	역사 사		璇	120	구슬 선
	夫*	42	남편 부		謝*	94	사례할(끊을) 사	설	設*	57	놓을 설
	婦	42	아내 부		嗣	109	이을 사		說	70	기쁠 열
	傅	43	스승 부		祀**	109	제사 사	섭	攝	39	잡을 섭
	浮*	53	뜰 부		射*	115	쏠 사	성	成*	4	이룰 성
	府	62	관청 부	산	散*	93	흩어질 산		聖*	26	성인 성
	富*	65	부유할 부	상	霜	5	서리 상		聲*	28	소리 성
	阜	68	언덕 부		翔	9	날 상		盛*	34	성할 성
	扶*	69	도울 부		裳**	11	치마 상		誠*	37	정성 성
	俯	122	구부릴 부		常	19	항상 상		性*	49	성품 성
분	分*	46	나눌 분		傷*	20	상처(다칠)상		星*	58	별 성
	墳	60	무덤(책) 분		上*	42	위 상		城*	79	성(재) 성
	紛**	117	어지러울 분		相*	62	정승 상		省*	89	살필 성
불	不*	35	아닐 불		賞*	84	상줄 상	세	歲*	4	해 세
	弗	47	말 불		箱	99	상자 상		世*	65	세상(인간) 세
비	悲*	25	슬플 비		象**	106	코끼리 상		稅*	84	세금 세
	非	30	아닐 비		床**	106	상 상	소	所*	38	바(것) 소
	卑**	10	낮을 비		觴	107	잔 상		素*	85	흴(바탕) 소
	比*	44	견줄 비		嘗**	109	가을제사 상		疏**	91	상소할 소
	匪	48	아닐 비		顙	110	이마 상		逍	93	거닐 소
	飛	54	날 비		詳*	111	자세할 상		霄	98	하늘 소
	肥**	65	살찔 비		想*	112	생각할 상		少*	103	적을(어릴) 소
	碑	66	돌기둥(비석) 비	새	塞**	79	변방 새		嘯	115	휘파람 소
	枇	96	비파나무 비	색	穡	82	거둘 색		笑*	118	웃음 소
빈	賓*	16	손님 빈		色*	87	빛 색		邵	121	높을 소
	嚬	118	찡그릴 빈		索**	92	홀로 삭	속	續	109	이을 속
				생	生*	6	날 생		俗*	117	풍속 속
<ㅅ>					笙	57	생황 생		束**	123	묶을 속
사	師*	10	관직(스승) 사	서	暑*	3	더울 서	솔	率	16	거느릴 솔
	四*	19	넉 사		西*	52	서녘 서	송	松*	34	소나무 송
	使*	24	하여금 사		書*	61	쓸(글) 서		悚	110	두려워할 송
	絲*	25	실 사		黍	83	기장 서	수	收*	3	거둘 수
	事*	31	섬김(일) 사		庶**	86	여러(거의) 서		水*	6	물 수
	似**	34	같을 사	석	席	57	자리 석		垂**	14	드리울 수
	斯**	34	이 사		石*	80	돌 석		首*	15	머리 수
	思	36	생각할 사		夕*	106	저녁 석		樹*	17	나무 수
	辭**	36	말씀 사		釋**	117	풀 석		殊**	41	다를 수
	仕	39	벼슬 사	선	善*	29	착할 선		隨**	42	따를 수
	寫	55	베낄 사		仙*	55	신선 선		受*	43	받을 수
	舍*	56	집 사		宣*	76	베풀 선		守*	50	지킬 수
	肆	57	펼 사		禪**	78	봉선 선		獸	55	짐승 수
	士*	71	선비 사		膳	101	반찬 선		岫	81	산봉우리 수

	誰*	91	누구 수		<ㅇ>				讌	107	이야기할 연
	手*	108	손 수	아	兒*	44	아이 아		妍	118	고울 연
	修*	121	닦을 수		雅**	51	바를(맑을) 아	열	悅*	108	기쁠 열
	綏	121	편안할 수		阿	67	언덕 아		熱*	112	더울 열
숙	宿*	2	별자리 수		我*	83	나 아	염	染**	25	물들일 염
	夙	33	일찍 숙	악	惡*	29	악할 악		厭	102	실컷먹을 염
	叔	44	아재비(아저씨) 숙		嶽	78	큰산 악	엽	葉*	97	잎 엽
	孰**	68	누구 숙	안	安*	36	편안할 안	영	盈	2	찰 영
	俶	83	비로소 숙		鴈**	79	기러기 안(雁)		映**	35	비출 영
	熟**	84	익을 숙	알	斡	120	돌 알		榮	38	영화 영
	淑*	118	맑을 숙	암	巖	81	바위 암		詠**	40	읊을 영
순	筍	106	죽순 순	앙	仰*	122	우러를 앙		楹	56	기둥 영
슬	瑟	57	비파 슬	애	愛*	15	사랑 애		英*	60	영재 영
습	習*	28	익힐 습	야	夜	7	밤 야		纓	64	갓끈 영
승	陞	58	오를 승		野*	80	들 야		營**	68	경영할 영
	承	59	받들(이을) 승		也*	125	어조사 야		永*	121	길 영
시	始*	11	처음 시	약	若	36	같을 약	예	隸	61	예서 예
	恃	23	믿을 시		弱	69	약할 약		乂	71	재주 예
	詩	25	시 시		約*	74	약속할 약		譽**	76	기릴 예
	是	30	옳을(이) 시		躍**	113	뛸 약		藝*	83	기예 예
	時	67	때 시	양	陽	4	볕 양		翳	97	가릴 예
	市	99	저자(시장) 시		讓*	12	사양할 양		豫**	108	미리(기쁠) 예
	侍**	104	모실 시		養	20	기를 양	오	五*	19	다섯 오
	施	118	베풀 시		羊	25	양 양		梧	96	오동나무 오
	矢**	119	화살 시		驤	113	달릴 양	옥	玉*	6	구슬 옥
식	食*	17	먹을(밥) 식	어	於*	82	어조사 어	온	溫	33	따뜻할 온
	息**	35	숨쉴 식		魚*	85	물고기 어	완	翫	99	익힐 완
	寔	71	이 식		飫	102	질릴 어		阮	115	성씨 완
	植*	88	심을 식		御**	104	어거할(첩) 어	왈	曰*	31	가로 왈
신	臣*	15	신하 신		語*	125	말씀 어	왕	往*	3	갈 왕
	身*	19	몸 신	언	言*	36	말씀 언		王*	16	임금 왕
	信	24	약속할 신		焉**	125	어찌(어조사) 언	외	外*	43	바깥 외
	愼**	37	삼갈 신	엄	嚴	31	엄할 엄		畏**	100	두려워할 외
	神	49	귀신 신		奄	68	문득 엄	요	寥	92	고요할 요
	新*	84	새 신	업	業*	38	업(일) 업		遙**	93	멀(거닐) 요
	薪	121	땔나무 신	여	餘*	4	남을 여		飇	97	나부낄 요
실	實*	66	열매 실		與*	31	줄(더불어) 여		要*	111	요긴할 요
심	深*	33	깊을 심		如*	34	같을 여		曜	119	빛날 요
	甚	38	심할 심	역	亦*	60	또 역	욕	欲*	24	하고자할 욕
	心*	49	마음 심	연	緣**	29	인연 연		辱**	90	욕될 욕
	尋**	93	찾을 심		淵	35	못 연		浴*	112	목욕할 욕
	審**	111	살필 심		筵	57	대 자리 연	용	容	36	얼굴 용
					輦	64	가마 연		用*	75	쓸 용

우	庸**	86	떳떳할 용	은	殷	13	은나라 은	작	作*	26	지을 작
	宇*	1	집 우		隱**	47	숨길 은		爵**	51	벼슬 작
	雨*	5	비 우		銀*	105	은 은	잠	潛**	9	잠길 잠
	羽**	9	깃 우	음	陰*	30	그늘 음		箴	46	경계 잠
	虞	12	우나라 우		音*	87	소리 음	장	張**	2	베풀 장
	優**	39	넉넉할 우	읍	邑*	52	고을 읍		藏**	3	감출 장
	友*	46	벗 우	의	衣*	11	옷 의		章*	14	글(밝을) 장
	右*	59	오른쪽 우		宜**	37	마땅할 의		場*	17	마당 장
	禹	77	성씨 우		儀**	43	거동 의		長*	23	길(잘할) 장
	寓	99	붙일 우		義*	48	옳을 의		帳**	56	휘장 장
	祐	121	복 우		意*	50	뜻 의		將*	62	장차(장수) 장
	愚**	124	어리석을 우		疑**	58	의심할 의		墻**	100	담 장
운	雲*	5	구름 운	이	易	100	쉬울 이		腸**	101	창자 장
	云*	78	이를 운		邇	16	가까울 이		莊**	123	장중할 장
	運*	98	돌(움직일) 운		以*	40	써 이	재	在*	17	있을 재
울	鬱	54	울창할 울		而*	40	말 이을 이		才*	21	재주 재
원	遠*	81	멀 원		移*	50	옮길 이		載**	83	실을 재
	園*	95	동산 원		二*	52	두 이		宰**	102	재상 재
	垣	100	담 원		伊	67	저 이		再*	110	두 재
	圓*	105	둥글 원		貽	88	끼칠 이		哉*	125	어조사 재
	願*	112	바랄 원		耳*	100	귀 이	적	積**	29	쌓을 적
월	月*	2	달 월		異*	103	다를 이		籍**	38	많을 자
위	爲*	5	할(될) 위	익	益*	40	더할 익		跡**	77	자취 적
	位*	12	자리 위	인	人*	10	사람 인		赤*	79	붉을 적
	渭	53	강 이름 위		因*	29	인할 인		寂**	92	고요할 적
	魏	72	위나라 위		仁*	47	어질 인		的*	95	과녁(밝을) 적
	威*	76	위엄 위		引*	122	끌 인		適	101	갈(맞을) 적
	委**	97	버릴 위	일	日*	2	날 일		績**	104	길쌈할 적
	煒	105	빛날 위		壹	16	한 일		嫡	109	정실 적
	謂**	125	이를 위		逸**	49	편안할 일		賊**	114	도둑(해칠) 적
유	有*	12	있을 유	임	任**	116	맡길 임	전	傳*	28	전할 전
	惟**	20	생각할 유	입	入*	43	들 입		顚	48	엎어질 전
	維**	26	맬(오직) 유						殿**	54	큰 집 전
	猶*	44	오히려(같을) 유	<ㅈ>					轉**	58	돌 전
	猷	88	꾀 유	자	字*	11	글자 자		典*	60	법(책) 전
	遊*	98	놀 유		資**	31	재물(바탕) 자		翦	75	자를 전
	輶	100	가벼울 유		子*	44	자식 자		田*	79	밭 전
	攸	100	바 유		慈*	47	사랑할 자		牋	111	편지 전
	帷	104	휘장 유		自*	51	스스로 자	절	切**	46	끊을 절
육	育*	15	기를 육		紫**	79	자주색 자		節*	48	절개 절
윤	閏**	4	윤달 윤		玆**	82	이 자	접	接*	107	사귈(이을) 접
	尹	67	다스릴(성씨) 윤		姿**	118	맵시(모양) 자	정	貞	21	곧을 정
융	戎	15	오랑캐 융		者*	125	놈(것) 자		正*	27	바를 정

	定*	36	정할 정		周**	13	주나라 주		且*	108	또 차
	政*	39	정사 정		州**	77	고을 주	찬	讚**	25	기릴 찬
	靜*	49	고요할 정		主*	78	주인 주		飡	101	먹을 찬
	情*	49	뜻 정		奏**	94	나아올 주	찰	察*	87	살필 찰
	丁*	70	장정 정		晝	106	낮 주	참	斬	114	벨 참
	精*	75	정(밀)할 정		酒	107	술 주	창	唱	42	노래(부를) 창
	亭**	78	정자 정		誅	114	벨 주	채	菜	8	나물 채
	庭*	80	뜰 정	준	俊**	71	준걸 준		彩**	55	무늬(채색) 채
제	帝*	10	임금 제		遵	74	좇을 준		策*	66	꾀(기록할) 책
	制**	11	지을 제	중	重	8	무거울 중	처	處*	92	곳 처
	諸*	44	모두 제		中	86	가운데 중	척	尺*	30	자 척
	弟*	45	아우 제	즉	卽	90	나아갈 즉		陟	84	오를 척
	濟**	69	건널 제	증	增	89	더할 증		慼	94	근심할 척
	祭*	109	제사 제		蒸**	109	찔(겨울제사) 증		戚**	103	친척 척
조	調*	4	고를 조	지	地*	1	땅 지	천	天*	1	하늘 천
	鳥*	10	새 조		知*	22	알 지		川*	35	내 천
	弔**	13	위로할 조		之*	34	갈 지		賤**	41	천할 천
	朝*	14	조정 조		止*	36	그칠 지		千*	63	일천 천
	造*	47	만들 조		枝*	45	가지 지		踐**	73	밟을 천
	操**	51	절조 조		志*	50	뜻 지	첨	瞻	123	쳐다볼 첨
	趙	72	조나라 조		持*	51	가질 지	첩	妾**	104	첩 첩
	組**	91	끈(짤) 조		池**	80	못 지		牒	111	편지 첩
	條**	95	가지 조		祗	88	공경할 지	청	聽	28	들을 청
	早*	96	일찍 조		紙*	116	종이 지		淸	33	서늘할 청
	凋	96	시들 조		指	121	손가락 지		靑	76	푸를 청
	糟	102	술지게미 조	직	職**	39	벼슬(직분) 직	체	體*	16	몸 체
	釣	116	낚시 조		稷	83	피 직	초	草	18	풀 초
	照**	120	비출 조		直*	85	곧을 직		初*	37	처음 초
	眺	123	바라볼 조	진	辰*	2	별 신		楚	72	초나라 초
	助*	125	도울 조		珍*	8	보배 진		招*	94	부를 초
족	足*	108	발 족		盡	32	다할 진		超	113	넘을 초
존	存*	40	있을 존		眞*	50	참 진		誚	124	꾸짖을 초
	尊	41	높을 존		振*	64	떨친 진	촉	屬	100	붙을 촉
종	終*	37	끝날 종		晉	72	진나라 진		燭	105	촛불 촉
	從*	39	좇을 종		秦	77	나라 이름 진	촌	寸*	30	마디(치) 촌
	鍾	61	쇠북 종		陳	97	베풀(묵을) 진	총	寵	89	사랑할 총
	宗*	78	으뜸 종	집	集	60	모일 집	최	最	75	가장 최
좌	坐*	14	앉을 좌		執*	112	잡을 집		催**	119	재촉할 최
	左	59	왼 좌	징	澄	35	맑을 징	추	秋*	3	가을 추
	佐**	67	도울 좌						推	12	밀 추
죄	罪*	13	허물 죄	<ㅊ>					抽**	95	뽑을(빼낼) 추
주	宙	1	집 주	차	此*	19	이 차	축	逐**	50	좇을 축
	珠**	7	구슬 주		次*	47	버금 차	출	出*	6	날 출

352 시(詩)·문(文)·사(寫)·화(畫)로 이해하는 천자문

	黜	84	내칠 출	포	飽**	102	배부를 포		兄*	45	형 형
충	忠*	32	충성 충		捕**	114	사로잡을 포		衡	67	저울대 형
	充*	101	찰 충		布*	115	베 포		刑*	74	형벌 형
취	取*	35	취할(가질) 취	표	表*	27	겉 표	혜	惠*	70	은혜 혜
	吹*	57	불 취		飄	97	나부낄 표		嵇	115	산이름 혜
	聚	60	모을 취	피	被**	18	입을 피	호	號*	7	부르짖을(이름) 호
	翠	96	푸를 취		彼*	23	저 피		好*	51	좋을 호
측	昃	2	기울 측		疲**	49	지칠 피		戶	63	지게(집) 호
	惻	47	슬퍼할 측	필	必*	22	반드시 필		乎	125	어조사 호
치	致*	5	보낼(이를) 치		筆*	116	붓 필	홍	洪**	1	넓을 홍
	侈	65	사치할 치	핍	逼	91	핍박할 핍	화	火*	10	불 화
	馳	76	달릴 치						化*	18	될 화
	治*	82	다스릴 치	<ㅎ>					禍**	29	재앙 화
	恥**	90	부끄러워할 치	하	河*	9	강물 하		和*	42	화할 화
칙	則*	32	법칙 칙		遐	16	멀 하		華*	52	빛날 화
	勅	96	삼갈 칙		下*	42	아래 하		畫*	55	그림 화
친	親*	103	친할 친		夏*	52	여름 하	환	桓	69	굳셀 환
칠	漆*	61	옷 칠		何*	74	어찌 하		歡	94	기쁠 환
침	沈**	92	가라앉을 침		荷**	95	연꽃 하		紈	105	흰비단 환
칭	稱**	7	일컬을 칭	학	學*	39	배울 학		丸**	115	알(둥글) 환
				한	寒*	3	찰 한		環**	120	고리(돌) 환
<ㅋ>					漢*	70	한수 한	황	黃*	1	누를 황
					韓*	74	한나라 한		荒**	1	거칠 황
<ㅌ>					閑	92	한가할 한		皇*	10	임금 황
탐	耽	99	즐길 탐	함	鹹	9	짤 함		煌	105	빛날 황
탕	湯**	13	끓일 탕	합	合*	69	합할 합		惶	110	두려워할 황
태	殆**	90	위태할 태	항	恒	78	항상 항	회	懷**	45	품을 회
택	宅*	68	집 택		抗**	89	막을(높을) 항		回*	70	돌 회
토	土*	73	흙 토	해	海*	9	바다 해		會*	73	모일 회
통	通*	59	통할 통		解*	91	풀 해		晦	120	그믐 회
퇴	退*	48	물러날 퇴		骸	112	뼈 해		徊	123	배회할 회
투	投*	46	던질 투		駭	113	놀랄 해	획	獲**	114	얻을 획
특	特*	113	수컷(수소) 특	행	行*	26	행할 행	횡	橫**	72	가로 횡
					幸*	90	다행 행	효	效*	21	본받을 효
<ㅍ>				허	虛*	28	빌 허		孝*	32	효도 효
파	頗	75	깨(치우칠) 파	현	玄**	1	검을 현	후	後*	109	뒤 후
	杷	96	비파나무 파		賢*	26	어진 현	훈	訓*	43	가르칠 훈
팔	八*	63	여덟 팔		縣**	63	고을 현	훼	毀**	20	헐 훼
패	沛	48	늪(자빠질) 패		絃**	107	줄 현	휘	暉	119	빛날 휘
	覇	72	으뜸 패		懸**	120	매달 현	휴	虧	48	이지러질 휴
팽	烹	102	삶을 팽	협	俠	62	낄 협	흔	欣	94	기뻐할 흔
평	平*	14	평평할 평	형	形*	27	형상 형	흥	興*	33	일어날 흥
폐	陛	58	섬돌(돌계단) 폐		馨	34	향기 형	희	羲	119	햇빛 희
	弊**	74	폐단(해질) 폐								

부록 3 시(詩)·문(文)·사(寫)·화(畫) 색인

· 숫자는 천자문 125문장 번호임

항목	쪽
가도멸괵(假道滅虢), 가도멸명(假道滅明)	73
가루다(Garuda)	17
가야금, 거문고, 해금	115
가인박명(佳人薄命)	117
가정맹호(苛政猛虎)	84
가화만사성(家和萬事成)	63
각자도생(各自圖生)	55
간지(干支)	56
<감당(甘棠)>, 『시경(詩經)』	40
<강설(江雪)>, 유종원(柳宗元)	90
강태공(姜太公), 여상(呂尙)	64, 67
<개미와 베짱이>	3
『격몽요결(擊蒙要訣)』	32, 33, 36, 124
<격양가(擊壤歌)>, 중국 고대 민요	12
견월망지(見月忘指)	121
경거망동(輕擧妄動)	65
경복궁(景福宮)	41, 54
경영(經營), 경지영지(經之營之)	68
『경제잠(敬齊箴)』	31, 50
<경포대(鏡浦臺)>, 박수량(朴守良)	35
『경행록(景行錄)』	26
『계몽편(啓蒙篇)』	1, 5
<계자서(誡子書)>, 제갈량(諸葛亮)	9
고부(古阜), 동학혁명 백산 창의비	68
<고양(羔羊)>, 『시경(詩經)』	25
고전(古典, Classic)	60
곱자 구(矩)	122
공(空)	28
공자(公子)	116
『공자가어(孔子家語)』	15, 34, 46
공자(孔子), 『논어(論語)』	11, 12, 16, 17, 18, 22, 24, 32, 33, 36, 38, 39, 41, 42, 44, 45, 46, 48, 49, 55, 59, 60, 68, 76, 84, 87, 89, 90, 96, 100, 108, 110, 112, 122, 125
과거(科擧)시험	107
과유불급(過猶不及)	44
과즉물탄개(過則勿憚改)	22
과지초당(瓜地艸堂)	8
과천 현충탑(顯忠塔)	83
관악산 표지석	8
관중(管仲)	47
관혼상제(冠婚喪祭)	64
광음사전(光陰似箭)	119
광한루(廣寒樓)	54
교각살우(矯角殺牛)	108
교학상장(敎學相長)	4장 간지
<구시화문(口是禍門)>, 풍도(馮道)	100
구용구사(九容九思)	36
국립묘지(國立墓地), 대전 현충원	8
<국화(菊花)>, 이정보(李鼎輔)	5
군명후현신직(君明后賢臣直)	85
군자불기(君子不器)	24
군자삼락(君子三樂)	122
군자상달(君子上達) 소인하달(小人下達)	59
군자유삼계(君子有三戒)	76
군현제(郡縣制)	77
<권주(勸酒)>, 백거이(白居易)	119
<권학문(勸學文)>, 도연명(陶淵明)	11
<권학문(勸學文)>, 주자(朱子)	30
<귀거래사(歸去來辭)>, 도연명(陶淵明)	3
<귀천(歸天)>, 천상병(千祥炳)	93
균공애민(均貢愛民) 절용축력(節用蓄力)	84
<그 겨울의 찻집>, 조용필(趙容弼)	13
극기복례(克己復禮)	41
근묵자흑(近墨者黑) 근주자적(近朱者赤)	25
근자열(近者悅) 원자래(遠者來)	16
<금강(錦江)>, 신동엽(申東曄)	12
금문교(金門橋, Golden Gate Bridge)	6
<금성여사의 난초 그림>, 신위(申緯)	55
<금수회의록(禽獸會議錄)>	55
금자탑(金字塔, pyramid)	6
『기독성경(基督聖經)』	38, 44, 100, 125
<기러기> 동요, 윤복진	79
<길쌈>, 김홍도(金弘道)	104
<김삿갓 방랑시>, 김병연	123
김성일(金誠一)	23
김안국(金安國), 김정국(金正國)	92
김정희(金正喜)	8, 36, 96
낙양(洛陽)	52
<낙화암(落花巖)>	97
난형난제(難兄難弟)	24
노랑할미새	45
노자(老子), 『도덕경(道德經)』	15, 24, 29, 40, 74, 82, 108
<녹명(鹿鳴)>, 『시경(詩經)』	57
농자천하지대본(農者天下之大本)	82
능소화(凌霄花)	98

니체(Nietzsche)	24, 113
다다익선(多多益善)	71
달라이 라마	59
달팽이	107
닭, 오덕(五德)	79
<답설(踏雪)>. 이양연(李亮淵)	77
<대낭군(待郞君)>, 능운(凌雲)	31
대전 국립묘지(國立墓地)	8
<대주(對酒)>, 백거이(白居易)	107
『대학(大學)』	37
『대한민국헌법(大韓民國憲法)』전문	95
덕천서원(德川書院)	112
도연명(陶淵明)	3, 11
돌아온 탕자(蕩子), <루가복음> 15장	44
<동기연지(同氣連枝)>, 박죽서(朴竹西)	45
<동심초(同心草)>, 설도(薛濤). 김억(金億)	45
두보(杜甫)	46
<등관작루(登鸛鵲樓)>, 왕지환(王之煥)	39
<등락유원(登樂游原)>, 이상은(李商隱)	106
디케(Dike) 상, 정의(正義)의 여신	67
뜻(意), 의미(意味)	50
마부작침(磨斧作針)	37
<만종(晩鐘)>, 밀레(Millet)	96
만천명월주인옹(萬川明月主人翁), 정조(正祖)	2장 간지
맹모삼천지교(孟母三遷之敎)	43
맹자(孟子)	10, 21, 24, 29, 31, 32, 39, 41, 43, 44, 46, 47, 68, 83, 85, 98, 100, 117, 122
『명심보감(明心寶鑑)』	1, 26, 63
몽념(蒙恬)	116
무실역행(務實力行)	66
무위자연(無爲自然)	40
묵자(墨子)	24, 25
문방사우(文房四友), 지필묵연(紙筆墨硯)	25, 116
문질빈빈(文質彬彬)	11
밀레(Millet)	96
박수량(朴守良), 무서백비, <경포대>	35
박지원(朴趾源)	45, 63
박학심문(博學審問)	36
반가사유상(半跏思惟像)	26
<반달> 동요, 윤극영(尹克榮)	105
반야심경(般若心經)	36
밤, <영율(詠栗)>, 이산해(李山海)	24
방덕공(龐德公)	88
백거이(白居易)	3, 107, 119

백구과극(白駒過隙)	119
백기(白起)	75
백두대간	53
백두산 천지(天池, Heaven Lake)	1, 80
백락상마(伯樂相馬)	62
<보임소경서(報任少卿書)>, 사마천(司馬遷)	111
<봄날은 간다>, 손로원, 백설희	11
봉건제(封建制)	16
<봉래산가(蓬萊山歌)>, 성삼문(成三問)	34
봉황(鳳凰)새	17
『부모은중경(父母恩重經)』	20
부부(夫婦)	42
부앙불괴(俯仰不愧)	122
북 사(梭)	119
분구필합(分久必合) 합구필분(合久必分)	69
불인인지심(不忍人之心)	10
불치하문(不恥下問)	90
<비구니(比丘尼)>, 소동파(蘇東坡)	117
비파나무	96
<빈교행(貧交行)>, 두보(杜甫)	46
빈천지교(貧賤之交)	102
사단설(四端說)	47
사대오상(四大五常)	19
사마천(司馬遷), 『사기(史記)』	11, 70, 74, 111
<4.19 행진곡(行進曲)>	18
사물잠(四勿箴)	41
<사설(師說)>, 한유(韓愈)	43
사어(史魚)의 시간(尸諫)	85
사육신(死六臣), 생육신(生六臣)	34
<사(死)의 찬미(讚美)>, 윤심덕(尹心德)	76
사주팔자(四柱八字)	56
<사철가(四節歌)>	76
산(山), 강(江), 하(河)	9, 53
<산옹(山翁)>, 권상하(權尙夏)	46
<산중여유인대작(山中與幽人對酌)>, 이백	107
삼강(三綱)	31
삼고초려(三顧草廬)	111
삼국(三國)시대, 위·촉·오	32, 111, 114, 115
『삼국지(三國志)』	32, 69
삼배구고두례(三拜九叩頭禮)	110
삼정승(三政丞) 육판서(六判書)	62
삼족(三族), 구족(九族)	44
삼지(三知)	125
삼천갑자(三千甲子) 동방삭(東方朔)	56

상구보리(上求菩提) 하화중생(下化衆生)	42	양률음려(陽律陰呂)	4
상산사호(商山四皓)	70	양진(楊震)	88
<상체(常棣)>, 『시경(詩經)』	45	<어머니 마음>, 양주동(梁柱東)	20
상호부조(相互扶助)	69	<어부사(漁父辭)>, 굴원(屈原)	64
생활통지표	21	<어사시(御使詩)>, 『춘향전(春香傳)』	6
서(恕)	100	<어잠승녹균헌(於潛僧綠筠軒)>, 소동파	117
성공(成功), 승리(勝利)	66	얼레빗	6
『서경(書經)』	14, 26, 27, 42, 70	<엄마야 누나야> 김소월 시	46
성대중(成大中)	100	업(業)	38
서수도덕자(棲守道德者)	8	에밀레종(鍾)=성덕대왕신종(神鍾)	61
성악설(性惡說)	85	『여씨춘추(呂氏春秋)』	11
성삼문(成三問)	34	여포(呂布)	115
성선설(性善說)	47	역린지화(逆鱗之禍)	9
<소군원(昭君怨)>, 동방규(東方)	34	역지사지(易地思之)	100
<소군묘(昭君墓)> 상건(常建)	117	연(輦)	64
『성학집요(聖學輯要)』	49	연비어약(鳶飛魚躍)	9
<세한도(歲寒圖)> 발문(跋文), 김정희	96	연주대(戀主臺)	21
세한삼우(歲寒三友)	3	『열자(列子)』	27
셰익스피어(W. Shakespeare)	37	염치(廉恥)	48, 90
소녀상(少女像)	103	염파(廉頗)	75
소동파(蘇東坡)	117	<영반월(詠半月)>, 황진이(黃眞伊)	6
소야곡(小夜曲)	7	예(禮)	41
<소풍(逍風)같은 인생>, 추가열	93	『예기(禮記)』	27, 33, 36, 41, 43, 44
소하(蕭何)	88	오동나무	96
『소학(小學)』	43	오륜(五倫)	31, 46
속수무책(束手無策)	123	오미팔진(五味八珍)	8
<송인(送人)>, 정지상(鄭知常)	46	<오백년 도읍지>, 길재(吉再)	71
수즉다욕(壽則多辱)	71	오복(五福)	42
<숙건덕강(宿建德江)>, 맹호연(孟浩然)	81	오색(五色)	87
숙흥야매(夙興夜寐)	33	오상고절(傲霜孤節)	5
『순자(荀子)』	25, 49	오일삼성(吾日三省)	89
스승	43	오장(五臟) 육부(六腑)	101
스티브 잡스(Steve Jobs)	41	오케스트라(orchestra)	4
승자독식(勝者獨食)	17	와신상담(臥薪嘗膽)	109
『시경(詩經)』	17, 18, 25, 33, 40, 45, 57, 68	완적(阮籍)	115
식영정(息影亭), 식영정(息營亭)	35	왕 묘호(廟號)-조(祖), 종(宗), 군(君)	31
신기독(慎其獨)	37	<왕소군(王昭君)>	34, 117, 118
신뢰(信賴)	24	왕유(王維)	55
심위신주(心爲身主) 신위심기(身爲心器)	49	왕전(王翦)	75
『십팔사략(十八史略)』	10	왕충(王充)	99
안빈낙도(安貧樂道)	17	왕희지(王羲之), 왕휘지(王徽之)	19
안중근(安重根) 공원, 글씨	99	<욕천(浴川)>, 조식(曺植)	112
<애국가(愛國歌)>, 안익태(安益泰)	1	<용비어천가(龍飛御天歌)>	97
약법3장(約法三章)	74	우도(友道)	46

우리 나라 산(山), 강(江) 이름	53	자조론(自助論)』, 새뮤얼 스마일즈	50
우리 나라 산맥(山脈), 산(山), 강(江)	53	<장무상망(長毋相忘)>	22
<우성(偶成)>, 주자(朱子)	30	<장안성(長安城) 장락문(長樂門), 중국 시안	52
웅의료(熊宜僚)	115	『장자(莊子)』	71, 109, 118, 119
원주이씨삼효문(原州李氏三孝門)	32	적벽강(赤壁江)	90
원효대사	47	적선지가필유여경(積善之家必有餘慶)	29
<월하정인(月下情人)>, 신윤복(申潤福)	49	전(殿), 당(堂), 대(臺), 루(樓), 재(齋), 헌(軒), 각(閣), 정(亭)	54
<월하탄금도(月下彈琴圖)>, 이경윤(李慶胤)	46	절차탁마(切磋琢磨)	46
유건, 망건, 탕건, 갓	104	<정야사(靜夜思)>, 이백(李白)	2
<유종원 묘비명>, 한유(韓愈)	120	정약용(丁若鏞)	45
육정신(六正臣), 육사신(六邪臣)	15	정약전(丁若銓)	82
윤극영(尹克榮)	105	『정조, 홍재전서(弘齋全書)』	2장 간지, 18
<윤사월(閏四月)>, 박목월(朴木月)	4	정치(政治)	39
은행(銀行)	105	제갈량(諸葛亮)	9
을사오적(乙巳五賊)	114	조강지처(糟糠之妻)	102
읍참마속(泣斬馬謖)	114	조선 5대 궁궐(宮闕)	54
<의(宜) 좋은 형제>	3	『조선상고사(朝鮮上古史), 신채호(申采浩)』	95
이목(李牧)	75	조식(曹植)	112
이문회우(以文會友) 이우보인(以友輔仁)	46	<졸업식 노래>, 윤석중(尹石重)	7
이백(李白)	1, 2, 37, 94, 107	종묘(宗廟), 사직(社稷)	83
<이삭 줍기>, 밀레(Millet)	96	종심소욕불유구(從心所欲不踰矩)	122
이소산금(二疏散金)	91	<종화(種花)>, 이규보(李奎報)	97
이순신(李舜臣)	7	『주역(周易)』	2, 3, 20, 28, 29, 32, 89
이식(李植)	24	주자(朱子)	21, 30, 31, 32, 46, 50
이양연(李亮淵)	77	<주천난(做天難)>, 중국 농요(農謠)	112
이윤(伊尹)	67	줄탁동시(啐啄同時)	105
이이(李珥)	32, 33, 36, 49, 124	중국 오악(五嶽)	78
이황(李滉)	22, 37, 42, 66	중국 진(晉)-우(虞)-괵(虢)	73
인(仁)	47	중용(中庸)』	23, 29, 37, 86
인과율(因果律)	84	『증광현문(增廣賢文)』	119
인성교육진흥법(人性敎育進興法)	20	증자(曾子)	33, 89
인자무적(仁者無敵)	47	지음(知音)	46
일가, 친척	103	<지조론(志操論)> 조동탁(趙東卓)	51
일단사일표음(一簞食一瓢飮)	17	지족불욕(知足不辱) 지지불태(知止不殆)	108
일월산(日月山)	81	진승(陳勝)과 오광(吳廣)	62
일일삼성(一日三省)	89	진인사대천명(盡人事待天命)	32
일자천금(一字千金)	11	진시황(秦始皇)	77
일체유심조(一切唯心造)	47	질문(質問)	14
입춘첩(立春帖)	121	쪽(람, 藍)	106
<자견(自遣)>, 이백(李白)	94	찔레꽃	10장 간지
<자리짜기>, 김홍도(金弘道)	104	<찔레꽃> 작사 김영일, 가수 백난아	79
자비희사(慈悲喜捨)	15	창포(菖蒲)	64
『자산어보(慈山漁譜)』	82	『채근담(菜根譚)』	8, 23, 27, 29, 65, 66, 123
자조(自助)	51	채륜(蔡倫)	116

<책>, 이동수	9장 간지	학이시습지불역열호(學而時習之不亦說乎)	108
척령(鶺鴒), 할미새(Wagtails)	45	한강(漢江)	70
천고마비(天高馬肥)	65	『한비자(韓非子)』	67, 74
천명지위성(天命之謂性)	86	『한서(漢書)』<소광전(疏廣傳)>	91
천상열차분야지도(天象列次分野之圖)	2	『한시외전(韓詩外傳)』	85
천운(天運) 천명(天命)	98	한신(韓信)	102
청계산(淸溪山)	67	한양(漢陽) 4대문	41
<청복(淸福)>, 김정국(金正國)	92	한유(韓愈)	43, 120
<청춘(靑春)> <Youth>, 사무엘 울만	103	한자(漢字) 5서체(書體)	61
<청춘예찬(靑春禮讚)>, 민태원(閔泰瑗)	76	한자(漢字)의 원리 육서(六書)	11
청출어람 청어람(靑出於藍 靑於藍)	106	함석헌	125
초고령사회(超高齡社會)	113	함허정(涵虛亭)	28
<초야창화(初夜唱和)>	42	합종연횡(合從連橫), 소진(蘇秦), 장의(張儀)	72
초한전(楚漢戰), 항우(項羽), 유방(劉邦)	59, 71, 74, 88, 101, 102	항룡유회(亢龍有悔)	89
최시형(崔時亨)	101	<해 같은 마음> 독립군가(獨立軍歌), 김초향	73
최영환(崔泳煥)	8, 4장 간지	<해남도중(海南途中)>, 이건(李健)	45
『추구집(推句集)』	1	해석(解釋), 해석(解析)	50
<추월만정(秋月滿庭)>, 『심청가(沈淸歌)』	50	<행위(行葦)>, 『시경(詩經)』	57
<춘야연도리원서(春夜宴桃李園序)>, 이백	1	현호색(玄胡索)	92
춘추전국시대	72	협동조합(協同組合)	69
칼 세이건(Carl E Sagan)	1	<형님 얼굴>, 박지원(朴趾源)	45
『쿠란(Qur'an, Koran)』	29	형영상동(形影相同)	27
탁사정(濯斯亭)	64	<형제우애(兄弟友愛)>, 김계(金啓)	45
탁영탁족(濯纓濯足)	64	<형제투금(兄弟投金)>	45
<태산가(泰山歌)>, 양사언(楊士彦)	78	혜강(嵇康)	115
테레사(Mother Teresa)	2	<호남가(湖南歌)>, 임방울(林芳蔚)	83
토사구팽(兎死狗烹)	102	화복(禍福)	29
토사호비(兎死狐悲)	25	화씨지벽(和氏之璧)	6
팔도(八道)	63	화이부동(和而不同)	42
<팔여(八餘)>, 김정국(金正國)	92	화중유시(畵中有詩) 시중유화(詩中有畵)	55
<팔일무(八佾舞)>	41	활쏘기, 만작(滿酌)	115
팥배나무	40	『회남자(淮南子)』	11, 30
패가망신(敗家亡身)	114	<회심곡(悔心曲)>, 서산대사	6
풍도(馮道), <설시(舌詩)>	100	『효경(孝經)』	19, 20, 31
풍수지탄(風樹之嘆)	33	효도(孝道)	32
<풍암정(楓巖亭)>	54	『후한서(後漢書)』	117
피닉스(phoenix)	17	훈민정음(訓民正音)	43
피에타(Pietà)	15	<흥망(興亡)이 유수(有數)>, 원천석(元天錫)	71
하필왈리(何必曰利)	117	흥망성쇠(興亡盛衰)	114
학(學)	21		
학문(學文), 학문(學問)	11		
『학어집(學語集)』	1		
학여불급(學如不及)	39		
학이불사즉망(學而不思則罔)	36		

부록 4 한자 부수(部首) 214자 훈음 일람표

획	부수	명칭	획	부수	명칭	획	부수	명칭	획	부수	명칭	획	부수	명칭	획	부수	명칭
1	一	한 일		尸	주검 시		爪(爫)	손톱 조		肉(月)	고기 육	8	雨	비 우			
	丨	뚫을 곤		屮	싹날 철		父	아비 부		臣	신하 신		青	푸를 청			
	丶	점 주		山	메 산		爻	점괘 효		自	스스로 자		非	아닐 비			
	丿	삐침 별		巛	내 천	4	爿	조각 장		至	이를 지		面	낯 면			
	乙	새 을		工	장인 공		片	조각 편		臼	절구 구		革	가죽 혁			
	亅	갈고리 궐		己	몸 기		牙	어금니 아		舌	혀 설		韋	다룬가죽 위			
	二	두 이		巾	수건 건		牛(牜)	소 우		舛	어그러질 천		韭	부추 구			
	亠	머리 두	3	干	방패 간		犬(犭)	개 견		舟	배 주	9	音	소리 음			
	人(亻)	사람 인		幺	작을 요		玄	검을 현		艮	머무를 간		頁	머리 혈			
	儿	어진사람 인		广	집 엄		玉(王)	구슬 옥	6	色	빛 색		風	바람 풍			
	入	들 입		廴	길게걸을 인		瓜	오이 과		艸(艹)	풀 초		飛	날 비			
	八	여덟 팔		廾	손맞잡을 공		瓦	기와 와		虍	범 호		食	밥(먹을) 식			
	冂	멀 경		弋	주살 익		甘	달 감		虫	벌레 충		首	머리 수			
	冖	덮을 멱		弓	활 궁		生	날 생		血	피 혈		香	향기 향			
	冫	얼음 빙		彐(彑)	돼지머리 계		用	쓸 용		行	다닐 행		馬	말 마			
	几	안석 궤		彡	터럭 삼		田	밭 전		衣(衤)	옷 의		骨	뼈 골			
	凵	입벌릴 감		彳	자축거릴 척		疋	짝 필		襾	덮을 아		高	높을 고			
2	刀(刂)	칼 도		心(忄)	마음 심		疒	병질 엄		見	볼 견	10	髟	머리털늘어질 표			
	力	힘 력		戈	창 과	5	癶	걸음 발		角	뿔 각		鬥	싸울 투			
	勹	쌀 포		戶	지게문 호		白	흰 백		言	말씀 언		鬯	술(활집) 창			
	匕	비수 비		手(扌)	손 수		皮	가죽 피		谷	골 곡		鬲	오지병 격			
	匚	상자 방		支	지탱할 지		皿	그릇 명		豆	콩 두		鬼	귀신 귀			
	匸	감출 혜		攴(攵)	칠 복		目	눈 목		豕	돼지 시		魚	물고기 어			
	十	열 십		文	글월 문		矛	창 모		豸	벌레 치		鳥	새 조			
	卜	점 복		斗	말 두		矢	화살 시		貝	조개 패	11	鹵	소금밭 로			
	卩(㔾)	병부 절		斤	도끼 근		石	돌 석		赤	붉을 적		鹿	사슴 록			
	厂	굴바위 엄		方	모 방		示(礻)	보일 시		走	달릴 주		麥	보리 맥			
	厶	마늘 모		无	없을 무		禸	짐승발자국 유		足	발 족		麻	삼 마			
	又	또 우		日	날 일		禾	벼 화		身	몸 신		黃	누를 황			
	口	입 구		曰	가로 왈		穴	구멍 혈	7	車	수레 거(차)	12	黍	기장 서			
	囗	에울 위	4	月	달 월		立	설 립		辛	매울 신		黑	검을 흑			
	土	흙 토		木	나무 목		竹	대 죽		辰	별 진(신)		黹	바느질할 치			
	士	선비 사		欠	하품 흠		米	쌀 미		辵	쉬엄쉬엄걸어갈 착		黽	맹꽁이 맹			
	夂	뒤져올 치		止	그칠 지		糸	실 사		邑	고을 읍	13	鼎	솥 정			
	夊	천천히걸을 쇠		歹	앙상한뼈 알		缶	장군 부		酉	닭 유		鼓	북 고			
3	夕	저녁 석		殳	몽둥이 수	6	网	그물 망		釆	분별할 변		鼠	쥐 서			
	大	큰 대		毋	말 무		羊	양 양		里	마을 리		鼻	코 비			
	女	여자 여		比	견줄 비		羽	깃 우		金	쇠 금	14	齊	가지런할 제			
	子	아들 자		毛	털 모		老(耂)	늙을 로		長(镸)	길 장	15	齒	이 치			
	宀	집 면		氏	성씨 씨		而	말이을 이	8	門	문 문	16	龍	용 룡			
	寸	마디 촌		气	기운 기		耒	쟁기 뢰		阜	언덕 부		龜	거북 귀			
	小	작을 소		水(氵)	물 수		耳	귀 이		隶	미칠 이	17	龠	피리 약			
	尢	절름발이 왕		火(灬)	불 화		聿	붓(오직) 율		隹	새 추						

시(詩)·문(文)·사(寫)·화(畫)로 이해하는
천자문 강의

1판 1쇄 인쇄　2025년 05월 27일
1판 1쇄 발행　2025년 06월 09일

　　　　편저자　이일승

　편집·디자인　이상은, 이다겸

　　　　펴낸이　하혜승
　　　　펴낸곳　㈜열린길
　　　출판등록　제2020-000047호
　　　　　주소　서울특별시 성북구 보문로 37길 15, 201호
　　　　　전화　02-929-5221
　　　　　팩스　02-3443-5233
　　　　이메일　gil-design@hanmail.net

ISBN 979-11-962632-4-9 03190

* 책값은 뒤표지에 있습니다.

* 이 도서의 국제표준 도서번호(ISBN)는 국립중앙도서관 서지정보유통지원시스템
  홈페이지(http://seoji.go.kr)에서 이용할 수 있습니다.

* 이 책은 저작권법에 따라 보호받는 저작물이므로 무단전재와 무단복제를 금지하며,
  이 책 내용의 전부 또는 일부를 이용하려면 반드시 저작권자의 동의를 받아야 합니다.